HISTOIRE

DE LA

RÉVOLUTION

DE 1848

PAR M. LÉONARD GALLOIS.

ÉDITION ILLUSTRÉE

DE PORTRAITS DESSINÉS EN PIED ET GRAVÉS SUR ACIER AVEC GRAND SOIN
PAR NOS PLUS HABILES ARTISTES.

—

TOME 4

PARIS

A. NAUD, Éditeur.

RUE ROUGEMONT, 7.

—

1851.

HISTOIRE

DE LA

RÉVOLUTION

DE 1848.

Typographie Saintin, cour des Miracles, 9.

HISTOIRE

DE LA

RÉVOLUTION

DE 1848

PAR M. LÉONARD GALLOIS.

TOME QUATRIÈME.

PARIS
NAUD ET GOURJU, ÉDITEURS,
RUE DE ROUGEMONT, 7.

1850.

HISTOIRE

DE LA

RÉVOLUTION DE 1848.

CHAPITRE Ier.

Rapport de la commission d'enquête sur les causes des journées de mai et de juin. — Composition de cette commission. — Ce rapport n'est autre chose qu'un réquisitoire contre la république et les républicains. — On y remonte jusqu'à la révolution de février. — Appréciation du rapport par les journaux. — On demande l'impression des pièces à l'appui. — Ledru-Rollin veut se défendre à l'instant même. — Il pulvérise le rapport par sa brillante improvisation. — Protestation de Caussidière et de Louis Blanc. — Manœuvres de la commission durant l'impression des pièces. — Elle est secondée par les progrès incessants de la réaction. — Appréciation des pièces publiées. — Nombreuses réclamations soulevées par le rapport et par les pièces. — Louis Blanc accuse la commission d'avoir tronqué les pièces. — L'œuvre semble démolie avant les débats. — Défense de Ledru-Rollin. — La république, c'est le respect pour la famille et pour la propriété. — Belles paroles à ce sujet. — Grande sensation produite par le discours de Ledru-Rollin. — Les réactionnaires se comptent. — Défense de Louis Blanc. — Il explique le socialisme. — Reprise de la séance. — Louis Blanc combat victorieusement toutes les charges élevées contre lui. — Discours de Caussidière. — Il se défend d'avoir été le chef ou l'un des chefs de l'insurrection. — Il en fournit les preuves les plus convaincantes. — Démenti qu'il [donne à son successeur. — Le procureur de la république présente, au milieu de la nuit, une demande en autorisation de poursuites contre Louis Blanc et Caussidière. — Le général Cavaignac somme l'assemblée de terminer les débats. — Réclamations qu'il fait naître. — Le citoyen Flocon proteste contre cette précipitation. — Le côté droit demande la clôture. Caussidière exige que l'on examine les pièces qu'il vient de produire. — 582 voix autorisent les poursuites contre Louis Blanc, à l'égard du 15 mai. — Le citoyen Flocon complète la défense de Caussidière. — Faits graves, mais complètement faux, qu'il signale dans le rapport. — Le sort en est jeté; les réactionnaires se sont comptés. — 477 voix autorisent les poursuites judiciaires contre Caussidière, sur le fait de la journée du 16 mai — 468 refusent de le faire juger par le conseil de guerre.

Au milieu de ces débats si irritants, un nouveau brandon de discorde fut lancé dans l'assemblée par la commission d'enquête formée à la suite de l'insurrection de juin afin de rechercher les causes de ces terribles événements, et subsidiairement celles, de la journée du 15 mai. Cette commission ne devait avoir aucun caractère judiciaire, et sa mission était bien précisée par le décret qui l'avait instituée; mais comme elle se trouva généralement composée de réactionnaires, ayant tous ou presque tous la défaite de février à venger, on la vit se lancer dans les recherches rétroactives les plus minutieuses pour faire le procès aux hommes et aux choses de la dernière révolution. Son rapport ne fut qu'un long réquisitoire contre la république et les républicains. Dans la pensée de mettre en cause tous les hommes révolutionnaires en évidence depuis le 24 février, la commission d'enquête rattacha, le mieux qu'elle put, tous les événements considérables survenus en France depuis l'expulsion de Louis-Philippe et l'abolition de la monarchie, et en forma une conspiration ourdie par ces hommes en faveur de l'anarchie. C'est ainsi que se trouvèrent groupées dans un même tableau, et la journée réactionnaire dite des *oursons*, et la manifestation républicaine du 17 mars, et la déplorable prise d'armes de la garde nationale du 16 avril, et l'invasion de la chambre du 15 mai, et enfin la terrible péripétie des journées de juin. Les contre-révolutionnaires de la commission mirent un mois et demi à élaborer cette instruction, dont toutes les parties avaient été ramenées à cette pensée machiavélique et passionnée jusqu'à la folie de traîner devant l'opinion publique, déjà abusée, les citoyens qui avaient le plus contribué à l'édification du nouvel ordre de choses.

Le 2 août, l'organe obscur de ces procureurs du saint office, M. Quentin Bauchard, député du département de l'Aisne, se présenta à la tribune pour y lire le résultat des investigations auxquelles ses collègues s'étaient livrés avec une ardeur portée jusqu'au fanatisme et une conscience de parquet qui ne laissait rien à désirer. Nous rappellerons ici une circonstance passée alors inaperçue au milieu de l'agitation qui se manifesta dans l'assemblée nationale au moment où le président donna la parole à ce rapporteur ; cette circonstance fut le soin qu'eut le citoyen Marrast d'annoncer à l'assemblée, qu'à la suite de ce rapport, elle aurait peut-être à prendre des mesures judiciaires. Peu s'en fallut donc que les contre-révolutionnaires ne demandassent la fermeture des portes de la salle, afin de ne pas laisser échapper les représentants que l'enquête allait désigner. La commission ne doutait probablement pas que son travail ne fût considéré comme une grande révélation faite au pays, et que l'assemblée, subitement éclairée, ne se joignît aussitôt au procureur général, dont le réquisitoire était tout prêt, pour mettre en cause ceux des membres désignés comme coupables des manœuvres *anarchiques* qui avaient amené les attentats de mai et de juin.

Heureusement pour l'honneur de l'assemblée, il n'en fut pas ainsi. Le rapport de la commission d'enquête, quoique embrassant à la fois et les causes générales de ces déplorables journées, et les causes particulières qui avaient pu contribuer à les amener, ne parut autre chose aux hommes impartiaux que l'acte d'accusation le plus inique qui eût jamais été dressé contre un parti. En effet, ce rapport ne s'appuyait que sur des dénonciations de police, sur des bavardages de la rue, sur des dépositions la plupart évidemment mensongères ou amplifiées, sur des chroniques de prisons, de buvette ; sur des dépositions ou contestées, ou *épurées*, ou tronquées, ou mal rendues, et sur des commentaires empreints d'un tout autre esprit que de celui de l'équité et de la conciliation.

« Il n'y a pas dans le dossier une seule preuve sérieuse, assurait un journaliste qui venait de méditer cette œuvre de haine. Mais en revanche, les suppositions s'y trouvent groupées avec habileté, et les déductions vont droit à la tête, vont droit à l'honneur, comme des flèches empoisonnées. Les deux monarchies qui sont tombées sous nos coups, ne firent jamais mieux contre les républicains. Malheureusement pour la commission d'enquête, la longue conspiration qu'elle avait besoin de dénoncer n'existe que dans son rapport; et ce rapport est lui-même un vaste complot, tramé par la réaction, contre les hommes et les idées de la république..... »

Quoique l'enquête ne conclût à autre chose sinon qu'à démontrer que la sédition de mai et la catastrophe de juin n'étaient que les actes divers d'un complot persévérant, attentatoire au principe même de la souveraineté du peuple, et que le rapporteur se fût borné à émettre le vœu que le gouvernement, investi du soin de veiller sur la société, menacée par les idées les plus subversives, prît les mesures propres à préserver la république de toute agression nouvelle, il n'en résultait pas moins de l'ensemble de ce rapport que quatre citoyens : Ledru-Rollin, Louis Blanc, Caussidière et Proudhon étaient désignés comme devant être poursuivis par les tribunaux.

Mais, en présence du mauvais accueil que la majorité de l'assemblée fit à cette œuvre inqualifiable, dont elle n'eut pas beaucoup de peine à saisir l'esprit et la portée, on se borna à en demander l'impression et la distribution.

— « Avec les pièces! avec les pièces! s'écrièrent une grande partie des membres de l'assemblée. »

Et comme le président eut l'air de mettre en doute la possibilité où le rapporteur serait de satisfaire à cette demande, les cris redoublèrent, et l'on entendit même beaucoup de voix déclarer que le refus d'impression des pièces serait une indignité.

— « Il est difficile de concevoir un rapport sans pièces, dit alors Ledru-Rollin, qui venait de monter à la tribune. » Et l'impression des pièces fut votée à l'unanimité, malgré les observations que fit à ce sujet M. Bauchard.

Ledru-Rollin pria alors l'assemblée de fixer un jour, le plus prochain possible, pour la discussion du rapport de la commission. Toutefois il déclara qu'il était prêt à s'expliquer immédiatement sur la valeur des imputations dirigées contre lui, quoi qu'il ne sût pas, en entrant dans la salle, ajouta-t-il, la plupart des faits articulés dans l'enquête. Mais le président, et même bien des membres du côté gauche, lui objectèrent qu'il ne pouvait pas discuter un rapport de cette importance avant d'avoir lu les pièces justificatives.

« Si vous croyez qu'il soit permis à un homme de rester sous une pareille accusation, quand il peut la repousser en quelques mots, je me tairai, leur répondit chaleureusement Ledru-Rollin. Mais personne ne peut être meilleur juge de l'opportunité que moi-même de ce qui regarde mon honneur!... Mais vous n'avez pas réfléchi, vous qui parlez ainsi, à la nature de l'œuvre qu'on vient de vous lire. Qu'ai-je besoin des pièces imprimées pour défendre un principe? Car ce n'est pas pour me défendre que je suis ici; c'est pour faire respecter un principe sacré qui peut être violé aujourd'hui pour moi, qui peut l'être pour vous plus tard.

« Qu'est-ce donc que cette enquête? reprenait Ledru-Rollin, qui se sentait encouragé à parler. J'ai été entendu une fois, et il n'est pas un seul des faits au bout desquels mon nom est accolé, il n'en est pas un seul qui ait été articulé devant moi. Je l'affirme sur l'honneur; qu'on me démente, si cela est possible, produisez votre procès-verbal.

— « Alors, c'est une infamie! s'écrie une voix. »

Et se tournant vers M. Odilon Barrot qui riait, l'orateur l'apostropha ainsi :

« Comment! vous qui me regardez dans ce moment, vous riez! au lieu de rire, consultez votre mémoire. Je fais appel à votre honneur, à vos souvenirs. Direz-vous par qui j'ai été entendu une seule fois? Un de ces faits qui m'ont été reprochés, un de ces actes qui ont été énoncés, un des noms qui ont été prononcés, tout cela m'a-t-il été dit? Non, vous ne pouvez pas répondre que cela m'ait été dit. Et vous croyez que, pour vous confondre, j'ai besoin de vos pièces imprimées? Eh bien! voilà ce que je veux constater; et ici, messieurs, je fais appel à toutes les consciences, à toutes les nuances d'opinions; je dis que l'assemblée doit être consternée de l'œuvre qu'elle a entendue. Oui, consternée; car je mets en fait, qu'aux plus mauvais jours de nos assemblées nationales, pareil précédent n'a jamais existé..... »

« Aujourd'hui, continuait Ledru-Rollin après avoir examiné les pages de l'histoire de la révolution qui pouvaient avoir quelque analogie avec le rapport de la commission d'enquête, aujourd'hui sommes-nous dans les mêmes circonstances? Et cependant, qu'avez-vous fait? Vous avez accusé les uns, frappé les autres, et vous ne les avez pas confrontés avec un seul témoin. Vous n'avez pas tenu de procès-verbaux, et vous dites : Mais ce que nous faisons n'est rien; car, enfin, la justice, plus tard, pourra intervenir. La justice! oui, quand l'opinion du pays nous aura frappés de réprobation, votre justice, tardivement réparatrice, interviendra. Et que me fait à moi votre justice! Une peine matérielle, la privation de ma liberté! Et qu'est-ce que cela peut me faire? Est-ce que le 24 février je n'ai pas sacrifié tout cela? Est-ce que je n'ai pas pensé qu'un jour il me faudrait compter avec les ennemis vaincus de la république? J'ai pensé à tout cela, oui; et en montant à l'Hôtel-de-Ville, je disais à Lamartine, l'ami que le peuple venait de me donner : Nous montons au Calvaire !

« Voilà ce que je disais. Je n'ai donc pas peur de vos peines matérielles. Je ne crains pas la privation de ma liberté; mais ce qui me touche, c'est l'opinion du pays, c'est la calomnie; ce qui me touche, ce sont ces quatre ou cinq jours qui vont séparer mes explications de votre rapport, ce sont les calomnies dirigées contre la révolution de février.

« On a essayé depuis trois mois de me tuer moralement,

ajoutait encore Ledru-Rollin. Par respect pour cette révolution en péril, je me suis tu, je me suis condamné au silence; et il faudrait encore attendre quatre jours mortels en présence de l'occasion qui m'est offerte! »

Ledru-Rollin, encouragé par ses amis et par le silence qui régnait dans l'assemblée, entra alors en matière sur les trois points qui lui avaient paru personnels : les bulletins de la république, la journée du 16 avril et les journées de juin. L'ex-ministre de l'intérieur n'eut besoin que de rappeler ce qu'il fit dans ces deux dernières circonstances pour que l'échafaudage d'accusations dressé dans le rapport de la commission d'enquête s'écroulât. Quant au fameux bulletin, il déclara, tout en faisant valoir les circonstances au milieu desquelles il fut rédigé, qu'il n'en était pas le rédacteur.

« Voilà ce que j'ai fait, s'écriait-il, après avoir exposé sa conduite au 17 avril, au 15 mai et en juin. Je n'ai donc pas besoin d'attendre l'impression de vos pièces pour faire luire la vérité et confondre les auteurs du rapport. Maintenant, frappez, si vous voulez; j'ai pour moi ma conscience. Et que me font vos sévices? Le peuple sera éclairé, et à côté de votre rapport il lira ma réponse. Voilà à quoi je tenais; le reste m'est indifférent. Ce qui me touche, c'est l'opinion publique, l'opinion du peuple. Je ne veux pas qu'on puisse le tromper pendant quatre jours. »

Mais comme le citoyen Ledru-Rollin sentait encore le besoin d'éclaircir quelques points obscurs des journées de juin, il déclara qu'il entrerait dans les détails nécessaires le jour où l'assemblée aurait ordonné la discussion à fond du fameux rapport. « J'ai dû me taire et me laisser calomnier pendant un mois, disait-il à ce sujet, j'ai dû étouffer sous la calomnie; car un plus grand intérêt que celui d'un homme, l'intérêt de la république était en question ; mais j'avais écrit pour le cas où une balle m'atteindrait. »

« Tenez, messieurs, ajoutait-il encore en s'adressant au côté droit de l'assemblée, permettez-moi de vous le dire et ne m'en veuillez pas, après tout, de la chaleur de l'improvisation, la pensée est au fond de mon cœur, il faut qu'elle expire sur mes lèvres. Vous tous qui avez assisté à la commission, vous n'étiez pas de nos amis politiques. Vous ne pensiez pas comme nous. Je respecte vos consciences. J'ai cru le seul, à l'ancienne chambre, qu'on pouvait passer sans transition de la monarchie à la république. N'est-ce pas là mon crime?

« Eh bien! descendez avec moi dans le fond de vos cœurs. Etes-vous bien sûrs d'avoir, comme moi, oublié toute espèce d'amertume? Etes-vous bien sûrs que, malgré vous, dans votre rapport, n'a pas passé cette rancune que vous auriez dû étouffer en siégeant sur ces bancs? Vous ne pouvez en être bien sûrs, car vous êtes des hommes, et que j'ai cette conviction que les commissions politiques, sous quelque forme qu'elles se produisent, ne sont pas des tribunaux de justice. On tue avec elles, mais on ne juge pas. Ce rapport, fait sans confrontation, n'est pas une œuvre de justice, c'est une œuvre de parti.

« Des partis! s'écriait Ledru-Rollin au moment de descendre de la tribune; des partis! La république ne doit en avoir qu'un seul : la grandeur de la France et le bonheur du peuple. Nous disputons, et il a faim. Une seule conduite peut nous sauver : l'union et la concorde; elle seule peut nous sauver des périls du dedans et des coalitions de l'avenir. »

Ledru-Rollin venait dans moins d'une heure de renverser tout l'échafaudage sur lequel reposait le fameux rapport que la commission avait mis plus d'un mois à élaborer. Sa brûlante improvisation avait produit un si grand effet, que le général Cavaignac n'avait pu s'empêcher de serrer la main à l'ex-ministre de l'intérieur. La séance avait été suspendue, et ce ne fut pas sans peine que des membres purent se faire écouter lorsqu'ils voulurent relever quelques erreurs qui les touchaient. Louis Blanc et Caussidière n'obtinrent même la parole que pour des faits personnels.

Le premier se borna à repousser les accusations calomnieuses portées contre lui en sa qualité de complice ardent, dit-il, de la révolution de février, par ceux qui voulaient faire le procès à cette révolution.

Caussidière protesta contre la longue accusation que l'on faisait peser sur lui. Il annonça qu'il se défendrait victorieusement sur tous les points lorsque le rapport serait solennellement discuté. Il répondit à ce qui était relatif aux conspirations dont on le rendait complice que, s'il eût conspiré, il serait mort. Le citoyen Proudhon essaya de parler aussi; mais il fut forcé de descendre de la tribune par les cris : Assez ! assez ! à demain ! poussés par les contre-révolutionnaires. Le président s'empressa de lever cette séance, qui avait constamment captivé et tenu à leurs places les membres les moins stables de l'assemblée.

« Les débats prouveront bientôt, disait au sujet de ce fameux rapport le rédacteur d'un journal démocrate, que c'est ici l'attaque la plus violente qui ait encore été dirigée contre la république et les républicains; car l'un de ceux que l'on poursuit avec le plus d'acharnement, le citoyen Ledru-Rollin, a brisé d'un seul coup ce faisceau de rancunes et étouffé sous son pied ce nid de serpents. Son admirable improvisation restera dans l'histoire ; elle a fait courber la tête à tous ces justiciers qui, sans les appeler, sans les entendre sur des faits, engageant leur liberté, leur vie, leur honneur, ont organisé depuis un mois contre leurs collègues un dossier d'instruction criminelle, un dossier de cour prévôtale, et sont venus tout à coup jeter à l'opinion publique, sans débat préalable, sans contradiction, sans ce devoir de l'interrogatoire dont n'oseraient pas se départir les justices exceptionnelles elles-mêmes. Il faut que la démocratie lise ce discours, puissant par l'indignation, par la logique, par la grandeur des sentiments, afin que toutes les calomnies soient châtiées et toutes les trahisons démasquées. »

Ainsi, il avait suffi de quelques instants pour renverser l'œuvre contre-révolutionnaire si péniblement élaborée par la commission d'enquête, et l'on ne peut pas mettre en doute que l'assemblée n'eût passé à l'ordre du jour sans l'influence de l'improvisation chaleureuse du citoyen Ledru-Rollin.

Mais l'impression des pièces exigea vingt jours au lieu d'une semaine; et pendant ce temps, la commission d'enquête prit ses mesures pour ne pas laisser échapper sa proie. Elle fut, en cela, bien déplorablement secondée par les progrès incessants de la réaction. Ces progrès furent tels que la même assemblée qu'on avait vue rejeter les accusations des royalistes contre Louis Blanc et Caussidière à l'occasion des événements du 15 mai, se déjugea complétement deux mois après, et livra, ainsi que nous le verrons bientôt, ces deux démocrates à la fureur aveugle des royalistes.

Dans l'intervalle, et à chaque publication d'une partie des pièces sur lesquelles la commission d'enquête avait basé son réquisitoire, les réclamations arrivaient en foule aux journaux.

Ce furent d'abord les feuilles démocratiques qui procédèrent à l'appréciation de l'œuvre présentée à l'assemblée nationale, œuvre que ces feuilles appelaient une enquête politique écrite sous l'émotion de la bataille et sous l'inspiration de la peur et de la haine.

« Nous avons lu les trois volumes de pièces justificatives que la commission d'enquête a eu le triste courage de mettre sous les yeux du public. Nous y avons vu les noms les plus éminents du pays accolés à des signatures inconnues ou mal famées; là, les dépositions les plus misérables, les plus discutables, s'étalent cyniquement entre les témoignages de Lamartine, d'Arago, de Goudchaux et de Marie. Ces deux espèces de documents ont été fondues et combinées avec une habileté digne des vieux procureurs du Châtelet ; et quand on veut lire de près, quand on veut analyser ce chaos informe de contradictions, de hautes et basses rancunes et de petites violences, on voit clairement le double but vers lequel on a marché : déshonorer la révolution de février en la traînant sur toutes les claies de la police et des rues, faire ouvrir la criée des scandales par ces hommes sans responsabilité qui longent les gouvernements en temps de révolution comme les murailles aux heures de la nuit ; condamner la république, dolente et blessée, à boire jusqu'à la lie la coupe des délations infâmes et des calomnies empoisonnées. Telle est la première victoire que l'on a rêvée.

« La seconde consistait à briser toutes les âmes fortes qui avaient compris la portée de la révolution et qui avaient agi en conséquence. Il fallait donc les déchirer sans pitié en les attaquant dans ceux de leurs actes que les contre-révolutionnaires leur imputaient à crime. C'était faire en même temps le procès à la république et aux républicains. »

Ceux-ci, ou plutôt ceux que la contre-révolution appelait dès lors les *exagérés*, n'avaient pas pu comprendre qu'il fût possible de fonder le gouvernement républicain avec les débris de la monarchie. Cléments comme le peuple, au lieu d'appeler la proscription, la violence, l'échafaud, ils laissèrent partir ces pâles héros de la dynastie ; ils ouvrirent les prisons politiques et n'y poussèrent personne ; ils abolirent la peine de mort ; ils n'armèrent ni les procureurs ni les bourreaux ; mais ils sentaient qu'une révolution qui portait la république devait être puissamment défendue, sous peine de la voir s'évanouir comme un orage d'été. Toutes les hiérarchies administratives, cimentées par le privilége pour le service de la monarchie, devaient, à leurs yeux, se transformer et se rajeunir pour former l'ordre nouveau..... De là naquirent les circulaires tant colomniées, les appels ardents du *Bulletin*, l'expédition des commissaires chargés de l'administration et de la propagande; mesures que les circonstances réclamaient impérieusement, et que la réaction incriminait de toute la force de sa haine dans le rapport de M. Bauchard.

Ainsi, au lieu de tenir compte aux démocrates avancés d'avoir donné à la France bouleversée deux mois de paix et de répit sans qu'il en coûtât une goutte de sang à l'humanité, la commission d'enquête accusait les démocrates du gouvernement provisoire et des administrations de n'avoir obéi qu'aux mauvaises passions, de s'être sans cesse efforcés de provoquer dans le pays une agitation violente, un désordre social qui devaient amener les catastrophes qu'on avait à déplorer.

On comprend combien une enquête basée sur des éléments aussi erronés dut exciter de réclamations de la part de la presse démocratique. Elle discuta et apprécia la plupart des dépositions et démontra que les plus concluantes émanaient d'anciens agents de police ou d'hommes connus pour ennemis des républicains. Or, ces faits étaient incontestables, et la fausseté de certaines dépositions apparaissait aux yeux de tout le monde. Aussi excitèrent-elles de nombreuses réclamations et des démentis formels.

Ce furent d'abord les anciens délégués des corporations au Luxembourg qui protestèrent publiquement contre les *erreurs* et les *insinuations* contenues dans le rapport et qui les firent vigoureusement ressortir; puis les ouvriers et employés des chemins de fer, qui s'inscrivirent en faux contre la déposition d'un de leurs administrateurs. Un journal examinait longuement les dépositions tardives des sieurs Rollet et Bozon, attachés à la police, et celle de M. Elouin, qui semblait les corroborer. Or, ces deux agents de police affirmaient avoir vu Caussidière aux barricades de l'église Saint-Paul, ce qui fut reconnu de toute fausseté. Une autre feuille démontrait l'invraisemblance des dires du sieur Chenu, autre agent de police. S'attaquant aux feuilles réactionnaires, qui semblaient nager dans la joie en présence de ces dépositions, le journal dont nous parlons leur criait : « Vous connaissez très-bien la valeur de ces témoignages ; mais comme il y a bénéfice de scandale contre la révolution et vengeance pour la ligue royale, vous les enregistrez complaisamment et vous glorifiez ces commérages de cabaret comme des paroles d'apôtres. La plus misérable, la plus inepte dénonciation n'est rien moins pour vous qu'une preuve juridique acquise. Attendons les débats, et nous verrons ces belles histoires aller faire pendant à la galerie des crimes inventés après les journées de juin. »

Le lendemain, c'étaient encore les ouvriers de l'atelier de Clichy qui déclaraient fausse toute la partie de l'enquête relative au rôle que ces ateliers auraient joué le 15 mai et dans les journées de juin.

Le jour suivant, les journaux contenaient une pièce signée par plusieurs représentants du peuple tendant à faire *apprécier l'impartialité* de la commission d'enquête en ce qui concernait les faits relatifs aux pièces saisies dans le local de leur réunion ordinaire.

Bien des personnes entendues par la commission d'enquête se trouvaient surprises des paroles qu'on leur prêtait dans leurs dépositions imprimées, et les journaux étaient littéralement remplis de ces rectifications.

Ainsi, la publication des pièces servit puissamment à discréditer les éléments du fameux rapport ; et lorsque arriva enfin le jour si impatiemment attendu par les accusés de le réfuter, l'opinion publique avait fait justice de ce tissu de suppositions ; les seuls réactionnaires de l'assemblée persistaient encore dans les accusations que ce réquisitoire renfermait, et ces réactionnaires s'étaient comptés.

La séance du 24 août, séance mémorable dans les fastes de notre révolution de février, comme le fut celle où la réaction thermidorienne frappa Billaud-Varennes, Collot-d'Herbois et Barrère, s'ouvrit par de nouvelles réclamations contre d'autres inexactitudes reprochées au travail de la commission d'enquête par des représentants.

Ce fut d'abord le vice-amiral Cazy, naguère ministre de la marine, qui protesta contre la déposition du citoyen Lacrosse, comme inexacte à son égard. Puis le citoyen Charras releva une autre inexactitude relative au commandement du général Courtais. Un troisième représentant, le citoyen Ceyras crut devoir rectifier la partie du rapport où on semblait incriminer sa conduite dans la soirée du 15 mai à l'Hôtel-de-Ville. Il raconta comment, ayant accompagné Lamartine et Ledru-Rollin lorsqu'ils se rendirent à ce quartier général de l'insurrection, il se trouva un instant séparé de ses collègues et arrêté par des gardes nationaux. « C'est ainsi, dit ce représentant, que la commission a fait perfidement de moi un allié de Blanqui et de Barbès. »

Le citoyen Portalis crut aussi devoir repousser les assertions du rapporteur à l'égard des conciliabules tenus au ministère de l'intérieur, dans lesquels, suivant la commission d'enquête, on aurait agité la question de dissoudre l'assemblée nationale. Le citoyen Landrin parla dans les mêmes termes. Le citoyen François Arago donna quelques explications sur le fait relatif aux fusils envoyés chez Sobrier. Le citoyen Quinet se plaignit de ce qu'un de ses collègues, le citoyen Turck, l'aurait accusé, au sein de la commission, de ne pas avoir voulu faire agir la 11ᵉ légion contre les envahissements de la salle. Enfin, le représentant Baune se disculpa longuement et chaleureusement d'un propos très-grave rapporté à la commission d'enquête par ce même citoyen Turck, à savoir : qu'on n'en finirait pas si on ne tuait pas quatre ou cinq membres de l'assemblée.

« Longtemps j'ai refusé de dire le nom de mon interlocuteur, répondit le citoyen Turck ; je consentis à la fin à livrer le nom de M. Baune, mais avec cette réserve que ma déposition ne vaudrait que comme simple renseignement. »

— « Je persiste dans une dénégation la plus complète, répliqua Baune ; » et il prouva à l'assemblée que le citoyen Turck ne le connaissait nullement, et qu'il disait ne l'avoir reconnu que le lendemain à la tribune. « Or, ajoutait le citoyen Baune, le *Moniteur* est là pour constater que je n'ai parlé ni le 24, ni le 25, ni le 26. Que pourrais-je ajouter à cet argument ?... C'est donc comme représentant et comme citoyen que je dirai à M. Turck : « Je vous adjure d'interroger votre mémoire et votre conscience, et de réparer votre erreur, que je suis prêt à oublier quand vous l'aurez reconnue. Mais si vous persistiez dans votre déclaration après m'avoir entendu, j'écrirais sur votre front le nom de calomniateur, et l'assemblée et la France jugeraient entre nous. »

On n'avait pas encore entendu les principaux accusés, et déjà l'assemblée se trouvait saisie d'incidents les plus irritants.

Le représentant Repellin donnait le démenti le plus formel à M. Marquis, préfet des Bouches-du-Rhône, qui l'avait accusé d'avoir contribué aux troubles de juin, à Marseille, en organisant la compagnie dite des *travailleurs*, laquelle compagnie était organisée et armée avant que le réclamant fût nommé commissaire de la république.

Un autre représentant, le citoyen Martin, s'inscrivait en faux contre l'allégation contenue dans les pièces, qui l'accusait d'avoir empêché la garde nationale d'Orléans de marcher au secours de l'ordre. Ce représentant affirmait que les Orléanais n'avaient éprouvé aucun retard, et qu'ils étaient arrivés les premiers à Paris.

— « Vous avez commis un abus de pouvoir et une indiscrétion envers vos collègues, criait au rapporteur le citoyen Bac, à l'occasion des papiers pris à la réunion des représentants de la rue Castiglione. »

— « Vous avez tronqué les pièces, ajoutait Louis Blanc. »

— « Vous avez violé le domicile de plusieurs représentants, disait le citoyen Lefranc. La commission a manqué à son devoir. Nous nous sommes trompés sur sa délicatesse !.... »

— « Je monte à la tribune pour une simple dénégation, disait encore Jules Favre. Mon nom a été prononcé dans l'enquête. M. Arago a dit que des conciliabules avaient eu lieu au ministère de l'intérieur, dans lesquels on parlait du sort réservé à l'assemblée nationale. De pareilles réunions n'ont jamais eu lieu, et jamais, en ma présence, la conversation ne s'est engagée sur les points signalés. L'honorable M. Arago a été trompé. »

Ainsi, chaque représentant désigné dans l'œuvre de la commission d'enquête emportait un lambeau du fameux rapport en descendant de la tribune ; l'œuvre se démolissait pièce à pièce. Les députés de bonne foi qui siégeaient ailleurs qu'à la montagne, déploraient ce malheureux rapport. Mais les réactionnaires royalistes n'en persistaient pas moins à vouloir se débarrasser des collègues dénoncés.

Les incidents et les réclamations ayant enfin cessé d'absorber la séance, le citoyen Ledru-Rollin prit la parole, au milieu de l'attention la plus religieuse.

Il commença par rappeler sommairement la nature des enquêtes précédemment ordonnées par les assemblées nationales de la première révolution. Il parla de la résistance que fit la convention nationale aux accusations portées par les réactionnaires et de la persévérance des accusateurs. « Il en résulta, dit-il, que les irritations du dedans, que les colères intestines se répandirent au dehors ; puis la journée de germinal pour délivrer les accusés, puis la journée de prairial, puis la mort du courageux Féraud, salut à lui ! puis, au bout de tout cela, pendant cinquante ans, la république couchée dans la tombe. Voilà le produit des enquêtes politiques! »

Abordant ensuite les actes de la commission d'enquête, il fut facile à l'orateur de prouver qu'elle avait dépassé ses pouvoirs en remontant plus haut que la journée du 15 mai. « Ne dites donc pas : Je suis impartial, je suis juge, lui disait à ce sujet Ledru-Rollin ; ne dites pas cela, car en vous asseyant, la haine, la rancune s'asseient avec vous avant d'avoir pu être poussés par l'enchaînement des événements.

« Et quand je vous dis ces choses si simples, poursuivait-il, est-ce que vous croyez que je me défends? Non, non, ne vous y trompez pas. Car enfin, au 24 juin, vous ne me trouvez nulle part ; je me trompe, vous me trouvez à mon poste d'honneur, au siége de la commission exécutive.

« Au 15 mai! oh! des insinuations. Mais vous savez parfaitement bien, il y a ici des témoins qui en déposent, que j'ai fait mon devoir ici comme à l'Hôtel-de-Ville. Donc maintenant, comment remontez-vous jusqu'à moi? Comment venez-vous me demander compte indirectement de ma politique? Ma politique, si elle est mauvaise, l'histoire la jugera. Vous l'avez rejetée en me faisant tomber du pouvoir. Mais est-ce que par hasard dans votre enquête vous aviez le droit de m'accuser? Est-ce que je n'étais pas couvert par cette déclaration que j'avais bien mérité de la patrie? Est-ce que dans votre enquête, si je n'avais figuré ni au 24 juin, ni au 15 mai, vous pouviez me demander compte de mes circulaires? Est-ce que vous pouviez me demander compte de mes commissaires? Vous ne le pouviez pas ; je me trompe, vous ne pouviez le faire qu'en attaquant dans ma personne le gouvernement provisoire et la révolution de février.

« Et ne croyez pas que j'invoque ces principes pour m'abriter derrière eux! Ne croyez pas que j'aie besoin d'un voile; ma politique, je puis la défendre en deux mots.

« J'ai écrit des circulaires, vous avez pu les lire, dans lesquelles il y a ceci : Qu'il fallait respecter les situations et montrer de la fraternité ; mais qu'il ne fallait envoyer à l'assemblée que des républicains, des hommes de la veille. Voilà ce que j'ai dit. Eh bien ! je l'ai dit et je le soutiens, parce que je le crois juste. Et savez-vous pourquoi je le crois juste ? par honneur pour vous et pour votre délicatesse..... En vous estimant fidèles à votre conscience, vous ai-je calomniés ? J'avais tenu compte de l'âme humaine, et j'avais respecté les convictions comme sacrées.

« On m'a reproché les commissaires que j'ai nommés, et même dans l'enquête, on trouve à cet égard je ne sais quelle accusation. J'aurais voulu vous voir, le lendemain de la révolution, aux prises avec les obsessions ; vous auriez vu qu'il fallait plus de courage pour résister à beaucoup d'entre elles que vous ne le pouvez supposer. J'avais, en trois jours, chose inouïe ! toute une administration à refaire.

« Vous avez dit : Ces commissaires avaient des pouvoirs illimités. Allons ! allons ! nous sommes des hommes sérieux, n'abusons pas des mots. Oui, des pouvoirs illimités, en leur disant que la limite était dans les mœurs du pays. Vous ne vous attaquez pas aux mots, n'est-ce pas ? Dites-moi donc, à part les rancunes électorales qui peuvent ne pas avoir été oubliées, dites-moi s'il est un seul de ces commissaires qui se soit rendu coupable d'un méfait quelconque ?.... Oh ! vous ne m'avez pas surpris, j'attendais cette interruption. Les commissaires vous ont combattus, vous en conservez de la rancune.

« Parlerai-je de l'affaire belge ? poursuivait Ledru-Rollin, après avoir éclairci les faits relatifs à un sous-commissaire qui n'avait pas été nommé par lui. Connaissez-vous les circonstances dans lesquelles l'affaire de la Belgique s'est passée ? Vous n'en relatez qu'une portion ; vous ne l'avez pas dite tout entière. » Et le citoyen Ledru-Rollin entrait dans tous les détails relatifs à l'expédition dont on faisait un crime au gouvernement provisoire. « Le gouvernement belge, ajoutait-il, parfaitement informé des faits, n'a jamais adressé au gouvernement français aucune réclamation quelconque à ce sujet, parce qu'il savait que la politique de la France n'avait pas démenti le manifeste de M. de Lamartine. Qu'il plaise maintenant à je ne sais quel procureur du roi de ce pays d'accuser des hommes absents, vous comprenez que j'en ai peu de souci......

« J'ai dit tout cela, reprenait l'orateur; je pouvais ne pas le dire. Je vous l'ai dit pour ma conscience ; je vous l'ai dit parce que j'ai représenté, comme membre de la commission exécutive, l'assemblée tout entière. Je voulais pour mon honneur, pour le sien, lui dire ces faits, lui donner ces explications. Vous avez beau faire, l'histoire, qui jugera les faits, dira que c'est ici un pouvoir de rancune contre la démocratie que nous avons fondée, une lutte entre la monarchie déchue et la république. Oui ! vous faites ici ce que vous avez fait pendant dix-huit ans. Pendant dix-huit ans vous avez combattu, ébréché un gouvernement, sans avoir une idée quelconque à mettre à la place. Il ne faut pas que vous recommenciez l'opposition tracassière qui ne peut pas aboutir, parce qu'aujourd'hui, comme alors, vous n'apportez aucune idée nouvelle propre à remédier aux maux qui nous assiégent. Il s'agit de fonder ; vous n'avez su que détruire ; le pays doit être en défiance. Ainsi, si vous êtes de bons citoyens, votre rôle est tracé : c'est de suivre et non pas de vouloir diriger le mouvement de février.....

« Je comprends vos scrupules, disait encore Ledru-Rollin en s'adressant aux membres de la commission d'enquête et à tous les réactionnaires; en enrayant sans cesse la révolution, vous croyez sauver le pays de ce que vous appelez la république rouge.

« La république rouge ! mais le moyen, si elle existait, le

moyen de la faire triompher, c'est de faire perpétuellement de la réaction ; c'est de ne rien accorder aux justes exigences ; c'est de faire ce que faisait ce malheureux gouvernement qui est tombé, qui, à mesure qu'une chose juste était réclamée, s'y opposait par cela même qu'elle était juste et sollicitée. Voilà le moyen d'amener cette république rouge.

« Mais la république rouge, croyez-moi, n'est qu'un fantôme dont les habiles se servent pour effrayer les esprits timorés…. J'ai dit que la république rouge était un fantôme, reprit l'orateur après avoir éprouvé une bruyante interruption ; j'espère vous le démontrer facilement, si vous voulez m'écouter quelques minutes.

« Sous cette dénomination, vous proscrivez tout le socialisme. Il ne m'effraie pas, et voici pourquoi : c'est qu'il constate un fait auquel mon cœur et mes yeux sont depuis longtemps ouverts, les douleurs profondes de la société. Maintenant, qu'il se trompe sur les remèdes, je le pense. Mais le moyen de lui démontrer qu'il se trompe, c'est de faire quelque chose qui enfin vivifie le pays…. Il n'y a pas de république rouge ; il y a des hommes qui, abusés par les besoins, peuvent être entraînés par des illusions ; mais soyez bien convaincus que l'immense majorité, que l'unanimité du pays se rattache à la république vraie : il ne s'agit que de s'entendre.

« Or, ce que le pays, selon moi, comprend par la république vraie, le voici : ce n'est pas le mot, ce n'est pas même le suffrage universel seulement ; c'est le respect pour la famille, le respect pour la propriété. Est-ce que vous croyez que les républicains qu'on a qualifiés de rouges ne veulent pas le respect pour la famille ? Est-ce que vous croyez que les hommes qui souffrent tous les jours ne veulent pas cette douce jouissance, eux qui n'en ont pas d'autres que le foyer domestique ? La famille ! il faut bien s'entendre sur ce mot, nous ne la voulons pas seulement pour quelques hommes ; nous la voulons pour tous. Or, pour vouloir la famille pour tous, il faut qu'il y ait le travail pour tous; car, est-ce que c'est la famille, par hasard, que l'enfant élevé aux enfants trouvés? Est-ce que c'est la famille que la fille qui ne peut gagner sa vie en travaillant et qui se prostitue? Est-ce que c'est la famille que l'ouvrier presque forcé de vivre dans le concubinage? Est-ce que c'est la famille, le vieux travailleur réduit à mourir sur un grabat d'hôpital? Est-ce que c'est là la famille? Nous voulons, nous, que la famille soit universelle. Ne dites donc pas que la famille n'est pas respectée par nous; car nous, nous ne voulons pas la restreindre; nous voulons l'étendre et la multiplier.

« Vous parlez de respect à la propriété, reprenait Ledru-Rollin, que d'immenses applaudissements encourageaient à exposer la vraie république. Permettez-moi de vous le dire, ils sont insensés ceux-là qui ne comprennent pas que la propriété est la première base de la liberté. La propriété, nous la voulons aussi; car nous, nous demandons que l'on donne à l'ouvrier ou le crédit ou un instrument de travail. Nous ne la voulons pas pour quelques-uns; nous la voulons pour tous, honnête, laborieuse, probe, et pouvant se constituer : voilà comme nous la voulons. La propriété, nous la voulons peut-être plus que vous. Savez-vous pourquoi? c'est que nous disons, nous, qu'il y a moyen de rendre propriétaires un grand nombre d'ouvriers; que, dans cette France, il y a place pour tout le monde au soleil; que vous avez des communaux à distribuer; que vous avez des biens de l'État qui ne rapportent rien et que vous pourriez facilement féconder par le travail individuel; qu'il y a en France d'énormes défrichements à faire, des lieues de landes stériles à fertiliser. La propriété, à notre gré, vous ne sauriez assez la multiplier.....

« Nous respectons donc la propriété, ajoutait l'orateur après avoir parlé de la nécessité de soustraire les propriétaires aux étreintes de l'usure par l'établissement d'une banque hypothécaire propre à rendre l'aisance à l'agriculture, au commerce et aux travailleurs; nous la voulons, mais comme la famille, multipliée à l'infini; et en disant cela, nous sommes les traducteurs de la grande pensée de la convention nationale; nous voulons la propriété pour tous, sinon foncière, au moins comme instrument de travail.

« Maintenant, citoyens, permettez-moi de vous le dire, voilà les principes que vous croyez proscrire en les qualifiant de république rouge. Ces principes-là, si je pouvais sonder tous les cœurs de l'assemblée, je suis convaincu qu'ils sont ceux de la majorité; je suis convaincu qu'ils sont ceux de la presque unanimité du pays. Eh bien ! c'est pour la repousser, cette république, que vous entravez sans cesse les propositions populaires qui vous sont faites. Et cependant les gouvernements ne périssent pas pour les concessions qu'ils font; ils périssent toujours, et vous en avez de nombreux exemples, par les concessions qu'ils ne savent pas faire à temps. »

Ledru-Rollin, qui, au lieu de se défendre, n'avait cessé d'admonester le parti réactionnaire, terminait son plaidoyer en faisant apercevoir à la commission d'enquête que, d'une question sociale, elle était tombée, dans son rapport, à une question de personnes.

« Je vous ai signalé, au début, ajoutait-il encore, l'abîme où peut tomber cette assemblée; je vous ai dit que vous aviez deux voies à suivre : si vous suivez la première, celle de la concorde, la république peut être sauvée dans une espèce d'élan unanime, si nous nous unissons tous pour arriver au même but, le bien, la grandeur, la prospérité de la patrie. Oh ! puisse donc le génie de la liberté inspirer vos consciences dans ce moment solennel ! Ne dites pas : Ce sont deux hommes qu'on envoie pour être jugés. Non, ce n'est plus cela; c'est la représentation nationale qu'il s'agit de sauver; car une fois la fissure ouverte, on ne sait quelles mains violentes peuvent l'entr'ouvrir, la déchirer pour y jeter l'assemblée nationale tout entière.»

Le discours de Ledru-Rollin avait produit une grande sensation dans l'assemblée, et les tribunes s'étaient montrées émues en entendant traiter aussi éloquemment les grandes questions politiques qui agitaient la France. On était étonné de voir que ces questions, abordées de bonne foi, devenaient les plus simples et les moins effrayantes, et plus d'un spectateur ou d'un membre de l'assemblée défavorablement prévenu, se mit à réfléchir en sortant de cette séance si pleine de curieux éclaircissements.

Mais rien ne pouvait changer ni modifier les sentiments que la haine inspire. Aussi la commission d'enquête se groupa-t-elle plus fortement que jamais autour de son inqualifiable rapport.

Le tour de Louis Blanc de monter à la tribune était arrivé. La position qui lui avait été faite par la commission exigeait une défense minutieuse sur tous les points, comme l'était l'accusation. Louis Blanc fut donc réduit à défendre ses actes politiques depuis la révolution de février ; mais il le fit en homme qui sent sa dignité, et ne laissa passer aucune occasion de prouver qu'il connaissait les points faibles de ceux qui s'étaient posés comme ses implacables ennemis.

« Parmi les hommes qui m'adressent ces inculpations si graves, dit-il en commençant, les uns, il y a à peine six mois, niaient la république, niaient le suffrage universel ; les autres n'ont cessé depuis dix ans de proclamer la légitimité ; ceux-ci, au 23 février, étaient loin du péril, tandis que d'autres ont risqué cinquante fois leur vie. Avant la révolution de février et depuis 1830, il y a eu des hommes jetés dans les prisons : c'étaient des républicains ; il y a eu des hommes jetés dans l'exil : c'étaient des républicains ; il y a eu des hommes qu'on a baffoués : c'étaient des républicains, et cependant ces hommes qui pouvaient arriver au pouvoir la haine et les ressentiments au cœur, se sont montrés d'une modération invincible. Le premier acte de ces hommes, que l'on considérait comme les apôtres de la guillotine, a été d'abolir la peine de mort en matière politique. Pas une arrestation n'a été faite, pas une atteinte à la liberté individuelle, pas un journal n'a été supprimé. La république triomphante s'est montrée oublieuse de tous les outrages qu'elle avait subis. A cette époque-là on aurait pu provoquer une enquête. L'a-t-on fait? Quel ennemi a-t-on poursuivi? A quelle vengeance a-t-on ouvert carrière? Ici, je m'arrête; Messieurs, la comparaison est déjà faite dans vos esprits. »

Louis Blanc parla d'abord sur la déposition qui l'avait le plus affligé, celle de M. F. Arago. Il raconta ce qui s'était passé au sein du gouvernement provisoire le jour où le peuple avait demandé la création d'un *ministère du travail*. « La délibération sur ce point, dit-il, s'ouvrit. Quant à moi, par des raisons que je vous exposerai tout à l'heure, j'étais convaincu que le caractère de la révolution de février était un caractère éminemment social; que la première question à résoudre était cette grande question de l'organisation du travail. J'exprimai mon opinion, qui fut très-vivement combattue par mes collègues; et alors, comme je me trouvais représenter au pouvoir une idée qui ne se trouvait pas la mienne, je donnai ma démission.... Elle fut rejetée, et comme concession à faire au peuple, on proposa la constitution d'une commission de gouvernement pour les travailleurs, dont on m'offrit la présidence. Je repoussai, à mon tour, cette proposition, je sentais que si je me mettais à la tête d'une commission ayant seulement pour but d'élaborer les questions sociales et n'ayant aucun moyen pour réaliser les idées qui nous auraient paru bonnes, je m'exposais à un double danger : d'une part, le peuple voyant sa misère se prolonger, ne se tournerait-il pas contre moi, ne m'accuserait-il pas de la durée de ses maux? et de l'autre, les adversaires des idées sociales que je voulais faire prévaloir, ne viendraient-ils pas me dire : Vous êtes un utopiste! ne m'accuseraient-ils pas d'impuissance ? »

Louis Blanc, après avoir dit comment il avait cédé, rappelait à ceux qui pouvaient l'avoir oublié, qu'il ne s'était installé au Luxembourg que pour y étudier les questions sociales que la révolution avait donné à résoudre et qui étaient celles des convictions de toute sa vie.

Amené ainsi à défendre le socialisme, il le fit en ces termes :

« Le socialisme a été singulièrement dénaturé, singulièrement calomnié. Quelle était la devise que la révolution de février avait inscrite sur les monuments et sur les drapeaux? Cette devise est celle-ci : Liberté, Égalité, Fraternité.

Or, le socialisme n'est pas autre chose que le développement naturel et logique de cette triple et immortelle formule....

« Les socialistes veulent la liberté par l'association, l'égalité par l'association, et c'est par l'association aussi qu'ils veulent la réalisation du principe de fraternité.

« Ce que nous avons demandé, c'est qu'on substitue à ce qu'on appelle dans l'ordre moral l'égoïsme, dans l'ordre des idées philosophiques l'individualisme, dans l'ordre industriel la concurrence anarchique et illimitée, c'est qu'on substitue à cela l'union de tous les cœurs, l'association de toutes les forces, la solidarité de tous les intérêts ; et je ne ne vois pas vraiment, Messieurs, comment un pareil système pourrait conduire au désordre et à la guerre civile ! »

Louis Blanc repoussait, au nom de l'école à laquelle il appartient, les attaques dirigées contre le socialisme, « au point de vue de la propriété, que nous voulons étendre à tout le monde, disait-il, et au point de vue de la famille, que nous proposons pour modèle à la société universelle : » Il défendait ses actes et ses discours au Luxembourg, parce que, affirmait-il, il n'avait rien à rétracter. Il parlait du décret qui fixait les heures du travail, comme d'un monument d'équité, à l'édification duquel auraient également contribué et le gouvernement, et les patrons et les ouvriers. « Il fut constaté, dit-il, que, de la part des patrons, il y avait eu le plus honorable et le plus vif empressement à faire ce que les ouvriers demandaient. » Il terminait la première partie de son discours en protestant contre les passages tronqués et la mauvaise foi évidente qui avait présidé aux citations, faites dans l'enquête, de la plupart de ses discours au Luxembourg.

A huit heures du soir, la séance fut reprise.

Louis Blanc aborda la série des faits auxquels l'enquête lui reprochait d'avoir participé.

Il parla d'abord de la manifestation du 17 mars, manifestation qui, dit-il, l'effraya, parce qu'il craignait qu'elle ne fût détournée de son but. « Dans cette pensée qui calomniait le peuple, ajoutait-il, je convoquai au Luxembourg un certain nombre d'ouvriers et je les adjurai, au nom de la république, d'ajourner une manifestation qui pourrait entraîner des désordres. Ils me répondirent que le mouvement était imprimé, qu'il était irrésistible. La manifestation eut lieu : elle fut admirable d'ordre, de discipline et de sagesse.

« Quant au 16 avril, poursuivait Louis Blanc, on a prétendu que c'était une manifestation dirigée par les ouvriers contre le gouvernement provisoire, et que j'avais trempé dans une espèce de complot ayant pour but de renverser une partie du gouvernement. Ces reproches sont l'opposé de la vérité. En ce qui me concerne, j'ai toujours considéré l'intégrité absolue du gouvernement provisoire comme une condition de salut pour la république. Le gouvernement provisoire était constitué avec des éléments hétérogènes. Je ne cacherai pas qu'il existait entre les divers membres qui le composaient des dissidences assez graves. Mais ces dissidences, qui auraient fait du gouvernement provisoire un très-mauvais pouvoir, au point de vue de l'unité d'action, ces dissidences faisaient précisément que le gouvernement provisoire était le meilleur gouvernement de transition et de passage, destiné à garder la place de la souveraineté nationale (¹). »

(¹) M. Louis Blanc nous permettra de ne pas partager sa bonne opinion sur le gouvernement provisoire. Composé, comme il l'avoue, d'éléments hétérogènes dont les tendances diverses se dévoilaient chaque jour davantage, ce gouvernement ne pouvait pas donner à la France et à l'Europe cette impulsion révolutionnaire et rénovatrice que le peuple avait vainement voulu imprimer au mouvement de février. Aussi, accusait-on alors le gouvernement provisoire de ne pas être collectivement à la hauteur de sa mission. Témoin ses tâtonnements à l'égard de la politique à suivre au dedans comme au dehors. Celle qu'il adopta, fut non pas la politique révolutionnaire que les circonstances lui traçaient, mais une politique de sentiment, telle qu'on aurait pu la comprendre pour la république fondée et affermie. Il voulut, suivant l'expression de Robespierre, soumettre au même régime la santé et la maladie, l'état normal de la société et l'état de révolution où l'on était. Aussi les démocrates conséquents s'apercevaient-ils avec douleur que le gouvernement provisoire faisait fausse route, et qu'il conduisait la république naissante vers des abîmes sans fin.

Je puis aujourd'hui éclairer cette page de notre histoire, qui se rapporte à la journée du 16 avril. Oui, il existait, à cette époque, non pas un noir complot contre le gouvernement provisoire, non pas le projet de le faire sauter par les fenêtres, et de mettre à sa place un *comité de salut public*, qui eût effrayé tous les hommes timides ; mais un projet très-sensé, consistant à renforcer l'élément démocratique, annihilé à l'Hôtel-de-Ville. Douze démocrates des plus éprouvés, des plus considérés, devaient aller s'asseoir au conseil de la république, non pas à la place de ceux qui y siégeaient, mais à côté d'eux. L'exposé des motifs, les proclamations, les décrets, tout était prêt pour ce coup d'Etat. Ce renfort de républicains, de révolutionnaires, devait se faire agréer volontairement ; et, dans le cas contraire, se faire appuyer par le peuple. L'élément révolutionnaire ainsi renforcé dans le gouvernement, et les divers ministres relégués dans leurs départements respectifs, la révolution se relevait d'un seul bond, et suivait son irrésistible cours, sans donner le temps à la réaction de recommencer les saturnales de thermidor.

Ce projet était aussi simple et naturel que légal. Le peuple n'était pas encore lié par les élections ; il n'avait pas encore délégué ses pouvoirs : ce qu'il avait fait au 24 février, il pouvait le défaire ou le compléter le 20 avril. La panique du 16 avril rendit impossible l'exécution de ce plan, que bien des bons citoyens considéraient comme salutaire, et que le peuple eût appuyé de toute sa force, parce qu'il connaissait, lui aussi, le côté faible du gouvernement.

Ainsi, Louis Blanc démontrait de la manière la plus irrécusable qu'il avait fait tout son possible pour empêcher la manifestation du 16 avril, et il prouvait qu'il n'avait jamais été en relations avec les chefs des clubs. Mais tout en rendant ainsi hommage à la vérité sous le point de vue qui lui était personnel, il n'en démentit pas moins les bruits accrédités ce jour-là par les réactionnaires pour mettre la division dans la grande famille, bruits qui servirent à faire battre le déplorable rappel de cette néfaste journée.

Arrivant ensuite aux ateliers nationaux, Louis Blanc se plaignit avec raison d'avoir été, pendant deux mois, sous les coups de la calomnie, qui, disait-il, lui imputait à crime l'organisation des ateliers nationaux, lorsque cette organisation, toujours combattue par lui, était devenue l'objet de ses défiances et même de son inimitié. « Je puis dire aujourd'hui, s'écriait-il, ce qu'un sentiment de convenance m'aurait empêché de dire jusqu'à la publication des documents : c'est que les ateliers nationaux non-seulement n'ont pas été organisés par moi, mais ont été organisés contre moi; et le club des Ateliers nationaux a été fondé par un homme qui s'était donné la mission, sous le gouvernement provisoire, de combattre mon influence.....

« Ainsi, Messieurs, je n'ai pas organisé les ateliers nationaux, puisqu'ils ont été organisés contre moi. Je n'ai jamais visité les ateliers nationaux; je n'ai pu exercer aucune influence sur eux, ni par moi, ni par les délégués du Luxembourg. Je ne sais si l'insurrection de juin est sortie du sein des ateliers nationaux; mais si cela a été, Messieurs, il y aurait une abominable iniquité à m'en rendre responsable. »

Quand Louis Blanc en vint à parler de la journée du 15 mai, qui était, si l'on peut s'exprimer ainsi, le grand cheval de bataille de la commission d'enquête, il commença par exposer minutieusement l'emploi de sa journée de la veille, et il expliqua ainsi les réunions qui avaient eu lieu chez lui ce jour-là :

« Oui, nous nous sommes réunis chez moi la veille du 15 mai, mais cette réunion n'a eu aucune espèce de rapport avec ce qui devait se passer le lendemain. Il n'a été question que de nous concerter sur la marche à suivre; car c'était alors le moment où l'on désignait les membres qui devaient former le comité de constitution. La conversation porta tout entière pendant deux heures et demie sur ce qui était l'objet de la réunion, savoir : la marche à suivre dorénavant dans les délibérations de l'assemblée et le choix des personnes qui devaient former ce comité.....

« Il y a une déposition qui porte que le 15 mai je suis sorti de chez moi et je me suis dirigé vers la Bastille, poursuivait l'orateur. Si l'instruction n'a pu me suivre plus loin, c'est sa faute; car je lui avais moi-même tracé ma route : elle serait venue avec moi, non pas jusqu'à la Bastille, mais jusqu'au café Véron des Panoramas. Dans le style du juge d'instruction, aller de la rue Taitbout aux Panoramas, cela s'appelle se diriger vers la Bastille. On pouvait interroger les personnes avec lesquelles j'ai déjeuné; on ne l'a pas fait parce qu'on a voulu laisser peser sur mes démarches une obscurité meurtrière, parce qu'on voulait se réserver la faculté de dire : le 15 mai au matin M. Louis Blanc s'est dirigé vers la Bastille. »

Il rappelait ensuite comment la veille il avait rencontré Barbès, et le conseil qu'il lui avait donné de veiller sur la manifestation, qui pouvait être détournée de son but par ces hommes toujours empressés d'épier les mouvements du peuple pour les faire dévier. « Barbès me quitta, dit-il, après m'avoir fait la promesse formelle qu'il irait à son club et qu'il y ferait tous ses efforts pour détourner ses amis de la manifestation. »

Passant, enfin, à la partie la plus sérieuse de l'accusation, à celle d'avoir encouragé le peuple, Louis Blanc s'exprima ainsi :

« Est-il vrai, oui ou non, que quand j'étais à ma place on est venu me presser de la manière la plus vive et la plus instante d'aller parler au peuple? Est-il vrai, oui ou non, que pendant longtemps j'ai déclaré que ma place était à mon banc, que ma cause était celle de l'assemblée, que je ne voulais pas m'en séparer? Est-il vrai qu'on me disait : Mais le peuple, mais la foule vous appelle à grands cris; si vous ne vous rendez pas à cette invitation, prenez garde à l'assemblée; vous serez responsable des désordres qui peuvent arriver? Cela est-il vrai, oui ou non? Et alors, qu'ai-je fait? Je suis descendu, je suis monté au bureau du président. Ces faits sont acquis aux débats, ils sont incontestables; et ce n'est que sur l'invitation du bureau que je me suis décidé à parler au peuple.....

« Non, s'écriait l'orateur en combattant quelques dépositions évidemment fausses, non, je n'ai pas dit au peuple d'envahir l'assemblée; le langage que je lui ai tenu est précisément le contraire. Le *Moniteur* et le procès-verbal de l'assemblée déclarent qu'en parlant au peuple je l'ai rappelé à la modération et l'ai adjuré de respecter sa propre souveraineté..... Oui, les paroles que des témoins ont entendues ont été prononcées, mais par Barbès, qui les a loyalement revendiquées, et qui s'est trouvé, en effet, d'accord avec le *Moniteur*.....

« Je ne réponds pas à ce qui n'est pas sérieux dans les accusations qu'on dirige contre moi, poursuivait-il. Il est vrai qu'à la fin de mon second discours on me mit un drapeau tricolore entre les mains. Fallait-il le jeter par terre, le fouler aux pieds? Je m'en servis pour engager le peuple à se retirer.»

Louis Blanc discutait ensuite la valeur des dépositions dont la commission d'enquête avait voulu tirer parti contre lui : il leur opposait une foule de lettres et de déclarations d'autres témoins attestant que ses efforts n'avaient eu pour objet que de calmer le peuple et de faire respecter l'assemblée. Il retraçait son itinéraire dès sa sortie de la salle jusqu'à sa rentrée à son domicile, et prouvait ainsi que, loin d'avoir voulu aller à l'Hôtel-de-Ville, il avait empêché bien des citoyens de s'y rendre.

Quant à la déposition de l'ex-lieutenant-colonel de la 6ᵉ légion, témoin qui déclarait avoir vu Louis Blanc dans une des salles de l'Hôtel-de-Ville, elle était si complétement contredite par les déclarations d'une foule d'autres témoins, qu'elle ne pouvait plus être discutable. Ce témoin fut d'ailleurs convaincu de mensonge par plusieurs officiers de la même légion. Ainsi, jamais *alibi* ne fut mieux démontré que celui qu'invoquait à cet égard Louis Blanc.

Restaient les journées de juin, à l'égard desquelles il se borna à quelques explications.

« Personne, dit-il, n'est demeuré plus complétement étranger que moi à ces malheureuses affaires; personne n'a plus que moi profondément gémi sur ce déplorable conflit, dont la première nouvelle m'a été donnée par mon concierge, au moment où je me rendais à l'assemblée.

« Je suis venu dans cette salle le 23 juin dès l'ouverture de la séance; je n'ai pas un seul instant quitté l'assemblée. Il était donc d'une impossibilité matérielle, absolue, qu'on me compromît dans ces événements. Alors, qu'a-t-on fait? Car, à tout prix, on voulait me perdre : On a imaginé qu'ayant une grande influence sur l'association des tailleurs de Clichy, j'étais intervenu dans l'insurrection, sinon par moi, du moins par eux. Eh bien ! Messieurs, il se trouve que cette association des tailleurs de Clichy, sur laquelle, en effet, j'exerce de l'influence, est restée complétement étrangère à l'insurrection. Pendant que tout retentissait du bruit de la fusillade, les tailleurs restaient dans l'atelier, à la grande édification des gens du quartier. On a dit d'une manière vague : Il y a beaucoup de tailleurs arrêtés. Eh bien! la vérité, la voici; elle résulte de la déclaration du commissaire de police lui-même : Les tailleurs de Clichy sont quinze cents, et sur quinze cents, dans un moment où on arrêtait tout le monde, principalement les ouvriers, on a arrêté douze tailleurs de Clichy, dont six sont déjà relâchés. Voilà ce que la commission appelle l'association des tailleurs se précipiter tout entière dans l'insurrection.

« Messieurs, disait en terminant l'orateur qui avait occupé si longtemps la tribune sans lasser son auditoire, je ne crois pas avoir laissé debout un seul des faits qui me sont imputés. Je les ai examinés longuement, avec le plus grand soin, parce que l'accusation qu'on fait peser sur moi est la plus grande qui puisse peser sur le cœur d'un honnête homme. Quoi! Messieurs, j'aurais poussé le peuple à l'insurrection, je me serais rendu responsable de tous ces flots de sang, j'aurais fomenté une guerre civile qui a fait tant de veuves et d'orphelins, et puis je serais allé me cacher lâchement! Après avoir manqué de courage pour combattre, j'aurais manqué du courage de l'aveu! Non, Messieurs, je ne me suis rendu coupable ni d'une telle bassesse, ni d'une telle lâcheté!....

« Je vous ai dit la vérité; je vous ai dit la vérité comme un homme loyal, comme un honnête homme qui a été indignement calomnié. A ceux qui ne me connaissent pas, il fallait des preuves; mais j'ose dire ici que, pour ceux qui me connaissent, ma parole eût suffi; car ceux-là savent bien que la vie même me paraîtrait achetée trop cher au prix d'un mensonge. »

Il était près de onze heures quand Louis Blanc descendit de la tribune, salué par les acclamations de tout le côté gauche de l'assemblée. « L'immense salle, faiblement éclairée, présentait alors un spectacle sinistre. Sur leurs bancs, immobiles, silencieux, on voyait comme des fantômes ces proscripteurs que le grand jour eût effrayés, raconte Louis Blanc. Dans les tribunes, une curiosité morne se peignait sur les visages pâlis par la fatigue. Pour égaler cette scène à d'autres scènes dont le souvenir, après un demi-siècle, palpite encore, il ne manquait que le voisinage de la guillotine et l'alliance avec le bourreau. »

Après quelques explications fournies par le citoyen Trélat et par d'autres représentants, le président donna la parole à l'accusé Caussidière.

Il commença par se plaindre de ce que la commission d'enquête avait procédé sans donner à ceux qu'elle désignait la possibilité d'un débat contradictoire. « Est-ce à la tribune, dit-il, que ce débat peut être apporté? La commission n'eût-elle pas dû mettre en présence l'accusé et les accusateurs? Si la commission eût agi ainsi, l'étendue du rapport eût été diminuée des trois quarts, et il aurait été loisible de s'y reconnaître. »

Caussidière prit ensuite l'accusation corps à corps dans tout ce qui le concernait. Il discuta une à une toutes les dépositions à charge que la commission avait enregistrées avec tant de complaisance. Il lui fut facile de faire apprécier la valeur morale de la plupart de ces dépositions, et principalement de celles des sieurs Delahodde, Taffin, Grégoire, Chenu, presque tous agents de police révoqués par lui ou chassés de Paris.

Ainsi qu'il l'avait déjà dit précédemment, Caussidière attribua le déplorable envahissement de la salle législative, non pas à un complot, mais à diverses circonstances fortuites, et principalement au mauvais accueil fait aux délégués. Il se plaignit de ce que, ce jour-là, il était resté sans forces matérielles à sa disposition. Il avait, dit-il, pris toutes les précautions pour paralyser les entreprises des chefs des clubs, et il ne doutait pas, enfin, s'il n'eût pas été retenu au lit par une luxation au genou, qu'il n'eût, par sa présence et en fraternisant avec le peuple, empêché l'entrée du palais de l'assemblée.

Arrivant aux journées de juin, Caussidière rappela qu'il les avait passées entièrement avec ses collègues à l'assemblée nationale, qu'il avait évité avec soin d'aller du côté de l'insurrection, préférant coucher chez des amis dans les quartiers tranquilles. Il parlait de la proposition qu'il avait faite au président pour faire tomber les armes des mains du peuple.

Caussidière trouvait tout naturel que son nom eût été prononcé sur les barricades. « De bonne foi, disait-il à ce sujet, on ne pouvait pas aller prendre le nom de M. Guizot pour faire un drapeau..... Je le répète, si j'avais été de l'insurrection, j'y serais mort; mais je n'aurais jamais fait d'insurrection contre le suffrage universel.....

« Non, je n'étais pas le chef ni un des chefs de l'insurrection, s'écriait l'ancien préfet de police; non, je n'ai pas fait partie de réunions ayant pour objet de la préparer; non, je ne devais pas prendre un commandement le 23 juin; non, je n'aspirais pas à être le chef de la république; non, je n'ai jamais songé à frapper M. de Rothschild ni d'autres d'une contribution forcée; oui, j'ai ménagé Chenu pour le soustraire à l'indignation de ses victimes; non, mille fois non, je n'ai rien à craindre dans ma vie privée de la haine de qui que ce soit. J'ai longtemps souffert, et j'ai toujours travaillé..... De la boue, il en reste toujours quelque chose; Bazile l'a dit : la calomnie est une flétrissure qui s'en va difficilement. Il fallait bien me prendre par tous les bouts, me rendre impossible : j'avais eu le malheur d'obtenir cent cinquante mille suffrages à Paris comme remercîment de ma conduite, comprise autant de la bourgeoisie que du peuple; car j'avais voulu être juste pour tous et faire aimer la république, pour laquelle je me dévouerai toujours. »

Une déposition entre autres avait blessé vivement Caussidière, c'était celle de M. Trouvé-Chauvel, son successeur à la préfecture de police. Suivant ce dernier, Caussidière aurait été le chef d'une conspiration permanente depuis février. Il ne doutait pas qu'il n'eût conspiré le 15 mai et le 23 juin, et il l'aurait fait arrêter sans sa qualité de représentant du peuple.

« Voilà, s'écriait l'accusé, ce que mon successeur à la préfecture de police a répété plusieurs fois à la commission, mais toujours sans rien préciser. C'est une accusation capitale, sommaire s'il en fut.

« Je réponds par un démenti et un défi adressé à M. Trouvé-Chauvel d'apporter à cette tribune la moindre preuve de cette menaçante dénonciation. Il aurait dû les donner à la commission d'enquête, il me les doit au moins à moi-même et à l'assemblée dont nous faisons partie tous les deux. Je n'ai plus rien à lui dire.....

« Citoyens, concluait Caussidère, je crois avoir répondu à tout; j'ai voulu vous prouver par ces réponses minutieuses que je ne laissais aucune attaque de côté. Mon devoir est rempli, ma conscience est soulagée ; je remercie mes accusateurs ; ils m'ont fourni une grande occasion de faire triompher la vérité, qui m'est aussi chère que la liberté. Ce n'est pas moi qui serais venu évoquer le passé, malgré les attaques indirectes dont j'étais l'objet de temps à autre depuis ma retraite. J'avais rendu compte de mon administration au public, notre juge à tous; cent cinquante mille voix m'avaient rendu mon mandat de représentant. C'était-là ma réponse à tout et à tous.

« Que reste-t-il de clair, de prouvé, après toutes ces explications, toutes ces récriminations? Citoyens, c'est que si l'assemblée nationale veut sincèrement la république, elle doit imposer silence à ces vieilles haines, à ces folles représailles d'hommes plus coupables envers leur cause que nous ne pourrions jamais l'être envers la nôtre. »

Caussidière descendit de la tribune au milieu d'un silence menaçant et implacable de la part des réactionnaires.

Son discours et la lecture qu'il fit d'une foule de pièces à l'appui avaient pris plus de trois heures de cette longue séance; le sommeil, la lassitude dominaient l'assemblée. Il était tout naturel qu'on demandât le renvoi au lendemain des explications qui pouvaient se produire encore, et de la décision à prendre; décision importante s'il en fut jamais.

Mais les ennemis personnels des membres mis en cause avaient hâte d'en finir, et tout était préparé pour que la solution ne fût pas retardée plus longtemps.

A peine Caussidière avait-il fini de répondre à la commission d'enquête, qu'on vit monter à la tribune le procureur général Corne, tenant à la main une demande en autorisation de poursuites judiciaires contre Louis Blanc et Marc Caussidière. « Il fallait voir ce procureur général de la république, avec sa figure hâve, sa voix sèche et brève, son sourire haineux, son œil avide..., raconte Louis Blanc; il fallait voir cette race immortelle de Laubardemont demander à l'assemblée de se déjuger pour lui livrer deux des républicains de la veille les plus en évidence! »

Le président se leva aussitôt pour donner lecture de ce réquisitoire, qui venait introduire une action judiciaire au milieu d'un coup d'Etat. Vainement les représentants Laurent (de l'Ardèche) et Bac protestèrent-ils contre cette manière de procéder : ils parlaient à une majorité devenue tyrannique, à une majorité qui avait hâte de voter sans désemparer.

On fut péniblement surpris de voir le général Cavaignac, chef du pouvoir exécutif et dictateur, monter à la tribune pour s'opposer à tout renvoi. Les termes dans lesquels il émit son opinion à ce sujet ne pouvaient être considérés que comme un ordre qu'il signifiait insolemment à l'assemblée des représentants du peuple.

« Citoyens représentants, dit-il en montant à la tribune, j'ai pour but de convaincre l'assemblée de l'importance que nous attachons à une prompte solution. Cette prompte solution, nous ne l'imposons pas, nous la demandons; nous ne la discutons pas même; l'assemblée appréciera. Nous ne dirons pas à quel jour notre conviction s'est formée : elle est formée. Nous avons cru bien faire, et nous avons bien fait de mettre l'assemblée en position de ne pas renouveler ce débat. »

De vives réclamations s'étant fait entendre contre une manière si leste d'intimer des ordres à l'assemblée nationale, et plusieurs voix s'étant écriées : « Il fallait avertir avant le débat, » le général se borna à répéter ses premières phrases.

« Nous avons cru, et nous avons bien fait, dit-il, de mettre l'assemblée à même, si elle le veut, de terminer promptement un débat qui pèse au pays. Si l'assemblée partage notre opinion, elle prononcera. Les pièces qui ont formé notre conviction sont entre les mains de l'assemblée; qu'elle prononce. Si elle ajournait, nous le regretterions profondément. »

La droite ayant applaudi aux paroles du général, le représentant Flocon courut à la tribune pour combattre les fâcheuses impressions produites par les paroles du chef du gouvernement.

« Je repousse de toutes mes forces, s'écria Flocon, la proposition toute politique qui vous est faite, et je la repousse par des motifs politiques.

« On nous dit : « Vous avez un rapport; M. le procureur général vient de lui donner une conclusion ; notre conviction est faite ; finissez-en pour ne plus y revenir. » Citoyens, prenons garde ! il est impolitique de se débarrasser ainsi d'un débat, quelque pénible qu'il soit au pays. Le procédé n'est pas à la hauteur de la mesure qu'on vous demande. Il s'agit de poursuivre des hommes d'une opinion très-connue ; ce sont des républicains; qui vous garantit que demain on ne vienne vous proposer la même mesure pour des hommes d'une opinion très-connue aussi.....

« Un gouvernement ne doit pas se décider par des raisons de promptitude ; ses déterminations doivent être mûries par la sagesse ; il doit se tenir en garde contre cette manière expéditive de terminer les questions. Mon opinion est que la commission d'enquête n'a pas recherché les causes générales ; elle s'en est bien gardée ; elle s'est retournée pour ne pas les voir. Elle ne s'est préoccupée que des causes particulières et de détails oiseux, insignifiants et sans portée. (C'est vrai ! c'est vrai ! s'écria tout le côté gauche). Eh bien ! répond Flocon, je proteste contre ces moyens illicites. Réfléchissez, citoyens ; nous sommes en état de siége : l'inviolabilité de représentant va être déclinée, et deux de nos collègues vont être livrés aux tribunaux militaires et figurer parmi les transportés. »

— « Les faits qui sont relevés et pour lesquels nous demandons à poursuivre, s'empressa de dire le citoyen Marie, ministre de la justice, sont de deux natures. Les uns sont relatifs au 15 mai ; le 15 mai appartient à la justice ordinaire ; une autre classe de faits appartient aux crimes des 23, 24, 25 et 26 juin ; ils sont justiciables de la justice militaire. Voilà la réponse très-catégorique que je devais faire à M. Flocon. »

— « La clôture ! la clôture ! se mirent à crier les contre-révolutionnaires.

— « Eh quoi ! répliqua Caussidière, que cet empressement indignait ; eh quoi ! vous avez pu lire et méditer le rapport et les pièces ; vous avez pu vous laisser influencer par le réquisitoire du gouvernement et par celui du procureur général ; et moi je vous apporte aussi des pièces nombreuses, que vous n'avez pu méditer, que vous n'avez pu examiner ; et vous ne prendriez pas le temps nécessaire pour les lire ! Je détruis les faits qui me sont imputés par des pièces, et vous ne daignez pas y jeter les yeux ! Vous voulez donc rendre un jugement sans instruction préalable, sans avoir entendu toutes les parties..... ou si vous voulez nous sacrifier par une nécessité politique, vous devez en finir le plus tôt possible. Mais est-ce là de la justice? je proteste.... Je sais ce qui m'attend ; je connais la justice des partis. Plus on a été clément envers eux, plus ils se montrent impitoyables..... »

La mise aux voix de la clôture interrompit ici l'improvisation chaleureuse de Caussidière.

« Je demande, s'écria le représentant Bac, que les art. 62 et 63 du réglement soient appliqués dans le débat qui nous occupe. Quand un ministre fait une proposition, elle doit être examinée. Messieurs, vous avez hâte, ajouta l'orateur en s'adressant aux membres qui ne cessaient de crier la clôture ! mais est-ce bien à deux heures et demie du matin que l'on doit délibérer si l'on enverra deux représentants du peuple devant les conseils de guerre ? »

Le président ayant alors fait comprendre que le réquisitoire renfermait deux chefs de poursuites distincts, l'assemblée procéda au scrutin de division. Cette opération terminée, et le scrutin ayant fait connaître que cinq cent quatre voix, contre deux cent cinquante-deux, accordaient au procureur de la république l'autorisation de poursuivre Louis Blanc sur le chef de l'attentat du 15 mai, le président proclama ce résultat vers les quatre heures du matin.

Le citoyen Flocon voulut vainement encore disputer Caussidière, son ancien compagnon d'armes, aux rancunes d'un parti qui ne se consolait pas d'avoir été vaincu et chassé par les républicains. Il le fit avec autant de courage que de talent. Sa logique eût pu produire quelque bon effet sur l'assemblée, si la majorité n'eût pas été décidée à livrer Caussidière.

« Je viens tenter un dernier effort en faveur d'un ami, en faveur d'un coreligionnaire politique, dit-il, en faveur d'un homme qui avant le 24 février et au 24 février s'est trouvé à nos côtés, a combattu avec moi, a partagé le succès de la révolution, et qui aujourd'hui, avant moi, est appelé à en partager la responsabilité....

« Dans la demande en autorisation de poursuites qui vous est soumise, il y a deux griefs : le premier a rapport à l'attentat du 15 mai. Caussidière a déjà été frappé à propos de cet attentat. Il était fonctionnaire public ; le gouvernement lui a retiré ses fonctions, après un débat à cette tribune dont vous avez mémoire. Il a senti qu'il devait en appeler au pays : ce jugement lui a été favorable : 150,000 voix l'ont absous.

« Est-ce assez ! vous en jugerez. Si vous pensez qu'il doive encore une fois être renvoyé devant la justice pour ce fait, vous le ferez ; car je pense qu'il peut sans crainte comparaître devant une justice ordinaire.

« Mais à côté de cette justice, il en est une autre ; c'est la part qui lui est attribuée dans les événements de juin.

« Ici la question change.... Il s'agit de savoir si, pour la première fois en France, on verra une assemblée nationale, une assemblée législative dépouiller un de ses membres de l'inviolabilité de représentant, pour le livrer directement aux conseils de guerre.....

— « Nous ne le demandons pas, s'écrie une voix de la majorité.

« Je comprends qu'il vous répugne de le faire, reprend Flocon ; mais le décret vous l'ordonne, et vous serez entraînés à faire ce que vous ne voulez pas faire. Maintenant, je le demande à l'assemblée : veut-elle donner ce triste exemple? veut-elle marquer l'histoire des déchirements de notre pays d'une tache sanglante qui n'y existe pas encore?

— « Non! non! s'écrie tout le côté gauche.

Mais bien des voix de l'extrême droite répondent : Oui! Oui! [1].

— « Vous ne le ferez pas, répliqua l'orateur. Et comment le

[1] Ces voix furent sans nul doute de celles qui, au nombre de 281, votèrent pour le renvoi de Caussidière devant le conseil de guerre.

feriez-vous? Dans quelles circonstances?... Je sais que je vais soulever bien des murmures; ma conscience m'oblige à vous le dire. Vous allez renvoyer devant les conseils de guerre un de vos collègues, sans avoir examiné l'accusation. Si au commencement de ce débat, à l'ouverture de cette séance, on avait su que le gouvernement avait la prétention de faire sortir de ce débat, de donner pour conclusion au rapport de la commission d'enquête une demande en autorisation de poursuites, le débat se serait-il passé comme il s'est passé? je ne le crois pas.

« Je crois d'une part, que ceux qui sont accusés aujourd'hui, et qui ne l'étaient pas hier, ni au moment où ils parlaient à cette tribune, ont peut-être négligé quelques points de leur justification, et que leurs amis auraient apporté plus de soins, plus de dévouement dans leur défense; et, d'un autre côté, il est permis de supposer qu'on aurait apporté un peu plus d'attention, un peu plus de méditation sur des débats qui devaient avoir une issue aussi tragique.

« Ainsi, par exemple, de tout ce qui a été dit devant vous, deux faits à charge de Caussidière sont restés dans ma mémoire. Eh bien! si ces deux faits étaient sérieusement examinés, ils seraient mis à néant.

« Le premier, et le plus grave de tous, est celui qui signale la présence de Caussidière aux barricades. Eh bien! j'ai interpellé notre collègue, le citoyen Heckeren; voici ce qu'il a loyalement déclaré: au moment où il se séparait du général Lamoricière, derrière les barricades de la rue St-Denis, le général se dirigeant sur un autre point, le citoyen Heckeren alla dans les rangs de la garde nationale, et là il fut accueilli par ce propos : « Ah! Caussidière, vous voici parmi nous, nous sommes enchantés! (¹) »

(¹) Un autre membre déclara que M. Houvenagle, représentant des Côtes-du-Nord, avait été également pris, aux barricades, pour Caussidière. D'où il était facile de comprendre les bruits répandus de sa présence sur les points qu'occupaient les insurgés.

« Or, à côté d'une erreur aussi bien caractérisée, et qui est prouvée par un témoignage que nul ne suspectera, les assertions d'employés et agents de police chassés pour mauvaise conduite par Caussidière, doivent être singulièrement affaiblis. Ajoutez les attestations d'un grand nombre de nos collègues qui déclarent avoir vu constamment Caussidière dans cette enceinte, et vous serez obligés de reconnaître qu'il n'était pas aux barricades.

« Un autre fait auquel la commission d'enquête a paru attacher beaucoup d'importance, c'est celui d'une réunion qui aurait eu lieu à Saint-Cloud, dans laquelle des propos détestables auraient été tenus. Comment nous vient ce rapport? sur quelle foi? Sur la foi d'un homme qui prétend avoir entendu, à travers une porte, une conversation qui se tenait dans un cabinet. Eh bien! cet homme a menti, à ma connaissance, sur deux faits signalés par lui ; jugez du reste. L'un de ces faits c'est ma présence à Saint-Cloud, au milieu de cette réunion. Je n'y étais pas, je l'atteste sur l'honneur, et puis le prouver. L'autre fait c'est la présence à cette réunion du maire de Saint-Cloud lui-même. Or, voici sa déclaration ; je la dépose sur le bureau du président. Il y a d'autres pièces que Caussidière vient de déposer. En avez-vous connaissance? les avez-vous méditées? et si ces pièces étaient de nature à dissiper le doute, à éclairer vos esprits! vous n'en auriez pas moins pris une résolution inouïe!....

« Un mot encore, disait en terminant le citoyen Flocon. Ne vous étonnez pas si j'insiste en faveur de Caussidière. Il a été pour moi longtemps un compagnon de lutte et, un moment, de succès. Aujourd'hui il a le sort qui est destiné aux révolutionnaires. Mais Caussidière a rendu des services ; ils sont incontestables ; les membres du gouvernement qui se sont séparés de lui ne peuvent s'empêcher de rendre hommage à son aptitude, à son zèle, à son activité et à tout ce qu'il a fait de bon pour la république, pour la ville de Paris. Eh bien ! est-il prudent, est-il politique de briser un instrument qui a pu être utile ? Je ne le pense pas. Assez de malheurs ont frappé sa famille : son frère a été tué à Lyon en combattant pour la liberté ; son vieux père est mort dans mes bras. En faisant quelques efforts pour que Caussidière ne soit pas renvoyé devant les conseils de guerre, il me semble que j'apporte une consolation sur la tombe de ce vieillard qui a sacrifié sa vie entière à la liberté, et qui n'a pas même eu la joie d'assister à son triomphe. Faut-il l'en plaindre ? Il n'aurait eu qu'un seul bonheur dans sa vie, c'eût été de mourir le 24 février, pour ne pas voir ce qui se passe aujourd'hui ! »

Le sort en était jeté : quatre cent soixante-dix-sept voix, contre deux cent soixante-huit, accordèrent au procureur de la république le droit de poursuivre le citoyen Caussidière sur les faits relatifs au 15 mai ; quatre cent soixante-huit représentants refusèrent de le laisser traduire devant les conseils de guerre.

C'est ainsi que, dans une seule et même séance de nuit, la majorité de l'assemblée constituante s'était débarrassée de deux hommes qui gênaient la réaction. Les contre-révolutionnaires avaient espéré mieux encore ; ils eussent voulu ne faire qu'une seule et même fournée des deux autres révolutionnaires inculpés dans le rapport de la commission d'enquête ; Ledru-Rollin et Proudhon leur échappèrent cette fois ; mais l'irrésistible cours de la réaction ne pouvait manquer de les retrouver bientôt pour leur faire expier le crime irrémissible et imprescriptible d'avoir contribué à fonder la république sur les débris de la royauté (¹).

(¹) Dans cette inique affaire, les contre-révolutionnaires n'éprouvèrent d'autre regret que celui de la fuite, hors de France, des deux hommes qu'ils avaient cru pouvoir faire mourir dans les prisons du continent ou à Noukahiva.

CHAPITRE II.

Elections des conseils municipaux. — Manœuvres des réactionnaires à ce sujet. — Connivence des fonctionnaires avec la réaction. — Préfets contre-révolutionnaires nommés par le gouvernement du général Cavaignac. — Bruits sur la prochaine arrivée de Henri V. — Tendances réactionnaires du gouvernement. — Il abandonne l'Italie pour ne pas déplaire à l'Angleterre. — Il sollicite la reconnaissance officielle des rois, comme Louis-Philippe. — Ce que ces vaines reconnaissances coûtèrent à la démocratie et aux peuples. — Rapport successif de tous les bons décrets rendus par le gouvernement provisoire. — Abrogation du décret relatif aux heures de travail. — Rétablissement de l'octroi sur la viande. — Projet de loi pour atteindre les créances hypothécaires. — Il est repoussé par le comité des finances. — Discours de M. Thiers à ce sujet. — Réponse vigoureuse du ministre Goudchaux. — Vote mal entendu contre cet impôt. — Le ministre retire son projet de loi. — Question de concordats amiables. — Proposition faite à ce sujet par Jules Favre et Dupont de Bussac. — La commission change complétement cette proposition. — Grands débats à ce sujet. — L'assemblée rejette la proposition primitive et adopte le projet de la commission. — Projet de loi pour le rétablissement du cautionnement des journaux. — Grands débats qu'il fait naître. — Opinion de Louis Blanc. — Léon Faucher appuie le projet du gouvernement. — Il est combattu par Antony Thouret, Sarrans, Félix Pyat. — Efforts des réactionnaires pour soutenir le projet. — Les citoyens Mathieu (de la Drôme) et Avond le combattent. — Discours de M. Marie. — Proposition nouvelle présentée par M. Bourzat. — Elle est soutenue par Pascal Duprat. — Arguments du rapporteur. — Brillante improvisation du citoyen Ledru-Rollin. — Il défend noblement ses principes et sa personne. — Ses conclusions. — Discours de M. Sénard. — M. Léon Faucher reparaît à la tribune. — Réponse du citoyen Flocon. — L'assemblée vote le cautionnement. — Discussion de la loi sur les crimes et délits de la presse. — Code liberticide sur la presse, fait à coups de rabot. — Le gouvernement puise la dictature dans l'état de siége. — Il suspend quatre nouveaux journaux. — Marche à pleines voiles de la réaction. — Contrainte par corps. — Inscriptions révolutionnaires effacées par les ennemis du peuple. — La république n'existe plus que de nom.

Si les déplorables résultats des investigations de la commission d'enquête n'eussent pas suffi à démontrer les effrayants progrès de la réaction, ce qui se passa dans le courant du mois d'août à l'occasion du renouvellement des conseils municipaux, attesterait le chemin que les contre-révolutionnaires avaient fait en moins de trois mois. Partout les légitimistes, aveuglément appuyés par les modérés, étaient parvenus, non sans avoir préalablement calomnié les républicains de la veille, à faire entrer leurs créatures dans les conseils municipaux ; des noms qui n'eussent jamais osé se mettre en évidence, même sous la monarchie de Louis-Philippe, sortaient partout de l'urne, sous la protection des autorités locales, et grâce au peu d'empressement que le peuple mettait à aller remplir les devoirs que le vote universel lui avait imposés, ils perçaient sous la république.

« Faut-il s'étonner de ces déplorables résultats, s'écriaient les journaux démocrates ? C'est aux agents de l'autorité qu'il faut s'en prendre ; ce sont ces républicains douteux, ces républicains de toutes les couleurs, que nous n'avons cessé de signaler, qui sacrifiaient les dévouements les plus sincères aux promesses de la réaction. »

— « Ce que nous avons dit de la connivence des fonctionnaires ci-devant royaux, laissés en place ou réintégrés depuis peu, avec les ennemis de la république, nous est confirmé par toutes les correspondances que nous recevons, ajoutait une autre feuille républicaine ; les élections municipales ont lieu sous leur direction, et ce sont toujours les candidatures les plus hostiles à la démocratie qu'ils appuient. Les bulletins de liste sont imprimés par les ordres des maires, et distribués par les agents et les employés de l'autorité. La république a contre elle précisément les hommes que nous avons eu la générosité de laisser en place. Il n'est pas de manœuvres que ces hommes n'imaginent pour aliéner les populations au gouvernement républicain, en donnant surtout le change aux intérêts matériels.

— « Depuis les élections générales, qui ont fourni à la réaction l'occasion de mesurer ses forces, écrivait-on d'Alençon, elle n'est pas restée inactive. Satisfaite de ce premier résultat, elle a, fidèle à sa tactique, continué les mêmes manœuvres, s'attaquant successivement à tous les hommes que leurs antécédents signalaient comme des républicains sincères et dévoués ; il n'est pas de calomnies, de mensonges qu'elle n'ait prodigués pour les renverser. Exploitant avec une habileté infernale les craintes et les alarmes qu'ont jetées dans les populations les déplorables événements de juin, elle a dénoncé comme complices les fonctionnaires républicains qui étaient à la tête des départements (¹). La plupart de ces hommes, qui revenaient de l'exil ou sortaient des cachots de la monarchie, avaient été envoyés comme commissaires dans les départements, et, pendant plusieurs mois, ils avaient fait preuve d'énergie et de courage, en rétablissant partout l'ordre et la confiance, si profondément ébranlés. Eh bien ! la réaction les a signalés à l'opinion publique ; et le gouvernement de la république, cédant aux criailleries du royalisme déguisé, poussé d'ailleurs par un fatal aveuglement, les a remplacés presque partout par des hommes dont les actes antérieurs, dont toute la vie fut une lutte incessante contre les principes de ce gouvernement. Les preuves de ce que nous écrivons ne nous manquent point ; et dans cette galerie de préfets et de sous-préfets que vient de

---

(¹) A propos des élections et des manœuvres de la réaction, on lisait alors dans le *Propagateur des Ardennes,* l'article suivant, qui peignait si bien la situation des départements :

« La réaction est ici puissante, et de récents succès augmentent son audace. La classe ouvrière ne va plus aux comices ; indifférente aux débats électoraux, renfermée dans sa misère, elle craint de servir d'appoint à des ambitieux, sans profit pour les intérêts de la chose publique, sans profit pour ses intérêts personnels. Nous blâmons cette indifférence que nous comprenons pourtant : la réaction a jeté le désenchantement dans le peuple. Accoutumé à être trompé, il n'a plus de foi dans le gouvernement républicain, et son abattement se manifeste par son indifférence en matière politique. Voilà comment les hommes de l'ancien régime ont des chances. Qu'ils se hâtent de les exploiter, car jamais les hommes de ce parti n'ont été si près de leur perte que la veille de leur triomphe !..... »

compléter le ministre de l'intérieur, nous ne trouvons guère que les anciens agents de M. Guizot ! »

Les journaux de la capitale gémissaient alors autant que ceux des départements, des nominations qui sortaient chaque jour des bureaux de l'intérieur ; ils croyaient y voir un système arrêté ayant pour objet de confier l'administration du pays à ceux qui, avant le 24 février, disaient-ils, en avaient tiré un parti si habile. Ce qu'il y avait de plus désespérant pour les républicains, c'était de voir que les solliciteurs et nouveaux fonctionnaires, se paraient de leurs antécédents comme d'un titre à la faveur du gouvernement qui se prétendait antiroyaliste. « La contre-révolution est donc faite ? » s'écriaient-ils.

D'autres feuilles n'attribuaient pas tant ces anachronismes au ministre de l'intérieur, M. Sénard, qu'à la composition de ses bureaux, où l'on comptait encore tant de dévoûments dynastiques et tant de chefs habitués à un certain personnel administratif selon le cœur du ministre Duchâtel.

Le journal la *Réforme*, après avoir esquissé à grands traits la biographie politique d'une foule de préfets et sous-préfets appelés par M. Sénard à remplacer ceux de Ledru-Rollin, s'écriait :

« Et qu'on nous dise maintenant si de pareilles nominations ne sont pas un défi jeté à la face de la révolution que nous avons faite ? si elles ne sont pas une scandaleuse protestation contre le principe issu des barricades de février ? qu'on nous dise ce qu'il faut penser du ministre qui les encourage ou qui les permet, et si elles ne doivent pas nous faire douter de sa confiance dans la stabilité de la république ! »

Et, en effet, comment croire à cette stabilité, quand on ne parlait, à Paris comme ailleurs, que de l'avénement prochain de Henri V ? Toute la France a connu cette fraternisation de la 2ᵉ légion de Paris avec la garde nationale de Bourges, fraternisation opérée sous le drapeau fleurdelisé. Il était donc naturel qu'un ancien soldat de la ville où existait une société qui s'appelait le *Club des deux Royautés*, se fût écrié, à la vue du cortége à la tête duquel marchaient les anciennes autorités royalistes : *Voilà l'avant-garde d'Henri V!* (¹).

Or, ce prince, que certains cerveaux ardents de la ci-devant section des *Filles-Thomas* annonçaient, devait être un roi libéral, semi-républicain, quasi-socialiste, disaient les meneurs en cherchant à embaucher les ouvriers, dont ils excitaient la misère ; il devait arriver les mains pleines, et restaurer nos finances du jour au lendemain.

Qu'on se rassure pourtant, s'écriait la *Réforme* en enregistrant les bruits du jour ; les continuateurs de *vendémiaire* y regarderont à deux fois avant de s'engager sur les marches de Saint-Roch ; ils ne s'exposeront pas trop pour cette royauté à qui l'étranger a appliqué son cachet, et qui porte sur la face l'empreinte de son affront et de son ignominie ! Non, il n'y a plus parmi nous de trône possible. Le trône ! nous l'avons jeté par la fenêtre, et le peuple l'a brûlé au pied de la colonne de juillet. Il ne faudrait pas l'oublier trop tôt. »

Sans doute qu'il ne fallait pas désespérer de l'avenir de la république, car la France renfermait encore un grand nombre de citoyens qui ne s'étaient pas découragés. On pouvait même s'apercevoir, dès la fin du mois d'août, que la contre-réaction commençait à s'opérer, même dans les contrées où les roya-

---

(¹) « La campagne de Bourges a échauffé toutes les têtes, disait à ce sujet un journal de Paris ; elles ont mis résolûment leur képi de travers, et il n'est question de rien moins que d'une démonstration décisive, après laquelle les fleurs de lis seront arborées sans taffetas bleu.... Tout cela paraît burlesque : d'accord ; mais tout cela se dit et se répète. Certaines élections municipales, où les légitimistes l'ont emporté, sont la cause de tout ce tapage. Eh bien ! donc, qu'ils se montrent, nous ne demandons pas mieux que de les voir à l'œuvre !... »

listes avaient eu le plus de chances, même dans les départements dont les administrateurs, nommés par M. Senard, affichaient les opinions les plus contre-révolutionnaires. Aussi les résultats des élections des conseils généraux de département furent-ils généralement meilleurs qu'on ne l'espérait d'abord ; et le patriotisme, un moment accablé, se releva avec une vigueur nouvelle dans toutes les localités qui n'étaient pas complétement sous la domination des ex-nobles et du clergé.

Et pourtant les populations avaient à lutter non-seulement contre les autorités locales, mais encore contre le gouvernement lui-même, dont les tendances réactionnaires se révélaient chaque jour par quelques mesures liberticides et par une direction bien déplorable imprimée à la politique de la république française au dehors.

Ce fut ainsi que, lors des désastreux événements de l'Adige et du Mincio qui replacèrent la patriotique Lombardie sous le joug abhorré des Tudesques, le gouvernement du général Cavaignac, contrairement aux principes exposés dans le manifeste de M. Lamartine, avait refusé l'intervention salutaire d'une armée française, intervention que Charles-Albert venait enfin de solliciter lui-même.

La première nouvelle de cet abandon de l'Italie parvint à Paris par les journaux anglais, car le gouvernement chercha à cacher le plus longtemps possible cette honteuse désertion.

« Nous apprenons à l'instant, disait le *Globe* du 2 août, que le roi Charles-Albert a fait au gouvernement français la demande d'une intervention armée dans la question piémontaise. Nous sommes heureux de pouvoir ajouter que le gouvernement français, *agissant dans un esprit vraiment pacifique* (¹), *a refusé d'accéder à cette demande*, dans l'espoir que

---

(¹) Ce que nous avons dit ailleurs de l'opposition systématique et jalouse de l'Angleterre à toute intervention armée de la France en Italie, explique les éloges

d'heureuses négociations pourront terminer le différend actuel entre l'Autriche et le nord de l'Italie. »

Cette nouvelle, donnée au monde d'une manière détournée et comme ballon d'essai, fut d'abord mise en doute par les feuilles publiques de toutes les nuances.

« Nous pensons que le *Globe* est dans l'erreur, s'écrièrent les journaux de la démocratie. Il n'est pas possible que, contrairement aux principes posés par la déclaration déjà suffisamment pacifique du gouvernement provisoire, le gouvernement actuel de la république française refuse l'intervention demandée même par Charles-Albert, et agisse comme Louis-Philippe et M. Guizot eussent agi eux-mêmes [1] ! »

Huit jours après, quand l'indiscrétion d'un membre du comité diplomatique de l'assemblée nationale eut appelé la discussion sur les affaires de l'Italie, il ne fut plus possible au gouvernement de dissimuler sa lâche désertion des principes adoptés par l'assemblée elle-même à l'égard de la politique extérieure ; et malgré le chaleureux plaidoyer du représentant Baune en faveur de nos coreligionnaires politiques de la péninsule italienne, la France n'eut plus qu'à se voiler le visage. Le sort en était jeté : le général Cavaignac et son cabinet avaient craint de déplaire à l'Angleterre. Le général Cavaignac et son conseil avaient foulé aux pieds toutes les sympathies de la France républicaine ; ils avaient foulé aux pieds les propres ordres de l'assemblée lorsqu'elle avait applaudi aux résolutions que lui présentait naguère son comité diplomatique, résolu-

---

que les journaux de Londres faisaient de la nouvelle politique du gouvernement français.

[1] Les feuilles qui servaient d'organe au pouvoir, n'avaient cessé, depuis quelques jours, d'entretenir leurs lecteurs des dispositions belliqueuses que l'on remarquait dans les cantonnements de l'armée dite d'Italie. Récemment encore, elles avaient annoncé le départ de Paris du général Oudinot, comme un signe certain de la prochaine intervention de nos armes au delà des Alpes.

tions solennellement formulées par ces mots :

Pacte fraternel avec l'Allemagne, reconstitution de la Pologne libre, indépendante, AFFRANCHISSEMENT DE L'ITALIE !

Mais la réaction était alors partout : elle était dans la diplomatie surtout, car les agents que le ministre des affaires étrangères, Bastide, envoyait dans toutes les résidences, étaient généralement ceux qui avaient si longtemps fait prévaloir la honteuse politique du gouvernement de Louis-Philippe. S'il y avait quelque part des hommes nouveaux, ils ne différaient guère d'opinion avec leurs prédécesseurs accrédités par M. Guizot.

« Nous apprenons ce soir que M. Gustave de Beaumont part demain pour Londres, où il est nommé envoyé extraordinaire du gouvernement français en remplacement de M. de Tallenay, lisait-on dans le *Journal des Débats* du 9 août. Il paraît que le gouvernement français, informé que l'Angleterre allait *reconnaître officiellement* la république, a voulu, par cette nomination, manifester son désir d'établir des relations désormais officielles entre les deux pays ([1]). »

Que si l'on veut bien méditer sur cette nomination, examiner sa portée et rapprocher les dates, on restera convaincu que le gouvernement de la république faisait au gouvernement de sa majesté la reine d'Angleterre la gracieuseté de renoncer à l'influence légitime de la France sur l'Italie en échange d'une reconnaissance officielle de cette même république par l'Angleterre. Ainsi, cette grande république, qui n'avait nullement besoin d'être reconnue des têtes couronnées, par cela seul qu'elle existait, oubliait les nobles traditions de nos pères, et mendiait, comme Louis-Philippe, les *reconnaissances officielles !*

([1]) « Qu'on dise après cela que les royalistes et les ex-dynastiques ne sont pas en faveur ! s'écriait un journal républicain. La république représentée à l'étranger par les anciens affidés de la monarchie ! C'est à ne pas y croire ! Les comtes, les gentilshommes se pavanent dans les ambassades ! Qu'en pense M. le ministre des affaires étrangères ? »

Sous la première république française, un membre de la Convention, le représentant Boursault, avait mis un chef vendéen à la porte du lieu où il traitait diplomatiquement la pacification de ce pays pour avoir offert de reconnaître la république. « La république n'a pas besoin de votre consécration, s'était écrié l'un des collègues du représentant Cavaignac; elle est comme le soleil, elle brille aux yeux de tout le monde. ». Deux ans après, un diplomate, qui était lui aussi un général d'armée, rayait avec indignation un article du traité de Campoformio dans lequel le ministre autrichien, Cobentzel, avait insolemment écrit cette reconnaissance. Bonaparte aussi s'était écrié, non sans orgueil : *La République française est comme le soleil!*.... Et quand le chef du gouvernement de cette même république pouvait, de nos jours, dédaigner toutes ces reconnaissances officielles et repousser tous ces baisers de Judas, on le voyait enregistrer minutieusement ces reconnaissances successives, dont chacune coûtait à la France républicaine quelques lambeaux de ses principes et toujours quelque atteinte à sa considération, quelque dommage à ses intérêts!

La reconnaissance officielle de la Prusse n'a-t-elle pas été pour la république française la cause la plus prépondérante de l'abandon des Poméraniens ?

Celle de l'Autriche n'a-t-elle pas imposé successivement au gouvernement français la désertion des intérêts des Galliciens, des Lombardo-Vénitiens et de la Hongrie ?

L'une et l'autre de ces deux reconnaissances officielles, jointes à celles du roi de Bavière, du roi de Wurtemberg, des grands ducs, ducs et princes de la Germanie, n'ont-elles pas influencé puissamment sur le sort de l'Allemagne tout entière, qui s'était levée d'un seul bond pour se reconstituer?

« Je reconnaîtrai avec plaisir la république française, disait le tyran de Naples; mais à condition que vous ne vous mêlerez pas des affaires de la Sicile; et que je pourrai planter dans ce pays autant de potences qu'il me plaira. »

« Nous sommes prêts à reconnaître la puissante république de France, avaient dit pendant longtemps le roi de Sardaigne et son conseil oligarchique; mais nous espérons qu'en échange de nos bons procédés, vous défendrez à vos soldats de franchir les Alpes. Soyez d'ailleurs tranquilles : *l'Italia fara da sè*, et l'*épée* de l'Italie saura protéger la péninsule. » **On sait ce qui est advenu.**

La Russie aussi s'est décidée à reconnaître la république française. Qu'y avons-nous gagné? La ruine de la Hongrie et probablement d'autres stipulations secrètes qui pourraient bien un jour ruiner notre propre république.

Un écrivain que l'indignation dominait, en présence de cette misérable politique, s'écriait : « Il est très-vrai que nous sommes pauvres de cœur, que nous n'avons point la force morale de nos pères et le saint dévoûment de ceux qui sont morts, voilà cinquante années, pour le droit et pour la patrie. Mais quelque chétifs que nous ait faits la civilisation des concurrences, est-ce que nous ne pourrions pas nous retrouver encore dans le sentiment national et dans la doctrine révolutionnaire à l'égard de l'étranger?

« Comment! voilà l'Italie, l'Italie mère de toutes nos civilisations, l'Italie symbole de l'intelligence, de la force, de la beauté; l'Italie qui, depuis Savonarola jusqu'aux Bandiera, a versé son sang et ses idées sur l'échafaud, d'où la vérité tombe en larmes de sang, voilà ce grand peuple qui, morcelé, brisé, accablé, retrouve encore assez de courage et de vie pour s'agenouiller sur ses tombes et tirer sur l'étranger. Et nous le laissons une dernière fois dans l'angoisse de la mort! Et tout ce que nous trouvons à lui dire, nous les fils de la république, c'est qu'avec l'Anglais et l'Autrichien nous arrangerons son affaire!.... Il y aura toujours dans le programme de la révolution deux choses que l'on n'effacera pas : l'amour fraternel de la France républicaine pour les peuples qui souffrent, et sa haine contre le gouvernement oligarchique de l'Angleterre. »

Et pourtant, c'était à cette alliance mensongère avec les disciples des Pitt, des Castlreagh et des Peel que le gouvernement de la république française sacrifiait les sympathies de la France pour les peuples opprimés ! Voyez avec quelle joie stupide ses journaux annonçaient la prochaine arrivée à Paris du *successeur* de lord Normanby.

« L'envoyé extraordinaire du gouvernement anglais arrivera demain ou après demain à Paris, s'écriait le *Moniteur du soir* du 14 août. Le successeur de lord Normanby arrivera porteur de lettres de créance par lesquelles la république française sera officiellement reconnue par le gouvernement anglais, même avant le vote de notre nouvelle constitution. »

Et le monde officiel était en admiration devant cette *grande politique* qui nous ramenait si vite aux beaux jours de M. Guizot !

Avec quelle ardeur le gouvernement ne travaillait-il pas à rapporter successivement les bons décrets émanés du gouvernement provisoire, et tout ce qui pouvait rappeler la révolution si radicale du 24 février ! Quelle insistance ne mettait-on pas, gouvernement et majorité, à repousser toutes les propositions pendantes qui pouvaient avoir quelque chose de révolutionnaire ?

C'est ainsi que les innovations qu'avait essayé d'introduire dans le système financier le ministre Goudchaux, furent toutes cavalièrement et systématiquement repoussées par le comité des finances de l'assemblée constituante, devenu le quartier général contre-révolutionnaire.

Nous avons déjà parlé de la proposition ayant pour objet l'abrogation du décret relatif aux heures de travail des ouvriers. Lorsqu'il fut question de délibérer sur le rapport du citoyen

Pascal Duprat, l'assemblée se trouva en présence d'une simple proposition ainsi conçue : « Considérant que le décret du 2 mars est nuisible aux intérêts de l'industrie et contraire à la liberté du travail, ce décret est rapporté. »

— « Ce décret, dit alors Pierre Leroux, après avoir déploré l'absence de son principal auteur, Louis Blanc ; ce décret a pris naissance dans un moment sublime, dans un de ces moments où le sentiment des masses fait entendre sa grande voix. L'État a-t-il le droit de réglementer le travail et de le borner suivant les facultés des travailleurs ? » Et l'orateur ne balançait pas à se prononcer pour l'affirmative.

« On invoque contre cette opinion, poursuivait-il, la liberté des transactions. Mais oublie-t-on qu'il n'y a pas de liberté qui ne doive être réglémentée, limitée même ? Par la même raison que la loi défend l'homicide, elle doit défendre un travail qui tue l'ouvrier en usant ses forces. Un travail excessif abrutit l'homme et abâtardit l'espèce. L'homme abruti cherche sa distraction non plus dans les plaisirs de l'intelligence, mais dans ceux de l'ivresse.....

« Mais, disent les industriels, si les ouvriers ne travaillaient pas quatorze heures par jour ils mourraient de faim. La solution de cette difficulté est une question économique que j'aborderai tout à l'heure. Ce n'est pas au moment où l'assemblée nationale proclame l'émancipation des noirs, qu'elle doit proclamer l'esclavage des blancs. Ne cherchez pas à comprimer l'essor des grandes vérités humaines qui sont plus vivaces que le feu du Vésuve ; craignez l'éruption du volcan de la conscience humaine. »

Arrivant ensuite à la question économique, Pierre Leroux concluait par demander que l'on mît un terme et une limite à l'abaissement continu du prix des salaires. C'est la concurrence et ses terribles effets qui tuent l'ouvrier. »

Un seul orateur se présenta pour soutenir la nécessité de

rapporter le décret du 2 mars : ce fut le citoyen Dufey. Dans un discours fort étendu, ce représentant des doctrinaires soutint qu'en infligeant aux ouvriers l'interdiction de ne pas travailler plus de dix heures par jour, on en faisait des esclaves. « C'est, dit-il, appliquer la loi agraire au travail avant de l'appliquer aux propriétés. » L'orateur critiquait aussi l'abolition du *marchandage* par les mêmes arguments tirés de ce qu'il appelait la véritable liberté de travail. « Le procès du marchandage, affirmait-il à ce sujet, c'est celui de l'entreprise même ; il n'y a pas plus de raison pour supprimer le marchandage que les entrepreneurs. »

Il était évident pour tout le monde que le rapport du décret du 2 mars n'était que l'effet d'une rancune entre les anciens économistes et les socialistes ; c'était M. Wolowski qui voulait donner une leçon à M. Louis Blanc en fuite. Pour la majorité c'était mieux encore ; c'était frapper le gouvernement provisoire, contre lequel les réactionnaires ne cessaient de crier *haro !*

Aussi, ne se bornèrent-ils pas à rapporter la mesure relative aux heures de travail. On les vit, dans la même séance, jeter au vent un autre décret de cette époque que l'on devait bientôt qualifier d'*abominable*, de honteuse. A l'heure de la crise, le gouvernement provisoire avait fait comme la première assemblée constituante de 1789, il avait supprimé la taxe d'octroi de la viande de boucherie. Ce décret, comme on le pense, ne devait point trouver grâce aux yeux des conservateurs : il fut considéré par le syndicat financier comme une hérésie, et les droits d'octroi sur la viande furent rétablis, au grand contentement du caissier de l'Hôtel-de-Ville.

Au nombre des projets financiers présentés naguère par le ministre Goudchaux se trouvait l'impôt qu'il voulait faire peser sur les créances hypothécaires. Ce projet, renvoyé au comité des finances, acheva de mettre la désunion entre le ministre et ce comité, évidemment réactionnaire et toujours mal disposé pour toutes les questions d'impôts qu'il pouvait considérer comme révolutionnaires. Des scènes très-vives avaient déjà eu lieu au sein du comité, lorsque le projet fut mis en discusion par l'assemblée.

Le citoyen Gouin, président du comité, commença par repousser les reproches que le ministre avait adressés au comité, en l'accusant de mauvais vouloir à son égard. « Si le comité a proposé le rejet de plusieurs projets de décrets, dit-il, ce n'a été qu'après un examen sérieux, attentif, prolongé, qu'après de nombreuses délibérations. Dans aucun cas, le comité n'a obéi à aucun sentiment hostile, mais à sa conviction. Loin de vouloir entraver M. le ministre, il cherchait plutôt toutes les occasions de l'aider. »

Toutefois, l'orateur insistait sur les motifs formulés par le comité pour demander le rejet de l'impôt sur les créances hypothécaires.

Un autre membre, le citoyen Gaslonde, soutint qu'en présence de la situation, il valait mieux recourir à l'emprunt qu'à la création de nouveaux impôts; aussi se prononça-t-il contre le projet du ministre.

Parut alors à la tribune le citoyen Thiers, encore tout gonflé de ses récents succès. Il venait, dit-il, exprimer sa pensée personnelle sur une question fort grave, qui lui paraissait intéresser au plus haut degré *une classe intéressante de capitalistes*. A ses yeux, l'impôt proposé était dur et injuste; et, comme expédient pour l'année 1848, l'orateur le croyait insuffisant et dangereux.

« Je dis qu'il est dur et injuste, reprit-il, parce qu'il attaque durement et injustement une classe de capitalistes qui, par le fait, est la plus pauvre, tandis que vous favorisez la plus riche. Vous avez des capitalistes, de petits capitalistes qui ne placent que sur hypothèque, parce qu'ils ne peuvent pas perdre et qu'ils ont besoin de sécurité. »

M. Thiers affirmait que, dans aucun temps, dans aucun pays, on n'avait jamais songé à frapper le capital mobilier, par une raison toute simple, affirmait-il : c'est qu'on ne frappe pas les matières premières. « Eh bien! ajoutait ce membre du comité des finances, le capital est la matière première du travail. Frapper le capital, c'est frapper l'emprunteur.

« Pourquoi dans une chambre qui, certes, n'est pas antipathique aux idées nouvelles, n'a-t-on jamais songé à imposer les rentes (¹)? C'est qu'on a reconnu que cela éleverait l'intérêt. »

L'orateur, après avoir déploré le désaccord qui s'était manifesté entre le ministre et le comité, terminait par cette réflexion : « Un impôt permanent de 20 millions serait une chose grave ; mais un expédient de 20 millions est illusoire. »

— « Les finances sont en mes mains, se hâta de répondre le ministre ; il s'agit de savoir si je pourrai en supporter le fardeau. Après la brillante discussion que vous venez d'entendre, il s'agit de savoir si la république verra périr ses finances en mes mains.....

« Je répondrai d'abord au reproche qu'on m'a fait d'avoir été ingrat envers le comité. J'ai dit hier que j'avais à me plaindre du comité des finances ; je le dis encore aujourd'hui. Il faut que chacun, lui comme moi, conserve sa position.

« Tous les gouvernements depuis février, le gouvernement auquel j'ai l'honneur d'appartenir aussi, se sont préoccupés de l'avenir de la famille, de la propriété..... C'est là que le désaccord commence entre le comité et moi.

« Vous avez dû entendre, il y a quelques jours, à cette tribune, des théories que, pour ma part, je n'ai pu entendre sans quit-

---

(¹) M. Thiers oubliait que, lors de la création du grand livre et de la constitution de la rente perpétuelle du 5 pour 100, cette rente fut imposée comme le capital foncier, et que cela parut juste et équitable à une assemblée qui ne manquait pas de lumières, et au sein de laquelle se trouvaient de grands financiers.

ter mon banc..... On a pu nous comprendre dans ces théories..... Dans un rapport remarquable, que l'assemblée a accueilli par un vote unanime, on nous a compris dans d'amères critiques. On a attaqué plusieurs projets présentés par moi, et notamment le projet des prêts hypothécaires..... Vous ne m'avez pas permis d'achever, reprenait le citoyen Goudchaux après une longue interruption. Je n'ai pas voulu parler du décret actuel seulement, mais des mesures que nous pourrions présenter encore dans l'avenir.

« On a dit que la loi sur les prêts hypothécaires était une loi spoliatrice : elle est spoliatrice comme tout impôt.....

« Comment! c'est une injustice de frapper les capitaux qui n'ont jamais été imposés? On a dit que nous ne frappions que les plus riches; c'est encore une erreur. Nous avons frappé le prêt hypothécaire, parce que c'est le seul capital qui n'ait pas apporté sa part de secours dans le malheur général.

« Est-ce bien la monarchie qui va nous donner des leçons de crédit et de finances? s'écriait plus loin le ministre de la république. Est-ce bien la monarchie qui a le droit de nous dire que nous ignorons les premières lois des finances, elle qui nous a légué un état que tout le monde connaît; elle qui, par son ignorance financière, a amené la république que nous possédons?....

« Sommes-nous restés au-dessous de notre devoir, disait encore le ministre, et doit-on alarmer ainsi le pays sur nos projets?

« Nous voulons fonder solidement le crédit; c'est pour cela que nous trouvons des contradicteurs. Je ne vois et je n'ai jamais vu le salut du pays que dans le remaniement des finances. Tout est là; et c'est pourquoi nous remanierons profondément ces lois en imposant ce qui ne l'a jamais été.

« Je demande que l'on passe à la discussion des articles. »

La vigoureuse sortie du ministre contre les financiers de la monarchie, le ton pénétré avec lequel il avait parlé des innovations qu'il voulait apporter dans notre système d'impôts l'avaient fait applaudir, malgré les amis du comité; aussi le premier article, c'est-à-dire le principe de la loi sur les prêts hypothécaires fut-il adopté dans cette même séance.

Mais quand l'assemblée put reprendre la discussion de cette loi, les opposants avaient tout préparé pour en ruiner le système et la faire avorter.

Ce fut pour arriver à ce but que, lorsqu'on passa à l'article deuxième qui fixait au *cinquième* des intérêts du capital l'impôt à établir, le représentant Dérodé demanda que ce taux fût réduit au *huitième* des intérêts du capital. C'était priver l'auteur du projet de loi de la moitié des ressources qu'il pouvait espérer, c'était miner la loi tout entière. Néanmoins, cet amendement, mis aux voix avec précipitation, fut adopté à une majorité de seize boules.

Ce vote ne pouvait provenir que d'un malentendu, surtout de la part des trois cent soixante-dix-huit voix qui avaient appuyé le ministre quelques jours auparavant; mais il était définitif quant au taux de l'impôt.

« Citoyens représentants, dit aussitôt le ministre des finances, dans une de vos dernières séances, vous avez adopté le principe de la loi; vous avez même adopté le premier article. Je remercie l'assemblée de l'assentiment dont elle m'avait donné d'abord une preuve. Mais un amendement qui vient d'être adopté au moment où je voulais monter à la tribune pour le combattre, change totalement l'esprit de la loi. Je viens donc annoncer que je la retire; je la retire, non pas de plein gré, mais devant cet amendement, que je dois respecter et que je respecte.

« Mais en même temps, ajouta M. Goudchaux en se tournant vers le côté droit, je crois devoir vous annoncer la prochaine présentation d'un projet de loi pour 1849 portant proposition d'un impôt sur les revenus mobiliers. Cet avertissement, je crois devoir le donner à l'assemblée pour lui prouver que je n'abandonne pas mes projets lorsque je les crois justes et qu'ils peuvent être salutaires. »

C'est ainsi que le projet de loi sur les prêts hypothécaires fut rejoindre dans le vieux panier de l'oubli toutes les autres questions financières élaborées d'abord avec zèle, puis repoussées comme entachées du crime originel.

A cette même époque, l'assemblée nationale était saisie d'un projet de loi présenté depuis longtemps par les citoyens Jules Favre et Dupont (de Bussac), ayant pour objet de permettre à toutes les maisons de commerce en suspension de paiement depuis février, de faire un concordat amiable entre créanciers et débiteurs, et d'échapper ainsi à la dure nécessité d'une faillite.

C'était le moyen le plus équitable de régulariser une situation remplie de confusion et de dangers ; on pouvait espérer de ranimer les transactions arrêtées par les craintes et la méfiance. La crise cruelle qui pesait sur la France devait, au moyen de cette proposition, avoir un terme, puisqu'on aurait ainsi amené à liquider tout ce qu'il y avait de véreux parmi les commerçants de la capitale.

« Dans l'état actuel des choses, disait un journal, après avoir applaudi à la proposition des concordats amiables, le petit commerce, la patente moyenne, et même certaines maisons jadis opulentes sont depuis longtemps sous la main crochue de l'huissier, et les faiseurs d'affaires les guettent comme une proie qui ne peut leur échapper (¹)..... Les *concordats amia-*

(¹) Dans l'opinion des hommes superficiels, les désastres du commerce, en 1848, furent généralement attribués à la révolution de février, qui, disait-on, avait amené dans Paris près de huit mille liquidations. On pouvait cependant affirmer que l'avènement de la république n'avait pas été la seule cause de tous ces dérangements. N'avait-on pas vu, dans les dernières années de la monarchie,

bles seraient un compromis honnête et loyal destiné à amener une liquidation pacifique. Aussi, messieurs de la réaction, ajoutait le rédacteur, se sont-ils empressés de combattre, et dans la presse et dans la chambre, cette demi-solution, qui aurait diminué le mal et permettait l'espérance. »

En effet, les légistes et les puritains du code se montrèrent fidèles aux principes de la bazoche ; ils cherchèrent, par des chicanes de barreau, à faire rejeter le projet de loi, considéré par les réactionnaires comme une émanation des doctrines socialistes.

La commission saisie de cette proposition, essentiellement opportune et bienfaisante, se montra effrayée par tous les cris de réprobation qui frappèrent les oreilles de ses membres. N'osant pas conclure à l'adoption de la mesure et ne pouvant consciencieusement la rejeter, elle prit un de ces termes moyens qui gâtent tout : elle substitua un projet qu'elle élabora elle-même au projet primitif. La discussion va nous éclairer sur la portée de ces deux projets de loi mis ainsi en concurrence.

« C'est pour venir en aide aux commerçants malheureux qu'a été présentée la proposition relative aux concordats amiables, dit le représentant Bernard en combattant le projet de la commission. La commission n'a pas adopté cette proposition ; elle veut que les suspensions ou cessations de paiement continuent d'être régies par le livre du code de commerce relatif aux faillites. Seulement elle laisse aux tribunaux de commerce la faculté d'affranchir exceptionnellement le commerçant mal-

le commerce, l'industrie, le travail aux abois ? Les tribunaux et les greffes de la spécialité commerciale n'avaient-ils pas eu leurs dossiers chargés de sinistres ? La république, en naissant, avait donc trouvé les intérêts en pleine déroute, et ce serait à tort qu'on chargerait ses épaules meurtries, disait la *Réforme*, d'une responsabilité qui remonte aux luttes effrénées de la concurrence, à l'agiotage désordonné, aux entreprises téméraires, à toutes les folies qui signalèrent le dernier règne.

heureux des conséquences de la faillite. C'est là une proposition qui ne profiterait qu'à quelques individualités, et dont le plus grand nombre des commerçants ne tirerait aucun avantage.

« La proposition de MM. Dupont et Jules Favre, ajoutait cet orateur, est préférable à tous égards, en ce qu'elle permet aux deux tiers des créanciers en nombre, représentant les trois quarts des créances, de consentir à un concordat amiable. »

Ce représentant se prononçait donc en faveur du projet de loi primitif.

Mais la tourbe des légistes se mit à crier contre cette grande innovation aux prescriptions du code. Sans réfléchir que, dans l'ordre des faits, il y a des nécessités qu'on ne saurait méconnaître à moins d'aller droit à l'abîme avec le code en main, ces légistes entassèrent arguments sur arguments, c'est-à-dire sophismes sur sophismes, pour prouver que la proposition des deux avocats célèbres était contraire à la morale, contraire à l'intérêt de tous, contraire à la renaissance du crédit [1], en ce qu'elle aurait pour résultat de favoriser, d'une manière exceptionnelle et dangereuse, certains intérêts individuels. D'autres adversaires du projet primitif [2] s'attachèrent à démontrer, ce qui n'avait besoin d'aucune démonstration, que les concordats à l'amiable seraient une violation légale du droit commercial en vigueur ; d'autres enfin [3] les repoussèrent comme détruisant toutes les garanties que les capitalistes trouvent dans la loi [4]. On n'osa pas dire que les greffes, les huissiers et les hommes d'affaires auraient perdu le plus net de leurs épices.

---

[1] Opinion de M. Villiers.
[2] M. Bravard-Verrières.
[3] M. Lacaze.
[4] M. Lacaze entendait probablement parler des garanties que la loi donne au créancier, en lui permettant de déshonorer le débiteur par une déclaration de faillite, ou de le jeter en prison pour y rétablir ses affaires. Belles garanties !

Écoutons maintenant les auteurs d'une proposition qui doit, tôt ou tard, trouver sa place dans les lois de la république.

« La proposition, dit Jules Favre en répondant à M. Bravard-Verrières, n'a pas pour objet les intérêts de quelques-uns ; elle a un but plus large, celui de relever le crédit public. La révolution de février a créé, pour la plupart des négociants en retard de paiement, un véritable cas de force majeure..... Si vous appliquez avec rigueur les dispositions de la législation des faillites, vous faites passer entre les mains des gens d'affaires le plus clair et le plus net de ce qui reste de numéraire en circulation ; vous amenez en outre l'avilissement de toutes les valeurs qui sont en ce moment le gage des créanciers, l'avilissement de tous les actifs ; et la lenteur, qui est la conséquence des formalités de la faillite, amène la cessation absolue du travail, c'est-à-dire la ruine des ouvriers qui dépendent des huit mille maisons de commerce menacées à Paris, et des quinze mille qui sont menacées en province.

« Sans doute la législation existante est sacrée ; mais elle a été faite pour des circonstances ordinaires ; elle n'a pas été faite pour la crise que nous avons tant de peine à traverser....

« On a dit que la banque de France est contraire à cette proposition ; je m'étonne, poursuivait Jules Favre, que la banque de France soit si indifférente à la position du petit commerce, elle qui, malgré sa puissance, a été obligée d'invoquer l'appui du gouvernement, et qui aurait peut-être été engouffrée, sans une de ces mesures appropriées aux circonstances !

« Je supplie l'assemblée de ne pas perdre de vue le côté politique de la proposition, disait l'orateur en terminant ses

---

qui ruinent les créanciers comme les débiteurs, au seul profit des officiers ministériels et gens d'affaires.

appréciations. Nous avons cru qu'il serait souverainement injuste de punir d'honnêtes négociants des fautes qu'ils n'ont pas commises ; nous avons cru qu'il serait souverainement dangereux de suspendre des maisons et des ateliers au sort desquels le sort de tant de malheureux ouvriers est attaché. N'oubliez pas que si ces ateliers se ferment, ils ne se rouvriront plus. »

Le représentant Freslon, en sa qualité de légiste, voulut donner le coup de grâce au projet *révolutionnaire*. « En admettant, dit-il, qu'il y ait à Paris sept mille personnes dans la situation exigée pour la déclaration de faillite, c'est donc au profit de ces sept mille individus qu'on sacrifierait les intérêts de quatre-vingt mille commerçants qui restent dans la population parisienne? Ce n'est pas au frontispice de la révolution qu'il faut inscrire ce relâchement des mœurs commerciales ; il n'est pas encore temps d'importer dans notre jeune république cette facilité déplorable empruntée aux mœurs des États-Unis, pour la substituer à cette antique probité française ! »

Le citoyen Dupont de Bussac répondit à ces phrases en ramenant la question à son véritable point de vue. « Il semble, au dire des adversaires de la proposition, s'écria-t-il, qu'il s'agit de faire une loi tout en faveur des intérêts des débiteurs, toute contraire à ceux des créanciers. Bien loin de prendre les intérêts des débiteurs contre ceux des créanciers, il faudrait être aveugle pour ne pas voir qu'il s'agit des intérêts de la majorité des créanciers à opposer aux intérêts de la minorité. Les auteurs du projet ont vu un intérêt supérieur encore à l'intérêt de la majorité des créanciers, c'est l'intérêt de tous, c'est l'intérêt du crédit général, que vous sacrifieriez en écartant le projet de loi. »

Cette intéressante discussion, à laquelle la majorité de l'assemblée prêta néanmoins peu d'attention, ne pouvait se terminer sans que le socialisme, mis en cause, ne défendît ses principes et son but. Ce fut le citoyen Considérant qui se chargea de ce soin.

« On a beaucoup accusé les socialistes, dit-il, de viser à la destruction de l'ordre actuel pour lui en substituer un autre, et toutes les fois qu'on propose ici quelque chose qui n'existe pas, on crie au socialisme. Je suis socialiste depuis vingt ans, et pourtant toutes mes actions ont eu pour but de raffermir le bon ordre et le crédit. Je crois aujourd'hui que le projet qui vous est présenté est le moyen d'y parvenir. C'est dans ces idées, c'est à ce point de vue économique, social, que je considère la proposition qui vous est soumise comme le premier pas à faire pour rétablir le commerce et l'industrie, qui sont dans un si grand péril.... »

Entrant ensuite dans la discussion, le citoyen Considérant répondait à M. Bravard, qui avait mis en évidence les bataillons de créanciers comme plus nombreux que ceux des débiteurs : « Il est donc plus juste de prendre l'intérêt des créanciers que celui des débiteurs. Or, pour arriver à ce but, il faut que la majorité des créanciers ne soit pas sacrifiée, comme elle l'est aujourd'hui par les anciennes lois, à la minorité des créanciers récalcitrants.... Si vous n'entrez pas dans les concordats amiables, poursuivait l'orateur, si vous n'entrez pas dans cette voie paternelle de liquidation sociale, savez-vous ce qui arrivera? c'est que toutes les maisons qui pourraient aujourd'hui se soutenir au moyen de cette mesure, feront de vains efforts pour lutter contre la sévérité de la loi, et finiront par tomber.... Au contraire, si vous ouvrez la voie des concordats, vous pouvez être sûrs que les maisons qui refuseront, dans le délai donné, de profiter de ce bénéfice, vous pouvez être sûrs que ces maisons se sentent la force et ont réellement la possibilité de marcher sans accidents. Dès lors la confiance leur sera rendue, et elle se rétablira ainsi des individus à la masse. »

Malgré tous ces plaidoyers en faveur d'une mesure opportune et équitable en elle-même, les conservateurs ne pouvaient vouloir d'une innovation entée sur la révolution et le socialisme ; leurs votes la tuèrent. Le projet primitif fut rejeté par une majorité de 339 voix contre 337.

Ainsi, c'était un parti pris par les contre-révolutionnaires de rejeter tout ce que présenterait d'utile, de bon, d'opportun, le côté gauche de l'assemblée, et de détruire en même temps ce que le gouvernement provisoire avait conçu de libéral.

Nous avons déjà fait connaître les interpellations qui eurent lieu dans l'assemblée nationale à l'occasion d'une circulaire du procureur général, qui semblait faire revivre les lois de la royauté sur le cautionnement des journaux. Le général Cavaignac, dans une réponse fort ambiguë, avait déclaré que la circulaire ne préjugeait pas la question.

Mais un projet de loi liberticide s'il en fut jamais ne tarda pas à être présenté par le gouvernement pour rétablir le cautionnement des feuilles périodiques ; et comme tout devait s'enchaîner dans cette législation empruntée aux plus mauvaises idées de la monarchie, un autre projet de loi fut également élaboré pour réprimer les crimes et délits commis par la voie de la presse.

Dans les grands débats qui s'élevèrent à l'occasion de la loi sur le cautionnement, on fit cette remarque, qu'un journaliste présidait l'assemblée nationale, que deux autres journalistes siégeaient au banc des ministres, et qu'on voyait dans la salle une foule de journalistes dont la presse avait fait la fortune. « Et ce, disait le journal à qui nous empruntons cette remarque, sans compter les avocats qu'elle a mis en lumière, qu'elle a nourris de sa propagande ; de sorte que l'on peut dire que les deux tiers de l'assemblée doivent à la presse les lettres patentes de législateurs. Quelques-uns ont bien voulu s'en souvenir. »

En effet, il n'en fut plus ici comme lors de la loi contre les clubs; la question de la liberté de la presse trouva un plus grand nombre d'orateurs prêts à parler sur ce sujet; aussi la tribune fut-elle assaillie par une foule de membres impatients d'entrer en lutte pour combattre en faveur de la libre émission de la pensée.

Le premier qui parla fut Louis Blanc.

Cet enfant gâté de la presse dit d'abord que l'avènement du suffrage universel ayant inauguré un nouveau droit public, les attaques qui étaient légitimes contre un gouvernement de monopole et de privilége, ne pouvaient plus s'adresser, sans crime, à un pouvoir sorti du suffrage de tous.

« C'est précisément, ajouta-t-il, parce que le suffrage universel possède une force immense, qu'il lui faut un contre-poids; ce contre-poids, c'est la liberté de la presse. Sans doute il faut des garanties contre les abus de ce droit. Ces garanties sont particulièrement nécessaires sous un gouvernement républicain. Mais que la garantie aille jusqu'à la suppression du droit, c'est ce que vous ne pouvez admettre. En effet, le cautionnement c'est l'interdiction de la presse du pauvre; c'est le monopole du riche, c'est la violation du droit lui-même. »

Louis Blanc n'eut pas beaucoup de peine à prouver que le cautionnement aurait pour résultat de soumettre la pensée à la plus honteuse des censures, et de faire de l'écrivain l'instrument de l'homme d'affaires. Il mit sous les yeux de l'assemblée le triste spectacle de ces entreprises commerciales les moins respectables, disait-il, qui s'étaient créées en vertu du cautionnement.

« Le régime des cautionnements, ajouta-t-il, tend à donner à la presse un caractère beaucoup plus industriel que politique. C'est ce caractère de mercantilisme qu'il importe de lui enlever, puisqu'elle exerce le privilége de la coërcition, en agissant si fortement sur les hommes. Quelle sera alors, me dira-t-on, la garantie contre les abus de la presse? Ce sera la garantie personnelle ; et celle-ci résultera de la signature du journal. On me répond par l'abus des gérants fictifs ; mais cet abus vient précisément du principe abusif des cautionnements, qui tend à ne frapper que des coupables de convention, et à épargner celui qui commet le délit. »

A Louis Blanc succéda un autre orateur qui devait aussi tout ce qu'il était à la liberté, quoiqu'il ne l'eût jamais servie, ni avec éclat ni avec bonheur. Aussi le citoyen Léon Faucher, devenu, sous la république, représentant du peuple, comme tant d'autres adorateurs de la royauté dite constitutionnelle, montra-t-il, pendant cette discussion de principes de la vraie liberté, qu'il était complétement étranger aux formes républicaines.

Dans l'opinion de cet écrivain, qui avait quelques vengeances à exercer contre la presse libre, le cautionnement ne touchait en rien au principe établi en matière de presse. Il en donnait pour preuve la grande liberté dont les journaux avaient joui en France sous le régime des cautionnements ; « car, ajoutait-il, vous savez tous que c'est de l'établissement des cautionnements que date, en France, la liberté de la presse ; c'est de 1817 que date vraiment cette liberté.

« Sans doute, répondit l'orateur, à quelques voix qui lui rappellèrent l'histoire contemporaine, sans doute la liberté de la presse a existé antérieurement, mais pendant quelques jours seulement, et la licence la fit bientôt dégénérer. De même, depuis février, une tolérance fâcheuse a eu pour résultat les sanglantes journées de juin....

« Il y a deux sortes de presses, poursuivait l'écrivain qui avait toujours aperçu la *bonne* et la *mauvaise* presse ; l'une individuelle, l'autre collective. Cette dernière est une spéculation. Mais depuis l'abolition des cautionnements nous avons eu une presse individuelle, obligée pour vivre de faire du scandale et de la spéculation sur les plus mauvaises passions. Ce serait un détestable système, et de plus un système impraticable, concluait le citoyen Faucher, que celui qui consisterait à substituer la garantie de la signature à celle du cautionnement. Vous voulez faire signer les articles par les auteurs; mais dans un journal il n'y a pas d'auteurs; c'est le rédacteur en chef qui est le seul auteur; en sorte qu'il est juste de dire qu'un journal est une œuvre politique. Et comme la société vient d'être fortement ébranlée par les journaux, elle a besoin de se rasseoir. »

Ce pauvre plaidoyer pour le cautionnement avait été loin de détruire les arguments serrés de Louis Blanc en faveur du principe de la liberté de la presse; le représentant Antony Thouret vint en ajouter de nouveaux contre le projet du gouvernement.

« Les journaux ont été quelquefois exaltés, violents, dit-il; mais est-ce une raison pour empêcher la pensée de se produire librement? On veut entraver la presse; il faut sans doute que la société ne reste pas désarmée, qu'elle puisse se défendre. La presse doit se régler, se censurer, se sauver elle-même. Si la presse se sauve, ne serez-vous pas heureux d'avoir résolu un si grand problème? Si elle se perd, il sera toujours temps de sévir, car alors toutes nos libertés seront perdues avec elle. »

Antony Thouret proposait qu'on constituât un jury d'honneur composé des illustrations de la presse et de la littérature, qui serait appelé à juger la pensée, l'intention, et rappellerait à l'ordre l'écrivain qui aurait manqué aux règles des convenances et de l'ordre. « Croyez-vous, ajoutait l'orateur, qu'un écrivain qui aurait été ainsi rappelé à l'ordre deux ou trois fois, serait moins flétri que celui qui aurait été saisi et emprisonné? »

Le citoyen Thouret avait sans doute les meilleures inten-

tions en proposant ce jury; mais il ne réfléchissait pas que ce jury ne remédierait à rien ; car si cette institution d'honneur pouvait s'étendre préventivement aux questions et aux opinions politiques et littéraires traitées par les journalistes, elle devenait une sorte de censure ; que si, au contraire, le jury ne s'inquiétait que des articles publiés, il laissait la société à découvert. Le seul remède au mal dont les organes du gouvernement se plaignaient à tort ou à raison, devait exister dans la responsabilité morale du journaliste. « On ne trouvera pas, j'en suis sûr, affirmait le citoyen Sarrans, un journaliste, un seul écrivain qui se respecte, prêt à décliner cette condition de publicité réelle du nom de l'auteur des articles publiés. »

Ces débats offrirent cela de singulier, qu'on ne vit paraître à la tribune que des orateurs repoussant tous la mesure liberticide du cautionnement. A l'exception du réactionnaire Léon Faucher, et du citoyen Charancey, qui soutint aussi la nécessité du cautionnement, tous les autres membres, montés successivement à cette tribune dans la première séance, émirent les opinions les plus contraires au projet de loi présenté par le gouvernement.

Mais personne ne s'était encore prononcé plus fortement et avec plus de logique que le fit, ce jour-là, le citoyen Félix Pyat. Dans un discours étincelant de verve et d'esprit, dont l'idée se développait avec éclat, cet orateur vengea la presse et les lettres des peurs furieuses qui les traquaient. Ses arguments eussent tué le projet de loi, s'il ne se fût si malheureusement trouvé dans l'assemblée une majorité décidée à s'en prendre à la plus importante des libertés publiques pour déguiser ses terreurs. Cette majorité était celle qui avait applaudi les phrases empoulées du citoyen Léon Faucher. Les excellentes raisons de Félix Pyat devaient peu la toucher. Et pourtant le discours de cet écrivain restera comme un monument élevé à la liberté de la presse.

Partant de cette règle, que toute loi, toute institution politique qui ne serait pas une conséquence directe, un développement logique des trois grands principes de la révolution française : liberté, égalité, fraternité, ne saurait être, quoique votée, une institution républicaine; Félix Pyat se demandait si la loi sur le cautionnement pouvait s'ajuster avec un de ces trois termes de la formule sacramentelle.

« Cette loi est-elle d'accord avec la liberté? s'écriait-il. Poser la question c'est la résoudre : assurément non. L'homme qui n'a pas vingt-quatre mille francs n'est pas libre : il faut acheter, payer le droit. C'est donc là une entrave à l'exercice du droit même, une contradiction au principe; c'est donc évidemment une loi contraire à la liberté.

« Est-elle d'accord avec l'égalité? Pas davantage; car le riche peut pratiquer son droit, tandis que le pauvre ne le peut pas; ce qui s'appelle, dans toutes les langues du monde, un privilége, que dis-je? un monopole. Je ne sache pas beaucoup d'écrivains qui puissent, à cette heure, disposer de vingt-quatre mille francs. C'est donc une loi contraire à l'égalité.

« Enfin, est-elle d'accord avec la fraternité? Non, toujours non, citoyens; car c'est une loi préventive, le projet l'avoue en toutes lettres, c'est-à-dire une loi de défiance et de soupçon, qui met hors du droit commun et tient pour ennemi tout citoyen qui prend la plume; une loi d'injure qui suppose le mal comme la règle, tandis que pour l'honneur de l'homme et de l'écrivain, il n'est que l'exception ; enfin une loi mauvaise qui, pour prévenir un peu de mal, qu'elle ne prévient pas, je le prouverai bientôt, commence d'abord par supprimer le bien.

« Cette loi contraire à tous les principes de la république, ajoutait l'orateur, ne saurait donc être, je le répète, une loi républicaine. Et, en effet, elle est d'origine monarchique. C'est un fruit constitutionnel né sur la branche aînée, mûri sur la branche cadette, et qui devait tomber avec l'arbre. »

Félix Pyat faisait ici l'historique du cautionnement des journaux : il démontrait que la monarchie ayant matérialisé les droits politiques des citoyens, en faisant dépendre le vote de la cote des contributions, elle s'était montrée conséquente avec elle-même en faisant dépendre le droit d'écrire de la fortune. « Si donc la république était inconséquente, ajoutait-il, si elle voulait croître avec les lois iniques de la monarchie, elle périrait comme elle, et plus vite qu'elle ; car la tyrannie est encore plus impossible au nom de tous qu'au nom d'un seul. »

Abordant ensuite les termes du projet de loi, Félix Pyat, après avoir prouvé qu'il était illogique, impuissant et immoral, ingrat et imprudent, démontrait facilement que ce projet était une sorte de perfection des précédentes lois de la monarchie, en ce qu'il reproduisait tout ce que l'expérience avait dévoilé de plus nuisible à la liberté de la presse, tout ce que les auteurs des lois de septembre avaient pu trouver de plus mortel pour les entreprises relatives aux journaux.

« Je l'avoue, s'écriait l'orateur, je sens à repousser cette loi le même embarras que le ministre et le rapporteur à nous la proposer. Eh quoi ! après trois révolutions, après six mois de république, nous en sommes encore à disputer la liberté, la liberté qui nous a coûté si cher, la liberté qui a coûté à la France depuis un demi-siècle tant d'efforts, de courage et de génie ; tant de sang, tant d'amendes et de prison ; tant de victimes et de martyrs ! Et c'est toujours à recommencer ! Il faut la défendre encore, et la défendre contre la république ! Oui, j'éprouve un sentiment de honte et de douleur, une sorte de peine de Sysiphe, d'avoir à relever sans cesse ce grand droit qui retombe toujours ! Après tout ce qu'on a dit, écrit et fait, retrouver encore mêmes obstacles, mêmes haines, mêmes luttes, c'est à douter du progrès de l'humanité ; c'est à la croire condamnée à tourner sans cesse, comme un cheval aveugle, dans un cercle vicieux !...

« Quoi ! nous ne sommes ici que par la grâce du peuple, c'est-à-dire par le triomphe du droit, de la pensée, en un mot de la presse, qui a fait triompher la pensée et le droit du privilége et de la force, et nous allons frapper celle qui nous a faits ce que nous sommes? C'est presque un parricide ; surtout au moment où la presse ne vit plus que par les journaux?.... Autant la royauté avait besoin d'aveugler les masses, autant la république a besoin de les éclairer et de les instruire, concluait l'orateur. Quand on connaît ses droits, on les pratique exactement, régulièrement, pacifiquement, sinon on passe de l'indifférence à l'impatience, et de la soumission à l'insurrection. Répandez, répandez donc vous-mêmes la pensée librement, largement, gratuitement, universellement ; il en est de la lumière physique comme de la lumière morale ; le mal naît dans l'ombre, le jour chasse le crime. La royauté a laissé le peuple dans la nuit ; éclairez-le, élevez-le ; donnez-lui le pain quotidien, celui de l'esprit comme celui du corps ; et vous aurez plus fait pour l'ordre, la paix et la sûreté de la république, qu'avec les lois de cautionnement, de prison et d'amendes, toutes ces armes vermoulues qui n'ont jamais tué la vérité ni sauvé le mensonge. »

C'était ainsi que Félix Pyat avait terminé ce plaidoyer en faveur des libertés reconquises en février, et principalement en faveur de la liberté de la presse, si audacieusement attaquée par le projet de loi rétablissant le cautionnement des journaux. Sa parole puissante avait produit un grand effet moral sur les esprits honnêtes de l'assemblée ; mais les contre-révolutionnaires systématiques supportaient difficilement les grandes vérités qui tombaient de la tribune : aussi se montraient-ils impatients d'en finir avec ces débats qu'ils savaient bien devoir être stériles pour les amis de la révolution et de la république.

Ils durent cependant se résigner à subir bien d'autres orateurs démocrates. La révolution de février, de même que celle de 1830, avait exigé trois jours d'efforts et de lutte pour que le peuple pût aboutir au renversement de la royauté; les royalistes de l'assemblée nationale, tous les réactionnaires que cette chambre renfermait eurent également besoin de trois longues journées de dissimulation pour frapper au cœur la république naissante. Mais cette lutte de tribune eut au moins pour résultat de démontrer de quel côté étaient les amis ou les ennemis de la liberté.

Dans la deuxième journée, on remarqua successivement à la tribune les représentants Mathieu de la Drôme, Avond, Bourzat, Pascal Duprat et Ledru-Rollin d'un côté, tandis que du côté opposé, à l'exception du citoyen Berville, rapporteur du projet de loi, et du ministre de la justice, Marie, on n'y vit monter que quelques honteux enfants perdus de la réaction. Ces derniers soutinrent la loi du cautionnement comme une mesure qui, à leurs yeux, ne portait aucune atteinte ni à la liberté de la presse ni à celle de l'écrivain.

Le représentant Mathieu s'appliqua à renverser tous les arguments et les calculs établis par Léon Faucher. Arrivant à apprécier la loi, l'orateur démontra que le cautionnement resterait inefficace pour protéger la société tant que les mauvaises passions seraient excitées.

« Est-ce que le cautionnement a sauvé Charles X et Louis-Philippe de la colère du peuple? s'écria-t-il. Est-ce que cette législation qui assimile la plume au poignard a été d'un grand secours à ce roi Louis-Philippe ! La législation de septembre a pesé sur lui du poids d'un crime.

« Ce que le cautionnement n'a pu faire en France, la censure n'a pu le faire elle-même en Allemagne.... Laissez donc la parole sortir libre de la poitrine de l'homme ; en la comprimant vous préparez une explosion.... La question du cautionnement deviendra mortelle pour vous, comme celle de la révision des lois de septembre l'a été pour la monarchie !...

« Ministres de la république, concluait le citoyen Mathieu, rappelez-vous ce que vous disiez autrefois, lorsqu'une atteinte quelconque était portée à la liberté de la presse. Tous trois aujourd'hui vous êtes assis au banc des ministres, de grâce, ne venez pas vous-mêmes défendre à cette tribune cette loi malheureuse et fatale à la liberté. Laissez à d'autres le soin de la défendre ; laissez-leur le soin de réhabiliter le dernier règne que nous avons subi. Prenez garde ! une fois attirés dans la voie fatale où vous allez de vous-mêmes, vous referez pièce à pièce l'histoire des dix-sept années de la royauté de Louis-Philippe, si bien qualifiée par le peuple. »

Le citoyen Avond, membre de la minorité de la commission, combattit aussi le projet de loi. Il s'attacha à démontrer que cette loi était illogique et absurde, en ce qu'elle maintenait la fiction du gérant ; « fiction honteuse, disait-il, qui a fait qu'un gérant à qui un président demandait s'il était l'auteur de l'article, lui répondit : « Je balaie les bureaux et j'allume les lampes ; » fiction qui a fait condamner un valet de chambre pour un article sur le dogme de la souveraineté, et qui a mis récemment le ministre de la justice de la république dans la nécessité de répondre, la loi à la main, à M. de Lamennais sollicitant la faveur d'être poursuivi, qu'il fallait poursuivre celui qui n'était pas l'auteur de l'article. Ce sont là des monstruosités dont je ne veux plus, s'écriait le citoyen Avond. »

— « J'aime la liberté au moins autant que les orateurs que vous avez entendus, répondit le citoyen Marie, ministre de la justice ; mais au-dessus de la liberté, je place la patrie. Les idées absolues sont une belle chose ; mais avec elles on ne gouverne pas ; elles planent trop haut, elles se tiennent trop dans les nuages, elles ne touchent pas assez aux difficultés, aux haines, aux ambitions particulières qui compliquent la marche des événements.

« La loi transitoire que nous vous demandons, est-elle réellement nécessaire? poursuivit le ministre de la justice. Voilà toute la question.

« Et nous aussi nous avions cru qu'avec la presse absolument libre nous pourrions développer les principes démocratiques; et nous avons brisé toutes les entraves, et nous les avons foulées aux pieds. Mais nous nous sommes trompés; ce n'étaient plus seulement les hommes qui étaient attaqués, c'étaient les principes mêmes sur lesquels repose la société. Je respecte la liberté, mais je veux qu'elle respecte aussi ceux qui l'aiment; je veux la rendre généreuse comme je l'ai rêvée. La loi qui vous est présentée est une loi temporaire, transitoire; c'est avec ce caractère que nous vous demandons de l'adopter.»

Le ministre était à peine descendu de la tribune, que le citoyen Bourzat y développait un contre-projet présenté par la minorité de la commission. Ce contre-projet consacrait la liberté de la presse, en admettant seulement la déclaration préalable de tout écrit ou journal; les articles manuscrits, etc., devaient être signés par les auteurs et remis à l'imprimeur, obligé de les garder pendant le délai fixé pour la saisie des journaux, et d'en donner communication à la justice. Les poursuites des articles de journal non signés devaient être dirigées contre les rédacteurs en chef. Des pénalités étaient établies contre tout écrivain qui se serait caché sous le nom d'un autre. Lorsqu'un journal aurait été condamné trois fois pour apposition de fausse signature, il pouvait être supprimé par l'autorité judiciaire. Le jury devait d'abord résoudre la question de l'identité du coupable, etc.

Ce contre-projet, vivement soutenu par le citoyen Pascal Duprat, qui demanda la priorité, fut repoussé par le citoyen Berville, rapporteur de la commission.

« Si j'entre dans le système qui vient de vous être présenté, dit-il, soyez convaincus, et vous pouvez en croire un homme qui a lutté longtemps dans la presse, qui l'a souvent défendue ; soyez convaincus que jamais vous n'aurez la signature du véritable auteur d'un article. Il ne sera pas plus difficile de trouver un prête-nom pour la signature d'un article que pour la signature du gérant.

« La commission ne croit pas pouvoir, dans ce moment, faire une loi organique de la presse ; car d'un côté, il faut considérer que cette loi ne peut venir qu'après le vote de la constitution ; et d'un autre côté, nous sortons d'une crise trop forte pour pouvoir établir dès à présent une règle définitive et immuable. Le moment n'est pas venu de faire l'expérience d'un nouveau système.

« Supprimer les cautionnements c'est supprimer la pénalité pécuniaire, c'est forcer le pouvoir à employer la pénalité personnelle. Dans les séances de la commission on a dit qu'en prononçant la contrainte par corps pour le recouvrement des amendes on sera sûr qu'elles seront toujours payées ; mais que ce soit pour une cause ou pour une autre, la contrainte par corps n'en sera pas moins l'emprisonnement, et c'est ce que nous voulons éviter.

« Je demande que la loi actuelle soit adoptée telle qu'elle a été modifiée par la commission, mais seulement à titre de provisoire, jusqu'à ce que la constitution ait été votée, et que les règles de la morale se soient raffermies. »

Les impatients d'en finir crurent un moment que la clôture allait être prononcée après les paroles du rapporteur ; ils commençaient même à la demander, quand le citoyen Ledru-Rollin accourut à la tribune ; il fallut le laisser parler.

« Définissons bien ce que nous voulons, dit-il en commençant sa brillante improvisation. Le voici, si je ne me trompe : La liberté de la pensée, et le respect de l'autorité. Tout le monde me paraît d'accord sur ces deux points : la liberté de la pensée, sans laquelle toutes les autres seraient stériles ; le respect de l'autorité, sans lequel il n'y a pas de société possible. C'est la solution de ce problème qui se présente aujourd'hui, et qui depuis bien des siècles s'est présenté en philosophie : concilier la liberté humaine avec l'autorité.

« Voyons comment on s'y prend pour amener cet accord si nécessaire ?

« On commence par nous dire, dans le projet de loi, que ceux qui ne veulent pas du cautionnement veulent l'anarchie; et on met sur le compte des défenseures de la liberté toutes les exagérations et tous les crimes que le principe du mal a jetés en ce monde. Ce n'est pas là une objection sérieuse, s'écriait Ledru-Rollin; je la repousse. »

Arrivant à la loi, l'orateur affirmait qu'elle n'était pas sincère; qu'elle n'était autre chose, au fond, qu'une prévention pour que les pauvres qui auraient une pensée dans l'âme ne pussent librement la faire prévaloir.

« Vous parlez de loi transitoire, disait-il en s'adressant aux auteurs du projet. Je ne sache pas une violation de principes qui n'ait eu pour excuse la transition, le passager. On l'a dit avant moi : En France, il n'y a de définitif que le provisoire. Je le répète, ce n'est pas là un argument. Si votre principe n'est pas vrai, s'il est contraire à ce qui est juste, ne fût-ce que pour un mois, que pour deux mois, vous ne pouvez-vous en servir; ce sera toujours quelque chose d'odieux au point de vue des principes. »

Le citoyen Ledru-Rollin proposait donc de trouver la réalité au lieu d'une fiction qui disparaissait devant la raison. Cette réalité, c'était la signature de l'auteur; et, après avoir démontré que ce système n'offrait aucune des difficultés que le rapporteur y avait aperçues, l'orateur affirmait que la responsabilité de la signature était plus sérieuse, plus vraie que celle du cautionnement.

« Vous me répondez : c'est nouveau, ajoutait le citoyen

Ledru-Rollin ; mais vous oubliez donc que tout est nouveau ici, que tout doit être nouveau ? Vous qui m'écoutez, et le gouvernement sous lequel nous avons le bonheur de vivre, tout est nouveau. Est-ce qu'il faut suivre les traces de la monarchie quand on est en république ?.... C'est nouveau ! Oui, pour vous qui n'avez rien consulté sur cette grave question ; pour vous qui avez changé les uns et les autres, permettez-moi de vous le dire, un peu vite d'opinion. »

Ici l'orateur citait l'exemple de la Suisse, des États-Unis d'Amérique, qui ne connaissent pas le cautionnement, et où néanmoins la calomnie est plus rare que partout ailleurs. En Angleterre, répondait Ledru-Rollin à Léon Faucher, il y a un cautionnement ; la loi exige deux cents livres sterling ; mais l'Angleterre est un pays soumis à un gouvernement aristocratique ; nous n'avons pas à nous en occuper, encore moins devons-nous l'imiter. »

Répondant ensuite à quelque chose de personnel qui avait été avancé contre lui par le citoyen Marie, Ledru-Rollin s'écriait :

« Et vous qui, en passant, avez voulu me donner une leçon, permettez-moi de vous répondre. Ce que je viens vous dire ici n'est pas un langage de circonstance ; je l'ai dit quand j'étais dans l'opposition, je l'ai dit le 24 février, je l'ai dit le 22 juin, quand j'étais au pouvoir ; car je ne sache pas que les *idées chevaleresques* que j'y ai portées aient été répudiées par moi quand j'y étais assis. Le 22 juin, j'ai présenté à la commission exécutive un projet de loi qui repoussait le cautionnement et qui établissait la responsabilité morale de la signature. Il était accepté par tous les membres, entendez-vous bien ; il avait été remis au ministre de la justice, et sans les lamentables journées de juin, il vous aurait été présenté. Oh ! Dieu merci, ma politique peut être contestée, mais elle est homogène, elle est une, elle est logique ;

ce que j'ai voulu avant, je l'ai voulu pendant, et je combats encore pour l'obtenir. Si d'autres ont changé pour demeurer au pouvoir, ce n'est pas moi. »

Les réactionnaires ayant prétendu que ceux qui ne voulaient point de cautionnement étaient des hommes de désordre et d'anarchie, le citoyen Ledru-Rollin se bornait à mettre sous les yeux de l'assemblée les préceptes des grands hommes d'État de l'Amérique, eux, disait-il, qui se connaissaient si bien en république. « Savez-vous ce qu'ils veulent pour la presse ? faire le contraire de ce que vous faites. Et je m'adresse ici à ceux d'entre vous qui, comme moi, trouvent que la presse est une trop grande puissance quand la république existe. Savez-vous ce qu'ils font ? Ils multiplient les journaux; et le secret de leurs hommes d'État, d'un président de la bouche duquel j'ai eu l'honneur de l'entendre, c'est de décentraliser la presse au lieu de la centraliser, de la fortifier ; c'est de faire que la presse ne soit pas une puissance collective, une citadelle des créneaux de laquelle on puisse tirer mystérieusement ; mais qu'elle ne soit, au contraire, qu'une protestation individuelle. Ce sont là les maximes d'un véritable homme d'État ; et celui-là n'était pas un agitateur ; il avait gouverné avec gloire son pays ; et tous ceux qui dans ce pays arrivent aux affaires ont la même pensée. Laissez donc publier, laissez multiplier les journaux, pour qu'ils puissent se neutraliser les uns les autres, et qu'au milieu de cet océan de la polémique, indécis, tumultueux, mais flottant, il surnage quelque chose de stable, d'immuable : l'amour de l'ordre, l'amour de la liberté, l'amour de la patrie....

« Nous comprenons, reprenait l'orateur qui ne voulait rien laisser d'incomplet dans ses démonstrations, nous comprenons très-bien que, dans un gouvernement monarchique, où l'État est tout, la presse, qui remplace le suffrage universel, soit puissante, concentrée ; il faut qu'elle puisse contrebalancer une force considérable aussi, la royauté. Mais quand la république existe, quand le suffrage universel vient, par ses affluents infinis, purifier tous les jours ce qu'il peut y avoir dans le pays de mauvais à rejeter, alors la presse n'a plus le même rôle ; elle ne doit plus être une collection ; il faut qu'elle devienne une individualité pour céder devant la volonté de tous ; elle ne doit plus être qu'un censeur austère et la messagère des vérités nouvelles.... Voilà les vrais principes ; ils peuvent ne pas être les vôtres, mais, à coup sûr, ce ne sont pas ceux d'un désorganisteur, d'un anarchiste.

« O presse ! s'écriait en terminant sa vigoureuse improvisation le citoyen Ledru-Rollin, ô presse ! j'ai encore le bonheur de te défendre, toi, qui m'as si outrageusement, si odieusement attaqué ! Ledru-Rollin qui vous parle, c'est, selon elle, Ledru-Rollin le voleur, le libertin. C'est ainsi qu'elle a payé mon dévoûment à la république !.... Oui, oui, je m'en glorifie : le libertin avec des courtisanes qu'il n'avait jamais vues ; le voleur qui a sacrifié sa fortune pour hâter l'avènement de la république, dont beaucoup d'entre vous ne voulaient pas, et à qui il ne reste guère de patrimoine que son inextinguible amour de la liberté ! Je ne pouvais pas répondre à ces attaques ; mais avec Franklin, leur maître à tous, je me disais : Si ce sont des vices qu'ils me reprochent, leur censure me corrigera ; si ce sont des calomnies, peut-être un jour l'histoire les corrigera à leur tour. »

Il ne restait plus au citoyen Ledru-Rollin qu'à conclure. Cet éminent orateur le fit en ces termes :

« Je crois, citoyens, que ce qu'on vous propose dans une bonne intention est mauvais. Un gouvernement ne peut vivre qu'en marchant en ligne droite avec le principe qui est son fondement, son origine, sa source. Or, vouloir dès l'abord enchaîner, frapper la liberté de la presse, n'importe sous quel prétexte, croyez-le bien, citoyens, c'est contraire au principe, c'est tuer, à un jour donné, le gouvernement que vous voulez fonder. Si les raisons que je vous ai données vous touchent, si elles touchent cette assemblée, qui veut l'ordre avec moi, qui veut l'autorité avec moi, mais qui doit vouloir aussi la liberté avec moi; car, encore un coup, il y a un jour dans le monde où un seul homme a raison contre tous, et il n'y a pas une des vérités qui ont fécondé la terre qui d'abord n'ait été châtiée, n'ait été punie dans un pauvre, dans un humble. »

Jamais la liberté de la presse n'avait été plus noblement défendue que dans ces deux séances; aussi ceux qui, par devoir ou par conviction, soutenaient le projet de la commission, se sentaient-ils honteux : on les voyait eux-mêmes proclamer cette liberté, palladium de toutes les autres, et ne différer de l'opposition, disaient-ils, que sur les moyens les plus propres à réglementer cette liberté sans y porter atteinte.

« Nous voulons sincèrement la liberté de la presse, disait le ministre de l'intérieur, Senard, en répondant aux arguments du citoyen Ledru-Rollin, et si, nous tous ici, nous valons quelque chose, c'est par la presse, c'est pour avoir défendu ses libertés. Nous différons seulement sur les moyens, sur le chemin à prendre pour atteindre le but que chacun de nous se propose.

« Nous voulons que la liberté se défende de ses propres excès. Mais quand nous pensons aux funestes journées de juin, nous ne pouvons nous dissimuler que le dévergondage d'une certaine partie de la presse a été une des causes de ces fatales journées.

— « Oui! oui ! s'écrièrent les réactionnaires.

— « Nous ne voulons pas que cela se renouvelle, reprit le ministre. Nous avons usé d'un pouvoir exorbitant que vous aviez mis entre nos mains, mais nous en avons usé sous vos yeux, sous votre contrôle ; cependant nous n'avons pas cru devoir rester désarmés contre les attaques de la presse, et nous avons dû préparer un projet de loi pour en réprimer les écarts. Quand la presse n'est plus un instrument de discussion pour les actes du pouvoir, lorsqu'elle se transforme en une arme de destruction, il faut nécessairement l'arrêter et la prévenir. Aussi est-ce pour cela que nous demandons le maintien des anciennes lois, en substituant le gouvernement de la république à ce qui était autrefois le gouvernement du roi. »

Il était impossible de pousser la naïveté plus loin que venait de le faire M. Senard. Il n'y avait dès lors plus rien à dire ; il n'y avait plus qu'à compter les boules pour ou contre le système fictif du cautionnement. « Mais M. Léon Faucher, disait un journaliste, avait besoin d'épancher encore sa petite science politique, et la chambre a dû subir une nouvelle harangue. De par M. Faucher, il faut que l'on sache que les entreprises de journaux doivent être assimilées aux fabriques, aux manufactures, et que le cautionnement ne blesse ni la liberté ni l'égalité, M. Léon Faucher ne donne point ses preuves ; à quoi bon ? Le dogme ne s'explique pas. Le seul motif que M. Léon Faucher ait développé pour le service de son opinion, c'est que l'écrivain signataire se laissera, comme Français, entraîner par l'orgueil jusqu'aux plus folles témérités, et que, pour briller, il se jettera dans l'arène en toréador. »

— « Le second discours de M. Léon Faucher, ajoutait un autre journaliste qui avait assisté à ces séances, a fait monter à la tribune M. Flocon. Fidèle aux opinions de toute sa vie, que d'autres oublient après quelques mois de pouvoir, le républicain démocrate a, dans un résumé substantiel, détruit toutes les raisons de police ou d'État alléguées depuis trois jours en faveur du cautionnement. Ce discours, prononcé dès le début, aurait puissamment servi la cause du droit ; mais la discussion étant épuisée, l'attention devait nécessairement languir, et l'orateur ne pouvait que payer sa dette à la presse et à la chose publique ; il l'a fait noblement. »

La clôture ayant été alors prononcée sans opposition, l'assemblée vota d'abord sur le principe, c'est-à-dire sur la question de savoir s'il y aurait ou non un cautionnement pour la presse périodique; une majorité de 65 voix repoussa le contre-projet présenté par Pascal Duprat, et adopta la loi du cautionnement.

Deux jours après, la même majorité votait, au pas de course, tous les articles de la loi relative aux crimes, délits et contraventions commis par la voie de la presse. Jamais, même aux plus mauvais jours de la royauté, on n'avait vu entasser tant de cas coupables et tant de pénalités.

« On nous a fait, en quelques coups de rabot, disait la *Réforme* au sujet de cette nouvelle loi liberticide, un petit code où sont casés et numérotés tous les crimes et délits imaginables que la presse peut commettre, avec indication et tarif des peines. C'est un travail fait de raccords, car les matériaux sont de vieilles rognures législatives empruntées à toutes les chartes, à toutes les lois organiques ou de circonstance usées par la monarchie.

« Il serait curieux de faire une étude comparée du nouveau décret avec les lois gracieuses qui lui servent d'attache et de fondement. On verrait par là combien la peur est féconde en petites tyrannies, et ce que deviennent les garanties du droit quand on décrète au milieu des crises. Dans l'ancien temps, on ne s'inclinait que devant le buste de S. M. Louis-Philippe et des princes de sa race ; aujourd'hui, tout est majesté, tout est dieu. Le culte égyptien ne comptait pas plus d'idolâtries : la famille, la propriété, la religion et ses ministres, le gouvernement et ses agents; son principe, ses institutions, tout est devenu inviolable et sacré. Malheur à ceux qui oseront en douter ! »

Le journaliste que nous citons ici se trompait lorsqu'il disait que cette loi présentait un code complet des crimes, délits et contraventions qui pouvaient se commettre par la presse. Le décret de 1848 se gardait bien de toucher à tant d'autres lois ou articles de loi que le peuple croyait avoir effacés à jamais de notre législation. Ainsi, ce décret laissait subsister tous ces tronçons de lois pénales sur la matière, et les légistes de la réaction ne tardèrent pas à les retrouver pour les appliquer aux journalistes démocrates, ébahis de s'entendre encore frapper en vertu des lois de 1814, de 1815, de 1822, de 1830, de 1834, etc., etc., etc. Ils purent se croire en pleine monarchie.

Et qu'avait besoin le gouvernement de l'état de siége de toutes ces lois? N'exerçait-il pas une dictature consentie par la majorité de l'assemblée nationale? Ne pouvait-il pas se passer de toutes ces dispositions législatives qui faisaient croire à un semblant de liberté? N'avait-il pas, sans saisies, ni procès, ni condamnations préalables, supprimé onze journaux, par un simple arrêté en date du 25 juin, et ne venait-il pas tout récemment (le 21 août) de supprimer, par un simple arrêté émané du président du conseil des ministres, les journaux démocratiques *le Représentant du Peuple, la Vraie République, le Père Duchesne* et *le Lampion?* Vainement les parties intéressées et la presse tout entière protestèrent-elles contre ces atteintes portées à la liberté de la presse sous le gouvernement républicain. Il leur fallut courber la tête et attendre de meilleurs moments.

Car alors la réaction marchait à pleines voiles rien et, ne pouvait plus arrêter son élan.

Aussi, après avoir repoussé les concordats amiables, les contre-révolutionnaires s'occupèrent-ils de rétablir la contrainte par corps et de rouvrir les portes de cette prison pour dettes, que la première révolution croyait avoir fermée à tout jamais, et que le gouvernement provisoire avait transformée en ateliers pour les travailleurs.

La réaction se montrait si pressée, si ardente à détruire les moindres vestiges de la dernière victoire du peuple, qu'on la vit rétablir sur le fronton de la maison des *Enfants de la Patrie* cette vieille et insultante inscription d'*Hospice des Enfants trouvés*.

Une grande idée, renfermant à elle seule une révolution sociale, s'était produite par cette autre inscription qu'on lisait depuis février sur la façade du palais des Tuileries : *Hôtel des Invalides civils*. Mais cette pensée était toute révolutionnaire, elle avait été conçue par le ministre de l'intérieur Ledru-Rollin. Une main guidée par la faction royaliste l'effaça nuitamment à la même époque. Et pourtant la république existait encore de nom !

CHAPITRE III.

Proposition du citoyen Lichtenberger pour lever l'état de siége pendant la discussion de l'acte constitutionnel. — Débats à ce sujet. — Discours des citoyens Ledru-Rollin, Favreau, Desmonts et Victor Hugo. — Réponse du général Cavaignac. — L'état de siége est maintenu.—Projet de décret draconien contre la presse.—Il est retiré après discussion. — Proposition du citoyen Crespel-Latouche sur la suppression des journaux. — Le commerce ne se plaint pas de l'état de siége! — Discussion générale sur le projet de constitution. — Déclaration relative aux lois organiques. — L'assemblée se lie à ce sujet. — Discours du citoyen Audry de Puyraveau sur la constitution. — Question du président. — Les citoyens Jobez, Gerdy, Camille Béranger, Pierre Leroux et Bouvet. — Appréciation du discours de Pierre Leroux. — Grands débats sur le préambule. — Discours des citoyens Arnoult, Dufaure, Fayet, Coquerel, Fresneau, Hubert de l'Isle. — On demande la suppression du préambule. — Il est défendu par les citoyens Lamartine et Crémieux. — L'abbé Cazalès fils. — Nouvelle rédaction proposée par le citoyen Jean Raynaud. — Réponse du citoyen Dufaure. — Définition de la démocratie par le citoyen Dupin aîné. — L'assemblée reconnaît des droits et des devoirs antérieurs et supérieurs aux lois positives.—Explications à ce sujet des citoyens Dupin et Freslon. —Grande question du droit au travail.—Amendement du citoyen Mathieu (de la Drôme) à ce sujet. — Opinions des citoyens Gauthier de Rumilly, Pelletier et Tocqueville. — Discours du citoyen Ledru-Rollin. — Il définit le droit au travail et le socialisme. — Réponse du citoyen Duvergier de Hauranne. — Opinion du citoyen Crémieux et des citoyens Barthe et Gaslonde.—Discours du citoyen Arnaud (de l'Ariége.) — Longue improvisation du citoyen Thiers. — Réponse du citoyen Considérant. — Nouveaux athlètes à la tribune. — Bouhier de l'Ecluse, Martin-Bernard, Billault, Dufaure, Lamartine et Goudchaux. — Tempête que ce dernier suscite par ses paroles.—L'amendement du citoyen Mathieu rejeté par une grande majorité. — Nouvelle rédaction du comité sur le droit au travail. — Elle est adoptée. — Appréciation de ces débats par la *Réforme*. — Proposition du citoyen Chapeau sur la sanction du peuple. — Curieuse motion du citoyen Destours relative au suffrage universel. — Réponse du comité de constitution. — Quels législateurs!

Au moment où l'assemblée nationale commença la discussion de l'acte constitutionnel qu'avait élaboré la commission créée à cet effet, l'état de siége pesait encore sur Paris, et la suspension arbitraire des journaux n'avait point été levée.

Ce n'était pas dans une pareille situation que l'on pouvait librement discuter et voter d'aussi grands intérêts que ceux attachés à la république. Tout le monde le comprenait : les seuls républicains eurent le courage de le dire.

Leurs journaux commencèrent par poser la question en ces termes :

« Les débats et les votes, expression de la souveraineté parlementaire, auront-ils lieu sous la pression de la force exceptionnelle qui nous régit, ou sous l'empire de la liberté, soit au dedans, soit au dehors? La presse, organe vivant de l'opinion publique, discutera-t-elle sous la loi de surveillance militaire, ou bien en franchise absolue? »

Le représentant Lichtenberger crut que l'on ne pouvait sortir de cette situation anormale que par la levée de l'état de siége; il en fit la proposition formelle, et l'assemblée en fut saisie le jour même où le citoyen Marrast, rapporteur de la commission de constitution, présenta son travail.

Nous allons donc aborder la question de l'état de siége et celle des journaux suspendus, avant de parler de ce rapport et du projet qui le suivait.

« Ma proposition, sur laquelle des raisons, que je ne connais pas, empêchent, dit-on, de lire le rapport, a pour objet de faire cesser l'état de siége au moment où nous commençons le vote de la constitution, expliqua le citoyen Lichtenberger; elle répond, je le crois, non-seulement à mon vœu personnel, mais, je n'hésite pas à le dire, à celui de l'assemblée tout entière. Le vote de la constitution, au milieu des circonstances où nous sommes, sous la pression de l'état de siége, serait une de ces mesures que les nécessités du salut public pourraient seules légitimer...

« Je n'attaque pas l'usage qui a été fait du pouvoir exorbitant placé entre les mains du général Cavaignac, ajoutait le citoyen Lichtenberger; je sais que l'état de siége, en fait, n'exerce aucune influence sur l'assemblée. Mais si l'indépendance des opinions, dans la discussion solennelle que nous allons entreprendre, ne peut recevoir aucune atteinte de l'état de siége, la situation de la capitale, celle de la presse, ne constituent pas cependant un état normal ; c'est une position qu'il n'est ni politique, ni prudent de prolonger. »

— « Il est vrai, répondit, au nom du comité, le citoyen Crémieux ; c'est un grand malheur pour la république qui se fonde, d'avoir à créer sa constitution sous l'empire de l'état de siége. La liberté de la délibération d'abord, voilà ce que chacun de nous doit désirer, et cette théorie ne peut, comme théorie, trouver contradiction.

« Mais les faits parlent autrement. Le pouvoir exécutif déclare que l'état de siége doit être maintenu, qu'il le faut impérieusement. Envisagée sous ce point de vue, la question se réduit à nous demander, à nous autres représentants : sommes-nous libres ? Cette question n'a pas soulevé de discussion sérieuse dans le comité ; mais la question du dehors présentait plus de difficultés. La discussion de la constitution doit avoir une immense liberté ; car il y a aussi au dehors des hommes capables d'éclairer l'assemblée, et l'on nous oppose que les lumières du dehors manqueraient à l'assemblée. Le chef du pouvoir exécutif, concluait l'orateur, déclare que l'état de siége ne peut être levé ; mais ce n'est pas lui qui fait cette déclaration, c'est l'assemblée entière, dont il n'a point cessé d'être le délégué. Voilà ce qui a déterminé les conclusions du comité de justice. »

Ainsi, l'assemblée elle-même ne croyait pas que l'état de siége dût être nécessairement levé pour la discussion de la constitution. C'était là une aberration de la majorité. Le citoyen Ledru-Rollin se chargea de le lui faire comprendre, en lui déclarant que la voie dans laquelle on engageait la représentation nationale serait funeste.

« Prenez garde, s'écria cet orateur, une constitution n'est forte, n'est indestructible, qu'à une condition : c'est qu'elle a l'assentiment, sinon unanime, du moins l'assentiment de la grande majorité du pays. Examinez, en vous mettant en face de l'Europe, ce qu'on va penser d'une constitution qui serait faite, pour ainsi dire, comme celles qui, tant de fois, ont été essayées en Espagne. Vous rappelez-vous de quel mépris nous couvrions ces constitutions discutées sous l'empire du sabre? Vous rappelez-vous quand nous voyions les cortès délibérer sous la protection, à l'ombre du sabre de tel général que je ne veux pas nommer, quel respect nous inspirait cette constitution?... Pour être durable, il ne faut pas que la constitution porte dans ses flancs des germes de mort étrangers à son essence même. Ne vous rappelez-vous pas que, quand la constitution de 1814 a été attaquée, elle recélait en elle un trait qui a servi plus tard à la déchirer? Que vous criait-on? C'est la constitution de l'étranger! En 1830, pour attaquer la charte, que vous disaient les partis? C'est une charte bâclée en quelques instants. Ce que je voudrais éviter, c'est qu'une blessure semblable se trouvât au cœur même de notre constitution. Prenez garde de la faire naître sous une atmosphère qui devra fatalement l'étouffer.

« On dit : l'état de siége est indispensable, poursuivait le citoyen Ledru-Rollin en s'en prenant à la base du gouvernement issu des fatales journées de juin. Le gouvernement le croit ainsi. Qu'il me permette de faire appel à des faits qu'il connaît mieux que nous. L'état de siége est indispensable! voyons donc! car, comme tout autre, je m'inclinerais devant l'impérieuse nécessité. Mais est-ce que, par hasard, si on levait l'état de siége, vous auriez autour de Paris un soldat de moins? Est-ce que nous vous disons que, pour maintenir la sécurité, il faut éloigner les bataillons? Si cinquante mille soldats ne vous suffisent pas, appelez-en cent mille, si ils sont nécessaires; l'état de siége n'est pas indispensable pour cela...

« Qui vous retient alors? La presse, qui paraît vous effrayer? mais encore un coup, vous ne pouvez pas la comprimer le lendemain d'une constitution faite! Si par hasard, aujourd'hui, vous craignez que cette presse n'allume un incendie, frappez-la alors; mais révoquez la suppression des journaux; au moins vous aurez fait une grande chose; vous aurez commencé par prouver que vous voulez la liberté. Vous aurez été ainsi dans le droit commun, dans le droit de la liberté, qui peut seul inaugurer la constitution républicaine. »

Faisant ici un parallèle des circonstances au milieu desquelles fut votée la constitution de 1793 à celles où la France se trouvait en septembre 1848, le citoyen Ledru-Rollin démontrait facilement que les dangers étaient bien autrement grands à cette première époque, sans pour cela qu'on eût cru nécessaire de placer la France sous le gouvernement de la peur; et comme on lui objecta que le gouvernement révolutionnaire suppléait alors à tout :

« Vous vous trompez, répondit l'orateur; la constitution de 1793 est du mois de juin; le gouvernement révolutionnaire n'a été établi qu'au mois d'octobre...

« Vous dites que nous sommes libres, disait en terminant le logicien qui ne laissait debout aucun des arguments présentés par ceux qui voulaient continuer à s'abriter derrière l'état de siège; mais encore un coup, le monde qui nous contemple dira le contraire. Nous sommes libres, mais la presse ne l'est pas; et le lendemain du jour où la constitution arrivera dans le pays, elle y arrivera accompagnée des protestations de la presse. Or, je ne saurais trop vous le répéter : à peine de vous condamner à persévérer dans ce système d'oppression de la presse, mieux vaut mille fois aujourd'hui la rendre libre; car plus tard, quand la constitution sera votée, vous lui laisserez ce redoutable prétexte : qu'elle ne reconnaît point une constitution dont elle n'a point mûri, débattu les principes, et qui n'est que l'organe d'un parti (¹).

(¹) La constitution de 1848, dont le citoyen Marrast fut le rapporteur, et le

« Le moment est solennel ; sachez vous soustraire à l'empire des circonstances, faites une chose qui, un jour, soyez-en convaincus, donnera à votre constitution une force irrésistible ; détachez-vous de ces craintes qu'on cherche à jeter dans les esprits ; et si demain il arrivait que les factions voulussent se montrer violentes encore, eh bien ! rétablissez l'état de siége ; mais provisoirement, vous aurez fait acte de respect pour le droit de tous ; mais, provisoirement, vous aurez inauguré votre constitution par ce qu'il y a de plus vénérable au monde : le principe immortel de la liberté. »

Le citoyen Ledru-Rollin fut vivement appuyé par les représentants Favreau, Desmarest et Victor Hugo.

Le premier de ces orateurs soutint que le citoyen Crémieux avait déplacé la question ; qu'il ne suffisait pas de savoir si l'assemblée était théoriquement libre en votant la constitution, mais encore de rechercher si, autour de cette assemblée, il n'y avait pas une institution indispensable au régime démocratique qui manquât. « Si l'on maintient l'état de siége, si l'assemblée s'associe à cette déclaration, s'écriait l'orateur, faites au moins que la presse puisse discuter librement la constitution que vous allez faire. »

Le citoyen Desmarest se prononçait fortement pour la levée de l'état de siége.

Quant au citoyen Victor Hugo, il partait de ce principe, que la constitution ne pouvait être librement discutée et votée, si l'assemblée et la presse n'étaient également libres. Dans l'opinion de cet orateur, l'état de siége ne comportait pas la compression de la presse, ni la suppression des lois. « Quand l'assemblée vous a accordé l'état de siége, s'écriait le citoyen Hugo,

---

citoyen Martin (de Strasbourg) le défenseur à la tribune, n'était, en effet, que l'œuvre du parti du *National*. La montagne repoussa constamment le chapitre V, qui admettait un président de la république, avec presque toutes les attributions de la royauté.

en s'adressant au gouvernement, elle vous a donné une arme pour arrêter les combats de la rue, mais non pour arrêter les discussions; on ne vous a pas donné le droit de rétablir la censure et la confiscation. Je demande que M. le président du conseil vienne nous dire de quelle façon il entend l'état de siége; s'il entend par là la suspension des lois, je voterai pour qu'il soit levé; s'il entend rendre la liberté à la presse, je voterai pous le maintien de l'état de siége. »

On attendait avec impatience les explications du gouvernement. Le général Cavaignac se décida à les donner complètes.

Commençant d'abord par identifier le pouvoir exécutif avec l'assemblée nationale, à laquelle il venait demander, disait-il, de se prononcer elle-même sur la question de l'état de siége, le président du conseil affirmait qu'il y aurait danger pour le pays, pour la constitution elle-même à le lever. Il soutint que l'état de siége, tel qu'il était exécuté, n'ôtait rien à la liberté de l'assemblée.

Abordant ensuite les exemples cités par le citoyen Ledru-Rollin des constitutions votées sous le régime du sabre, il fit remarquer qu'en Espagne l'état de siége n'avait pas été imposé au pays par les assemblées délibérantes, mais bien contre elles-mêmes. Le général Cavaignac ne craignit pas de répéter les paroles qu'il avait prononcées au mois de juillet au sujet de la presse, consistant à déclarer qu'il voyait alors un grand danger à voter une loi sur les feuilles périodiques, sous l'empire des émotions du moment.

« La proposition qui nous occupe, ajoutait-il, est tellement liée à celle de M. Crespel Latouche, que je demande à répondre en même temps à l'une et à l'autre.

« Pendant les événements du mois de juin, onze ou douze journaux furent suspendus; quatre autres l'ont été depuis. On discute sur la portée de l'état de siége; voici notre opinion en deux mots : quand il a été remis entre nos mains, c'était une loi de salut public. Qu'est-ce qui assiégeait Paris? C'était, d'un côté, l'esprit de désordre ; d'un autre côté, l'esprit de caste, la légitimité spéculant sur la misère (¹); que l'assemblée se fasse représenter les articles des journaux suspendus, elle n'y verra pas seulement des attaques contre le gouvernement, à celles-là nous répondons de notre mieux par la discussion ; mais elle y trouvera des attaques contre la république ; à celles-là nous répondons par l'état de siège, car il est de notre devoir de nous poser contre ceux qui déclarent notre république une chose mauvaise ; nous userons contre eux notre repos et notre vie même. Nous faisons appel dans le pays à tout ce qui partage nos convictions pour combattre les deux extrémités que nous venons de signaler à l'assemblée.

« Le moment n'est pas loin, disait en terminant le chef du pouvoir exécutif, où nous déposerons le pouvoir ; le moment n'est pas loin où nous irons nous promener, comme simple citoyen, au milieu de la place publique, au milieu des hommes dont nous avons attaqué les principes ; si nous avons réussi à fonder heureusement la république, nous serons heureux et fiers de nous retrouver au milieu d'eux, car nous ne redoutons pas leurs injures. »

Après ces explications, qui ne changeaient en rien l'état de choses, il ne resta plus au président qu'à mettre aux voix la demande formulée par le comité de législation à l'égard de la proposition du citoyen Lichtenberger, demande consistant à ce qu'il ne fût pas donné suite à sa motion ; c'est ainsi

---

(¹) Comment se fait-il que la fameuse commission d'enquête n'ait point aperçu cet esprit de caste, c'est-à-dire la légitimité spéculant sur la misère, et faisant commencer par ses agents cette déplorable insurrection de juin, si funeste à la cause de la révolution et de la liberté ? Si la contre-enquête, que quelques républicains avaient demandée, eût eu les pouvoirs qu'on avait confiés à la commission contre-révolutionnaire, nul doute que la vérité ne se fût révélée sur les vrais instigateurs de la révolte du 23 juin.

que l'état de siége fut maintenu par 529 voix contre 140.

Par cette décision, la majorité de l'assemblée déclarait que la constitution pouvait être librement discutée et votée par la constituante, malgré la pression du gouvernement de la force.

Restait la question des journaux suspendus, au sujet desquels bien des interpellations avaient été faites au pouvoir exécutif, jusqu'au moment où le représentant Crespel Latouche déposa une proposition formelle, consistant à décréter qu'aux tribunaux seuls appartenait le pouvoir, même en temps d'état de siége, de réprimer les délits commis par la voie de la presse.

Avant que cette motion arrivât à la discussion, le comité de législation avait cru devoir rédiger et présenter à l'assemblée un projet de décret relatif aux délits de la presse pendant l'état de siége. C'était, sans contredit, une des plus mauvaises lois que la haine pour la presse eût jamais inspirées aux contre-révolutionnaires, car elle violait non-seulement le principe de la liberté, mais encore elle bouleversait toutes les notions de la justice et toutes les règles de la procédure criminelle ; aussi le projet fut-il repoussé par tous les représentants qui prirent la parole, sans que personne se présentât pour l'appuyer (¹).

« Le décret qui nous a été soumis, dit le citoyen Isambert

(¹) Voici en quels termes fut présenté le projet de décret formulé par le comité de législation contre la presse, tant que durerait l'état de siége :

« Article 1ᵉʳ. Pendant la durée de l'état de siége décrété le 24 juin, les journaux condamnés pour délit de la presse pourront être suspendus dans les cas et suivant les formes ci-après déterminées.

« Art. 2. Le ministère public aura la faculté, même dans le cas de saisie, de traduire les prévenus devant la cour d'assises, par voie de citation directe, et à un délai de quarante-huit heures. La citation contiendra l'articulation et la qualification des délits imputés à l'écrit poursuivi.

« Art. 3. En cas de culpabilité déclarée par le jury, l'arrêt de condamnation pourra prononcer la suspension du journal pendant un délai de huit jours à trois mois.

« Art. 4. Si le prévenu ne comparaît pas au jour fixé dans l'assignation, il sera jugé par défaut; la cour statuera sans assistance ni intervention des jurés. En

lui-même, a été rédigé en vue de l'état de siége ; or, il est avéré que l'état de siége doit être prochainement levé ; le décret sera donc à peu près inutile comme répression.

« Mais il peut avoir de graves inconvénients.

« Comment, par exemple, l'écrivain devra se présenter dans les vingt-quatre heures ? Je demande quel est l'avocat un peu honorable qui voudra se charger de la défense d'un journal cité à si bref délai. La loi de 1831 accordait dix jours ; les lois de septembre, que le gouvernement provisoire s'est empressé d'abolir, accordaient trois jours. Un délai est de toute nécessité pour la préparation de la défense. Le droit de faire défaut est inhérent à tout prévenu en matière de presse ; en le supprimant on va droit à un arbitraire que des semblants de légalité ne peuvent déguiser.

« Le projet accorde aux tribunaux le droit de suspension du journal incriminé, poursuivait le citoyen Isambert ; mais c'est là un droit exorbitant. Dans la suspension administrative, il y a au moins pour la presse quelque garantie, car on peut toujours interpeller le gouvernement ; tandis que les tribunaux n'ont aucun compte à rendre de leur décision... Les tribunaux, obligés d'ailleurs de se prononcer dans les quarante-huit heures, n'auront pas, pour prononcer la suspension, les éléments d'information qui appartiennent au gouvernement. La magis-

---

cas de condamnation, la suspension du journal pourra être prononcée comme il est dit ci-dessus.

« Art. 5. L'arrêt de condamnation par défaut ou contradictoire sera exécuté provisoirement en la disposition prononçant la suppression du journal, nonobstant l'opposition sur pourvoi en cassation. L'opposition ne sera recevable que dans la huitaine, à compter de la notification de l'arrêt de défaut ; il entraînera de plein droit assignation au surlendemain. Le pourvoi en cassation contre l'arrêt qui aura statué sur les exceptions d'incompétence ou tous autres incidents, ne sera recevable qu'après l'arrêt définitif et avec le pourvoi contre cet arrêt. En conséquence, il sera passé outre, et les poursuites devant la cour d'assises seront continuées jusqu'à l'arrêt définitif. »

trature n'existe encore qu'à l'état précaire et, dans cette situation, elle n'a pas toutes les conditions d'indépendance qui seraient une garantie pour la presse; ses intérêts seront attaqués, avec quelque raison, à chaque répression; et c'est sur elle seule que retombera l'odieux des condamnations. L'écrivain fera défaut; n'ayant que quarante-huit heures pour se préparer, il ne se présentera pas, et presque toujours les arrêts seront rendus en l'absence du jury.

« Par ces motifs, concluait le citoyen Isambert, je repousse le projet de loi. »

— « La loi qui vous est proposée, ajouta le citoyen Saint-Gaudens, porte atteinte à ce qu'il y a de plus sacré parmi les hommes : le droit de défense et le droit de propriété. Le comité de législation a paru préoccupé de sauver les apparences de la liberté de la presse. Vous prétendez saisir un journal, le juger et le condamner dans les quarante-huit heures? C'est à peu près comme si après avoir exécuté un malheureux on lui faisait son procès. Rien n'est plus terrible que de faire ainsi de l'arbitraire et, selon l'expression de Montesquieu, de violer la loi par la loi même... Vous avez aboli la confiscation; qu'est-ce cependant, je vous prie, que la suppression d'un journal? »

— « La suspension des journaux, dit encore le citoyen Victor Hugo, crée une situation inqualifiable, à laquelle il faut mettre un terme. Quant à moi, je déplore que le pouvoir exécutif ne se soit pas cru suffisamment armé par les lois que nous avons votées. Le droit de suspension participe de la censure par l'intimidation qu'il exerce, et de la confiscation par l'atteinte à la propriété. Je verrai avec regret ce droit rentrer dans nos lois. »

— « Je viens, au nom de la minorité nombreuse du comité de législation, reprit le citoyen Bouvet, combattre le projet. Cette minorité, en présence des déclarations faites par le président du conseil, n'a pas pensé devoir substituer à la responsabilité du pouvoir devant l'assemblée, l'intervention du pouvoir judiciaire dans le domaine de la politique. Quant à moi, je préfère de beaucoup l'arbitraire pur et responsable de la violation des principes en matière judiciaire. Mon opinion est qu'il n'y a pas lieu à passer au vote des articles. »

Comme personne ne se présentait pour soutenir le projet de loi du comité de législation, force fut au rapporteur, le citoyen Charamaule, de monter à la tribune pour expliquer au moins les intentions de la majorité de ce comité.

« Les journaux, dit-il, réclamaient des juges; le projet de la commission donne satisfaction à cette instante réclamation. »

Essayant ensuite de répondre aux reproches que l'on adressait au projet de loi, le citoyen Charamaule se rejetait sur ce que ce projet était essentiellement transitoire, comme l'était la situation elle-même. Toutefois, ce rapporteur déclarait que, dans les moments d'émotions populaires, il lui paraissait impossible de laisser à la presse toute sa liberté d'action. « Lui donner un long délai avant de frapper, ajoutait-il, ce serait lui donner le temps d'exécuter les projets les plus subversifs. » Et le citoyen Charamaule avait le courage d'appuyer seul à la tribune un projet de loi qui indignait tous les membres habitués à penser tout haut.

« C'est que les comités de l'assemblée nationale, faisait observer le journal *la Réforme* si intéressé dans la question, sont de petits conciles que la folle peur travaille et qui ferment les yeux à la lumière, pour répondre, par des arrêts farouches à ce qu'ils appellent d'impérieuses nécessités. »

Jusqu'à ce moment, aucun organe du gouvernement ne s'était prononcé publiquement sur le malencontreux projet de loi; le ministre de la justice, Marie, crut devoir prendre la parole, non pas pour appuyer précisément le projet émané du comité de législation, mais pour faire une sorte de résumé de la question.

Commençant par déclarer que l'attitude du gouvernement devait être réservée dans une circonstance où il s'agissait de décider si on laisserait au pouvoir exécutif le droit de suspendre les journaux, il s'attacha à démontrer que le gouvernement n'avait usé de sa force que pour sauver le pays; qu'il n'avait point cessé d'y avoir entre l'assemblée et le gouvernement une pensée commune, et que l'assemblée avait tout vu, tout su, tout sanctionné.

« Si ce droit de suspension était exorbitant, ajouta-t-il, il est juste d'ajouter qu'il n'a été exercé que sous votre surveillance, sous votre contrôle, et aussi sous la responsabilité du pouvoir. »

Passant ensuite à la proposition du citoyen Crespel Latouche, le ministre la considérait comme un blâme pour le gouvernement, puisqu'elle tendait à faire déclarer que l'état de siége n'impliquait pas le droit de suspension des feuilles périodiques, droit que le pouvoir s'était arrogé.

« Maintenant, poursuivait le citoyen Marie, on vient vous proposer de transporter au pouvoir judiciaire le droit de suspension attribué au pouvoir exécutif. A cet égard le gouvernement ne peut que s'en rapporter à l'assemblée; mais je dois faire remarquer que vous transférez ainsi au pouvoir judiciaire un droit qu'il exercera sans contrôle et sans surveillance; un droit dont les décisions ne peuvent être l'objet ni d'une critique morale, ni d'aucune réparation. »

— « Il est certain, répliqua le citoyen Jules Favre, que la *majorité* de l'assemblée a toléré avec son assentiment les actes faits par le cabinet depuis l'état de siége. Mais je dois rappeler que le ministre de la justice nous a dit que, lorsque le gouvernement serait armé des lois nécessaires pour réprimer les écarts de la presse, il renoncerait à l'arbitraire.

« J'avais compris que le moment fixé par le gouvernement était celui où la loi sur le cautionnement et la loi sur la répression des délits commis par la presse seraient votées. Le gouvernement est suffisamment armé aujourd'hui, et cependant il ne croit pas pouvoir renoncer encore à cette arme terrible qui pourrait blesser ceux qui s'en servent... j'avoue que je n'aurais jamais pu croire que des hommes qui ont passé leur vie à défendre la presse, consentiraient à devenir ses exécuteurs. Maintenir la dictature, ce serait avouer que nous sommes encore dans les temps de troubles, lorsque tout démontre que la guerre est finie, que les relations entre citoyens sont rétablies, que les rues sont libres. C'est donc le moment de revenir au droit commun, et de proclamer par là le rétablissement de l'ordre et du calme. »

— « Le commerce ne se plaint pas de l'état de siége, interrompit ici une voix du côté droit. »

— « Je ne défends pas la cause de la liberté par des motifs de cette nature, reprit aussitôt Jules Favre; je puise mes arguments dans des considérations plus élevées; je dis qu'il existe une grande différence entre le combat et le calme, et qu'on ne peut régir par les mêmes lois des situations si opposées; que, s'il fallait absolument choisir entre l'arbitraire du gouvernement et celui de la justice, je pencherais, concluait l'orateur, pour l'arbitraire de la justice. Si vous avez peur de la justice, si vous avez peur des plaidoiries, si vous avez peur des arrêts, cette peur seule prouve combien la justice est préférable à l'arbitraire. »

La clôture ayant été mise aux voix, le président posa la question de savoir si on passerait ou non au vote des articles du projet de loi, conformément à la motion du citoyen Boudet. Elle fut résolue négativement par 515 membres contre 238, qui auraient voulu que le projet fût discuté et même voté.

Les motifs qui m'ont porté à m'étendre sur cette discussion n'échapperont point aux hommes pour lesquels je fais ce livre; j'ai voulu démontrer que, par suite des erreurs du suffrage universel dirigé dans le sens de la réaction, il existait au milieu de l'assemblée constituante de 1848, des soi-disant représentants du peuple, qui n'étaient autre chose que des royalistes un moment déguisés, et auxquels les *lois de septembre* contre les feuilles périodiques ne suffisaient déjà plus. Ces hommes, cédant à la vieille haine qu'ils portaient à la presse et à ses libertés, venaient, à quelques mois de distance d'une révolution démocratique, de s'ingénier, de mettre leur esprit à la torture pour trouver quelque chose de plus liberticide encore que toutes les mauvaises lois conçues à diverses époques par les agents de la monarchie les plus hostiles à la liberté. Ce que la majorité du comité de législation enfanta seule dans cette circonstance fut tellement draconien qu'il souleva l'indignation de la grande majorité de l'assemblée. Toutefois, il ne dépendit pas des 238 voix liguées contre la première des libertés d'un peuple que ce projet inique ne fût pris en considération et adopté à la plus grande gloire de la république honnête et modérée. Nous serons bientôt à même de constater que les réactionnaires n'étaient pas gens à se décourager par un premier échec, et qu'ils savaient très-bien supporter un peu de honte pour arriver à leurs fins.

En ce moment là, quoique complétement battus par le scrutin, les suppôts de toutes les tyrannies eurent encore l'habileté de faire établir une confusion dans le vote qui frappait de mort leur œuvre; ils soutinrent que ce vote comprenait aussi la proposition du citoyen Crespel Latouche.

Vainement ce représentant affirma-t-il que l'assemblée n'avait pas statué sur sa proposition; vainement encore en rappela-t-il les termes, afin de prouver qu'elle n'avait rien de commun avec le projet de loi tombé; les réactionnaires s'efforcèrent de prouver qu'en refusant de passer au vote des articles du projet, l'assemblée avait, par cela même, écarté la proposition; et, profitant de la lassitude produite par une séance déjà bien longue, non moins que par l'impatience d'arriver enfin aux débats de la constitution, ils firent voter la question préalable sur une proposition restée vierge de toute discussion.

Ainsi, en résumant les deux séances importantes où l'on avait discuté les grandes questions préliminaires à l'examen de la constitution, on arrive à ce résultat significatif : que la majorité de l'assemblée constituante s'était fort peu inquiétée des effets de la prolongation de l'état de siége et de la suspension des journaux sur la discussion de la constitution ; et cela, par la raison que *le commerce ne se plaignait pas de l'état de siége.*

Ce fut dans ces dispositions que l'assemblée constituante se livra à la discussion de l'œuvre que la commission spéciale de constitution venait d'enfanter. Ajoutons que cette discussion fut complétement libre, tant au dehors qu'au dedans de l'assemblée ; car il est juste de reconnaître que l'état de siége dont se servait le gouvernement du général Cavaignac, n'avait plus rien de commun avec l'état de siége exploité par les mauvaises passions, et moins encore avec celui que le roi Ferdinand à Naples, le général Radetzki à Milan, le général Windischgraëtz à Prague et à Vienne et les Prussiens à Mayence faisaient peser de tout son poids sur les populations convaincues du crime de détester la tyrannie.

Un scrupule qui fit craindre à quelques représentants que l'assemblée constituante ne laissât son travail imparfait, avait porté l'un d'eux à proposer de lier cette assemblée de manière à ce que les lois organiques de la constitution ne pussent point, par quelque motif que ce fût, être laissées aux soins des assemblées législatives qui lui succéderaient. La proposition formelle en avait été faite depuis quelques jours.

« L'assemblée nationale, portait le projet de décret à ce sujet, ne se dissoudra pas avant d'avoir voté les lois organiques. Un décret spécial, rendu immédiatement après le vote de la constitution, déterminera les lois qui doivent être votées par l'Assemblée constituante. »

C'était une espèce de serment du Jeu de Paume que les auteurs de la motion voulaient en quelque sorte imposer à l'assemblée nationale de 1848 afin qu'elle se trouvât non-seulement engagée envers elle-même, mais encore envers la nation ; et, comme la proposition arrivait à l'ordre du jour au moment où l'on allait discuter la constitution, on crut qu'il était nécessaire de commencer par cette déclaration.

Mais à peine fut-il question de faire prononcer l'assemblée au sujet des lois organiques, qu'une forte opposition à la délibération s'éleva de la part des réactionnaires. N'osant pas combattre la motion, ils en demandèrent l'ajournement jusqu'après le vote de la constitution.

« Expliquez-vous, cria Pascal Duprat au citoyen Jules de Lasteyrie qui se montrait ardent à demander cet ajournement. »

— « Eh bien, répondit ce dernier représentant, je dis que vous devez vous abstenir ; car il n'est pas exact de dire que la constitution et les lois organiques doivent émaner de la même assemblée ; et d'ailleurs nous ne pouvons pas savoir quels seront les événements futurs..... »

Ces quelques mots dévoilaient une pensée déjà conçue en effet par ceux qui, se croyant les maîtres de la France au moyen des élections, n'avaient rien tant à cœur que de se débarrasser des républicains sincères siégeant au milieu de la constituante. Les phrases entortillées que M. de Lasteyrie ajouta encore prouvèrent aux démocrates qu'ils ne s'étaient point trompés.

« Je ne dis pas qu'il ne soit pas bon que les lois organiques soient votées par l'assemblée constituante, reprit-il ; mais je pense que cela n'est pas absolument nécessaire. Nous ne devons pas prendre d'engagements positifs, quand nous ne savons pas si nous ne serons point dissous, renvoyés..... »

— « Par qui ? » lui criait-on de toutes parts.

— « M. de Lasteyrie se croit encore sous l'empire de la charte, » disaient d'autres interrupteurs.

— « Je dirai à ceux qui m'interpellent, répondit M. J. de Lasteyrie, que beaucoup d'entre eux ne croyaient pas, il y a trois mois, que cette assemblée siégerait aussi longtemps. Il y en a une preuve matérielle, c'est que cette salle n'a été construite que pour quelque temps..... »

C'était évidemment un parti pris par les réactionnaires de saper dès alors l'assemblée constituante, de lui ôter toute confiance en elle-même et de faire douter de la stabilité de la république par des pronostics propres à porter le découragement dans l'âme des membres timorés de cette assemblée. Se sentant appuyé par quelques autres réactionnaires, M. J. de Lasteyrie, qui n'avait pas osé manifester d'abord sa pensée tout entière, brava les murmures que chacune de ses phrases avait excités, et s'enhardit jusqu'à s'écrier :

« Qui de nous peut prévoir les événements ? Voyez-le déjà : le préambule de la constitution n'est plus le même ; déjà plusieurs articles de cette constitution ont été modifiés. Pourquoi ? Parce que les circonstances ont varié. Attendons donc ; ne prenons point d'engagements qui pourraient nous embarrasser à une autre époque. »

— « Quelle époque ? lui demanda le côté gauche. Est-ce celle du retour de la monarchie ? »

— « A notre autorité, reprit alors le député Bénard, doit succéder un pouvoir établi par la volonté nationale. »

— « Lequel ? lequel ? Expliquez-vous ? »

— « Il y aura un pouvoir constitué définitivement par le peuple, ce sera le chef de la république. Mais où sont nos pouvoirs à nous ? »

— « Nous sommes donc des usurpateurs ? »

— « Vous avez un pouvoir immense, répondait l'orateur réactionnaire ; mais vous n'avez ce pouvoir qu'à condition d'en user dans de justes limites. Attendez donc pour savoir ce que vous devez et ce que vous pouvez faire. »

Il était difficile de trouver dans les paroles des réactionnaires un seul argument auquel des hommes sérieux pussent s'arrêter ; aussi, pour toute réponse à la demande d'un ordre du jour motivé faite par le député Vezin, la grande majorité de l'assemblée répondit-elle par une prise en considération.

L'assemblée, n'ayant pas adopté l'ajournement proposé par les réactionnaires, le citoyen Victor Lefranc discuta alors gravement la proposition.

« On nous a dit tout à l'heure que le gouvernement provisoire, en convoquant les électeurs, les avait appelés à nommer une assemblée chargée de fonder le gouvernement républicain en France. Le mandat que nous avons reçu est donc moins limité que celui qu'on veut nous attribuer. Notre mission a été de fonder la république, de l'asseoir assez solidement pour que les factions ne puissent l'attaquer...... Si nous ne faisons par les lois organiques, il faudra au moins faire nommer le président [1] ; or, que fera ce président avec une constitution sans avoir les moyens de l'appliquer ? que feraient les électeurs eux-mêmes sans les lois organiques qui doivent réglémenter le mode d'application du suffrage universel ? que feraient nos successeurs ? Peut-être feraient-ils, sans le vouloir, des lois organiques qui ne seront pas en harmonie avec la constitution ; tandis que nous, chargés d'élever toutes les parties de l'édifice, nous y

---

[1] L'éducation républicaine était si peu faite à l'égard d'une foule de membres de l'assemblée, que bien des démocrates à la suite des Américains, ne mettaient pas seulement en doute l'existence d'un président de la république.

mettrons de l'ordre et de l'unité, nous en ordonnancerons toutes les parties. »

Il n'y avait rien à répondre à ces arguments ; aussi l'un des réactionnaires crut-il devoir changer la direction des batteries dressées contre l'assemblée elle-même. « Je demande qu'il soit décrété dès à présent, dit ce membre, que l'assemblée nationale sera dissoute de droit dans les deux mois qui suivront le vote de la constitution. »

Le tumulte excité par cette proposition si peu voilée empêcha son auteur de la développer, et la clôture vint faire justice de ces coups portés intempestivement à l'assemblée constituante de 1848. Vainement le citoyen Vezin essaya-t-il de reproduire son ordre du jour motivé contre le projet de décret en discussion, le président l'écarta comme une reproduction de ce qui avait été décidé ; et le décret portant que l'assemblée ne se séparerait pas avant d'avoir voté les lois organiques fut enfin voté à une majorité de 586 voix contre 154.

Ainsi l'assemblée se trouvait liée à l'égard des lois organiques comme à l'égard de la constitution même; et il n'y avait, dans cet engagement si positif, rien de forcé, rien qui ne fût dans son mandat.

Malheureusement, elle nous a habitués à la voir se déjuger, et ses inconséquences n'étaient pas à leur terme. Nous en remarquerons plus d'une entre le préambule et les articles de l'acte constitutionnel.

On comprendra qu'il nous est impossible d'entreprendre ici l'analyse du rapport fait par le citoyen Marrast au nom de la commission de constitution ; tout se tient, tout est lié dans un pareil travail ; vouloir le résumer, ce serait lui ôter la plus grande partie de son mérite ([1]). Nous ne nous occupe-

---

([1]) Nous publierons, à la fin de ce volume, le texte de rapport, en même temps que la constitution et son préambule.

rons donc que des débats auxquels donna lieu la discussion des articles du préambule et ceux de la constitution elle-même; cela nous amènera à démontrer combien cette discussion fut sérieuse et lumineuse.

« Ce sont là de belles études, s'écriait le journal la *Réforme*; les intelligences pures, les vaillants *chercheurs*, les intrépides pionniers, qui vont toujours en avant pour rencontrer enfin la perfectibilité humaine, y trouveront l'occasion d'appliquer leurs théories philosophiques. Il est vrai, d'ailleurs, qu'à voir les choses scientifiquement, une constitution devrait être une doctrine générale donnant la raison de tous les problèmes, une philosophie compréhensive de toutes les vérités, en un mot, une religion. »

La discussion du projet de constitution s'ouvrit enfin avec quelque solennité; elle dura près de deux mois consécutifs.

Le premier orateur qui prit la parole fut l'un des plus intrépides et des plus constants défenseurs de la cause du peuple. Le citoyen Audry de Puyraveau, dont la vie et la fortune s'étaient usées au service de la démocratie, ne voulut pas laisser passer la grande occasion que lui fournissait l'examen préliminaire de l'ensemble du projet, sans protester contre le chapitre V, qui instituait le président de la république. Son discours, auquel les journaux firent peu d'attention, nous a paru ne rien laisser à dire à ceux qui réservèrent pour les débats de ce chapitre leurs arguments contre la présidence; aussi lui donnerons-nous la préférence sur la plupart des opinions analogues.

« Citoyens représentants, dit le vieux républicain, je viens m'opposer à un article de la constitution proposé à votre acceptation. Cet article est celui qui fait nommer le président de la république, le pouvoir exécutif, directement par le peuple.

« Si cette disposition était acceptée par nous, non-seulement elle détruirait la souveraineté de l'assemblée que lui a déléguée le peuple, mais elle détruirait cette souveraineté dans son principe le plus essentiel, celui d'une volonté unique et permanente.

« La première conséquence d'une pareille disposition serait de créer un pouvoir à côté d'un autre pouvoir ; deux pouvoirs au lieu d'un. Vous prépareriez ainsi, par cette monstruosité politique, un conflit dont les conséquences, faciles à prévoir, ne se feraient pas attendre.

« Qu'opposeriez-vous en effet à ce pouvoir sorti de la même origine que vous, élu directement par le peuple, s'il voulait vous résister?

« Vous n'auriez aucune autorité sur lui ; il aurait, au contraire, toute la force active dont il disposerait contre vous. Il vous dissoudrait s'il le jugeait nécessaire à son ambition, car on n'oppose rien à la force. Ce pouvoir ne serait qu'une royauté déguisée sous le nom d'un président. Vous seriez comprimés par sa seule volonté ; il abuserait, sans aucun doute, de cette faculté ; car un pouvoir unique est toujours ascendant et envahisseur de sa nature.

« Vous avez vu, citoyens représentants, un consul se faire empereur ; une royauté limitée se faire despotique. En avez-vous déjà perdu le souvenir? Nous n'aurions alors qu'une monarchie déguisée sous le nom de république.

« Vous donnez à ce pouvoir, dites-vous, des attributions limitées ; lui, au contraire, fort de son origine égale à la vôtre, réunissant en lui deux facultés, la volonté et l'action, comment le limiterez-vous? Vous serez compromis, sans aucun doute ; vous vous serez ainsi rendus impuissants ; vous vous serez suicidés vous-mêmes, en lui abandonnant la seule faculté qui vous distingue de lui : celle de vouloir.

« Vous auriez, par une confiance imprudente et abusive, détruit l'harmonie de ce principe, seul fondement vrai de toute organisation sociale, la volonté qui précède l'action ; vous aurez voulu créer un pouvoir fort, vous n'aurez créé qu'un pouvoir despotique.

« D'ailleurs, sous le principe de la souveraineté du peuple, aucune volonté individuelle ne doit exercer d'action qui lui soit propre ; autrement le seul gouvernement que vous avez mission de fonder ne serait pas démocratique ; il ne serait, je le répète, qu'une monarchie déguisée.

« Ce principe de toute vérité éternelle, la souveraineté du peuple, la seule vérité sociale, sans laquelle il n'y a qu'une agglomération d'hommes, un troupeau humain ; suivez-la donc, où vous n'aurez préparé que de nouvelles convulsions politiques, vous n'aurez rien fondé de durable.

« En dehors de ces vérités, tout ne sera que mensonge ; un esclavage déguisé sous les noms sacrés de liberté, d'égalité, de fraternité.

« La souveraineté du peuple s'est manifestée dans la création de l'assemblée nationale comme pouvoir unique et permanent. Ne l'oubliez pas ! tout doit ressortir de lui ; il est la volonté souveraine ; elle ne doit résider qu'en lui ; elle ne peut être partagée.

« Vous créez un pouvoir pour exercer cette volonté ; sa force ne doit venir que de vous, vous être subordonnée ou vous commander. Choisissez.

« Si la volonté précède l'action, il ne peut y avoir d'action sans volonté manifestée. D'ailleurs la qualification de pouvoir exécutif ne signifie pas autre chose. La mission du pouvoir exécutif, c'est donc l'exécution des lois qui émanent de vous. Voilà où se borne son action.

« Vous dites qu'il faut un pouvoir fort ; j'en conviens ; pourvu que sa force vienne de vous, comme les lois qu'il fait exécuter. Tout alors sera régulier ; toute cause de conflit n'existera plus.

« Les conséquences de la souveraineté du peuple ne s'arrêtent pas seulement aux pouvoirs qui sont la première membrure de la constitution ; elles doivent se manifester dans tous les corps constitués par des formes qui leur soient propres. Ce n'est qu'ainsi seulement que la souveraineté du peuple peut être mise en action sans danger pour la république ; proclamée par le peuple, sur les barricades, le 24 février, vous ne l'oublierez pas. L'élection est d'ailleurs le seul moyen de détruire, en moralisant la nation, le système de corruption qui afflige depuis si longtemps toutes les consciences honnêtes.

« En effet, citoyens représentants, si, par l'élection, personne ne peut arriver aux fonctions publiques que revêtu de l'estime publique, vous aurez placé l'intérêt privé dans la moralité ; vous aurez atteint toute la perfection sociale, résolu le problème qui agite depuis si longtemps tous les économistes humanitaires, si inutilement cherché jusqu'ici.

« Tous alors auront intérêt d'être honnêtes ; l'habitude s'en transmettra dans la société, dans la famille, du père aux enfants. La tranquillité publique, l'état normal de la société n'existera qu'à ces conditions ; alors toutes les corruptions, toutes les ambitions seront neutralisées par la moralité publique que vous aurez régénérée.

« Je voterai, concluait le citoyen Audry de Puyraveau, contre tout ce qui ne sera pas la conséquence de la souveraineté du peuple et qui n'en sera pas une déduction logique. »

Sur la discussion générale furent entendus les représentants Jobez, Gerdy, Camille Béranger, Aloque, Pierre Leroux et Bouvet. Quant aux débats de la constitution elle-même, comme elle se divisait en deux parties distinctes, le *préambule* et l'acte formulé, ces débats portèrent d'abord sur ce préambule, que les uns se bornaient à vouloir faire modifier, tandis que d'autres demandaient la suppression en entier, comme inutile. Nous allons essayer de reproduire tout ce qui fut dit d'intéressant pour l'histoire dans ces interminables débats où, suivant l'expression du représentant Deville, chacun voulut briller et mettre en relief son instruction, son éloquence, ses moyens.

Ce fut d'abord le citoyen Jobez qui parla après le représentant Audry de Puyraveau. Dans l'opinion de cet orateur, la déclaration des droits ou préambule n'était qu'un plagiat devenu un anachronisme, puisqu'on n'avait plus besoin, comme lors de la première république française, d'énoncer des droits reconnus depuis longtemps. Suivant ce député, la véritable conquête, la seule conquête de la révolution de 1848, c'était le suffrage universel.

Le citoyen Gerdy s'attacha à étudier les causes qui avaient affaibli le pouvoir royal, parce que, selon lui, ces mêmes causes tendraient à affaiblir l'autorité de la république. « Je crois les avoir trouvées, dit-il, dans la cupidité et l'ambition, surexcitées par les institutions et la corruption du dernier règne. » L'orateur signalait, comme concourant à affaiblir les mœurs, les progrès journaliers du luxe. Selon ses remarques, les indutries de luxe, encouragées par ce développement, ne pouvaient avoir d'autre résultat que d'attirer dans les villes les bras si nécessaires à la campagne. L'orateur examinait aussi l'état dans lequel se trouvait l'instruction publique, qu'il considérait comme étant encore dans son berceau, en France, et à peu près nulle. Il terminait par indiquer sommairement les principes que la constitution devait développer et faire dominer dans le pays, afin de remédier aux maux de la situation.

« Si je ne me trompe, dit ensuite le citoyen Camille Béranger, la discussion générale ne peut avoir qu'un but : c'est de mettre en relief les idées principales sur lesquels doit s'ouvrir la discussion détaillée. » Et cet orateur présentait ainsi son opinion à ce sujet :

« Voici la première chose que nous ayons à nous demander :

quel sens devons-nous attacher au mot *Constitution?* quel est son but principal? Ce but est de garantir les citoyens contre les empiétements du pouvoir. On aura beau être sous l'empire d'un pouvoir démocratique, il nous faudra toujours des garanties ; car il est de la nature de tout pouvoir de chercher à empiéter. » C'était là une fausse définition du mot *constitution*, et l'orateur n'eût pas eu à se préoccuper des empiétements du *pouvoir*, s'il fût resté dans les vrais termes du gouvernement démocratique; au surplus, les idées que M. Béranger émettait sur l'instruction publique et sur les devoirs des gouvernements envers le peuple, étaient très-saines.

A cet orateur succéda le citoyen Pierre Leroux, considéré par les uns comme un vrai philosophe, un penseur profond, et par les autres comme un utopiste. Son discours ne fut autre chose qu'un résumé de notre histoire depuis la lutte établie entre les publicistes et le pouvoir. Attaquant les hommes politiques qui avaient essayé de réorganiser la société, il attribua leur impuissance au défaut de science politique. « Ces hommes-là, disait-il, n'ont pas d'idées : ils ont leurs passions, ils ont des intérêts, ils n'ont point de principes ; ce sont des aveugles qui mènent d'autres aveugles. »

Dans l'opinion de Pierre Leroux, il n'existait point de science politique véritable, parce qu'il n'y en avait pas qui procédât de la nature de l'homme. « Si elle existe, ajoutait-il, elle ne s'est point encore révélée aux intelligences. Si nous eussions eu des publicistes, ils ne se fussent pas conduits en empiriques. Voyez, depuis cinquante ans, s'écriait-il, nous avons eu sept constitutions principales et un million de lois de détail; depuis cinquante ans nous assistons à la lutte des factions. Pourquoi? Parce que nous flottons sans rien qui nous fixe, sans rien qui nous rallie en dehors du point de départ et de l'énoncé du problème. Tous ces artistes en constitution, représentants, sénateurs, polémistes, journalistes, ont écrit, rédigé, discuté, légiféré sans rien avoir de la science politique. La philosophie de l'histoire est d'hier ; espérons que la philosophie de la politique sera de demain. »

Le citoyen Pierre Leroux terminait son long discours par une appréciation de la constitution, qui paraissait devoir ne pas le réconcilier avec les publicistes de 1848.

« La constitution qui vous est soumise, disait-il, après avoir franchement reconnu qu'elle renfermait des idées avancées et qu'elle avait été préparée dans de bonnes intentions, n'est pas, selon moi, de nature à nous faire sortir de ce chaos. J'en démontrerai les vices plus tard ; mais je la combats dès ce moment, parce que je l'accuse de consacrer la monarchie sous le nom de président de la république ; je l'accuse de conserver l'aristocratie, parce qu'elle ne renferme aucun principe d'organisation sociale ; je l'accuse de conserver le despotisme en conservant la centralisation. »

Certes, M. Larochejaquelein avait bien raison, lorsqu'à la suite de ce discours, il affirmait que le citoyen Pierre Leroux était la *négation personnifiée*; on pouvait même dire que cette épithète n'avait rien d'exagéré envers l'homme qui considérait Mably, Montesquieu, Rousseau, Siéyès et autres grands publicistes comme des ignorants en politique. Nous ajouterons encore que Pierre Leroux se trouvait en complet désaccord avec Robespierre, lorsqu'il déclarait qu'il n'existait point de science politique ; car ce dernier affirmait que la politique était aussi une science positive, ayant ses règles, émanant de principes, et pouvant être enseignée comme la réthorique.

Toutefois, l'exposé critique de Pierre Leroux n'en fut pas moins considéré, par un journaliste habitué à saisir le côté sérieux des questions traitées à la tribune, comme étant fondé en tous points.

« Si Pierre Leroux, disait à ce sujet *la Réforme*, avait lu son travail dans une grande assemblée d'Allemagne, on l'aurait écouté avec un silence profond ; on eût cru reconnaître, dans cet interprète éminent de la tradition, un de ces penseurs illustres, un de ces maîtres vénérés, qui, dans ce siècle, au delà du Rhin, ont bâti de si grands systèmes, de si beaux palais à l'esprit humain. Mais dans notre pays, on ne comprend rien en dehors des petits catéchismes clichés. La recherche des lois générales paraît un travers, une maladie. On comprendra par là que la belle étude de Pierre Leroux n'ait pas eu le même succès qu'un petit discours de M. Faucher ; elle passait trop au-dessus de ces intelligences endormies, rouillées ou vides... »

La discussion générale fut close par M. Bouvet qui parla en faveur du projet de constitution, sans pouvoir obtenir que l'assemblée fatiguée déjà dès le début, lui prêtât l'attention qu'elle devait aux orateurs traitant ces matières si dignes des méditations de tous les esprits.

Ce fut ainsi qu'on arriva promptement au *préambule* de la constitution.

Le citoyen Gratien Arnould opina d'abord pour que la discussion de ce préambule fût renvoyée après le vote de la constitution elle-même. C'était une sorte d'ajournement indéfini qu'il demandait ainsi.

« La constitution que nous allons faire, dit-il, est un livre dont le préambule est la préface. Nous ne savons pas quel livre nous allons faire, et nous courons le risque de faire une tête qui n'aura pas de corps... Il y a quelques semaines, la commission croyait à l'existence de certains droits ; aujourd'hui elle en nie quelques-uns et en proclame certains autres. La discussion peut amener de nouvelles modifications, et nous ne pouvons agir d'avance comme si nos idées étaient bien arrêtées et bien réfléchies. Beaucoup de nos collègues ont été jusqu'à demander la suppression du préambule ; cela n'indique-t-il pas que, dans leur esprit, rien n'est encore arrêté sur la composition dont il doit être le résumé ? »

« Le préambule écrit en tête de la constitution, répondit le citoyen Dufaure au nom du comité, n'en est ni le résumé ni la préface ; ce préambule a pour but d'écrire, de constater l'intention, l'esprit de la société pour laquelle la constitution est faite. Quand l'assemblée nous a chargés de l'importante mission de lui présenter une constitution, nous avons compris la nécessité d'expliquer les besoins du pays, de faire connaître la pensée de l'assemblée. Nous devons dire en tête de notre constitution, sous peine de faire une œuvre imparfaite, quelle est la nature des faits accomplis que cette constitution a pour objet de constater et de consacrer, et l'esprit de la génération à laquelle elle a besoin de répondre.

« Depuis trois mois, ajoutait ce membre du comité, nous discutons avec sagesse, avec calme, avec bienveillance ; nous discutons dans nos bureaux la constitution et son préambule, et nous reculerions devant quelques menaces de dissidences au moment où la question vient se présenter devant l'assemblée ! Non, Messieurs, ce n'est pas un ajournement qu'on vous propose, c'est le rejet de tout le préambule ; je demande de rejeter ce que vous propose M. Gratien Arnoult. »

Il était facile de reconnaître, avec M. Dufaure, que le rejet du préambule était devenu l'objet d'une ligue dont M. Arnoult et autres membres faisaient partie. La proposition de son ajournement fut appuyée par le citoyen Duplan. « Il ne faut pas d'abord poser des principes, des théories sur lesquels il faudra revenir dans la suite, dit ce représentant ; le préambule doit être le résumé de vos délibérations et non pas leur commencement.

On aurait pu répondre à ceux qui ne voulaient pas que le préambule précédât la constitution que, dans l'ordre de son travail, le comité de constitution ne l'avait rédigé qu'après la constitution elle-même, mais qu'il ne pouvait le mettre maintenant qu'à sa place, c'est-à-dire en tête de l'acte constitutionnel. L'assemblée mit un terme à ces débats en rejetant l'ajournement.

Cependant, le représentant évêque Fayet n'en parla pas moins dans le même sens que les précédents orateurs, car il déclara ne prendre la parole que pour combattre le préambule lui-même.

En examinant cette préface de la constitution, le représentant Fayet en critiqua bien des expressions comme inexactes ou comme ne présentant pas assez de clarté, à son avis.

« Ce qui m'a surtout préoccupé, disait-il, c'est cette définition : *La république française est démocratique, une et indivisible.* Le rapport dit : *La France est une démocratie...* »

Et comme on fit observer à l'orateur que ces deux expressions signifiaient la même chose :

« Messieurs, répondit-il, la démocratie c'est le gouvernement de tous par tous; la république, au contraire, c'est une forme dans laquelle le peuple se gouverne, non par lui-même, mais par les représentants qu'il s'est donnés... Je trouve, moi, que votre république, loin d'être démocratique, est aristocratique ou peu s'en faut; quelle est la part que vous faites au peuple dans l'élection? Vous l'appelez à nommer ses représentants, peut-être le chef de l'Etat, et avec lui quelques hauts fonctionnaires; mais vous lui donnez pour administrateurs des préfets nommés par l'administration qui échappe à toute responsabilité. »

Certes on ne pouvait, mieux que l'abbé Fayet, mettre le doigt sur le point le plus vulnérable de la constitution démocratique présentée par M. Marrast et ses amis. Ce n'était pas, en effet, constituer une démocratie là où le peuple ne pouvait point élire ses magistrats les plus immédiats, et cette erreur de la constitution de 1848 sautait aux yeux de tous les républicains, dont quelques-uns des plus sévères avaient déjà baptisé l'œuvre de la commission du nom de *constitution bâtarde*, pouvant s'adapter également à la république et à la royauté.

Aussi, lorsque le citoyen Coquerel, l'un des rédacteurs de cette œuvre hermaphrodite, essaya de répondre à son *vénérable* adversaire, il dut se borner, sous le rapport de la limitation de l'élection populaire, à invoquer les vieilles formules monarchiques, afin de démontrer que, sous toutes les formes de gouvernement, il y avait toujours eu une limite au droit et une délégation de pouvoir.

Des limites au droit d'élire ses magistrats! ce langage ne devait pas étonner de la part d'hommes à qui il fallait faire une sorte de violence morale pour les habituer aux formes démocratiques, et qui n'avaient aucune idée de ce qui s'était pratiqué, même sous la constitution monarchique de 1791!

L'abbé Fayet avait critiqué aussi les premiers mots de la formule placée en tête du préambule : *En présence de Dieu*; il voulait qu'on les remplaçât par ceux-ci : *Au nom de Dieu*.

« Mon *vénérable* adversaire, répondit le pasteur Coquerel, vous propose de dire : *au nom de Dieu*; ce serait là une formule ecclésiastique; *en présence de Dieu*, est la seule formule laïque que l'on puisse employer dans un acte de la nature de celui que nous discutons. La première convient à un concile, la seconde appartient à une assemblée législative; disons donc : *en présence de Dieu*; ne rapprochons pas trop le ciel et la terre. »

Comme l'évêque Fayet, le citoyen Fresneau demandait aussi la suppression du préambule; mais il le fit par des raisons moins spécieuses.

« On vous demande, dit-il, de consacrer par un vote et d'assimiler à des lois des principes abstraits, des vérités métaphysiques; qu'est-ce que la constitution gagnera à ces principes? Non-seulement le préambule ne peut pas être utile, mais encore il ne peut être que nuisible; car vous ne manquerez jamais de penseurs qui se placeront sur les hauteurs de la raison pour critiquer, pour attaquer, et peut-être pour détruire votre constitution ; c'est pour cela qu'on n'a point mis de préambule devant la loi (¹) ; c'est pour éviter que chaque citoyen vienne discuter ce préambule et fournir sa propre interprétation selon sa raison individuelle. Ainsi, quand vous auriez un préambule parfaitement exprimé, je craindrais encore les interprétations ; mais nous ne l'avons pas ce préambule parfait, et toute une académie de philosophes n'y suffirait point... »

Le citoyen Fresneau terminait ses attaques contre le préambule et la société actuelle par une énumération des dangers qu'il apercevait dans l'enseignement donné à l'universalité des citoyens ; il en trouvait la preuve dans les difficultés que rencontraient les citoyens instruits à s'ouvrir une carrière libérale.

Il était clairement démontré que la répugnance des réactionnaires à adopter le préambule provenait de ce qu'il consacrait des principes que les contre-révolutionnaires repoussaient de toutes leurs forces, comme ayant une origine libérale. Les débats s'envenimaient ; on voyait déjà poindre les colères dont on avait menacé les auteurs et les partisans de cette sorte de *déclaration des droits*.

Répondant plus directement au citoyen Fresneau, le représentant Hubert Delisle ne se sentit pas disposé à pardonner à son adversaire ce qu'il avait dit contre la consécration de l'instruction universelle par le préambule.

« Les craintes que les effets de cette instruction générale à suggérées au préopinant, dit le citoyen Delisle, sont autant d'erreurs déplorables, qu'il est du plus grand danger de chercher à accréditer.

« Eh quoi ! ne sommes-nous donc pas encore arrivés à cette

(¹) Le citoyen Fresneau oubliait que, si les lois n'étaient point précédées par un préambule, presque toutes celles considérées comme importantes l'avaient été par un exposé des motifs, qui devenait pour chacune d'elles ce que le préambule était à l'égard de la constitution.

vérité, que l'ignorance est la lèpre du monde, qu'elle appauvrit l'humanité, qu'elle lui enlève sa dignité et sa force? s'écriait ce républicain. Que parle-t-on d'encombrement de carrières libérales? Ne s'agit-il donc que de carrières libérales à ouvrir? Ne sommes-nous pas ici pour constituer la république, c'est-à-dire le règne de la démocratie, le règne de tous? Nous appartient-il de maintenir une aristocratie quelconque? et l'instruction, l'éducation partielle, ne constituent-elles pas une classe privilégiée, une véritable aristocratie à laquelle sont réservées ces carrières libérales que vous dites amèrement encombrées?

« Bien d'autres carrières sont encombrées, dont vous ne parlez pas, poursuivait l'orateur; est-ce parce que vous ne vous y intéressez pas? En ce moment, il y a trop de maçons, de serruriers, de menuisiers, trop d'ouvriers de toutes les professions; pourquoi ne vous plaignez-vous pas aussi qu'on ait appris à un si grand nombre un métier qui ne les fait plus vivre...? Vous vous plaignez qu'il y ait trop de lumières, quand la France entière crie qu'on lui tient la lumière sous le boisseau!

« Ce qu'il faut à l'encontre de ce que vous voulez, concluait l'orateur démocrate, c'est de donner à tous non pas seulement l'instruction élémentaire, mais la plus complète qu'on pourra; ce qu'il faut, c'est de tirer de chaque citoyen français tout ce qu'il a de valeur morale et intellectuelle. Croyez-le bien, quand tous auront reçu le même enseignement, la force même des choses fera que chacun trouvera sa place; comme l'homme honorera le métier, il n'y aura plus de professions méprisées, et chacun saura trouver dans celle qu'il aura embrassée, la dignité et la juste satisfaction de son amour propre. »

C'est ainsi que le citoyen Hubert Delisle puisa dans ses propres inspirations les arguments nécessaires pour combattre les sophismes du représentant Fresneau sur l'instruction publique, et soutenir les principes que le préambule proclamait à ce sujet.

Un autre ami politique de ce dernier député, le citoyen Levet, crut devoir insister encore pour la suppression du préambule qui, dans son opinion, n'était qu'un hors-d'œuvre inutile, une superfétation dangereuse. « A quoi bon, dit ce représentant siégeant au côté droit; à quoi bon énoncer des principes sur lesquels on n'est pas d'accord, et pourquoi constater des droits qui attirent la foudre sur les nations? Il faut effacer du grand livre ces idées générales sur lesquelles tout le monde n'est pas en communion; ces idées qui troublent les intérêts constitués, et sont le verbe de l'émeute?..... Inscrire en tête de la constitution des déclarations que chacun peut commenter suivant ses passions et son intelligence, c'est lui donner un caractère dangereux, c'est y introduire des germes de mort violente. »

La persistance que mirent certains membres de l'assemblée à demander la suppression du préambule, l'accord qui se montra entre eux pour l'attaquer dans tous ses aspects, força d'autres orateurs du côté gauche à entrer en lice.

On vit alors le représentant Crémieux et le citoyen Lamartine, tous les deux anciens membres du gouvernement provisoire et premiers ministres de la république, soutenir de toutes leurs forces la nécessité du préambule et le préambule lui-même, contre les efforts désespérés que firent encore pour le supprimer l'abbé Cazalès et le député Besnard.

Le citoyen Crémieux défendit vigoureusement l'œuvre-préface de la constitution. Il rappela que tous les gouvernements de trahison et de mensonge avaient proscrit ces mêmes idées générales afin de ne pas donner de gage aux intérêts populaires. La force et la ruse, dit-il, n'ont pas de doctrines qui puissent engager; elles font litières d'honneurs et de priviléges aux ambitions; mais elles effacent les droits, les théories, les grandes lois morales.

« On dit que les préambules ne servent à rien, ajouta cet orateur ; que pas un n'a survécu au jour qui l'a vu naître. Qu'est-ce à dire? vous niez donc tout? vous prétendez donc que le dernier gouvernement que nous avons renversé en février 1848, n'était pas autre chose que celui que nous avons broyé en août 1792! Nous aurions donc perdu soixante années de révolutions et d'enseignements terribles pour nous retrouver au même point? Non, citoyens, cela n'est pas. Nous avons toujours marché à la seule conquête digne du peuple ; de période en période nous avons acquis une liberté de plus.....

« Quoi qu'on en dise, nous gardons ces hauts enseignements de nos devanciers, nous en faisons les marches sur lesquelles nous élevons toujours de plus en plus les grandes vérités démocratiques..... Vous voudriez aujourd'hui une constitution sans préambule, sans déclaration des droits et des devoirs? Vous oubliez donc que la déclaration c'est la consécration du dernier pas fait dans la carrière de la liberté, de l'égalité, de la fraternité!.... Entendons bien ce que c'est qu'une déclaration de droits et de devoirs : C'est la part faite à chacun, aux gouvernés, aux gouvernants. Si vous ne reconnaissez pas de droits au peuple, de quel droit lui imposeriez-vous des devoirs?... Dites au peuple qu'il ne sera plus trompé, plus joué ; définissez nettement ses droits dans une déclaration, ne cherchez pas à les reprendre dans la constitution, dans aucun acte de législation, et vous aurez accompli sagement, utilement, l'œuvre pour laquelle vous avez reçu le mandat du peuple. »

Le citoyen Crémieux terminait son discours en se prononçant fortement pour un préambule contenant la déclaration des droits et des devoirs des citoyens.

Un abbé portant un nom fameux dans notre première révolution, le citoyen Cazalès, fils du député à la constituante de 1789, se présenta pour soutenir la proposition du citoyen

Fresneau, c'est-à-dire pour demander la suppression du préambule.

« Dans un préambule, dit ce représentant si fidèle aux traditions de famille, vous proclamez certaines règles politiques d'une manière absolue; mais dans la constitution vous ne proclamez ces règles politiques que d'une manière relative; il y a donc contradiction, donc le préambule est inutile. S'il n'était qu'inutile, passe encore; mais il est dangereux, précisément à cause de la contradiction qui existera entre lui et la constitution. De deux choses l'une, ou les grands principes proclamés par notre première révolution sont inscrits dans le cœur des Français, ou ils ne le sont pas. S'ils le sont, à quoi bon les inscrire sur le papier? s'ils ne le sont pas, ce n'est pas leur inscription sur le papier qui les fera passer dans les cœurs. »

C'étaient toujours les mêmes arguments, présentés sous une autre forme, que les contre-révolutionnaires invoquaient successivement pour faire supprimer le préambule de la nouvelle constitution. Quant au dernier dilemme de l'abbé Cazalès, la déclaration des droits de l'homme et du citoyen proclamée par la convention nationale, et celle rédigée par Robespierre, se sont également chargées d'y répondre. Toutes les deux exposaient, dans une *déclaration formelle*, les droits sacrés et inaliénables de l'homme, parce que, portaient ces préambules, « *l'oubli et le mépris de ces droits étaient les seules causes des malheurs du monde.* »

Les débats sur la proposition du citoyen Fresneau relative au préambule, furent clos par un admirable discours du citoyen Lamartine, dans lequel ce grand orateur fit de ce préambule tant contesté, une grande nécessité morale, une sorte de devoir national.

« On conteste d'abord à l'assemblée, dit-il, le droit d'écrire un préambule en tête de la constitution; on semble vouloir par là amoindrir le grand acte populaire et patriotique que la constitution doit contenir. Mais je le demande, y a-t-il quelque chose au monde de plus grand, de plus saint, que le spectacle d'une grande nation rassemblant avec toutes ses mains, de tous ses efforts, les débris des gouvernements passés pour construire son édifice?

« Où trouverez-vous une assemblée sortie du suffrage du peuple qui n'ait pas fait précéder son grand acte d'une constitution de quelques mots qui résument la pensée d'un peuple? Le congrès américain a-t-il hésité à faire précéder sa constitution de ces grands symboles, de ces grands principes, de ces grandes vérités qui ajoutent encore à la majesté, à la force du du pacte fondamental et le font respecter?.....

« Eh! messieurs, si nous omettions de dire quelles ont été nos pensées profondes, en présence de notre grande révolution, ne pourrait-il pas arriver que dans trente ans, dans quarante ans, on ne les oubliât? Ne pourrait-il pas arriver qu'on ne sût plus interpréter nos vues, notre but? qu'on ne vit que despotisme, égoïsme, là où nous avons mis notre amour pour les masses? Je comprends que lorsqu'il s'agit de faire un simple code de lois, on ne le fasse pas précéder par un préambule. Mais quand il s'agit de constituer les droits et les devoirs d'une nation, il faut faire rayonner à grands flots l'intelligence de ce grand acte.

« Citoyens, l'œuvre d'une assemblée constituante, pour laquelle nous sommes sortis du fond du pays, est grande, immense; elle doit recueillir les vérités générales. Et c'est là ce qu'on voudrait nous interdire? A qui donc est venue cette étrange pensée, et qui ne comprend qu'une telle œuvre, au lieu d'être un mécanisme, doit être une véritable religion?

« Citoyens, s'écriait l'orateur en repoussant la proposition, s'il y eût jamais dans notre histoire une heure où ce soit un devoir d'inscrire en tête de la constitution la pensée démocratique, c'est l'heure dans laquelle nous avons l'honneur de vivre. Oui, c'est l'heure de faire pour la république ce que la révolution de février a fait instinctivement à son lendemain. Ce qu'il faut qu'il sorte de toutes nos poitrines, c'est ce cri magnanime, souvent fugitif, qui s'échappa de nos cœurs, et qu'il faut rendre impérissable en l'inscrivant dans le préambule. »

L'orateur, après avoir reconnu la difficulté de limiter l'action de la liberté à l'égard de la science, ainsi que celle de distinguer l'égalité sublime de tout individu devant la loi, de cette autre égalité chimérique, qui, disait-il, n'existait que dans la tête des rêveurs, affirmait que c'était de la confusion des mots qu'étaient nées ces sectes qui prenaient un fusil pour une idée.

Abordant ensuite la question du droit au travail, c'est-à-dire entrant dans les vicères du préambule, le citoyen Lamartine expliquait que par ces mots : Droit au travail, il n'avait jamais entendu que l'Etat dût donner du travail à chaque citoyen né sur le sol français, et qu'il dût le faire pour toutes les industries et dans toutes les circonstances. « Le droit au travail, disait-il, est un droit circonscrit, et qui doit s'entendre de l'obligation, par l'Etat, de donner, dans les temps malheureux, dans des périodes de crises, du travail à tous ceux des citoyens qui, sans ce secours, sont en proie aux plus dures privations, eux et leurs familles.

« Ce devoir de l'Etat existe, ajoutait-il; qu'on le nomme assistance ou tout autrement, le nom n'y fait rien, mais le devoir reste. Ce devoir, il est prescrit par la raison humaine, par Dieu même; il fait partie de cette immense chaîne d'amour qui lie l'humanité. Nous devons rattacher, chaînon par chaînon, la série et de toutes ces déclarations et de toutes les pensées de bienfaisance qui nous viendront pour ce peuple toujours prêt à donner son sang pour la liberté..... »

La grande voix que l'assemblée venait de couvrir de ses

applaudissements conclut en ces termes, qui lui furent dictés par une noble inspiration :

« Si nous nous renfermions dans les limites de l'intérêt matériel, répondit-il en s'adressant à ceux qui voulaient faire de la constitution un corps sans âme, que dirait l'histoire? Que nous avons abandonné l'esprit moral, la tendance spiritualiste de la révolution, pour poursuivre de misérables questions de boire et de manger, de capital et de revenu net. Si vous bornez là votre rôle, il faudrait commencer par effacer de votre constitution ces trois mots sublimes : *liberté, égalité, fraternité,* pour les remplacer par ces deux mots immondes : *acheter* et *vendre!* »

Il n'y avait plus rien à dire contre la proposition du citoyen Fresneau après cette chaleureuse et brillante improvisation en faveur du travail du comité; aussi l'assemblée reconnut-elle, par son vote, la nécessité si contestée d'un préambule à la constitution, et l'on passa à l'examen de chacun des articles de celui rédigé par le comité.

Le citoyen Jean Reynaud proposa d'abord une nouvelle rédaction de cette déclaration des droits et des devoirs. Au lieu de la formule : *En présence de Dieu,* ce représentant demanda que l'assemblée nationale promulgât ainsi cette déclaration : *Sous l'invocation de Dieu et au nom du peuple français.* Le reste de sa propre rédaction, si bien harmonisée, n'était qu'un résumé aussi concis que riche en principes. Dans l'opinion de son auteur, ces quelques lignes lui semblaient mieux atteindre le but que l'assemblée devait se proposer en plaçant un préambule à la tête du pacte constitutionnel; selon lui, ce but pouvait consister à fixer les principes qui devaient dominer toutes les lois de la république et enchaîner jusqu'à un certain point les assemblées démocratiques futures.

« La commission, répondit le citoyen Dufaure, a examiné l'amendement du citoyen Jean Reynaud; elle est convaincue que plusieurs des principes et des expressions qui s'y trouvent sont irréprochables et d'accord avec sa propre rédaction; mais nous pensons que, dans son ensemble, l'amendement ne répond pas parfaitement au but du préambule, tel que nous l'avons conçu et libellé. Lorsque l'assemblée discutera successivement chaque paragraphe du préambule, le comité s'empressera d'y introduire les changements qu'elle aura jugés convenables. »

En présence de cette déclaration, l'auteur de la nouvelle rédaction retira son amendement, au grand regret de ses amis et de plusieurs journaux qui avaient pu l'apprécier.

Un second amendement, développé par son auteur, le citoyen Deville, avec cette vigueur de la conscience et cette rudesse de langage que les anciens députés de la monarchie devaient regarder comme peu parlementaire, fut beaucoup plus mal accueilli par l'organe du comité, Martin (de Strasbourg), et par l'assemblée elle-même. Il consistait à revenir sur la question de l'état de siége, considéré par le citoyen Deville, comme un obstacle à la liberté de la tribune, et par conséquent, à la discussion sérieuse d'une constitution.

En demandant la question préalable sur l'amendement du citoyen Deville, l'organe de la commission dit que l'assemblée avait fait preuve de patience, d'impartialité et de liberté d'esprit, par cela seul qu'elle avait écouté jusqu'au bout les développements de l'amendement.

L'article premier du préambule fut ensuite voté, après que l'assemblée y eut introduit quelques changements partiels de rédaction proposés par les députés Creton et Bauchard [1].

L'art. 2, portant que la république française était démo-

---

[1] Comme nous publierons, aux pièces justificatives placées à la fin de ce volume, l'ensemble de la constitution de 1848, nous ne nous attacherons pas à rappeler ici les diverses rédactions des articles, soit avant, soit après les débats.

cratique, une et indivisible, fut adopté à l'unanimité. Toutefois, le citoyen Larochejaquelein demanda préalablement qu'on lui expliquât le sens attaché au mot *démocratique*. Le citoyen Dupin aîné se chargea de le lui apprendre.

« S'il y a quelque chose en France qui n'ait pas besoin de définition, dit cet autre membre du comité de constitution, c'est le mot *démocratie*. En 1789, la France a été débarrassée de l'aristocratie qui dominait sur elle ; en 1830, les derniers restes de cette aristocratie ont disparu. Ce qu'on appelle aujourd'hui démocratie, c'est ce qu'on appelait autrefois le tiers-état, ce qu'un homme de génie a démontré être toute la nation. *La démocratie, c'est tout le monde ; elle a son symbole dans le suffrage universel.* »

Certes, il était difficile de mieux définir la démocratie que M. Dupin ne le faisait par la dernière phrase de sa réponse. Aussi le marquis de Larochejaquelein se félicita-t-il d'avoir provoqué cette explication, et déclara-t-il être d'accord avec l'ex-conseiller intime du dernier roi.

L'art. 3, ainsi conçu : « Elle reconnaît des droits et des devoirs antérieurs et supérieurs aux lois positives, » déplaisait aux contre-révolutionnaires, presque autant que le préambule tout entier. Aussi quelques membres du côté droit demandèrent-ils, par l'organe du citoyen Sainte-Beuve, qu'il fût supprimé. Suivant ce député, cet article était, par sa généralité même, très-dangereux ; car, disait-il, tout homme qui voudrait transgresser une loi positive, ne manquera pas de dire qu'il agit en vertu d'un droit antérieur et supérieur.

— « Le droit part de l'homme pour se traduire dans le fait, répondit le citoyen Freslon ; les lois le déclarent et ne le créent pas... Mais est-ce que le droit virtuel, le droit certain de prendre part au gouvernement de la société dont il fait partie, n'était pas antérieur à la législation écrite de ce temps-là? La conscience humaine protesterait, et elle finirait par triompher. »

Le citoyen Sainte-Beuve ayant insisté pour la suppression de l'article, le représentant Dupin aîné le défendit en ces termes, qu'il est bon de rappeler :

« L'article a ce sens, et il est essentiel, c'est un des plus heureux et des plus dignes d'être proclamés par le législateur humain, au moment où il fait acte de sa plus grande puissance, de sentir cependant quelque chose de son infirmité, de reconnaître qu'il y a un droit supérieur et antérieur aux lois qu'il est appelé à faire. Oui, il est bon que le législateur ne s'infatue pas de son pouvoir au point de croire qu'il a le droit de tout faire et de tout défaire ; car, en faisant tout, il pourrait enlever les biens acquis qui appartiennent à l'humanité et qui lui ont été concédés par son auteur. Ces droits, qu'il n'est pas au pouvoir du législateur de créer ni d'anéantir, n'autorisent point l'insurrection dans un pays régi par le suffrage universel, mais ils autorisent les citoyens à rappeler au législateur qu'il a méconnu le droit, et à l'y rappeler. »

Après ces explications, que l'assemblée accueillit par ses applaudissements, l'article concernant les droits et les devoirs antérieurs et supérieurs aux lois positives fut adopté par une immense majorité.

L'article 4, qui déclare que la république française avait pour dogme la liberté, l'égalité, la fraternité, fit monter à la tribune le citoyen Pierre Leroux ; mais l'assemblée, toujours mal disposée pour cet orateur, l'y accompagna avec des murmures. Toutefois il exprima en quelques mots la crainte que la souveraineté du peuple, telle qu'elle se trouvait définie dans le préambule de la constitution, ne pût être mal interprétée et n'amenât l'oppression de la minorité par la majorité.

Cet article fut voté avec une addition formulée par M. Bavoux, dans ces termes :

« Elle a pour base la famille, la propriété et l'ordre public. »

Le citoyen Jean Reynaud aurait voulu qu'on ajoutât à ces mots *le travail;* son amendement, renvoyé d'abord à la commission, fut enfin adopté quelques jours après.

Un paragraphe additionnel, présenté par le citoyen Mathieu (de la Drôme), pour faire suite à l'article 6 de la commission, vint saisir l'assemblée de la grande question du droit au travail, droit que la commission avait d'abord admis positivement, mais qu'elle avait ensuite fait disparaître du préambule dans une dernière rédaction. La discussion, déjà languissante, se ranima aussitôt, et les débats en acquirent une chaleur à laquelle les controverses de la presse à ce sujet avaient préparé tout le monde.

Voici en quoi consistait l'addition proposée par le citoyen Mathieu à l'article 6 :

« La république doit protéger le citoyen dans sa personne, sa famille, sa religion et sa propriété ; *elle reconnaît le droit de tous les citoyens à l'instruction, au travail et à l'assistance.* »

En développant sa proposition, le citoyen Mathieu se défendit d'abord du reproche qu'on ne manquerait pas d'adresser d'avance à son amendement, d'avoir des tendances communistes. « Mes opinions à ce sujet sont trop connues, dit-il, pour qu'on puisse conserver le moindre doute sur mes doctrines. »

Entrant ensuite dans la question qui l'occupait, l'orateur dit que si tout le monde était d'accord sur le devoir de l'État de donner des secours aux nécessiteux, on s'était malheureusement divisé sur la nature de ce droit.

« Est-ce un droit rigoureux? s'écria-t-il. Dans ce cas il doit passer avant le droit de propriété. Qui oserait dire que l'homme exténué de besoins physiques, fût-il échappé du bagne, commettrait un crime en dérobant quelques fruits pour s'empêcher de mourir ?.....

« J'arrive au droit au travail. Il était garanti par le premier projet de constitution, et l'assemblée se doit à elle-même de le comprendre de nouveau au nombre des droits formulés par le pacte fondamental.

« Quant à l'assistance que la république doit à chacun de ses membres, c'est un devoir, disait-il, auquel le législateur ne peut faillir. Les économistes ont, à cet égard, des idées d'une sécheresse désespérante ; ils gémissent, disent-ils, sur les misères du peuple, et lui conseillent d'avoir moins d'enfants. Oui, s'écria l'orateur qui venait d'être interrompu par des murmures, selon les économistes, le pauvre doit être privé des joies de la paternité, et il était réservé à la liberté de voir émettre de pareilles doctrines ; belle liberté, ma foi, qui fait de l'immoralité la base des sociétés ! »

Après quelques moments d'interruption, le citoyen Mathieu parla en faveur du droit de propriété, institution divine, disait-il, dont tous les peuples, même les sauvages, ont le sentiment. Quant au droit au travail, l'orateur s'exprimait ainsi à ce sujet :

« Nier ce droit, c'est violer la propriété ; cette négation conduit au communisme. En effet, les communistes vous disent : La terre est à tous comme le soleil, l'eau, l'air. Savez-vous la réponse que vous pouvez faire aux communistes? Vous devez leur répondre : Vous pouvez devenir propriétaires par le travail. Mais alors il faut que le travail soit un droit ; il faut que le travail soit garanti ; autrement que resterait-il au prolétaire? quels moyens d'existence aurait-il, puisque la société lui enlève le droit de chasser, de pêcher pour fournir à sa subsistance ? »

L'orateur terminait en reproduisant son amendement, qu'il suppliait l'assemblée d'adopter, sous peine de laisser la société dans la désorganisation.

Le citoyen Gauthier de Rumilly s'empressa de combattre les principes du précédent orateur. Dans son opinion, la reconnaissance, par la république, du droit au travail ne pouvait pas avoir pour résultat de faire cesser la misère sociale. Se livrant ensuite aux digressions et aux appréciations si familières à son parti : « Nous avons vu depuis six mois ce qu'a produit le droit au travail, s'écria-t-il ; il a commencé par les ateliers nationaux et a fini par l'insurrection. Il faut que le passé nous serve d'enseignement pour l'avenir. Un homme dont la logique est inflexible vous l'a dit : « Donnez-moi le droit au travail et j'aurai bientôt raison de la propriété. » Il n'y a pas à opter entre le droit au travail et la propriété : l'un est la destruction de l'autre. Ne l'oublions pas, la propriété c'est l'autel autour duquel tous doivent se grouper, c'est le patrimoine héréditaire, c'est la famille ; le droit au travail, c'est le communisme, qui n'est pas de nos mœurs. L'*événement* de février a donné l'essor à ces idées funestes, en même temps qu'il en a proposé de fécondes et d'utiles ; c'est à nous de tenir ferme notre drapeau pour qu'il ne s'égare pas dans des routes périlleuses. »

Un ancien ouvrier de Lyon nommé représentant du peuple, le citoyen Pelletier, prit alors la défense du droit contesté aux pauvres, dans un discours riche de critiques et de vérités. Il commença par constater que le droit au travail étant une promesse faite, après la révolution de février, par le gouvernement provisoire, c'était à l'assemblée à tenir cette promesse, devenue la sienne depuis qu'elle avait décidé que le gouvernement provisoire avait bien mérité de la patrie.

« Dieu a partagé la terre entre tous les hommes, ajoutait ce représentant, et leur a donné à tous le droit de vivre. Quelle est la propriété du pauvre ? C'est le travail. Direz-vous que la république ne peut inscrire le droit au travail parce que ce serait trop présumer de ses forces. Mais alors le peuple mourra donc de faim comme avant ! C'était bien la peine de faire la révolution de février ! Autant revenir à la doctrine de Malthus..... Citoyens, vous le savez, il n'y a ni assez de terres ni assez de capital pour rendre le peuple heureux en France, c'est pourquoi je vous demande pour le peuple le travail. Est-ce trop demander? »

L'orateur posait ensuite la question sociale en homme pratique, disait-il. Selon lui, l'État devait procurer du travail à tous les ouvriers, sans pour cela se faire ni manufacturier, ni agriculteur, ni entrepreneur. Il en voyait la possibilité dans l'action simultanée des ministères de la guerre, de la marine et des travaux publics, qui pouvaient déjà occuper un grand nombre d'ouvriers, et ensuite dans les terres à défricher, les reboisements à opérer, les canaux et les routes à ouvrir.

« Dans les villes, ajoutait-il, les travaux sont innombrables ; les associations peuvent être très-fructueuses, car partout il y a trop de marchands, trop d'intermédiaires qui s'enrichissent aux dépens de l'ouvrier. »

Le citoyen Pelletier se résumait ainsi : « La révolution de février s'est faite au nom de la liberté, de l'égalité, de la fraternité ; elle doit, pour être fidèle à son principe, venir en aide au peuple, à tous ceux qui souffrent, par l'application de ces sublimes principes. »

Un autre membre de la majorité du comité de constitution, le citoyen Tocqueville, expliqua alors quelle avait été la pensée de cette majorité dont il faisait partie en repoussant d'inscrire le droit au travail. Dans son opinion, des deux rédactions proposées, l'une aboutissait à la charité publique, l'autre au socialisme. Examinant sommairement les divers systèmes qui se qualifiaient de socialisme, l'orateur disait que le premier était un appel aux passions matérielles; le second, une attaque, tantôt directe, tantôt indirecte, au principe de la propriété industrielle; le troisième, une défiance de l'individualité et une tendance naissante à gérer la liberté humaine de toutes les manières; à devenir en quelque sorte le *pédagogue* de la société, en un mot, à ramener à la servitude.

« Le socialisme est-il le perfectionnement de la révolution, le complément de la démocratie ? s'écriait-il. Et il répondait résolûment : non !

« En remontant à la révolution française, poursuivait l'orateur, retrouvons-nous ces tendances aux choses matérielles ? Non. C'est en faisant appel à l'amour de la patrie, aux sentiments généreux, aux instincts de gloire du peuple que la révolution française a fait tant de grandes choses; car on ne fait de grandes choses qu'en faisant appel aux grands sentiments... »

« Je n'ai pas travaillé à la révolution de février, je l'avoue, disait en terminant le citoyen Tocqueville; mais aujourd'hui qu'elle a éclaté, je la veux féconde; je veux qu'elle ait un sens clair, perceptible, qui puisse être aperçu par tous, et qu'elle ne soit par le prélude de révolutions nouvelles; elle doit être la continuation de l'œuvre interrompue de la révolution française. La révolution avait voulu que les charges fussent égales, il faut qu'elles le soient; elle a voulu introduire la charité dans la politique; cette pensée, il faut l'avoir en venant au secours de ceux qui souffrent. Voilà ce que la révolution française a voulu faire. Y avait-il là du socialisme ? »

Le citoyen Tocqueville s'était fait applaudir par tout le côté droit et même par une partie du côté gauche; et pourtant, il s'était constamment tenu à côté de la question. Il avait parlé de l'amour de la patrie inspiré au peuple par nos grandes assemblées nationales, des grands sentiments auxquels la première révolution avait fait appel. Mais qu'y avait-il de commun entre cette noble surexcitation pour repousser les ennemis de la liberté au moment du danger, avec la réorganisation sociale que bien de bons esprits réclamaient quand le danger n'existait plus? D'un autre côté, est-ce que les charges pouvaient être égales sans le système de l'impôt progressif? Et puis, est-ce que la convention s'était bornée à introduire la charité dans la politique? Sans doute que les secours publics étaient inscrits dans la déclaration des droits comme une dette sacrée; mais on y lisait aussi : « la société doit la subsistance aux citoyens malheureux, soit en leur procurant du travail, soit en assurant les moyens d'exister à ceux qui sont hors d'état de travailler ([1]). »

En insistant pour qu'une semblable disposition fût placée en tête de la constitution de 1848, les démocrates de cette dernière époque ne voulaient autre chose que ce qu'indiquait le citoyen Tocqueville, continuer l'œuvre interrompue de la première révolution.

Aussi, voyez avec quelle habileté le citoyen Ledru-Rollin s'empara des arguments du membre de la commission pour les retourner contre lui-même!

« L'orateur qui descend de cette tribune, dit aussitôt l'homme qui avait pénétré dans les entrailles de la première révolution et qui pouvait apprécier ce que nos pères avaient fait de bon, d'utile, de digne de leur mission; M. de Tocqueville a évoqué les grands principes de notre glorieuse révolution française. Il a prétendu qu'il voulait, pour la république actuelle, tout ce que contenait de noble, d'élevé, de fraternel le grand mouvement que nos pères en 1789 et 1793 ont imprimé au monde. C'est ce que je veux aussi. A cette époque, comme il l'a dit, la guerre extérieure, les troubles intestins n'ont pas permis de pousser les principes jusqu'aux conséquences, et de les faire entrer dans la réalité des faits.

([1]) Voyez également et l'art. 21 de la *Déclaration des droits de l'homme et du citoyen* adoptée par la Convention, et l'art. 10 du projet rédigé par Robespierre; projet qui servit de base à celui du comité de constitution de 1793; voyez encore le discours de ce dernier sur les contributions et charges publiques.

« Tel doit donc être aujourd'hui notre but.

« Après avoir ainsi posé la thèse, M. de Tocqueville ajoute que la déclaration du droit au travail est une invention socialiste; il prétend que c'est au nom du socialisme seulement que l'on peut demander d'introduire dans la constitution le droit au travail; qu'il me permette de lui répondre que c'est là la plus capitale de toutes les erreurs.

« Le droit au travail ! s'écriait le citoyen Ledru-Rollin; mais, comme vous l'avez dit, il était la pensée favorite, le mobile constant des hommes d'Etat de la Convention; le droit au travail ! ils l'ont inscrit dans le rapport de l'un de leurs membres les plus éminents; en doutez-vous ? en voici les termes ([1]).

« Dans cet article, poursuivait l'orateur, vous trouvez deux choses : le droit à l'assistance...

— « C'est là ce que nous voulons, interrompit le côté droit.

— « Dans cet article, reprit celui qui s'attendait à cette interruption, que trouvez-vous ? Deux choses parfaitement distinctes : le droit à l'assistance, pour les infirmes, pour ceux qui ne peuvent travailler; et le droit au travail pour les valides. Or, ce double droit n'est point consacré dans le projet actuel de votre constitution modifiée; vous y déclarez, au contraire, que vous ne donnez pas le droit au travail; vous dites simplement que vous donnez le droit à l'assistance, tandis que ce sont deux choses entièrement différentes.

« Quand un homme travaille, ajouta l'orateur en forçant le côté droit à lui prêter attention; lorsque vous le considérez dans vos domaines, vous vous sentez le cœur content : il travaille pour vous, il travaille pour lui, il s'anoblit; vous sentez que, malgré le salaire que vous lui donnez et malgré son infériorité dans l'échelle de l'instruction, vous sentez qu'il est

---

([1]) Ce sont ceux de l'art. 21 de la *Déclaration des droits* qu'on vient de lire un peu plus haut.

homme comme vous; mais à celui qui tend la main pour recevoir l'aumône!... oh! j'en suis convaincu, vous la lui donnez, mais vous ne pensez pas au fond de l'âme qu'il est votre égal.

— « Si ! si ! s'écrièrent quelques voix.

— « Oui, sans doute, chrétiennement, philosophiquement vous reconnaissez qu'il est votre frère, répliqua aussitôt le citoyen Ledru-Rollin ; mais, comme homme, comme citoyen, vous ne pouvez pas le penser. Pouvez-vous dire que quand il s'en va au coin d'une rue, furtivement, pour échapper à la loi que le frappe; quand il attend le soir, quand il baisse la tête, quand il cache ses yeux, quand il ne veut pas que ses traits soient reconnus pour fuir la honte et la peine, c'est là un membre du peuple souverain ? ce ne peut être...

« Cet homme, qui mendie parce qu'il ne peut pas trouver de travail ; cet homme qui mendie, un garde peut l'arrêter ; on le conduit devant la justice ! et là, bien qu'il soit innocent de tout crime, de tout délit réel ; bien qu'il prouve qu'il a longtemps et vainement cherché à occuper utilement ses bras, il est condamné à la prison et conduit au dépôt de mendicité. Est-ce là un membre du peuple souverain...?

« Je dis que dans cette situation humiliante et humiliée, quoique vous en disiez, quand un homme ne peut manger sous peine de condamnation, cet homme peut être encore votre frère, mais il n'est plus votre égal, à vous qui pouvez manger sans être abaissés dans votre juste fierté et sans être condamnés...

« La Convention sentait donc qu'il y avait une distinction profonde, et que si le travail honorait, l'assistance, pour l'homme valide, ne l'honorait pas; c'est pourquoi cette grande assemblée proclamait le droit au travail. Or, quand nous demandons l'introduction dans la constitution du droit au travail, ce n'est point que nous nous laissions entraîner à je ne sais quelle utopie de socialisme, mais, bien parce que nous avons la prétention d'être les continuateurs des grands principes de la révolulton ; nous ne faisons que réglémenter les déclarations qui ont été faites par nos pères, et que le vent des réactions a emportées. »

Après avoir si logiquement démontré que les socialistes n'étaient pas seuls à demander l'introduction du droit au travail, le citoyen Ledru-Rollin essayait de définir ce que les contre-révolutionnaires comprenaient par socialisme.

« Si par socialistes vous entendez tout démocrate qui veut la république avec ses conséquences sociales, disait-il, vous confondez les mots. Avoir une telle résolution, c'est vouloir tout simplement pousser les principes de liberté, d'égalité, de fraternité jusqu'à leurs conséquences naturelles, c'est être homme politique sincère.

« Voyons sur quoi nous différons, ajoutait encore l'orateur. Vous prétendez que la misère est le résultat de je ne sais quoi de fatal ; et que l'humanité est enchaînée au mal. Nous prétendons, nous, que le remède est possible, et que la société ne peut pas être impie en condamnant à mourir, faute de travail, la créature qui tient de la nature de Dieu le droit de vivre. Une école égoïste s'est produite, qui a professé ceci : « Il faut souffrir, s'incliner et attendre. » Eh bien ! s'écriait l'orateur, je vous déclare que cette doctrine ne peut pas être la nôtre ; c'est la doctrine des matérialistes. Et pourtant vous proclamez que vous voulez avant tout satisfaire l'intelligence... Je dis que pour que l'intelligence soit maîtresse, libre, qu'elle brise la captivité des sens, il faut que les sens soient rassasiés... L'homme est à la fois matière et intelligence. Eh bien ! je veux que dans la constitution, il y ait satisfaction pour l'intelligence et pour la matière, par l'éducation et par le droit au travail.

« Comprenez-moi donc, je vous en conjure, concluait le citoyen Ledru-Rollin, après avoir démontré que ce que les démocrates demandaient n'était pas une chose impossible comme plusieurs orateurs avaient cherché à le prouver; n'allez pas vous faire une montagne infranchissable d'une chose aussi simple, aussi naturelle. Réfléchissez que lorsque vous inscrirez le droit au travail, personne ne sera assez fou pour penser que cette organisation puisse être créée en quelques jours. Ainsi, pas exemple, vous allez décréter le droit à l'instruction ; vous allez inscrire le droit à l'assistance; mais quel est l'insensé qui s'imaginera qu'en vingt-quatre heures vous allez réaliser ces promesses? Et parce qu'il y aura des transitions nécessaires, est-ce une raison pour que ce droit au travail soit rejeté? Plantez les jalons qui doivent marquer la marche de l'humanité pour votre but, et faites ensuite que toutes les lois convergent vers ce but.

« Inscrivez-le donc, concluait Ledru-Rolin, inscrivez-le pour que, dans les fastes de l'humanité, nous n'ayons pas l'air de reculer à cinquante ans de distance; pour que nous ne soyons pas moins avancés que nos pères. Inscrivez-le donc, parce que que le peuple doit obtenir ce qu'il demande de juste, et ce qu'il a inscrit sur ses bannières : *Vivre en travaillant ou mourir en combattant !* »

On devait croire, après tout ce qui avait déjà été dit pour ou contre la consération du droit au travail dans le préambule de la constitution, que la discussion de cette grande question était arrivée à son terme. Il n'en fut pas ainsi, et quoique sur les trente ou quarante orateurs inscrits, beaucoup eussent déjà renoncé volontairement à prendre la parole, les débats n'en durèrent pas moins plusieurs jours encore. Historiens fidèles, nous sommes donc forcés, au risque de voir l'intérêt s'éteindre par des répétitions inévitables ou des arguments sans portée, de continuer à résumer plus ou moins ce qui fut dit encore tant sur le préambule que sur la constitution elle-même, afin que ce chapitre soit aussi complet que possible. On n'a pas tous les jours sous les yeux un *Moniteur* qui vous rappelle ce qui s'est dit durant une discussion si importante; notre propre travail sur la constitution de 1848 pourra être utile dans l'avenir, si on le reconnaît consciencieux.

Nous suivrons donc pas à pas les divers orateurs qui ont parlé encore sur le préambule et sur la question qui préoccupait si vivement et l'assemblée et le peuple, en commençant par M. Duvergier de Hauranne, qui monta à la tribune après Ledru-Rollin: Ce membre, du côté droit, se plaignit d'abord de ce qu'on paraissait avoir divisé l'assemblée constituante en deux fractions, l'une ayant des entrailles pour le peuple, et l'autre n'en ayant pas.

« Si vous décrétez le droit au travail, dit-il ensuite, vous étouffez et la bienfaisance publique et la bienfaisance privée; chacun se reposera sur l'État et croira avoir tout fait quand il aura acquitté sa cote d'impôt. On dit, il est vrai, l'État est assez riche; et là-dessus on parle de l'inépuisable fécondité de la France : Il y a, dit-on, des terres à défricher, des canaux à creuser, des monuments à construire. Mais on oublie que pour faire tous ces travaux, il faut de l'argent, et que les dépenses excèdent les recettes. Vous placerez vos ouvriers en présence d'un coffre vide, et ils vous reprocheront vos promesses illusoires. Ils vous disent : vous avez souscrit une lettre de change en notre faveur, il faut la payer.

« Pour ma part, concluait l'orateur, après avoir longuement exposé les motifs qui le forçaient à repousser l'amendement du citoyen Mathieu, je suis profondément convaincu que nous devons tout faire pour améliorer le sort des classes laborieuses et souffrantes; mais ce que je ne veux pas, c'est qu'on trompe le peuple par de fallacieuses promesses; ce que je ne veux pas c'est qu'on tarisse les sources de la bienfaisance publique. J'accepte donc la seconde rédaction de la constitution, et je vote contre l'amendement de M. Mathieu, qui, bien à son insu, sans doute, est un mensonge. »

— « Je répondrai d'abord à un argument du préopinant, argument qu'on nous présente sans cesse comme un épouvantail, répliqua le citoyen Crémieux. Il a dit : que répondrez-vous à cinq cent mille ouvriers qui viendront, votre lettre de change à la main, vous demander du pain ou du travail? Cet argument n'a rien de sérieux, car ces ouvriers pourraient vous faire cette demande lors même que vous n'auriez rien mis dans la constitution. Il faut examiner les choses sans exagération.

« La constitution de 1791 avait dit : on accordera du travail aux citoyens valides et des secours aux invalides et à la veuve lorsqu'elle n'aura pas des moyens d'existence.

« Ainsi, vous le voyez, la constitution monarchique a distingué de la manière la plus absolue, les secours publics aux infirmes. La constitution de 1793 fait la même distinction. Il me semble donc que nous n'étions pas si loin de la vérité quand nous avons déclaré que le travail était une dette sacrée. Maintenant nous vous demandons de déclarer que le travail est une dette de la société. Il s'est passé entre la première rédaction de la constitution et cette seconde addition une affreuse catastrophe; mais est-ce une raison pour soutenir que ce qui était un droit la veille ne le fût plus le lendemain? Ne déshéritez pas le peuple d'un droit que vous lui avez reconnu...

— « On ne l'a pas reconnu, s'écrie le côté droit. »

— « Vous ne vous rappelez donc plus ce qui s'est passé dans les bureaux, réplique aussitôt le citoyen Crémieux. »

Puis il ajoute : « La conséquence naturelle du suffrage universel, c'est le droit au travail. Il s'agit donc de savoir si vous voulez donner à la révolution de février sa consécration, si vous préférez au travail qui élève l'ouvrier à sa véritable dignité, l'assistance, c'est-à-dire l'aumône qui le dégrade et l'avilit. »

A l'ancien membre du gouvernement provisoire succéda le citoyen Martel Barthe, représentant complétement inconnu à Paris, et qui dut à son nom d'exciter une sorte de curiosité lorsqu'il parut à la tribune. Cet orateur ce livra, dès le commencement, à un parallèle entre les doctrines fouriéristes et celles de cabétiens, et traita fort mal les unes et les autres. « Toutes les deux, dit-il, tendent au renversement de la propriété. Si vous voulez sauver la république, rassurez la propriété ; car il y a dans les campagnes des hommes qui croient que la république mettra un jour la main sur la propriété ; il faut les désabuser. (¹) » Rattachant ensuite, à la manière des orateurs qui avaient repoussé l'amendement du citoyen Mathieu, le droit au travail des dangers que courait la propriété, si ce droit était sanctionné, le représentant Barthe conjurait l'assemblée de rejeter cette déclaration, parce que le droit au travail entraînerait l'organisation du travail, et que l'on tomberait ainsi dans les utopies des fouriéristes.

Un autre membre du côté droit, le citoyen Gaslonde, vint encore appuyer le rejet de l'amendement, et toujours par les mêmes motifs tirés des dangers que, sans lui, la consécration du droit au travail ferait courir à la propriété.

Reconnaissant d'abord que la société devait venir, n'importe sous quelle forme, au secours de ceux qui souffraient, le citoyen Gaslonde se refusait à admettre que ce devoir constituât un droit corrélatif, qu'il devînt une sorte de dette de la société à l'égard de l'individu. « Les devoirs de l'assistance, de la charité, ajouta l'orateur, sont des devoirs moraux ; on ne saurait y voir des droits absolus. Ce serait là une confusion qui nous mènerait droit au communisme. En effet, les socialistes

---

(¹) Les habitants des campagnes ne croyaient à la violabilité de la propriété, que parce que les réactionnaires calomniant les intentions des républicains, n'avaient cessé, depuis six mois, d'effrayer les populations rurales comme celles des villes, en disant partout et en écrivant dans leurs journaux que la république allait mettre à exécution les rêves de quelques communistes, des *partageux*. C'est avec ces calomnies que les royalistes ont fait tant de mal à la forme du gouvernement ayant mission de faire tant de bien aux paysans et aux ouvriers.

entendent pousser l'aggravation de l'impôt jusqu'à l'absorption de la propriété.

— « Nous y voilà revenus! dit alors une voix de la gauche.

— « Peu m'importe que vous niez ces conséquences, reprit le citoyen Gaslonde, que vous protestiez contre le communisme et le socialisme ; la logique est plus forte que vous. En effet, si le droit au travail est admis par vous comme un droit absolu, il ne reste plus à l'Etat, qu'à absorber, par l'impôt, la propriété. »

Le citoyen Arnaud (de l'Ariége) répondit aux frayeurs du préopinant, qu'il ne suffirait pas du rêve de quelques insensés, de quelques utopistes, du crime de quelques mauvais citoyens pour enlever à un droit si légitime son véritable caractère. « Nul de vous, ajouta-t-il, n'hésite à séparer le christianisme des fausses doctrines qu'on lui a si souvent prêtées ; ne confondez donc pas davantage les principes de la démocratie avec les fausses conséquences qu'on leur attribue. Oui, le droit au travail est, dans la pensée de quelques rêveurs, de quelques mauvais citoyens, la négation de la propriété ; oui le principe du droit au travail est pour quelques-uns le droit de l'insurrection ; mais s'il est possible de le rapprocher de la liberté, ne devrions-nous pas tous applaudir? »

L'orateur reconnaissait des faits incontestables : « C'est, disait-il, que la propriété est une nécessité sociale ; je n'y vois pas un principe supérieur ; je ne m'incline pas devant ce principe de toute société, je n'adore pas la propriété : elle n'est à mes yeux, je le répète, qu'une nécessité sociale ; et pourquoi? parce qu'elle est l'instrument et la garantie de la liberté ; elle est tout aussi sacrée ainsi que sous tout autre point de vue.

« Mais le travail est aussi une nécessité sociale ; car c'est le travail qui fait la richesse publique ; et sans travail, nul ne le conteste, il n'y a point de société.

« Un troisième fait enfin est celui-ci : La peine est nécessairement attachée au travail.

« Ces trois faits : la propriété considérée comme nécessité sociale, le travail consacré comme nécessité sociale, la peine sans cesse attachée au travail, ne sont-ils dans le monde que pour se combattre, que pour se nier et se détruire l'un l'autre? Non; le devoir de la science sociale et du législateur est de les concilier; c'est la tâche entreprise par le christianisme; c'est à nous de la poursuivre. »

Après avoir exposé ces doctrines, le citoyen Arnaud soutenait, avec raison, que l'intervention de l'État était indispensable en présence de l'égoïsme des hommes, et que, sous prétexte de protéger la liberté, le gouvernemnt n'avait point cessé de protéger l'égoïsme.

Arrivant ensuite au principe du droit au travail : « Il n'y a pas un seul d'entre vous, disait-il, qui ne convienne que l'Etat ne doive du travail à l'homme valide sans travail, et l'assistance à l'homme infirme. Chez tous les peuples l'assistance a été reconnue comme un devoir; mettons donc le devoir à la place du droit, et nous ne rencontrerons d'opposition sur aucune ligne. »

Le citoyen Thiers vint ensuite user, à son tour, du droit dont chacun de ses collègues avait usé, de contribuer à l'œuvre de la constitution républicaine.

Il commença par déclarer qu'il n'avait ni fait ni désiré la révolution de février; il dit qu'il l'avait acceptée sincèrement et loyalement; ce qui fut accueilli avec incrédulité par le côté gauche. Il déclara ensuite que, n'étant ni professeur d'économie politique, ni disciple d'aucune école, il ne traiterait pas ces questions à la tribune, et qu'il se bornerait à la question sociale; ce qui ne l'empêcha pas de faire un cours complet d'économie politique, dans lequel il traita tour à tour de la propriété, du travail, de la liberté, de la concurrence, des machines, des professions, des salaires, etc., etc. Son discours, démesurément long, ne nous permettant pas de l'analyser, nous nous bornerons à mentionner seulement ce qu'il dit de relatif du droit au travail, la seule question en discussion.

« Sans doute, si le droit au travail est possible, dit-il à ce sujet, nous pouvons le consacrer. Mais est-il possible? Ce que vous voulez, vous, c'est le chômage.

« Vous dites que nous n'offrons que la bienfaisance, et que c'est contraire au principe d'égalité.

« La bienfaisance est un outrage, dites-vous? Saint Vincent de Paule a donc outragé l'humanité? Si la bienfaisance de l'individu outrage, ce que je nie formellement, je demanderai si la bienfaisance de la société outrage. Sous la restauration, n'avons-nous pas vu un général qui n'avait laissé à ses enfants que son épée? La France vint au secours de sa famille!..... »

— « C'était une dette payée, s'écrient des membres du côté gauche. »

— « Ce sont là des mots de parti qu'il faut laisser de côté, réplique l'orateur. »

— « Nous ne demandons que le prix des services rendus, ajoute Félix Pyat. »

— « L'interrupteur a son droit de parole réservé, dit alors le président; il est le *vingt-huitième*. » Et l'assemblée se dérida un instant.

— « Que faites-vous par ce droit au travail? poursuivit enfin le citoyen Thiers. Au dessinateur sans ouvrage, au mécanicien, qu'offrirez-vous? Le travail des ateliers nationaux, un travail de manouvrier? Ne vous souvenez-vous pas de ce qui est arrivé dans ces ateliers nationaux? Des hommes habitués au burin, aux travaux délicats, vous leur mettiez aux mains la pioche qui les déchirait, les ensanglantait; et par humanité vous leur disiez : Ne travaillez pas, vous toucherez vingt sous! Eh quoi! n'est-ce pas là quelque chose de plus humiliant que l'aumône, que la charité sous son vrai nom? Oui, sans doute, car c'est un détournement des deniers publics, une malversation.

« Eh bien! oui, en réalité, vous faites cela. Nous vous dirons : alors il faut parler la langue sincèrement, et ce qui ne sera qu'un secours, il ne faut pas l'appeler un droit..... Vous avez mal parlé la langue. Vous avez, en bien des circonstances, offensé le bon sens, le bon goût et le bon langage; nous nous sommes résignés à laisser passer toutes ces excentricités; mais prenez garde, quand on parle mal la langue et que ce mauvais langage doit avoir d'aussi funestes conséquences, permettez-moi de réclamer. Puisque vous ne pouvez donner qu'un secours, ne l'appelez donc pas un droit.

« Et puis, si les réclamants se présentaient à vous ayant aux mains un article de la constitution. Oh! souvenez-vous des néfastes journées de juin! Prenez garde d'armer notre souverain nouveau de son article 14!.....

« J'arrive à la question financière.

« Où prendrez-vous vos ressources? Il faut le dire, d'une part, il n'y a pas de pain; de l'autre, il n'y a pas de riches.

« On a dit : jusqu'ici on a fait payer l'impôt aux pauvres; il faut le faire payer aux riches, et la question sera tranchée..... Vous prendriez, par la loi agraire, toutes les fortunes des riches de France que vous ne paieriez pas une année de revenu! Quand vous abaissez l'impôt de consommation, quand vous diminuez l'octroi sur le vin, vous augmentez le prix du pain. Votre tort c'est de ne pas songer assez à l'habitant des campagnes. On fait appel à votre humanité, moi, je fais appel à votre justice. »

M. Thiers fut fort applaudi par le côté droit; en effet, il avait discuté sur tout avec une merveilleuse facilité. Mais ses arguments contre le droit au travail n'en avaient pas moins paru sans valeur aux yeux de ceux qui appuyaient l'amendement du citoyen Mathieu.

M. Thiers avait surtout entrepris l'éloge de la société, telle

que la royauté l'avait faite. C'était se montrer par trop reconnaissant. Aussi fit-il beau jeu à ceux qui trouvaient cette vieille organisation sociale détestable, et qui, depuis longtemps, disaient comme M. Thiers lui-même : « Il y a quelque chose à faire ! »

— « Je ne trouve pas que la société soit admirable, lui répondit le citoyen Considérant; elle est à refaire du haut en bas. Je crois qu'une société au sein de laquelle on compte un si petit nombre de riches et tant de pauvres, est une société mal organisée et à laquelle il manque quelque chose; je crois qu'une société qui se solde tous les dix ans par une suite de ruines et de banqueroutes, est une société mal organisée; je crois qu'une société qui engendre des insurrections, et dans laquelle pullule une aussi grande quantité d'utopies, est malade et a des maux à guérir. Sans entrer dans de plus grands détails, car le sentiment qui m'a fait monter à la tribune n'en demande pas davantage, je dis qu'une telle société est faite pour attirer enfin l'attention du législateur. »

— « Oui ! mais le remède, lui cria le côté droit. Le moyen ! le moyen ! »

Le citoyen Considérant ne croyant pas que les grandes questions sociales pussent être traitées par des improvisations de tribune, demanda alors que l'assemblée lui consacrât quatre séances du soir, quatre séances libres, afin qu'il pût développer ses théories. Mais, ainsi que cela devait se comprendre, l'assemblée accueillit fort mal cette proposition ; et le président s'opposa même à ce qu'elle fût examinée.

— « M. Considérant, dit-il, a la tribune pour émettre ses idées; s'il veut faire des cours, s'il veut sortir des habitudes parlementaires, cela ne regarde plus l'assemblée. » Et la parole fut donnée au citoyen Rollinat, qui la prit aussitôt pour combattre l'amendement Mathieu, moins dans le fond, dit-il, que dans la forme; car cet orateur reconnaissait le droit au travail ; mais il voulait qu'il fût consacré par une forme moins hostile.

« La question du travail ne peut être éludée, ajouta-t-il ; il faut que la constitution la règle ; il faut que le législateur dégage la lumière du chaos, et en fasse sortir quelques germes de vérité. Si la question n'eût pas été posée d'une manière si formidable, aussi impérieuse, peut-être le silence de la constitution serait-il la chose la plus prudente. Mais dans la situation actuelle des esprits, en présence de tant de millions de travailleurs initiés à la vie politique, et qui réclament le droit au travail, le silence n'est plus possible.

« Il s'agit, comme l'a dit M. de Tocqueville, d'apprécier le caractère de la révolution de février : ce n'est pas une révolution politique, mais sociale ; c'est là son but et sa fin. Ce serait méconnaître cette révolution que de ne pas proclamer le droit au travail. Il y en a qui disent que cette révolution a été un accident, un coup de vent ; d'autres disent qu'ils avaient tout prévu, tout, excepté l'intervention du peuple dans le débat, venant revendiquer son droit de vivre en travaillant.....

« Voulons-nous fonder une démocratie ou une aristocratie? s'écriait l'orateur en terminant. Si, comme je le pense, nous voulons une démocratie, rendez au peuple la vie intellectuelle en même temps que la vie matérielle, autrement vous aurez déshonoré la révolution de février. »

Ici le côté droit recommença à demander plus vivement que jamais la clôture de la discussion sur l'amendement qui occupait l'assemblée depuis tant de séances ; mais elle ne fut pas encore prononcée, et à la séance suivante, de nouveaux athlètes parurent tour à tour à la tribune, pour ou contre le droit au travail.

Ce fut d'abord le citoyen Bouhiers (de l'Ecluse), qui proposa de remplacer la rédaction du comité par le paragraphe suivant :

« La république protége les citoyens dans leurs personnes,

« leurs familles, leurs religions, leurs propriétés, leur travail.
« Elle favorise et encourage l'instruction ; elle met à la portée
« de chacun celle indispensable ; assiste les citoyens nécessi-
« teux par tous les moyens à sa disposition ; surveille les inté-
« rêts, prévoit les besoins de tous, et s'attache avec une in-
« quiète vigilance à les prévenir, ou à les faire cesser, en ne met-
« tant d'autres limites à sa sollicitude que celles qui lui sont im-
« posées à elle-même par sa puissance et ses ressources. »

Certes, cet amendement avait été rédigé dans de bonnes intentions ; mais il fallait autre chose que des phrases pour satisfaire ceux qui voulaient inscrire le droit au travail dans la constitution. Aussi M. Bouhiers n'obtint-il aucune attention lorsqu'il développa sa proposition.

Le citoyen Martin Bernard, l'un des démocrates les plus éprouvés, fut beaucoup plus explicite et positif dans le discours qu'il prononça ce jour-là, discours où les idées et les phrases s'enchaînaient tellement qu'il faudrait le transcrire en entier pour laisser subsister la pensée de son auteur, qui ne craignit pas de se poser en socialiste dans toute la vérité de l'expression.

« Permettez-moi de vous le dire, disait-il en commençant ; vous avez laissé une regrettable lacune dans votre projet de constitution, en omettant de signaler explicitement la voie par laquelle notre France devait passer pour arriver au but vraiment social et providentiel, à la réalisation pleine et entière de la sainte devise : *Liberté, égalité, fraternité.* Et cette voie libératrice que vous avez omise, quelle est-elle? Il n'y a pas à s'y méprendre, Messieurs, c'est l'association appliquée à toutes les branches de l'industrie nationale, sous la haute protection de l'Etat, devenu le grand régulateur du crédit.....

« Le grand problème qui agite le monde est celui-ci : La société peut-elle laisser mourir de faim quelques-uns de ses membres pendant que d'autres regorgent de toutes les superfluités?..... Eh bien ! je le déclare, il y a un mot dont le sens profond n'est pas compris, un mot qui a une signification toute nouvelle, un mot qui contient la solution du problème, un mot enfin qui met hors de cause, ou plutôt qui concilie les deux écoles dont je viens de parler; ce mot, je le répète, c'est celui-ci : *Association*.

« Et quand je dis *associations*, n'allez pas vous écrier : égalité des salaires, absorption de la liberté individuelle, méconnaissance des virtualités particulières, primes données à la paresse. Messieurs, ne jouons pas sur les mots. Si l'association, telle que les esprits sérieux la voient dans l'avenir, pouvait entraîner un seul de ces reproches, un seul de ces maux, un seul de ces froissements de la personnalité humaine, elle ne serait pas l'association ; car l'association réelle ne peut exister qu'à la condition de respecter les vues immuables de la nature; hors de là, il n'y a rien de possible, rien de discutable... »

Après avoir ainsi démontré que l'association seule guérirait la plaie qui rongeait le monde, le citoyen Martin Bernard, présentait ce moyen comme efficace dans cet avenir progressif, dans cet avenir, prévu par tous les penseurs, et qui devait établir, disait-il, la sainte solidarité de l'humanité tout entière, cette solidarité qui n'enlèverait rien à ceux qui ont, mais qui donnerait beaucoup à ceux qui n'ont pas.

« Mais, ajoutait-il, l'humanité ne peut pas rester inerte entre la voie du salut prochain et les misères du présent. Il faut qu'elle travaille sans cesse à combler l'abîme, à jeter un pont entre les deux rives. C'est l'histoire de notre époque, du jour où nous vivons. N'entendez-vous pas ce grand cri, ce cri immense qui s'élève du sein de la mêlée obscure où nous nous débattons, impatients et modérateurs? Ce cri, c'est celui-ci : *Droit au travail*, c'est-à-dire droit à l'existence......

« Ah! Messieurs, consignez-le, ce droit sacré, dans votre constitution; c'est le moins que vous puissiez faire pour le temps présent; ne le repoussez pas par une de ces fins de non-recevoir comme l'égoïsme de l'homme en recélera toujours de pareilles. Ne dites pas que vous ne voulez pas promettre plus que vous ne pourriez tenir ; votre loyauté serait suspecte ; car de deux choses l'une : vous reconnaissez qu'une portion de vos semblables ne doit pas mourir de faim, ou vous croyez le contraire. Si vous croyez qu'une portion de vos semblables est fatalement destinée à périr de misère, il faut le dire hardiment; on saura à quoi s'en tenir. Mais si la première de ces deux propositions renferme votre pensée véritable, pourquoi auriez vous des scrupules en présence d'un pareil devoir humanitaire !

« Je me résume, concluait l'orateur. Le but de la société est évidemment la transformation complète des salariés en associés. Les tendances de l'esprit humain, les enseignements de l'histoire, tout prouve d'une manière irréfragable que là est le but social. Si vous ne voulez pas consacrer la mention de ce but dans votre préambule, reconnaissez au moins, reconnaissez surtout, dans votre constitution, je vous en conjure, le principe immédiatement applicable du droit au travail. Alors seulement vous aurez fermé le cratère toujours béant des révolutions et intrônisé dans le monde l'ère du progrès pacifique. »

A Martin Bernard, qui venait de se faire applaudir sur bien des bancs, succéda immédiatement un vigoureux logicien qui n'en était pas à faire ses preuves à la tribune. Le citoyen Billault reconnut d'abord lui-même avec humilité qu'il n'était qu'un *républicain du lendemain*; mais à la manière dont il défendit les principes démocratiques, il prouva qu'il n'arrivait pas trop tard pour recevoir le baptême révolutionnaire.

« C'est parce que je crois fermement que la république peut seule assurer les destinées de mon pays, dit cet ancien député, que je crois à la nécessité d'inscrire, dans le préambule de notre constitution quelque chose de la dette que la société a contractée envers les travailleurs.

« Le spirituel M. Duvergier de Hauranne disait avant-hier

qu'il fallait dégager cette question des généralités, des phrases banales; je dis, à mon tour, qu'il faut la dégager des exagérations et des suppositions; il est commode de supposer à ses adversaires la pensée de saper l'ancienne société et de détruire les bases de l'ordre social pour, en se posant comme défenseurs de la société nouvelle, se créer une popularité facile... J'appartiens à cette école, que la nouveauté n'effraie pas, qui cherche à réaliser le progrès de chaque jour, qui s'en contente, mais qui n'en néglige aucun. Je n'irai donc point nier le mal, et encore moins nier la puissance de la société à y porter remède. Mais une assemblée nationale ne peut s'en tenir à ces dénégations; elle ne peut détourner les yeux de la misère pour s'épargner la peine d'y chercher un remède. Quant à moi, je reconnais le mal, parce que je ne veux pas nier la dette, et parce que je ne veux pas nier la puissance de la société à y porter remède.....

« On disait hier à l'homme : travaille et tu jouiras du prix de ton travail, et je prolongerai ta jouissance. Oui, poursuivait l'orateur, mais continuons le dialogue. Supposez que l'homme réponde : Je n'ai pas de travail; voilà mes bras, occupez-les. La société répondra donc : je ne puis rien pour toi, meurs !..... L'assemblée entière se soulève avec raison contre une telle idée. Prenez garde de confondre la nature et la société. La nature dit à l'homme : travaille, et si l'homme ne peut travailler elle le laisse mourir. Mais la société n'a-t-elle pas été organisée précisément pour rendre moins dure, moins cruelle, cette loi de la nature, pour créer une providence sur la terre et venir au secours des malheureux? Nier ce fait, nier cette dette de la société, c'est effacer les bienfaits du dix-neuvième siècle !..... »

Le comité de constitution ne pouvait laisser passer les paroles du citoyen Billault sans une réponse. M. Dufaure s'en chargea. Il déclara que les principes posés par le préopinant étaient ceux du comité; mais qu'il ne pouvait garder le silence sur une certaine exaspération qu'il avait remarquée dans les termes. M. Dufaure s'attacha donc à prouver que le comité n'avait nullement hésité à reconnaître toutes les conséquences de la révolution de février, que la plus constante préoccupation de l'assemblée avait été d'aller toujours au-devant des soulagements que les circonstances lui imposaient à l'égard des travailleurs, et qu'elle s'était constamment préoccupée des misères de la société.

« C'est parce que la commission a été fidèle aux sentiments de l'assemblée, ajouta-t-il, que nous avons rédigé le préambule de la constitution, afin de déclarer la propriété, la religion inviolables. Elle a été plus loin; elle vous a proposé d'ajouter que la société devait l'instruction, l'assistance, par le travail, à ceux qui peuvent travailler, par des secours, à ceux qui ne le peuvent pas.

« Voilà notre œuvre, s'écriait ce membre de la commission. Mais nous n'avons rien fait de nouveau : nous avons emprunté à Montesquieu, à la constitution de 1791, et même, M. Ledru-Rollin s'en est aperçu, nous avons employé presque le même langage que la convention..... Maintenant, en consacrant le droit au travail, que voulez-vous? Vous voulez que le citoyen puisse demander à la société ou à son concitoyen le travail qu'on n'aurait pas à lui donner?..... L'ouvrier voudra travailler dans le pays où il a sa famille, ses habitudes; c'est son droit; vous ne pourrez le lui enlever..... Une fois reconnu le droit, il faudra déterminer le salaire. Vous voyez donc que vous voulez aller trop loin. »

M. de Lamartine ne voulut pas qu'on pût lui reprocher de n'avoir point fait un dernier effort en faveur de l'amendement en discussion : il prit donc encore la parole pour tâcher de concilier les deux parties de l'assemblée, selon lui, divisée par la force ou la faiblesse d'une expression. M. de Lamartine avait l'espoir de ramener les esprits au sens pratique et au sens politique de la disposition contestée si vivement. « J'espère, dit-il, que nous arriverons à voter quelque chose qui sera à égale distance de la dureté qu'on nous reproche et de l'exigence d'une pensée impossible à réaliser. » Mais il échoua complétement devant l'obstination des réactionnaires à reconnaître le droit au travail, et d'un autre côté, en présence de la tenacité du côté gauche à considérer cette reconnaissance comme un devoir absolu.

Le ministre des finances Goudchaux parla encore pour combattre l'amendement comme devant entraîner l'État à des dépenses énormes qui ruineraient le trésor sans aucune utilité publique. « Tout ce qui serait adopté de favorable à l'amendement, dit-il, tuerait la société. Cette société marche, et elle marchera malgré vous, Messieurs les montagnards..... »

Ces derniers mots, auxquels le côté gauche était loin de s'attendre de la part de M. Goudchaux, Israélite, jadis de race proscrite, à laquelle la convention avait donné le baptême civique et les droits qui en découlaient ; cette insulte lancée sans provocation contre ceux qui se considéraient comme les vrais soutiens de la république, excita une tempête des plus furieuses. Il fallut longtemps pour que le président pût enfin prononcer la clôture de la discussion et la mise aux voix de l'amendement du citoyen Mathieu. Le droit au travail fut repoussé par une grande majorité : près de six cents membres refusèrent d'inscrire dans le préambule un droit qui, avant les journées de juin, avait été reconnu par la commission, et que l'on croyait être alors dans la pensée de l'assemblée tout entière, moins les royalistes prononcés.

« Le droit au travail a disparu de la constitution, s'écriait le journal qui se montrait fidèle aux traditions démocratiques. C'est une faute, une grande ! Car en effaçant de la loi sociale le droit de la faim qui s'en vient offrir son intelligence ou ses bras pour payer l'aliment par le labeur, on proscrit la vie elle-même, on condamne le travailleur dévoué mais impuissant au vol ou bien au suicide.

« N'y a-t-il pas des cas, en effet, des cas de force majeure, comme ceux du chômage ou des grèves, qui chassent forcément le peuple des ateliers, et qui le livrent, si la loi n'intervient, à la honte de l'aumône, aux suggestions empoisonnées des partis, ou bien aux fièvres terribles du désespoir? Le travailleur qui ne trouve pas à échanger son travail contre un morceau de pain n'appartient-il pas fatalement aux séductions de l'intrigue riche, aux manœuvres des Catalina? Peut-il garder la prérogative du citoyen, et la fierté de l'homme libre? Le suffrage, qui est son droit, sera par lui vendu pour les besoins du jour, comme autrefois à Rome, et nous n'aurons plus alors que la grande clientèle des patriciens.....

« En suivant aujourd'hui ces débats si graves sur le plus grand intérêt du siècle, nous avons été confondus, ajoutait le rédacteur de cette feuille, de l'obstination inintelligente et folle qui domine dans ce vieux monde, ébranlé tant de fois pourtant, et qui n'a plus pour créneaux que des ruines!

« Quoi! citoyens, vous craignez d'inscrire dans la loi le droit au travail comme un principe ou plutôt comme une promesse? Vous craignez de poser en thèse générale un engagement d'État, et vous ne voyez pas que cet engagement est écrit dans les religions, dans la conscience humaine, sur les tablettes de nos révolutions, et dans le contrat antérieur à toutes les lois écrites? Ce droit, vous le trouverez gravé sur les dalles de la morgue; il a pour organe éternel le cri de l'orphelin et celui de la veuve; il est partout, car il est la condition de la vie. Vous avez voulu l'effacer de vos codes comme un danger, comme une créance immédiate et de rigueur absolue; mais vous ne savez pas qu'il y a dix-huit siècles que ce principe est écrit dans le monde avec le sang du Christ!..... »

Le rejet de l'amendement du citoyen Mathieu semblait avoir

définitivement résolu la question du droit au travail; toutefois, il existait encore plusieurs autres amendements ayant presque tous un but à peu près analogue, celui d'obliger la république à assurer la subsistance au moyen du travail. En présence de ces amendements, la commission se demanda si, tout en maintenant sa pensée, elle ne pouvait pas, par une modification de termes, couper court à tout. Elle se présenta donc le lendemain, avec une nouvelle rédaction ainsi conçue :

« Elle doit, par une assistance fraternelle, assurer l'existence
« des citoyens nécessiteux, soit en leur procurant du travail
« dans la limite de ses ressources, soit en donnant, à défaut de la
« famille, des secours à ceux qui sont hors d'état de travailler. »

Ce fut dans ces termes que la commission présenta enfin, par l'organe de M. Dufaure, la dernière rédaction de l'article en discussion; et l'assemblée, renonçant à recommencer les débats, s'empressa d'adopter l'art. 8 du préambule tel qu'il venait d'être corrigé.

« Cette rédaction ne dit rien, s'écriait la *Réforme*, voilà pourquoi elle a rallié tant d'opinions diverses! »

Avant de finir la discussion du fameux préambule, le citoyen Chapeau, appuyé par plusieurs de ses collègues, demanda qu'il fût terminé par une déclaration portant que le pacte fondamental de la république n'aurait force d'exécution qu'après avoir été soumis à la sanction du peuple convoqué à cet effet et votant, au scrutin secret, par oui ou par non.

Ce représentant ayant obtenu de pouvoir développer son amendement au milieu du bruit produit par les conversations, se fonda sur ce qu'il était temps de choisir franchement entre les traditions de la monarchie et celles de la république. « Toute constitution n'a de force, ajouta-t-il, que celle qui lui est donnée par la sanction du peuple. Il y a d'ailleurs pour celle que nous discutons une raison toute spéciale : vous savez de quel nom l'on vous a prédit qu'elle serait flétrie;

on vous a dit que ce serait la constitution de l'état de siége. »

De violents murmures ayant accueilli les dernières paroles de l'orateur, il dut descendre de la tribune ; et l'assemblée adopta la question préalable sur cette proposition. Et pourtant, la convention nationale, qui se connaissait en institutions démocratiques, avait commencé sa session en déclarant, sur la motion de Danton, qu'il n'y aurait de constitution que celle qui serait textuellement adoptée par le peuple ! Et la constitution *républicaine* de 1793 portait aussi textuellement : « Le peuple souverain délibère sur les lois. » Mais il y a république et république, aurait dit Sganarelle !

Les débats qu'avait fait naître le préambule se terminèrent par une proposition très-importante du citoyen Detours. Ce représentant démocrate demandait qu'on inscrivît à la suite des derniers mots, l'article suivant :

« Toutefois, et préalablement, l'assemblée nationale élue en
« vertu du droit de suffrage universel, source et base de tous les
« pouvoirs dans la république, doit déclarer solennellement que
« le droit qu'a tout citoyen français majeur de participer per-
« sonnellement à l'élection des représentants du peuple est
« un droit préexistant, souverain et imprescriptible, qu'il n'ap-
« partient à aucune assemblée quelconque, même à celle de ré-
« vision, de suspendre, d'altérer ou d'amoindrir. »

« Je demande, dit l'auteur de la proposition, que le préambule de la constitution se termine par cette déclaration solennelle..... Elle aurait une haute importance ; elle donnerait au droit reconnu par l'assemblée une certitude, une garantie, et un appui moral qui ne peuvent résulter d'une constitution livrée d'avance aux contestations et aux caprices des partis.....

« On me dira que le suffrage universel dérive essentiellement de la souveraineté du peuple ! Lorsqu'en 1830 on voulut faire reconnaître la souveraineté du peuple, on répondit que la souveraineté du peuple n'avait pas besoin d'être déclarée, parce qu'une assemblée ne devait pas paraître octroyer aux citoyens des droits qui leur appartiennent essentiellement. On passa outre, et vous savez ce que devint la souveraineté du peuple!...

« Citoyens représentants, ajoutait l'orateur, faites attention que les hommes qui ont proscrit, qui ont bafoué le suffrage universel, qui l'ont méconnu, calomnié, dénoncé comme un fléau, comme le déchaînement de l'anarchie, qui l'ont déclaré impossible pendant dix-huit ans; pensez que ces honorables citoyens sont parmi vous, qu'ils sont les princes de cette tribune; qu'ils se croient maîtres de l'avenir! Faites attention, je vous en conjure, à leurs tendances, à leurs discours d'aujourd'hui! Ce sont les mêmes hommes? Oh! bien les mêmes. Ils n'ont pas changé; ils n'ont rien abjuré de leur dédain pour le suffrage universel! Soyez sûrs de leur superbe tenacité! Eh! ne les avez-vous pas entendus dans toutes les questions vitales portées à cette tribune? Ces hommes sont debout, guerroyants et arrogants dans la même ligne, pour les mêmes projets; ils sont pétrifiés dans leurs vieux préjugés, dans les mêmes instincts, dans le même scepticisme et la même incrédulité, à l'endroit du progrès et des grandes vérités qui assiégent le monde, et qui font effort pour pénétrer dans les lois!

« Citoyens représentants, concluait Detours, nous entendrons bientôt contre le suffrage universel, ce que nous avons entendu pendant dix-huit ans! Qu'il ose envoyer ici trop de forces à la démocratie; j'ose assurer qu'il se sera modifié. On ne le supprimera pas tout de suite, et en effet, cela serait malaisé, si près encore des grands jours de février! Mais on commencera par interdire le droit électoral aux citoyens illétrés; et déjà on propose ici même cet attentat au droit souverain et préexistant; un amendement est déposé dans ce but; et après un premier succès, si on l'obtient, on essaiera de plier le suffrage universel à deux, trois, quatre degrés, et enfin on retirera de l'arsenal l'arme du monopole, et..... »

Le citoyen Detours n'achevait pas son éloquente prédiction, puisée dans les hauts enseignements de l'histoire comme dans la connaissance approfondie du cœur humain; les *dix-sept* se chargèrent de la compléter!

Mais savez-vous, lecteurs, ce que répondit le citoyen Martin (de Strasbourg), organe de la commission de constitution? Le voici, tiré textuellement du *Moniteur* :

« La commission rend hommage au sentiment qui a conduit l'honorable préopinant à insister sur l'adoption de son amendement ou de son article additionnel; mais elle ne comprend pas comment cet article additionnel aurait la portée que son auteur croit lui reconnaître. En effet, on nous dit qu'il faut garantir d'une manière absolue, irrévocable à tout jamais, le suffrage universel, parce que le suffrage universel est un principe antérieur à la constitution.

« *Si véritablement le suffrage universel est un principe antérieur et supérieur à la constitution*, il n'est donc pas besoin de l'écrire dans la constitution! Et si vous l'inscrivez, quelle force pouvez-vous lui donner de plus? Aucune; car vous n'avez pas la prétention d'enchaîner les générations à venir?.....

« Je crois qu'il est plus raisonnable de rejeter l'amendement par la question préalable. »

— « Oui! oui! s'écrièrent les contre-révolutionnaires de l'assemblée; et la proposition du citoyen Detours fut rejetée à une majorité de 543 voix contre 180.

Quels législateurs que ceux qui mettaient en doute que les droits imprescriptibles des citoyens, que le suffrage universel fût un droit antérieur et supérieur à leur œuvre éphémère! Quels législateurs que ceux qui craignaient d'enchaîner les générations futures aux grands principes! Ne méritaient-ils pas d'être jetés à la porte par les monopoleurs!

CHAPITRE IV.

l'acte fondamental. — Souveraineté mal définie. — Non-rétroactivité des lois. — Question de la peine de mort. — Amendement Buvignier et Coquerel. — Opinion des citoyens Paul Rabuan, de Tracy, Laboulie, Trédern, Lagrange. — Explications du citoyen Vivien, au nom de la commission. — Discours du citoyen Victor Hugo. — Il est combattu par les citoyens Aylies, Freslon et Leroux. — Opinion des citoyens Victor Lefranc et Buvignier. — La majorité repousse l'abolition de la peine pure et simple. — Amendements. — Crimes politiques. — Abolition de l'esclavage. — Grande discussion sur la liberté des cultes et sur le traitement des ministres des cultes reconnus. — Opinion des citoyens Pierre Leroux, Coquerel, Bourzat, Lavallée. — Discours du citoyen Montalembert. — Maximes. — Elles sont combattues par la *Réforme*. — Le citoyen Jules Simon défend l'université. — L'assemblée rejette l'amendement Montalembert. — Opinion de la commission. — La constitution est votée par secousses. — Question de l'enseignement. — Grande question de l'impôt. — L'impôt proportionnel et l'impôt progressif. — Amendement du citoyen Person. — Il est combattu par le citoyen Servières. — La commission veut rester neutre. — Discours du citoyen Mathieu (de la Drôme). — Il est combattu par le citoyen Deslongrais. — Fantasmagorie de la peur invoquée contre les communistes. — Le ministre des finances repousse l'impôt progressif. — La commission se soumet. — Pouvoirs publics. — Amendement du citoyen Proudhon. — Éternelle question des deux chambres. — Résumé de cette grave question. — Les deux chambres sont demandées par les citoyens Duvergier de Hauranne, Lherbette, Charles Dupin, Odilon Barrot. — Elles sont repoussées par les citoyens Antony Thouret, Marcel Barthe, Lamartine et Dupin aîné. — Rejet des deux chambres. — Question des incompatibilités. — Amendement du citoyen Boussi. — Délégation du pouvoir exécutif à un président. — Opinion de divers journaux. — Le journal des *Débats*. — Grande discussion sur la présidence. — Les démocrates la repoussent. — Opinion de Félix Pyat. — Discours des citoyens Tocqueville, Parrieu. — Opinion de la presse démocrate. — Amendement Grévy. — Il est repoussé par le citoyen Jules de Lasteyrie. — Discours du citoyen Lamartine. — Le citoyen Bac appuie l'amendement Grévy. — Amendement du citoyen Flocon. — Explications personnelles du citoyen Martin (de Strasbourg). — Le citoyen Dufaure défend les intentions de la commission. — Rejet des amendements républicains. — Le sort en est jeté. — Question des exclusions. — Amendements des citoyens Deville et Antony Thouret. — Ils sont rejetés. — Déclaration du citoyen Louis Bonaparte. — La guerre des candidats commence. — Autres questions constitutionnelles. — Attributions du président. — Le côté droit veut en faire un roi. — Question du traitement du président. — Conseil d'État. — On demande sa suppression. — Décentralisation de la France. — Question du recrutement. — Opinion des citoyens Thiers et Lamoricière. — Rejet de l'amendement du citoyen Deville. — Fin de la discussion de la constitution de 1848.

L'assemblée nationale venait de consacrer un grand nombre de séances à la discussion du préambule de la constitution ; elle devait être fatiguée de traiter incessamment le même sujet ;

aussi s'empressa-t-elle de voter presque sans débat, les premiers articles du pacte fondamental relatif à *la souveraineté*; tout le monde semblait d'accord sur la rédaction de la commission; le seul représentant Pierre Leroux trouva que l'art. 1er contenait une mauvaise définition de cette souveraineté, et il en proposa une autre, qui fut rejetée malgré les raisons dont il appuya son avis.

Le citoyen Dabeau demanda ensuite que la non-rétroactivité des lois fût consacrée par la constitution. On lui répondit que c'était inutile... « C'est un principe incontesté, inscrit en tête de notre code civil, ajouta le citoyen Dufaure, comme rapporteur; il s'applique à toutes les lois. La commission n'a pas cru devoir reproduire dans la constitution les principes généraux consacrés par les lois (1). »

Bien des membres jugèrent que la rédaction des articles 2 et 3 était trop élastique, en déterminant que nul ne pouvait être arrêté et détenu que *suivant les prescriptions de la loi*, et qu'il n'était permis de violer le domicile du citoyen que *dans les cas prévus par la loi*. Le citoyen Isambert aurait voulu

---

(1) Ce n'est jamais un mal que le législateur se montre méfiant envers le pouvoir, et qu'il insiste pour faire reconnaître, dans les chartes des peuples, les principes les moins contestés, au risque de se répéter. Ce qui est arrivé pour la souveraineté du peuple en 1830, les tentatives faites en 1849 pour donner à la loi de déportation une coupable rétroactivité, et enfin, ce qui vient d'arriver en 1850 au sujet du suffrage universel doit servir de leçon à tout jamais. Si les propositions faites par les citoyens Detours et Dabeau, lors de la discussion de la constitution dont il s'agit ici, n'eussent pas été repoussées par une fin de non-recevoir qui en reconnaissait néanmoins la justesse, le peuple français n'eût probablement pas été déshérité du droit d'élire ses représentants.

Au surplus, le citoyen Dufaure était dans l'erreur lorsqu'il disait que la constitution ne devait pas reproduire les principes généraux consacrés par les lois; car la déclaration des droits de 1793 s'exprimait ainsi au sujet de cette même rétroactivité : « La loi qui punirait les délits commis avant qu'elle existât serait une tyrannie. L'effet rétroactif donné à la loi serait un crime. »

qu'on ajoutât à ces deux articles les garanties empruntées à la constitution de l'an VIII. Mais le citoyen Vivien, l'un des rapporteurs, persista à croire qu'il valait mieux s'en référer aux lois en vigueur. Malheureusement ces lois en vigueur étaient si nombreuses et si incohérentes à ce sujet, que la liberté des citoyens comme leur domicile continuèrent d'être à la merci du premier agent subalterne de la police.

Quand on arriva à l'article 5, confirmant l'abolition de la peine de mort en matière politique, l'assemblée fut réveillée de son engourdissement par la proposition que fit le citoyen Coquerel, en son nom et en ceux des citoyens Buvignier et Komy, pour demander aussi l'abolition de cette peine en matière criminelle.

« Je ne vous dirai pas ici comment j'entends remplacer la peine de mort, s'écria le pasteur Coquerel; je n'examine que le principe du droit de punir, et je dis d'abord que l'homme n'a pas le droit de punir par la mort. Le plus grand défaut de la peine de mort, c'est que la peine ne corrige pas. Ce que je dis n'est pas, en philosophie, vide de sens. L'homme, de sa nature, est matériellement perfectible, on ne saurait le nier, et les mots remord, conversion, repentir, signifient quelque chose, je pense. S'il est vrai que l'homme qui a commis le forfait le plus exécrable peut, au moyen des remords et de la religion, s'amender et revenir à des sentiments purs et chrétiens, pourquoi lui ôter les moyens d'arriver à cette expiation? L'humanité a donc eu tort dans tous les supplices qu'elle a ordonnés; car l'homme n'a jamais le droit de désespérer de l'homme... Il serait indigne de la république française, concluait l'orateur, de ne pas proclamer le principe de l'abolition de la peine de mort dans toute son extension. »

Le discours du citoyen Coquerel ayant été vivement applaudi par le côté gauche de la salle et par divers autres représentants siégeant ailleurs, les partisans de l'abolition de la peine extrême purent concevoir l'espoir de faire voter ce principe. En effet, personne ne se présenta d'abord pour soutenir la nécessité de la peine de mort, et tous les orateurs qui parlèrent après le citoyen Coquerel s'empressèrent de se ranger à son avis.

Le citoyen Paul Rabuan développa cette double proposition : — La peine de mort est-elle légitime? — La peine de mort est-elle utile?

« Sur le premier point, dit-il, nous savons que la société doit se préserver contre les attaques dont elle est l'objet; mais elle n'a pas le droit de se venger, et la peine de mort est une vengeance. Il n'est qu'un cas dans lequel la mort soit excusée; c'est le cas de légitime défense. Le meurtre, jusqu'à certain point, peut être excusable par la passion, par les circonstances. Mais la société n'a pas le droit de tuer sans passion, froidement, et uniquement pour se venger.

« Au temps de la barbarie, il existait une peine qu'on appelait la peine du talion : OEil pour œil, dent pour dent, disait-on. Cette loi barbare a cependant survécu dans nos lois, dans sa partie la plus cruelle; aujourd'hui on demande la vie pour la vie.

« Il est vrai que des esprits généreux ont toujours protesté contre cette loi pénale.....

« Au point de vue religieux, reprenait l'orateur, la peine de mort est encore plus immorale... Ainsi voilà une créature qui vit, qui pense; il a fallu trente ans à Dieu pour l'amener au degré de maturité où elle est aujourd'hui. Eh bien! quand vous l'aurez coupée en deux... »

Ici les murmures couvrirent les paroles de l'orateur, qui attendit le calme pour poser ainsi ses conclusions :

« Non, la société n'a pas le droit de nous enlever ce qu'elle nous a donné, la vie civile, ou plutôt ce que Dieu nous a donné, l'existence. Rappelez-vous, citoyens, que plus les lois sont sévères, plus les mœurs sont mauvaises. A Madrid, on pend les voleurs; nulle part il n'y a plus de voleurs. Sous Louis XIV on punissait le duel par la peine de mort; jamais il n'y eut plus de duels. »

À cet orateur si logique, succéda un homme qui, sous les précédents gouvernements, n'avait cessé de demander l'abolition de la peine de mort, et qui, plus d'une fois, s'était fait rappeler à l'ordre par les ministériels d'alors, comme persistant à *attaquer la société dans ses fondements*. Le citoyen de Tracy, en rappelant ce qui s'était passé dans ces diverses circonstances, et même lorsqu'il s'était adressé directement au roi pour faire effacer de nos codes ces restes de la barbarie, s'écria : « J'espère enfin que le moment est venu, et que, sous la république de 1848, je trouverai de l'écho dans tous les cœurs ([1]).

« Il est une raison que je m'étonne qu'on n'ait pas encore fait valoir, ajouta ce membre des anciennes chambres; c'est celle de la faillibilité de la justice des hommes. » Et il se mit à citer plusieurs exemples propres à faire regretter les erreurs des juges.

« Il est encore une considération qui ne doit pas vous échapper, citoyens; c'est que la peine de mort une fois prononcée, elle devient égale pour tous les crimes; et pourtant tous les crimes ne se ressemblent pas. Il faudrait donc, pour être juste, retourner aux supplices, aux raffinements de cruautés, qui accompagnaient jadis la peine de mort. »

Le citoyen de Tracy terminait ainsi son excellente improvisation contre la peine de mort :

([1]) Le citoyen de Tracy ne pouvait cependant pas ignorer que le premier essai du suffrage universel avait renvoyé à l'assemblée nationale presque tous les hommes qui applaudissaient naguère au rappel à l'ordre, prononcé par la chambre des députés de la royauté contre le philosophe demandant alors l'abolition de la peine de mort, proposition considérée par ces hommes, comme *attaquant la société dans ses fondements*.

« Les révolutions, qui font souvent de grands maux, font aussi du bien ; elles nous permettent de consacrer quelques-uns de ces élans généreux, qui ne sont autre chose que le rappel aux grands préceptes de l'évangile. Pour moi, si le jour où l'on aura aboli l'échafaud était le dernier de ma vie, je ne me plaindrais pas ! »

Jusqu'alors aucune opposition formelle à l'abolition de la peine de mort ne s'était révélée dans le sein de l'assemblée nationale ; quelques murmures seulement avaient, de temps à autre, signalé l'existence d'un parti qui, comme l'avait dit naguère le citoyen Detours, semblait pétrifié dans ses vieux préjugés, dans les mêmes instincts, dans la même incrédulité à l'endroit des grandes vérités qui font effort pour pénétrer dans les lois. Ce vieux parti, n'osant pas dire hautement sa pensée, avait jusqu'à ce moment laissé le champ libre aux abolitionnistes de l'échafaud ; ce qui fit dire au citoyen Laboulie :

« Je me félicite de ce que personne ici n'est venu défendre la peine de mort ; cela me donne l'espoir que tous nous serons réunis dans le même vote. »

— « Vous allez trop vite et trop loin dans vos suppositions, semblèrent lui dire les réclamations qui partirent de plusieurs bancs.

— « Je dois le supposer, reprit l'orateur, puisque le vote est la conséquence des paroles. »

Les réclamations ayant de nouveau protesté : « Hé quoi ! s'écria le citoyen Laboulie, il y aurait donc encore des hommes qui penseraient qu'il faut couper le cou à un malheureux pour lui apprendre à vivre ! Combien de fois faudra-t-il prouver encore que la peine de mort est inutile et qu'elle n'atteint pas le but que la société se propose ! Abolir la peine de mort est un acte de haute moralité, de prudence sociale et de véritable humanité. Vous l'avez abolie en matière politique ; supprimez-la en toute matière, et vous éviterez au gouvernement une hypocrisie ; car on dénaturera le crime pour le punir ; on qualifiera d'assassinat ce qui ne sera qu'un crime politique ([1]) ; on déshonorera l'échafaud pour ne pas le renverser. »

— « Je ne crois pas, en tous cas, dit alors M. de Trédern, l'un des membres du côté droit de l'assemblée, qu'il soit possible d'assimiler la société civile à la société militaire en pareille occasion. A l'armée, il s'agit quelquefois de vaincre la peur de la mort par la mort immédiate. Je demande donc que l'on divise l'armée avec le peuple, en deux classes. »

— « Pourquoi donc ferions-nous une distinction entre nos frères de l'armée et nos frères de la société civile ? répondit précipitamment le citoyen Lagrange. La crainte de la peur ! nous dit-on. Mais elle n'existe pas en France ; le sentiment de l'honneur est plus fort. Que la peine de mort soit donc généralement abolie, je vous en conjure, citoyens. »

Un des membres de la commission de constitution, le citoyen Vivien, prit alors la parole pour expliquer à l'assemblée la portée de l'amendement en discussion. « Sans traiter ici, avec les développements que cette question comporte, l'abolition complète de la peine de mort, ajouta-t-il, nous nous bornerons à vous rappeler que la commission, en vous proposant l'abolition de cette peine en matière politique, mesure dont l'honneur appartient au gouvernement provisoire, a fait tout ce qui lui était permis de faire aujourd'hui. Plus tard, nous réviserons notre code pénal, et probablement ce travail aura pour objet de faire disparaître la peine de mort, et d'harmoniser toute notre législation criminelle. Quant à présent, nous

---

[1] Le lecteur se rappelle sans doute le langage que tinrent tous les journaux démocratiques lors de la condamnation et de l'exécution des quatre insurgés convaincus d'avoir tué le général Bréa. Par sa lâcheté même, le crime était de nature à soulever l'indignation publique ; mais il n'en est pas moins vrai que c'était un crime purement politique, un crime que l'on ne pouvait punir de la peine de mort que par une fausse qualification.

le disons avec douleur, le maintien de cette peine en matière criminelle nous paraît encore temporairement nécessaire.

— « Vous venez de consacrer l'inviolabilité du domicile, répondit le citoyen Victor Hugo; nous vous demandons de consacrer l'inviolabilité de la vie humaine.

« Une constitution nouvelle doit être un pas dans la vie, ou elle n'est rien. Partout où règne la barbarie, la peine de mort est fréquente; là où la civilisation est en progrès, la peine de mort est rare. Le dix-huitième siècle a aboli la torture; le dix-neuvième siècle doit abolir la peine de mort.

— « Oui! oui! s'écria le côté gauche tout entier; nous l'abolirons! »

Hélas les démocrates de l'assemblée oubliaient, dans leur généreux élan, qu'il ne leur appartenait plus de parler ainsi! Nous étions déjà bien loin de la révolution!

— « En février, reprit le citoyen Hugo, le peuple eut une belle pensée : après avoir brûlé le trône, il voulut brûler l'échafaud; on l'en empêcha. Messieurs, vous venez de consacrer le renversement du trône, consacrez aussi la suppression de l'échafaud. »

— « C'est au nom des nécessités sociales, qu'il faut envisager la question, dit alors le citoyen Aylies, siégeant au côté droit; sans la justice et l'ordre, les sociétés humaines n'existeraient pas; elles iraient contre le but même que la Providence leur a assigné.

« Les considérations que les préopinants ont fait valoir, ajouta-t-il, ont été souvent l'objet de mes méditations; et cependant elles n'ont pas enchaîné mon esprit. Sans doute il n'est pas un siècle qui ne nous offre peut-être un ou deux exemples de la faillibilité humaine [1]; c'est beaucoup trop, je le sais;

---

[1] Le citoyen Aylies mettait presque en doute les déplorables erreurs de la justice humaine; il ne se décidait qu'avec bien de la peine à les reconnaître.

mais n'est-ce rien que l'intérêt et la sécurité de la société? Demandez aux hommes que leurs fonctions mettent en rapport avec les criminels; ils vous diront qu'il n'en est pas un qui, dans sa conscience, ne soit arrêté par la peine mort. Allez donc leur parler de détention, de séquestration! Ces mesures, ils les rempliront avec joie, parce qu'ils se diront : je m'échapperai ; je m'échapperai d'autant plus que je suis plus scélérat......

« Il est une nature de crime, ajoutait le partisan de la peine de mort, les crimes domestiques, par exemple, inspirés par la cupidité, qui seraient beaucoup plus fréquents sans la crainte d'une peine terrible qui enlève au criminel l'espoir de jouir du fruit de son forfait. »

Enfin le citoyen Aylies terminait en disant que, dans son opinion, la peine de mort devait n'être appliquée qu'à très-peu de cas et seulement en présence d'une nécessité sociale extrême; « mais, s'écriait-il, ne l'abolissez pas complétement; car une fois le frein supprimé, le débordement n'aurait plus de limites. »

La nécessité de maintenir la peine de mort fut encore soutenue par deux autres représentants, les citoyens Freslon et Emile Leroux. Le premier de ces deux légistes du côté droit la croyait indispensable tant que l'amélioration des mœurs n'amènerait pas naturellement cette grande réforme avec la révision des lois pénales. « M. Victor Hugo a affirmé que le peuple, en brisant le trône, avait aussi voulu renverser l'échafaud, ajouta le citoyen Freslon. M. Hugo a donc oublié ces mots écrits en février sur les monuments par le peuple vainqueur : *mort aux voleurs!* » Et le côté droit applaudit avec force de pareils arguments!

et encore n'était-ce que sous la forme du doute; et, pourtant, les orateurs qui demandaient l'abolition de la peine de mort, principalement le citoyen de Tracy, venaient de citer plusieurs exemples frappants, tous contemporains, d'innocents condamnés à la place des coupables.

Quant au citoyen Leroux, il appuya son opinion de quelques faits particuliers tendant à prouver que la peine de mort était un frein même pour les plus grands scélérats. « On prétend, dit-il encore, que la société n'a pas le droit d'ordonner la peine de mort. C'est une erreur, car la société doit avoir le même droit que les individus pris isolément; or, l'individu que l'on attaque n'a-t-il pas le droit incontestable de légitime défense! Et si ce droit existe par les individus, pour quels motifs voudriez-vous l'ôter à la société, et la désarmer dans le cas de légitime défense! »

Ainsi, c'était au nom de la société du dix-neuvième siècle que les citoyens Aylies, Freslon et Leroux demandaient le maintien de la peine de mort! et ces cruels sophistes, qui accusaient les républicains d'aimer le sang, de demander la permanence de la guillotine, consacraient la violation de la vie, le meurtre social, l'assassinat légal, en vertu du droit romain, du droit féodal, lorsqu'ils étaient en présence du christianisme, de la philosophie et de ce peuple plein de miséricorde qui avait voulu renverser à la fois le trône et l'échafaud! [1]

« Je respecte les convictions de ceux qui demandent le maintien de la peine de mort, dit alors le représentant Victor Lefranc; ce n'est pas dans l'espérance de convertir ceux qui ne voudront l'être jamais que je monte à la tribune; ce que je viens demander, c'est en quelque sorte un vote motivé.

« L'honorable M. Vivien vient de nous dire qu'il faut conserver *temporairement* la peine de mort. C'est contre ce mot que j'ai demandé la parole. Eh quoi! vous voulez conserver temporairement une forme de châtiment qui sera *mortelle?* voilà ce que je ne puis admettre.

---

[1] La peine de mort n'ayant pas été abolie en 1793, malgré les diverses motions faites à ce sujet, on inséra dans la déclaration des droits, que la loi ne devait décerner que les peines les plus strictement et les plus évidemment nécessaires.

« On parle des dangers de la société ; j'ai été avocat, j'ai vu de près les criminels, j'ai lu dans le cœur humain, et j'ai vu que surtout le désir de l'impunité animait avant le crime les cœurs endurcis. Ceux-là sont moins épouvantés de la peine de mort qui sont le plus exposés à la subir : ainsi ceux qui tuent par vengeance, par amour, ne se laissent par arrêter par l'intimidation de la peine de mort..... Citoyens, concluait Victor Lefranc, ne nous laissons par devancer pas les assemblés nationales de Francfort et de Berlin ; prenons l'initiative d'une mesure généreuse, tous les peuples civilisés applaudiront. »

L'un des auteurs de l'amendement en discussion, le citoyen Buvignier, s'attacha alors à combattre les arguments présentés par les légistes qui croyaient encore à la nécessité de conserver la peine de mort en matière criminelle, tout en admettant que cette peine ne devait plus être appliquée qu'avec réserve et pour les seuls cas extrêmes. Comme ses amis politiques, l'orateur démontra facilement que la peine de mort était inutile, inefficace, et qu'elle n'avait, pour la société, aucun des avantages que lui reconnaissaient et ceux qui s'opposaient formellement à son abolition, et ceux qui se bornaient à la maintenir *provisoirement*.

Répondant ensuite à ces derniers, le citoyen Buvignier faisait remarquer que toutes les fois qu'un gouvernement avait voulu maintenir ou faire voter une loi que l'opinion publique réprouvait, il s'était toujours prévalu en désespoir de cause du mot *provisoire*. — « Le moment n'est pas venu, nous dit-on ; il viendra, nous en avons l'espérance ; encore quelque temps, et l'opinion publique obtiendra satisfaction. »

— « Combien de fois n'a-t-on pas fait cette réponse aux adversaires de la peine de mort ! s'écriait l'orateur. La convention, dans une de ses dernières séances, proposa l'abolition de la peine de mort. On répondit aussi à cette motion généreuse que le moment n'était pas venu ; ce qui voulait dire alors qu'il restait encore des vengeances politiques à exercer par les réactionnaires. »

Le citoyen Buvignier se montrait convaincu qu'un pareil sentiment ne pouvait se trouver dans l'esprit d'aucun des membres de l'assemblée à laquelle il s'adressait; en conséquence, il espérait que la nouvelle constituante supprimerait, en principe général, la peine de mort.

La salle presque entière applaudit aux paroles du citoyen Buvignier, et l'on demanda à voter aussitôt, malgré le citoyen Wolowski qui insistait pour parler.

Mais le résultat du scrutin fut à peu près le même que celui obtenu depuis les journées de juin sur toutes les grandes questions politiques ou sociales dont l'assemblée eut à s'occuper. Les réactionnaires, tous les contre-révolutionnaires assis sur les bancs de la droite et du centre, tous les orateurs qui n'avaient pas osé dire un seul mot en faveur de la peine de mort, votèrent secrètement pour son maintien en matière criminelle, comme ils eussent voté pour la maintenir en matière politique, s'il eût encore été possible de contester cette grande conquête de la dernière révolution : 498 membres de la constituante de 1848 se prononcèrent honteusement contre l'amendement des citoyens Coquerel, Buvignier et autres. Il n'eut en sa faveur que les 216 voix démocratiques habituées à adopter toutes les mesures généreuses. La majorité se traînait donc à reculons.

Vainement quelques membres, et principalement les citoyens Moreau et Favart, essayèrent-ils encore de faire adopter quelques amendements, dont l'un fixait à la fin de l'année 1849 l'abolition de la peine de mort, et l'autre avait pour objet de faire décréter l'abolition des peines infamantes en matière politique; la majorité se montra inébranlable dans sa résolution de ne pas toucher au code pénal, et le citoyen Woirhaye se chargea de motiver le refus de la commission d'adopter cette dernière motion, très-bien développée d'ailleurs par son auteur.

« Avec la rédaction proposée, dit le citoyen Woirhaye, le bannissement et la dégradation civique ne pourraient plus être appliqués en matière polique : ce serait aller trop loin..... ne désarmons pas la société contre les hommes qui ne cherchent dans le renversement du gouvernement que le triomphe de leurs folles et dangereuses utopies. »

Ainsi, l'éternelle crainte de désarmer la société fit maintenir la peine des travaux forcés en matière politique, peine révoltante, contre l'application de laquelle la société elle-même s'était élevée tant de fois, et principalement lors de la condamnation à la peine capitale prononcée contre Barbès.

Une disposition additionnelle, développée par le citoyen Isambert et destinée à remplir le vide que ce légiste apercevait dans la constitution, fut encore rejetée. Et pourtant il s'agissait d'ôter aux tribunaux la faculté de spécifier quels étaient les crimes politiques auxquels s'appliquait l'abolition de la peine de mort. Le citoyen Isambert aurait voulu qu'on déterminât clairement et promptement la différence que la constitution venait d'établir. Il insista beaucoup pour qu'on ne laissât pas une telle question indécise. La commission, par l'organe du citoyen Vivien, répondit que cette distinction ne pouvait être fixée que par une loi organique. Et l'on passa outre.

Il est honorable pour la France de pouvoir dire que l'abolition de l'esclavage sur tout le territoire français fut adoptée à l'unanimité et sans discussion. Les réclamations faites par les mandataires des colons et par les partisans du *Code noir* dans les diverses brochures qu'ils firent paraître, ne purent prévaloir contre le besoin de proclamer l'un des grands principes méconnus si longtemps [1].

---

[1] Les colons avaient néanmoins des amis très-chauds dans l'assemblée, et

L'art. 7 relatif à la liberté des cultes et au traitement que l'Etat devait aux ministres des cultes reconnus, fut l'objet d'une foule d'amendements. On devait s'y attendre ; car, pour bien des esprits, cet article impliquait une contradiction flagrante, que le citoyen Pierre Leroux signala. Dans l'opinion de ce représentant, l'abolition du salaire des prêtres importait au salut et à l'indépendance de l'Etat, comme à l'indépendance du prêtre qui, disait cet orateur, ne devait relever que de lui-même.

Le pasteur Coquerel, qui se crut provoqué par ces paroles, répondit que le protestantisme officiel n'avait voulu de préférence pour personne, et qu'il voulait la tolérance absolue pour toutes les sectes.

Le citoyen Bourzat, en présentant une rédaction nouvelle de l'article tout entier, aurait voulu que la constitution ne reconnût de communautés ou congrégations religieuses que celles établies dans les formes et sous les conditions déterminées par une loi spéciale. Il demandait aussi, pour l'avenir, qu'aucun ministre des cultes ne pût recevoir de traitement qu'en vertu d'une loi de révision de la constitution. Mais les divers paragraphes proposés par le citoyen Bourzat furent rejetés, et l'on s'occupa d'un amendement déposé par le citoyen Lavallée, ainsi conçu :

ceux-ci firent présenter aussitôt un projet pour indemniser les propriétaires des esclaves proclamés citoyens, des pertes que l'abolition de l'esclavage allait leur causer. Il ne s'agissait de rien moins que 120 à 150 millions d'indemnité pour la perte de leur *propriété*. Comme si après la première abolition de 1790, confirmée depuis si longtemps, ces colons n'eussent pas dû être considérés comme propriétaires d'esclaves à leurs risques et périls ! « Demandez à ce marchand de chair humaine ce que c'est que la propriété, disait Robespierre dans son discours sur la théorie de la propriété ; il vous dira, en montrant cette longue bière qu'il appelle un navire, où il a encaissé et serré des hommes qui paraissent vivants : Voilà mes propriétés ; je les ai achetés tant par tête.... Interrogez ce gentilhomme qui avait des terres et des vassaux, et qui croit l'univers bouleversé depuis qu'il n'en a plus, il vous donnera de la propriété des idées à peu près semblables.

« Nul ne peut être forcé de contribuer au salaire d'aucun culte ; la république n'en salarie aucun. »

La question, ainsi que le fit remarquer le citoyen Marrast, était nettement posée. « La liberté religieuse, proclamée d'abord dans toute sa plénitude, ajouta le citoyen Lavallée en développant sa pensée, disparaît dans le second paragraphe de l'article, puisque vous reconnaissez, dans ce paragraphe, un privilége pour certains cultes. Je crains que l'exception ne devienne la règle. Et pourtant, il est des hommes qui ne professent aucun culte ; les forceriez-vous à contribuer aux charges d'un culte quelconque?..... »

Le citoyen Lavallée ne fut pas même écouté, et sa proposition fut repoussée par la tourbe des représentants qui croyaient être encore sous l'empire de la charte octroyée et de la *religion de l'Etat*. L'assemblée semblait réserver toute son attention pour l'article 8, consacrant la liberté des citoyens de s'associer, de s'assembler, de pétitionner, de manifester leurs pensées par la voie de la presse ou autrement, libertés qui furent inscrites dans la constitution sans aucune conteste, mais avec les restrictions mentales à l'usage de ceux qui se proposaient de reprendre aux citoyens, par des lois de circonstance, ce que la constitution leur accordait, ou plutôt ce que la constitution déclarait au-dessus des lois positives et temporaires. Il faut lire ces débats pour se faire une juste idée du jésuitisme auquel eurent recours les membres de la commission pour repousser les amendements les plus raisonnables et les plus conséquents avec l'esprit de la constitution elle-même.

Et d'abord ce fut M. de Montalembert, un ex-pair de France par le droit d'hérédité, qui vint contester à l'Etat le droit d'enseignement et de surveillance systématique exercée par un corps puissant, ayant ses idées à lui sur l'enseignement ; cet orateur demanda, en conséquence, la liberté complète du droit d'enseigner.

Le discours que M. de Montalembert fit dans ce but, discours qui dura en quelque sorte deux jours, ne fut autre chose que le procès de la révolution, qu'une amère satire contre l'esprit du siècle, contre la France moderne, contre les générations qui s'étaient succédé depuis la constituante de 1789, et surtout contre l'instruction publique telle qu'elle résultait du système de l'université.

« Nous ne voulons pas de la surveillance de l'Etat, dit ce représentant de la légitimité; nous ne la voulons pas telle qu'elle est indiquée dans l'article; nous ne voulons pas d'une surveillance systématique exercée par un corps spécial; nous ne voulons pas qu'on dise : sous la garantie des lois, du moins en donnant à ces mots l'interprétation qu'ils ont reçue, nous contestons à l'Etat le droit spécial d'enseignement; il n'a pas plus de droit sur l'enfant que sur le père. On peut admettre à la rigueur que le père, le citoyen, est redevable à l'Etat de sa qualité de père; donc la férule du pédagogue officiel ne doit pas s'interposer entre le père et l'enfant sans violer la liberté du foyer domestique. L'Etat n'a le droit d'intervenir que quand le père de famille réclame cette intervention. »

Telles étaient les maximes que M. de Montalembert professait avec tant de franchise à l'égard de l'instruction publique. Les motifs de cette aversion pour l'instruction universitaire, c'est-à-dire réglémentés par les lois, étaient nombreux; car l'orateur voyait, dans tout ce qui existait, dans tout ce qui se pratiquait depuis un demi-siècle, la cause de la dépravation des mœurs, la cause de l'impiété du peuple. « L'ignorance, c'est la faim, s'écriait-il; mais il y a quelque chose de pis que la faim, c'est le poison. »

L'orateur s'en prenait tour à tour aux novateurs, au communisme, au socialisme, au gouvernement, à l'université, aux insurgés qui chargeaient leurs fusils avec des idées. Il affirmait que l'enseignement, tel qu'il avait été compris jusqu'ici, n'était autre chose que le communisme intellectuel, et il cherchait à le prouver en démontrant que le monopole de l'enseignement était la doctrine par laquelle l'Etat se substituait au père de famille.

« Je sais bien, poursuivait-il, que nous ne manquerons pas de novateurs qui nous assurent qu'ils feront le salut de la société ; mais comme ils se sont montrés impuissants, il faut en revenir au vieil esprit chrétien qui a fait beaucoup de bien à la société. Et l'orateur affirmait que, depuis cinquante ans, le résultat de l'enseignement universitaire ou révolutionnaire avait été une diminution considérable dans la valeur scientifique, dans le degré d'instruction, si on le comparait à l'instruction donnée dans le passé.

« Je suis d'accord avec les novateurs sur l'impuissance du gouvernement à rien faire de bon pour améliorer l'intelligence et le cœur des populations, reprenait l'orateur, après une longue interruption causée par ceux qui contestaient ses démonstrations ; je suis d'accord avec eux sur la misère, sur le malaise physique et moral, sur l'air vicié que respirent ces myriades de travailleurs ; mais je demanderai aussi à ceux qui étudient les souffrances du peuple, s'ils ne savent pas qu'à côté de cet air vicié, il y a aussi un cœur vicié ; si le mal moral n'existe pas au plus haut degré, et si ce n'est pas à ce mal qu'il faut d'abord porter remède..... Je demande encore à ceux qui ont gouverné notre société depuis février, s'ils n'ont pas compris leur faiblesse en présence d'une population sans principes et sans sentiment religieux !..... »

Et le citoyen Montalembert terminait son homélie en disant qu'il était temps de recourir à l'éducation chrétienne, à cette éducation dont la morale se résumait, selon lui, dans ces deux grands principes que le peuple avait besoin de mettre en pratique : charité et respect. « Oui, s'écriait-il, vous en avez besoin au moment où tous les pouvoirs se renouvellent sous la forme républicaine. Et qui l'inspirera ce respect, si ce n'est la religion qui consacre tous les pouvoirs, qui dit à tous : *tu es César*, et qui dit à ses fidèles, *respectez-le ?*

« Parlerai-je maintenant de l'intérêt de la propriété, ajoutait encore l'orateur, car le respect de la propriété devait être la thèse obligée et favorite de tous les orateurs contre-révolutionnaires. Connaissez-vous un autre moyen d'inspirer le respect de la propriété à ceux qui ne sont pas propriétaires, que de les faire croire en Dieu, non pas au Dieu vague de l'éclectisme et des écoles modernes, mais au Dieu du catéchisme. »

Les rumeurs que la fin du discours de M. Montalembert excita à plusieurs reprises, durent prouver à cet orateur très-catholique qu'il prêchait, devant l'ombre de Voltaire, les formules du moyen âge, et qu'il se trompait de plusieurs siècles.

« Il faut revenir à la foi catholique, » disait en résumé M. de Montalembert.

— « Mais la foi catholique n'a-t-elle pas été l'âme du monde pendant plusieurs siècles, lui répondait le journal la *Réforme ?* N'a-t-elle pas eu, dans une main, la torche de l'inquisiteur, et dans l'autre, le glaive de César ? N'a-t-elle pas possédé dans le sens absolu du mot, dans le sens féodal, l'esprit et le corps des générations ? Eh bien ! ouvrez l'histoire, et dites-nous s'il y eut jamais une nuit plus sombre, un mépris du droit plus farouche, un plus triste abrutissement, une succession de crimes et de violences plus abominables que sous le dogme fermé qui fut mille ans la pierre du sépulcre du genre humain ! Comme la goutte d'eau qui creuse le rocher, l'idée, pendant des siècles, a creusé ce dogme, et quand l'humanité, revoyant le ciel, a voulu pénétrer et calculer ses profondeurs, quand elle a suivi le mouvement des astres, qu'a dit le catholicisme ? Demandez-le à Galilée ? Quand elle a voulu chercher la loi des choses dans la science, dans la nature, dans la philosophie, qu'a fait le catholicisme ? Demandez-le à Savonarole, à Campanella, le moine napolitain, à Vanini? Quand elle a voulu chercher dans l'homme et dans la société la valeur des institutions humaines, les conditions du droit et des lois de la vie, qu'a dit et qu'a fait le catholicisme? Demandez-le à Jean Jacques, à Diderot, et à tous ces *grands empoisonneurs* que l'histoire appellera les pères de la révolution française? Du sang et toujours du sang, ou l'ombre des cachots et la flamme des bûchers! Voilà comment s'est conduit ce dogme infaillible auquel on nous convie!

« Ainsi, pour nous arracher à l'anarchie des systèmes, aux mêlées de la philosophie, à ces libres initiatives de l'esprit humain qui marquent les étapes de l'affranchissement, on nous appelle sous la cloche des morts; on nous tend d'une main courtoise et fraternelle le vieux san bénito qui pèse comme un manteau de plomb et qui brûle comme la poix enflammée; le dominicain y mettra le capuchon, le jésuite y coudra les franges, et nous serons heureux! Si ce n'est pas là l'idéal des jeunes croisés, c'est du moins la conclusion fatale de leur système. La servitude de l'esprit et du cœur, la compression universelle est la conséquence logique de l'infaillibilité romaine..... Ces gens-là, concluait à son tour le journaliste qui appréciait ainsi la portée du manifeste de M. de Montalembert; ces gens-là, après avoir perdu les rois, veulent tuer Dieu! »

Aucun orateur n'osa rappeler, comme le fit le rédacteur de la *Réforme*, ce qu'avait valu à l'humanité l'enseignement religieux exclusivement. Tous ceux qui répondirent à M. Montalembert, y compris le ministre de l'instruction publique, le citoyen Vaulabelle, se bornèrent à défendre l'université et les droits de l'Etat, à surveiller, à diriger même cette instruction. Le ministre apprit probablement à M. de Montalembert que sur vingt-quatre institutions en plein exercice, vingt-trois étaient dans les mains du clergé.

« Cette société, dont on nous fait un tableau si sinistre,

est-ce nous seuls qui l'avons faite? s'écria alors l'un des membres de l'université, le citoyen Jules Simon. Nous avons six chaires de philosophie en France; mais en regard, n'avons-nous pas des milliers de chaires, des écoles religieuses qui donnent aussi l'enseignement? Je ne les accuse pas de la corruption des esprits, parce que je suis juste..... Et pourtant on calomnie notre enseignement; je le déclare, ceux qui le calomnient ne le connaissent pas; c'est un enseignement de foi...

« On semble nous faire un crime d'apprendre à lire à tous les enfants, ajoutait ce défenseur du système universitaire; vous ne voulez pas que nous donnions l'instruction primaire à tous? Auriez-vous besoin de l'ignorance du peuple, par hasard, pour établir vos doctrines? Pensez donc que nous n'aurions rien de bien si nous n'avions aboli l'esclavage de l'ignorance!... Je dis qu'il y a un droit naturel d'enseigner la doctrine à des adultes; celui-là vous pouvez l'exercer même sur la borne. Mais celui que vous demandez, c'est le droit d'être professeur; celui-là, je vous le dénie...

« Est-ce que l'université gêne la liberté? disait en terminant le citoyen Jules Simon. Dans ce cas, supprimez-la, au nom du ciel, supprimez cette université. Est-ce de l'Etat que vous avez peur. En ce cas, ce que vous demandez, c'est la liberté illimitée; eh bien! nous sommes, nous autres, pour la liberté réglée... Proclamons donc la liberté de l'enseignement, en prenant pour devise : Pas de liberté illimitée, pas de liberté illusoire! »

L'amendement de M. de Montalembert, combattu encore par M. de Falloux lui-même, fut enfin rejeté; mais son auteur n'en avait pas moins semé les germes de la loi sur l'enseignement que dut présenter plus tard le ministre réactionnaire, en remplacement de celle rédigée par les soins du citoyen Carnot.

A l'occasion de l'article qui consacrait la liberté de la presse et qui déclarait qu'elle ne serait jamais soumise à la censure, les citoyens Félix Pyat, Morhéri et Crespel de Latouche, proposèrent quelques additions ayant pour objet d'affermir cette liberté. Ainsi, Félix Pyat aurait voulu qu'on déclarât plus formellement que la censure ne pourrait jamais être rétablie, sous quelle forme que ce fût ; le citoyen Morhéri demandait la même chose pour le cautionnement ; et enfin le citoyen Crespel proposait d'ajouter à l'article ces mots : « ni aucune mesure préventive. »

Dans toute autre circonstance, une assemblée nationale se serait empressée d'accueillir ces amendements. Mais déjà la commission se trouvait gênée par l'attitude de la majorité. Il fut facile de s'en apercevoir au peu de franchise que montrèrent à ce sujet les membres chargés de défendre la rédaction primitive.

« Puisque nous avons dit que la liberté de la presse n'avait d'autres limites que les droits et les libertés d'autrui, c'est assez dire que nous ne voulons pas des mesures préventives, répondit le citoyen Martin (de Strasbourg).

— « Hé bien ! dites-le clairement, lui crièrent des voix du côté gauche.

— « Oui, reprit le citoyen Martin ; mais nous ne voulons pas, quant à présent, retirer le cautionnement. Si vous dites que la presse ne peut être soumise à aucune mesure préventive, on viendra, lors de la discussion sur les cautionnements, soutenir, d'une part, que le cautionnement constitue une mesure préventive, et ceux qui voudront le maintien du cautionnement diront qu'il ne constitue pas une mesure préventive. »

Et comme il s'éleva de vives réclamations contre la demande de la question préalable ;

« L'assemblée, dit encore ce même membre de la commission, ne veut pas de surprise ; il faut donc que la pensée du rédacteur de la constitution soit bien comprise. La commission ne repousse pas, dans son esprit, l'amendement qui a été proposé ; seulement elle veut réserver la question du cautionnement, dans l'intérêt de la liberté de la discussion, lorsqu'il s'agira du cautionnement; c'est dans l'intérêt même de la presse que nous proposons la question préalable, ajouta le citoyen Martin. Nous ne voulons pas plus de mesures préventives pour le droit de discuter, que pour le droit d'écrire. »

Qui ne voyait que le citoyen Martin (de Strasbourg) se trouvait lui-même fort mal à l'aise lorsqu'il était obligé de mettre en avant des arguments aussi pitoyables ! Tout le côté gauche le sentit. Mais le seul représentant Deville eut la franchise de le dire.

« Je ne crois pas qu'il soit digne de l'assemblée, s'écria-t-il, de trancher la difficulté par la question préalable et par les motifs présentés au nom de la commission. Le scrutin de division a été demandé ; je pense qu'il doit avoir lieu. »

— « La question préalable aurait ici quelque chose de puéril, ajouta le citoyen Charamaule. Quant à moi, je n'accorde pas au cautionnement le caractère essentiel d'une mesure préventive; mais je vais vous dire quelle est la mesure préventive à laquelle il faut faire obstacle : c'est la suspension des journaux. Si elle passait dans une législation normale, elle pourrait être présentée comme n'ayant pas de caractère et être adoptée sans paraître déroger à la constitution ; c'est ce que je veux prévenir. »

Malgré ces explications très-rationnelles, l'amendement fut repoussé par tous ceux qui ne votaient la constitution que *pour la forme*.

Le citoyen Pierre Leroux proposa encore une autre addition à ce chapitre; elle avait pour objet d'empêcher l'imprimerie de devenir un monopole. « Mon amendement, dit-il, est un corollaire de la liberté de la presse. »

Mais le citoyen Vivien répondit qu'il ne fallait pas, par une mesure prématurée, jeter l'alarme dans toute une industrie.

« La législation actuelle sur l'imprimerie, ajouta-t-il, doit être réformée complétement; mais les questions que soulève cette réforme sont d'une difficulté immense, et l'on ne peut pas y toucher par improvisation. »

C'était donc sans succès que le côté gauche ne cessait de demander à l'assemblée, pour toutes les réformes à entreprendre, de commencer par voter le principe de ces réformes, sauf à en faire ensuite l'objet d'une loi étudiée : il trouvait toujours les mêmes obstacles de la part des contre-révolutionnaires ; et s'il arrivait parfois que l'assemblée concédât quelque chose aux républicains de la veille, la majorité ne tardait pas à le reprendre d'une autre main.

On était arrivé à voter la Constitution par secousses : l'assemblée courait parfois au galop; sans s'arrêter un seul instant sur les articles qui appelaient son attention, elle les adoptait de confiance, tandis que, le lendemain, on la voyait se livrer à d'interminables discussions sur une rédaction plus ou moins claire, sur un sens plus ou moins sujet à interprétation, ou bien sur une disposition contestée par tel ou tel côté.

Ce fut ainsi qu'on la vit revenir jusqu'à satiété sur la question de l'enseignement et faire retentir la tribune des homélies de ceux qui, ayant déjà les vieillards, les femmes et les enfants par la confession, et dominant les masses du haut de toutes leurs chaires, criaient à la persécution, parce qu'on ne voulait pas leur abandonner encore la culture intellectuelle et morale des générations qui s'élevaient. Heureusement, leurs efforts furent impuissants dans cette circonstance, et l'intérêt de la patrie l'emporta, dans cette question, sur l'intérêt des corporations religieuses; l'instruction ne fut pas encore livrée sans règle aux professeurs d'histoire qui ne connaissaient d'autres livres sur la révolution française que ceux sortis de la plume véridique du père Loriquet.

Mais, après ces haltes sans utilité, l'assemblée nationale dévorait de nouveau les articles suivants et brûlait les textes, comme si elle avait eu hâte d'arriver à la fin d'une discussion peu intéressante pour bien de ses membres.

Elle venait d'adopter les articles 10, 11, 12, 13 et 14, quand tout à coup la question de l'impôt et de son utilité commune amena un représentant, le citoyen Person, à proposer quelques changements de rédaction, qui firent lancer les hauts cris à tous les financiers routiniers. Le citoyen Person demandait qu'il fût dit, dans le texte, que le revenu était sujet à l'impôt, et que l'impôt devait être proportionnel au revenu.

Certes, il n'y avait là qu'un appel aux premières règles de la contribution individuelle; mais c'en fut assez pour effrayer tous ceux qui voyaient la route du communisme ouverte par l'impôt progressif.

« L'amendement qui vous est proposé, s'écria un représentant du nom de Servières, est une menace à la propriété; je dis plus : je dis que la propriété est attaquée. On veut que les législateurs qui nous succéderont puissent décréter l'impôt progressif. »

— « C'est vrai! c'est vrai! s'écrièrent plusieurs représentants de la même opinion en matière d'impôts.

— « L'impôt proportionnel, reprit le citoyen Servières, est tout simplement l'arbitraire emprunté à un pacha pour le placer entre les mains d'une majorité parlementaire; c'est une vieillerie renouvelée des Grecs, et dont le temps semblait avoir fait justice; mais, aujourd'hui, on exhume toutes les vieilles absurdités..... On veut nous voler!.... Oui, répétait l'orateur, au milieu des cris *A l'ordre!* qui se faisaient entendre, oui, l'impôt progressif est spoliateur; il est plus encore : il est antisocial, anti-démocratique, il est stupide.....

« Que demandez-vous? continuait l'adversaire de l'impôt progressif, que pouvez-vous demander aux riches? Un million, s'il ne doit être établi que sur le superflu? Il y a des chiffres peu contestables : ils établissent que, si la France est riche, les Français ne le sont pas. A vrai dire, vous n'avez pas de riches, puisque, au commencement du dernier règne, la France ne comptait pas quatre mille éligibles (¹). L'impôt progressif ne produirait donc rien ou presque rien ; et pour cela, vous frapperiez sur la propriété, sans laquelle la république serait perdue! Car, ajoutait très-sérieusement le citoyen Servières, la propriété a été maîtresse de l'urne qui nous a envoyés ici ; la propriété, c'est la république, mais la république honnête et modérée ; et si, en retournant près de nos mandants, nous sommes obligés de leur dire que, dans la constitution, nous avons laissé exister une fissure par laquelle peut s'infiltrer l'impôt progressif, eh bien! je vous le dis, la propriété sera exaspérée, et la république, qui voudra essayer de marcher sans la propriété, sera perdue ; car le peuple des campagnes vote sous l'influence de la propriété..... Avec votre article, concluait l'orateur, la propriété n'aura aucune garantie. Il en serait autrement, si vous aviez une majorité terrienne, parce que celle-là aurait intérêt à voir comment l'impôt s'éta-

---

(¹) Ce que disait le citoyen Servières du petit nombre de contribuables payant le cens exigé pour être élus députés sous le dernier règne, était vrai. Mais cela ne prouvait pas qu'il n'y eût en France, et principalement à Paris et dans les grandes villes, de nombreux individus riches, très-riches, dont les fortunes consistant essentiellement en capitaux, en actions, en titres de rentes et autres valeurs de portefeuille, restent cachées ou dissimulées pour le fisc, au point qu'il est très-commun de rencontrer des *millionnaires* ne payant d'autre contribution à l'État que celle résultant de leur loyer. Ce sont ces fortunes dissimulées ou entièrement cachées que l'impôt progressif aurait pour mission principale d'atteindre et de frapper, et non pas la propriété déjà assez grevée. On citait naguère un richard connu pour posséder plus de *deux cent mille francs de rente*, qu'il touchait fort régulièrement tous les semestres ou à chaque fin d'année, et ce richard n'avait jamais été électeur par le cens! Les riches de cette nature, et ils sont beaucoup plus nombreux que les riches propriétaires, ont l'habitude de se moquer du percepteur. Quelle injustice y aurait-il à les faire contribuer progressivement?

blit..... Si vous voulez effrayer la propriété, maintenez l'article de la commission; si vous voulez, au contraire, la rassurer et vous assurer à jamais son concours, admettez mon amendement. »

Or, cet amendement, appuyé par les considérations que fit valoir le citoyen Servières avec une naïveté sans exemple, était conçu en ces termes : « Chaque citoyen contribue à l'impôt dans la proportion de sa fortune. »

La discussion ne roulait donc pas, comme cela arrivait assez souvent, sur des mots; elle s'attaquait à des principes divers et opposés, que la commission s'était prudemment efforcée de ne pas mettre en cause et de ne résoudre en aucune manière.

Ce fut dans ce sens que le citoyen Vivien répondit à l'orateur de la propriété.

« La commission, dit-il, persiste à penser que la question ne doit pas être résolue. L'article qu'elle vous propose n'a pas pour objet d'ouvrir une porte à l'impôt progressif; il a pour objet de constater l'état actuel des faits. L'assemblée sait que les impôts actuellement existants ne sont pas tous proportionnels; il y en a qui sont éminemment progressifs.....

« J'apporte à l'assemblée des faits, reprit le citoyen Vivien, interrompu par les murmures du côté droit. Je ne discute pas, je veux seulement démontrer qu'il n'y a pas de règles absolues. J'ajouterai que si vous adoptiez l'amendement du citoyen Servières, vous seriez obligés de remanier entièrement votre impôt. La question doit donc être réservée. Je crois que la prochaine législature devra prendre pour base l'impôt proportionnel; mais je crois aussi que sur certains points, l'impôt progressif devra être maintenu. Cette question se présentera à propos de toutes les lois que vous aurez à voter; réservons-la pour ce moment. »

Le citoyen Combarel de Leyval se récria sur ce que l'on

avait mis intentionnellement le mot *proportionnellement* écrit dans la Charte de 1830. « Le principe général, ajouta-t-il, était jusqu'ici l'impôt *proportionnel*, et vous dites *en raison de la fortune*, ce qui veut dire : en raison progressive. »

Beaucoup d'autres anciens députés, qui regrettaient probablement la charte de Louis-Philippe et l'impôt proportionnel, se rangèrent du côté des deux préopinants.

Dans un excellent discours, qui prouva combien ces questions lui étaient familières, le citoyen Mathieu (de la Drôme) n'eut pas de peine à faire justice des arguments des citoyens Servières et Combarel; il démontra, en outre, combien leurs calculs étaient erronés.

Pour trancher la question de l'impôt, dit cet orateur, il faudrait au moins y avoir réfléchi. Je suis d'accord avec l'auteur de l'amendement, mais à condition d'ajouter ces mots : « Les contributions indirectes sont abolies. »

Le citoyen Mathieu fit comprendre alors aux membres du côté droit qui l'écoutaient qu'à l'exception des contributions directes, les autres impôts portaient également sur le pauvre comme sur le riche. « En sorte, poursuivait-il, que, pour un milliard environ, le trésor puise où il peut, sans discernement, sans équité, ne prenant aux uns que le trentième, le quarantième de leur revenu, et enlevant aux pauvres le vingtième..... Je n'appartiens pas aux classes pauvres, et cependant je suis partisan de l'impôt proportionnel.....

« On a prononcé dans cette discussion des mots fâcheux, dit-il encore, malgré les fréquentes interruptions qu'il éprouvait; on a parlé de spoliation, de vol. J'aime à croire qu'il n'y a dans cette enceinte ni spoliateurs ni voleurs; il n'y a que des hommes cherchant la vérité et voulant être justes. » Et le citoyen Mathieu proposait tout simplement de passer à la question préalable.

— « Si la constitution avait conservé les mots *à proportion*, reprit le citoyen Deslongrais, je n'aurais rien à dire ; mais il me semble que nous avons le droit de demander à la commission ce qu'elle entend par les mots *en raison*. Il faut que notre constitution soit claire. »

Le citoyen Charencey appuya l'amendement, en disant que l'impôt progressif manquerait toujours de base certaine, qu'il était contraire aux règles, et qu'il n'avait jamais été admis que par les ennemis de la propriété, témoin les écrits de Babeuf et autres.

Vainement le député Guérin fit-il sentir la nécessité d'atteindre les grandes fortunes mobilières, le citoyen Lherbette insista pour que la question posée fût immédiatement résolue. Il se prononçait lui-même en faveur de l'impôt proportionnel. « On vous propose aujourd'hui, concluait cet orateur, de décapiter les grandes fortunes au profit des petites. Mais, prenez-y garde, les petites ne tarderont pas à exciter l'envie de ceux qui n'ont rien. L'égalité ainsi entendue, c'est un pas vers le brigandage..... Songez au péril qui vous menace, qui se révèle tous les jours ; élevez une digue, opposez une barrière, car le flot monte et menace de vous engloutir. »

C'était avec cette fantasmagorie de la peur, avec ces banalités contre le communisme, que la majorité de l'assemblée se laissait conduire et qu'elle repoussait toutes les mesures qui pouvaient constater encore qu'une révolution démocratique et sociale s'était accomplie naguère.

Dans cette circonstance, le gouvernement crut devoir donner son avis ; et, malgré les réclamations des membres qui s'opposaient à ce que le pouvoir pesât de tout son poids dans la balance des débats, le citoyen Goudchaux, encouragé par le président du conseil, se présenta à la tribune pour combattre la rédaction de la commission et appuyer l'amendement du citoyen Servières.

« Notre système, dit ce ministre des finances avec le ton

tranchant qu'on lui connaissait; notre système c'est l'impôt proportionnel, et nous travaillons de toutes nos forces à ramener à ce principe tous les impôts existants. Laisser aujourd'hui pressentir l'impôt progressif dans nos codes d'impôts, c'est tromper tout le monde, car vous ne pourrez pas l'établir avant peut-être soixante ans... La république que nous avons fondée doit tendre à maintenir tous nos impôts sur l'échelle proportionnelle. Je veux que la forme républicaine subsiste, concluait le citoyen Goudchaux; je veux qu'elle puisse tenir tout ce qu'elle promettra; c'est pourquoi je me sépare de la commission de constitution, en substituant aux mots *en raison*, ceux-ci : *en proportion*. Il faut savoir ce que veut le pays, et lui préparer une nourriture qu'il puisse digérer. »

Le citoyen Dufaure s'empressa alors, au nom de la commission, de déclarer que tous ses collègues tombaient d'accord, que le mot *proportionnel* n'était pas juste en ce sens, qu'il n'avait jamais reçu son application; mais qu'ils avaient aussi reconnu que la tendance de l'impôt, sous la législation républicaine, devait être d'établir la proportionnalité. « En conséquence, disait-il, nous nous rallions à l'opinion de M. le ministre des finances, et la commission adopte son amendement, de concert avec M. Servières. »

— « C'était bien la peine! s'écrièrent plusieurs voix. »

Une grande majorité se prononça alors pour que chaque citoyen contribuât aux charges publiques, non plus *en raison* de ses facultés et de sa fortune, mais bien *en proportion*.

Ainsi furent rassurés tous ceux qui considéraient la rédaction du comité de constitution comme un acheminement à l'impôt progressif, destiné lui-même à ouvrir les portes au communisme, lequel s'en prendrait alors à la propriété pour l'attaquer et la détruire, au nom de la république. Jamais on n'avait vu tant d'hypocrisie se jouer des destinées d'un grand peuple!

Quand on fut arrivé au chapitre 3 du projet de constitution, traitant des pouvoirs publics, le citoyen Pierre Leroux proposa de le faire précéder d'un article additionnel propre, selon lui, à substituer la lumière de la raison à un aveugle empirisme, le consentement à l'obéissance, la liberté à l'esclavage. Dans son opinion, qu'il ne put développer qu'au milieu des murmures indiquant un parti pris d'avance de se refuser à écouter l'orateur, la constitution que l'assemblée votait, ne faisait autre chose que constituer et organiser l'anarchie. « Il fallait donc, disait-il, organiser l'Etat, organiser l'assemblée ; car d'un corps délibérant non organisé ne pouvaient sortir des votes équitables. L'orateur aurait voulu que les trois pouvoirs désignés jusqu'alors sous les noms de pouvoir législatif, pouvoir exécutif, pouvoir judiciaire, fussent concentrés avec distinction, mais sans séparation essentielle, dans le corps un et triple à la fois de la représentation nationale. »

L'amendement que Pierre Leroux développa avec peine, fut repoussé, ainsi qu'une autre modification présentée par le citoyen Proudhon.

Malgré le mauvais accueil systématique réservé par l'assemblée aux idées émises par ce dernier représentant, le citoyen Proudhon ne se découragea pas. Croyant voir, dans la rédaction de l'article 18 une imprévoyance dangereuse, il demanda qu'après ces mots : « Tous les pouvoirs publics émanent du peuple, et ne peuvent être délégués héréditairement, » on ajoutât ceux-ci : « ni à vie. » Le côté gauche appuya vivement cette addition si nécessaire; mais le citoyen Dufaure prétendit qu'on ne devait pas consacrer ainsi un principe absolu qui pourrait s'appliquer à la magistrature. Au surplus, ce membre de la commission pensait que la question de la nomination temporaire ou à vie des autres fonctionnaires de la république se présenterait bientôt lorsqu'il s'agirait du président.

Le nouvel amendement du citoyen Proudhon fut donc rejeté par tous ceux qui conservaient à ce sujet une arrière-pensée anti-démocratique.

L'éternelle question des deux chambres, des deux assemblées nationales, devait nécessairement se représenter, en 1848, quand on eut à voter sur l'article 20 de la constitution, portant que le peuple français déléguait le pouvoir législatif à une assemblée unique.

Dans le rapport sur la constitution fait par le citoyen Marrast, les discussions qui eurent lieu au sein du comité sur cette question tant de fois résolue, avaient été analysées avec autant d'impartialité que de talent, de sorte que ce rapport résumait tous les arguments produits pour ou contre l'assemblée unique. La majorité de la commission avait pensé que, puisque les bons esprits de notre première révolution s'étaient empressés de voter pour une seule chambre lorsqu'il s'agissait d'une constitution monarchique, à plus forte raison devait-on admettre ce principe dans une constitution républicaine et démocratique.

Il manquait à cette opinion d'être sanctionnée par la discussion publique.

Un nouveau et brillant tournoi de tribune s'engagea donc au sujet de l'article 20.

Ce fut d'abord le citoyen Duvergier de Hauranne.

Cet orateur des centres se présenta pour soutenir l'opinion d'un bureau à ce sujet, et déclara que quoique la question eût déjà été résolue, sinon par la raison, dit-il, du moins par l'instinct démocratique, il croyait servir la république en essayant d'introduire dans la constitution un élément sans lequel il n'y avait point, à ses yeux, de gouvernement stable.

« Je comprends, poursuivit-il, qu'on récuse l'exemple de l'Angleterre, pays monarchique et aristocratique; mais voyez ce qui se passe en Amérique. »

Puis examinant quelle avait été l'influence des deux chambres tant sous l'empire que sous la restauration, l'orateur s'écriait : « La division du pouvoir législatif, dans le pays, a été jugée indispensable. L'expérience est donc en faveur de la division. »

Quoique ce fût de singuliers essais que ceux faits sous des gouvernements monarchiques, le citoyen Duvergier de Hauranne n'en continua pas moins à vouloir démontrer que la logique était, sur ce point, entièrement d'accord avec l'expérience. « Et d'abord, soutenait-il, une seule chambre, c'est le despotisme, quoique émanant du peuple. Bien que l'assemblée nationale soit une, vous nommez un président qui peut bien n'être pas toujours d'accord avec elle. On dit : — Il y aura un pouvoir législatif, un pouvoir exécutif, et cela suffira. — Je suis confondu de voir renaître ces puérilités qui ont égaré nos pères des premières assemblées; cela est une source éternelle de conflits; c'est pour cela que la fameuse maxime : le roi règne et ne gouverne pas, avait été inventée. Dans le système des deux chambres, ces chances d'anarchie disparaissent presque entièrement. »

Répétant encore l'argument favori des partisans des deux assemblées, consistant à démontrer qu'un frein était nécessaire pour empêcher l'assemblée unique à céder aux entraînements de la passion, et citant le propre exemple de la constituante de 1848, l'orateur examinait les divers systèmes suivant lesquels ceux qui pensaient comme lui se proposaient d'arriver à l'établissement des deux chambres, et quelles devaient être leurs attributions respectives. Il faisait ainsi, en pleine démocratie, un cours de politique pratique à l'usage des monarchies, et le terminait par ces mots : « Si vous préférez à la liberté l'unité et la simplicité, vous vous bornerez à une seule assemblée; mais si vous voulez la liberté, vous aurez deux chambres. » Et il ajoutait : « Si vous voulez ramener la confiance, ne faut-il pas montrer au pays que vous cherchez à entrer dans les voies des gouvernements réguliers; or la division du pouvoir législatif est nécessaire, car sans cela vous aurez compromis la république. »

Le citoyen Antony Thouret s'appliqua à combattre les raisons présentées en faveur des deux chambres par le préopinant. Il prouva que ses comparaisons, à l'égard de l'empire et de la restauration, de même que celles puisées dans les constitutions d'Angleterre et des États-Unis d'Amérique, manquaient évidemment de justesse.

« De quoi s'agit-il? s'écriait ce représentant républicain; de savoir quelle sera la forme de la représentation du peuple, qui est le véritable souverain. Ici la forme l'emporte sur le fond. Si le peuple français était réuni sur le même point, dans la même salle, on aurait alors l'expression vraie du pays. Mais les obstacles matériels à cette immense réunion ont fait rechercher le moyen d'y remédier, nous sommes ici une diminution du volume; et pourtant cette diminution est toujours un tout indivisible représentant la même chose; tandis que deux assemblées ne pourraient représenter une seule chose. Deux assemblées pourraient tout au plus représenter, d'un côté, le principe démocratique, de l'autre, le principe aristocratique. Or, la république et sa constitution ne peuvent être que le symbole d'un seul et même principe, et ne doivent avoir pour objet que de rappeler sans cesse le peuple à l'égalité; tandis que les deux chambres, quelle que soit leur origine, ne représenteraient que l'inégalité..... »

Le citoyen Lherbette convint d'abord que la question de l'unité ou de la dualité du corps législatif lui paraissait résolue par l'opinion publique. Mais, selon lui, cette opinion publique, toute souveraine qu'elle fût, n'était pas moins sujette à faillir; et, dans ce cas, au lieu de la suivre aveuglément, il fallait en appeler à elle-même.

« Est-ce que par hasard, s'opposer à cet entraînement, en

appeler de ces arrêts précipités que l'on voudrait nous présenter comme des arrêts souverains, ce serait manquer de respect envers la nation, envers soi-même (¹)? »

Le citoyen Lherbette se croyait donc en droit de résister à ces entraînements. Aussi émit-il longuement ses idées sur la nécessité des deux chambres.

Dans son opinion, la dualité des chambres parlementaires n'était point une conséquence naturelle des institutions aristocratiques.

« L'expérience de la France peut-elle être opposée à celle des peuples étrangers pour combattre le système des deux chambres? s'écriait-il. Nullement. On vous dit que le sénat, que la chambre des pairs, n'ont sauvé ni l'empire, ni la restauration, ni la monarchie de juillet. Cela est vrai; mais est-ce qu'une assemblée unique les aurait sauvés? Le sénat, la chambre des pairs, qu'ils aient été héréditaires ou nommés par le pouvoir, n'ont jamais eu de base solide, des racines dans la nation. »

Examinant ensuite les attributs donnés au conseil d'État en vue de corriger une partie des inconvénients du système de l'assemblée unique, l'orateur ne pensait pas qu'un corps tout à la fois politique, législatif et judiciaire, pût suppléer une seconde chambre dans ses attributions pondératrices et modératrices. Le citoyen Lherbette terminait son discours, auquel l'assemblée avait prêté peu d'attention, en déclarant qu'il vote-

---

(¹) Il est nécessaire de faire remarquer que les hommes qui demandaient les deux chambres, afin de s'opposer à l'entraînement des passions, et qui auraient voulu en appeler des arrêts précipités d'une seule assemblée à une assemblée plus réfléchie, furent les mêmes qui, par la suite, firent voter, avec une précipitation systématique, l'urgence de tant de lois portant des atteintes graves à la constitution, et qui étouffèrent tant de débats pour arriver plus vite à leurs coupables fins. Ces gens-là trouvaient alors qu'une chambre unique ne fonctionnait pas assez vite pour frapper les libertés publiques.

rait pour tous les amendements ayant pour objet de diviser le pouvoir législatif en deux assemblées.

Le représentant Marcel Barthe, qui répondit à la fois à M. Duvergier et au dernier orateur, commença par soutenir qu'une constitution devait être faite pour le pays auquel elle était destinée, et qu'elle devait être un reflet des mœurs, des habitudes mêmes du peuple qu'elle devait régir et dont elle devait faire revivre l'esprit.

« Or, ajoutait-il, le caractère essentiel de la France, c'est l'unité. Consultez son histoire, et vous verrez que depuis plusieurs siècles elle tend et travaille à constituer son unité. Vous mettrez-vous en lutte contre cette tendance, avec ce travail séculaire?..... N'oubliez pas, à propos de principes, n'oubliez pas que, pour le peuple français, le plus cher intérêt de tous, c'est l'égalité. N'oubliez pas qu'à une époque qui a été rappelée ici, le peuple français n'a reculé ni devant les violences, ni devant les flots de sang, pour faire disparaître toutes les inégalités. »

Et après être arrivé à démontrer que le sénat fut loin d'avoir été utile à l'empire, et que les chambres des pairs de 1814 et de 1830 n'étaient rien dans le pays : « La représentation, concluait-il, doit être l'image du pays ; le pays est un, la représentation doit être une. »

Tel ne fut pas l'avis du citoyen Charles Dupin, qui, jaloux, dit-il, de doter la France d'institutions durables, soutint, contre l'opinion du chef de sa famille, que l'équilibre entre les deux assemblées était nécessaire à la stabilité de l'État.

Ainsi les partisans du fractionnement de l'assemblée nationale en étaient encore aux vieilles maximes de la pondération, de la balance, de la division des pouvoirs, lesquelles n'avaient jamais garanti la France ni de l'anarchie parmi ces pouvoirs, ni de secousses politiques ; témoin les deux révolutions de 1830 et de 1848.

Comme l'assemblée ne croyait avoir plus rien à apprendre sur cette question agitée successivement en 1789, en 1793, en l'an IV, en l'an VIII et sous tous les gouvernements monarchiques qui s'étaient succédés depuis 1804, elle ferma la discussion générale, et la délibération s'ouvrit alors sur la rédaction de l'article lui-même, ou plutôt sur les divers amendements proposés.

On commença par celui que M. Duvergier avait développé et auquel s'étaient réunis MM. Créton et Rouher, deux des membres du côté droit. Or, cet amendement était tout un système, puisqu'il avait pour objet de remplacer l'article de la commission par une disposition absolument contraire : la délégation du pouvoir faite par le peuple français à deux assemblées nationales, dont l'une prendrait le nom de chambre des représentants et l'autre celui de conseil des anciens.

Ce n'était autre chose que la reproduction exacte des dispositions consacrées par la constitution bâtarde des thermidoriens, dispositions qui, soit dit en passant, avaient créé l'anarchie la plus complète dans le gouvernement de la république, sans pouvoir empêcher que les deux conseils se laissassent convoquer à l'Orangerie de Versailles, pour y sauter par les fenêtres.

Certes, une pareille proposition eût dû être repoussée par la question préalable ; mais comme elle émanait d'un homme considérable sous la royauté, d'un représentant autour duquel se groupaient encore bien des membres de l'assemblée nationale, on lui fit l'honneur de la discuter sérieusement, et les grands athlètes de la tribune, Lamartine, Odilon Barrot et Dupin aîné, le firent *respectueusement*, pour les intentions qui l'avaient dictée.

Il fut facile au citoyen Lamartine de démontrer tout ce que renfermait d'inexact les exemples qu'on avait tirés de la constitution républicaine des États-Unis en faveur des deux chambres.

« Il n'y a aucune analogie entre la pensée qui a produit le

sénat américain, et la pensée qui voudrait introduire deux chambres dans notre unité nationale et démocratique, dit-il. Vous savez, comme moi, que le sénat, en Amérique, ne représente que quelque chose de réel, de préexistant dans l'esprit américain ; il représente le principe fédératif : ce n'est pas la démocratie qu'il représente, mais bien l'imperfection, le défaut d'unité, d'ensemble, qui caractérise les nations américaines.

« Si, reportant maintenant vos esprits d'une nation qui a si peu d'analogie avec la nation française à votre propre nature, à votre propre origine ; si vous vous demandez si la constitution doit contenir quelque chose de semblable à ce qui se passe en Amérique, vous répondrez négativement ; car c'est la logique qui vous l'indique... »

« Il est évident pour quiconque a lu l'histoire et reconnu les progrès que la démocratie a faits en France, que c'est un rêve que de vouloir ressusciter les formes aristocratiques. Ce serait plus qu'un rêve, ce serait une réalité des plus dangereuses, car vous fonderiez cette seconde chambre en présence de cette démocratie qui, selon l'expression de M. Falloux, s'est produite, a grandi, s'est étendue sous tous les régimes, sous la république, l'empire, la monarchie, sous cette démocratie qui déborde l'Europe...

« Deux chambres, s'écriait l'orateur ! Il faut bâtir sur la réalité ; il faut savoir échapper à ces fictions du gouvernement représentatif d'autrefois, qui avait trois pouvoirs et qui en avait réellement besoin ; car le pouvoir, d'origine divine, avait besoin d'être balancé. Aujourd'hui la souveraineté tout entière est en vous seuls. La souveraineté a-t-elle besoin d'être active, permanente ? Personne n'ose me dire le contraire. Et alors, pourquoi diviser cette souveraineté ? »

M. de Lamartine avait commencé son improvisation en déclarant que dans les temps calmes, alors que l'agitation serait passée, peut-être hésiterait-il à se prononcer pour une chambre unique. Ce fut là l'objet d'un reproche que lui adressèrent les feuilles démocratiques.

Après avoir fait l'éloge de cette belle improvisation dans la grande langue des poëtes philosophes, la *Réforme* se plaignait de ce qu'un orateur aussi logique eût fait cette réserve pour les temps calmes. « La logique, disait le rédacteur de cette feuille, est une loi de l'esprit et ne relève pas seulement des nécessités accidentelles. Puisqu'il n'y a qu'un peuple, puisqu'il n'y a qu'un principe dans le pays, pourquoi y aurait-il deux chambres? La preuve historique établit que l'unité de pouvoir fut toujours la grande aspiration et la force principale de la vie française; la tradition révolutionnaire prouve qu'on n'a jamais sauvé le pays que par une puissance souveraine. Le bon sens dit enfin que les divisions de pouvoirs engendrent les rivalités et constituent l'anarchie (1). La science, l'histoire et le temps, sont donc contraires à la dualité constitutionnelle, et nous ne comprenons pas que M. Lamartine put hésiter à l'avouer, à moins qu'il ne veuille sacrifier les conditions organiques du droit à quelques fantaisies d'académicien ou de tribun conservateur. »

A M. de Lamartine succéda le grand prêtre des formes de la monarchie, M. Odilon Barrot. Conséquent avec lui-même, ce publiciste dont un écrivain disait qu'il avait ruiné deux gouvernements par le mélange des opinions et par l'impuissance des

---

(1) En gouvernement, comme en mécanique, disait l'un des hommes les plus remarquables que notre révolution-mère ait produits, Billaud-Varenne, tout ce qui n'est point combiné avec précision, tant pour le nombre que pour l'étendue, n'obtient qu'un jeu embarrassé, et occasionne des brisements à l'infini. Les résistances entravantes et les frottements destructifs diminuent à mesure que l'on simplifie le rouage. C'est une vieille erreur propagée par l'impéritie et combattue par l'expérience que de croire qu'il devient nécessaire, dans un État, de doubler les forces par la multiplicité des leviers. Il est, au contraire, démontré à tout observateur politique que chaque graduation devenant un repos arrestateur, l'impulsion première décroît à proportion des stations qu'elle rencontre.

idées, comme d'autres les perdent par les violences; ce publiciste, disons-nous, prétendit qu'en repoussant les deux chambres, l'assemblée allait organiser, sans s'en douter, la dictature sans contrepoids.

« Lorsque nos pères dont on cite toujours les exemples, et qu'on imite à faux presque toujours, ajouta le citoyen Barrot ; lorsque nos pères faisaient un gouvernement révolutionnaire, ils avaient la franchise de le dire ; ils le décrétaient sous la nécessité du moment; mais ils ne décrétaient point une convention permanente ; ils ne voulaient pas perpétuer les pouvoirs révolutionnaires. Et vous, après cinquante ans de liberté, et au moment où vous allez donner une organisation à la démocratie moderne, vous allez méconnaître les leçons du passé, vous allez constituer un gouvernement révolutionnaire? Si c'est cela que vous voulez, il faut le dire; mais alors ajournez votre constitution ; car la constitution est inutile avec une assemblée constituante permanente et unique.

« Lorsque la convention, rencontrant partout des obstacles, concentrait tous les pouvoirs pour les franchir, elle ne commettait pas l'inconséquence de déléguer le pouvoir exécutif à qui que ce soit ; elle exerçait par elle-même ce pouvoir, et envoyait à l'échafaud ceux qui n'exécutaient pas ponctuellement ses ordres. Si c'est cela que vous voulez, reconnaissez donc que ce pouvoir exécutif, qui est un pouvoir souverain, doit émaner de vous ; car avec un pouvoir unique, le pouvoir exécutif est nécessairement subordonné. »

— « Oui ! oui, cria alors le côté gauche ; c'est ainsi que nous l'entendons. »

— « Ce n'est pas un pouvoir pour démolir et détruire qu'il faut élever, mais un pouvoir pour protéger et défendre ; car l'expérience actuelle ne rassure pas complétement sur cette vérité : « La démocratie ne peut se modérer et s'organiser. » Elle ne peut se régulariser et se modérer qu'en empruntant les garanties d'un gouvernement solide et régulier. Tout pouvoir qui n'est point contrôlé se meut à travers des convulsions intestines, à travers des guerres civiles sanglantes, et bientôt le fait, reprenant son empire, force la nation d'en revenir au pouvoir législatif dédoublé, divisé, contrôlé par lui-même. Croyez-vous que les gouvernements démocratiques n'aient pas aussi leurs dangers, qu'ils n'aient pas à se défendre de leurs entraînements? La démocratie, en France, n'a qu'à se défendre d'elle-même. Les dictatures ne finissent pas ; elles sont très-disposées à se perpétuer ; les dictatures collectives surtout ne disparaissent pas ainsi... Faites donc une constitution selon les besoins de la France, et ne vous préparez pas d'éternels regrets. »

Il était évident que le citoyen Barrot voulait, pour la France de février, une forme de gouvernement comme celui que le peuple avait renversé tant de fois. En effet, combien d'hommes de loisir, comme disait M. Guizot, avaient encore besoin de siéger dans ce qu'ils appelaient une *chambre haute*, et combien d'hommes politiques, se croyant le droit de régenter les peuples, pensaient encore sérieusement à entourer la république nouvelle d'institutions monarchiques, au delà desquelles ils ne voyaient que désordre et anarchie ! Ajoutons l'horreur que tant de gens avaient pour tout ce qui aurait pu rappeler cette convention nationale si méconnue, si calomniée, et dont on recueillait les bienfaits sans cesser d'en faire un épouvantail pour les esprits timorés ! « Choisissez, semblaient dire à la France les partisans des institutions monarchiques; choisissez entre le règne sanglant et désordonné de la convention et celui des deux chambres, entre les excès de tous genres et la sagesse de nos combinaisons. »

Le citoyen Dupin aîné examina la question sous une autre forme. Cet ex-président incarné de la chambre des députés du privilége tint un langage en apparence plus révolutionnaire que l'ancien président des banquets radicaux ; mais ses intentions n'en étaient pas moins anti-démocratiques.

« Au point de vue de la science politique, dit-il, personne ne nie l'avantage de ce que j'appellerai l'esprit sénatorial dont la maturité tempère, la vivacité d'un autre esprit plus agité, plus ardent; mais il faut examiner la question au point de vue pratique.

« Le changement dans la forme du gouvernement a été radical. A la place d'une monarchie, vous avez une république et, qui plus est, une république démocratique. Il est impossible d'aller au delà, et s'il y a des retours à prévoir, ce sera peut-être en deçà. Mais à côté de cette forme qui vous est acquise, il y a l'état actuel de la société; il y a une révolution profonde qui va au cœur même du pays. Cette révolution a laissé des factions puissantes et nombreuses qui ont appris depuis longtemps le secret de vouloir des choses qui conviennent à leurs passions et de se lier pour les obtenir. Il faut pouvoir résister à l'explosion de ces passions.

« Eh bien! je vous demande si, avec un patriotisme égal, on avait mis six cents représentants d'un côté et trois cents de l'autre, et si on leur avait demandé, au moment d'une crise violente, de signaler les expédients, de prendre des mesures immédiates; je vous demande si vous croyez que ces représentants, ainsi divisés, auraient eu plus de force que nous n'en avons eue, réunis que nous étions en un seul faisceau à l'heure du danger?...

« On parle d'un pouvoir modérateur, poursuivait le citoyen Dupin; mais ce serait la modération d'une moitié par l'autre; et il vaut mieux une modération collective. Dans la situation des choses, je ne vois plus la possibilité de séparer utilement le pouvoir législatif. Je comprends bien qu'une chambre des pairs puisse modérer une chambre des députés; mais je ne le comprends que dans un pays où la chambre haute s'appuie sur une aristocratie forte et puissante; mais dans un pays tout démocratique, une seconde chambre ne peut être qu'un danger ; car deux chambres ne seront pas également populaires. La chambre la plus populaire sera toujours en rivalité et en antagonisme avec l'autre. De là des frottements dangereux, de là une force d'excitation irritante. Ces inconvénients n'existeront pas avec une seule chambre. Ayez affaire à des hommes honnêtes et fermes, concluait M. Dupin, et vous marcherez, sinon sans obstacles, du moins sans convulsions terribles. »

Or, les hommes honnêtes et modérés à qui le citoyen Dupin entendait confier les rênes du gouvernement, étaient ceux qui avaient déjà donné tant et de si tristes exemples de ce qu'ils entendaient par ces mots, destinés à couvrir les actes les moins honnêtes et les passions les moins modérées.

« Quant à la question elle-même, c'est-à-dire à l'amendement du citoyen Duvergier de Hauranne, on pouvait le regarder comme une tentative désespérée et comme une partie perdue, disait un journal qui connaissait son monde, puisqu'il a contre lui l'opinion de M. Dupin aîné. »

En effet, et malgré les efforts que fit le citoyen Barthélemy Saint-Hilaire, l'un des secrétaires du gouvernement provisoire, pour faire inscrire tout au moins dans la constitution le mot *provisoire* à côté de l'assemblée unique, les deux chambres furent définitivement repoussées par une majorité de cinq cent trente voix. Mais il se trouva encore dans une assemblée se disant démocratique, deux cent quatre-vingt-neuf partisans avoués des deux chambres.

Après le vote de l'article 20, quelques autres dispositions furent adoptées rapidement et sans incident remarquable, jusqu'au moment où l'on arriva à statuer sur les incompatibilités résultant des fonctions publiques.

La commission de constitution, n'ayant point voulu déterminer ces incompatibilités et ces incapacités, avait proposé d'en laisser le soin à la prochaine loi électorale. Mais, sur la proposition du citoyen Servières, appuyée par plusieurs représentants des différentes parties de la salle, il fut décidé que les incompatibilités seraient établies par l'article fondamental.

En conséquence, une foule d'articles additionnels furent présentés à ce sujet. On les renvoya tous à la commission, afin de se livrer à une rédaction conforme à l'esprit de quelques-uns de ces articles additionnels les mieux appropriés aux principes.

« La commission, dit quelques jours après le rapporteur, a puisé dans tous les amendements qui lui ont paru répondre aux besoins du pays. »

Elle proposait donc de faire déterminer par la loi électorale les causes qui pouvaient priver un citoyen français de la capacité d'élire et d'être élu. La loi devait désigner encore les fonctionnaires qui ne pouvaient être élus dans le département et le ressort territorial où ils exerçaient leurs fonctions.

Quant aux incompatibilités, la commission reconnaissait qu'elles existaient entre la qualité de représentant du peuple et celle de fonctionnaire public, salarié par l'État et révocable à volonté. Elle déclarait, en outre, qu'aucun membre de l'assemblée nationale ne pouvait, pendant la durée de la législature, être promu à des fonctions publiques salariées, dont les titulaires étaient choisis à volonté par le pouvoir exécutif; mais elle admettait quelques exceptions qui s'étendirent encore pendant les débats.

La discussion s'étant ouverte, et plusieurs membres ayant représenté leurs amendements, l'assemblée commença par examiner celui qu'avait rédigé le citoyen Boussi; ce représentant aurait voulu que l'incompatibilité s'étendît absolument à toutes les fonctions publiques sans exception, salariées ou non.

C'était fixer le principe tel que l'avait reconnu la convention nationale; car le bon sens ne pouvait admettre qu'aucun citoyen pût se dédoubler pour remplir en même temps deux fonctions diverses; c'était, en outre, mettre un terme au scandale souffert et même autorisé par la royauté d'une assemblée remplie de fonctionnaires ; ce qui empêchait tout contrôle de la part des députés sur les fonctionnaires. Les vrais démocrates ne concevaient pas comment une assemblée nationale républicaine pourrait balancer à admettre ce principe. « Si l'assemblée n'adoptait pas les incompatibilités que je propose, s'était écrié le citoyen Boussi, j'en serais à me demander dans quel pays j'existe. »

Mais cet amendement, considéré comme le plus large, fut rejeté par les trois quarts de l'assemblée. Plusieurs autres amendements furent encore repoussés par la même majorité, qui voulut bien reconnaître le principe des incompatibilités, mais qui remettait à la loi électorale organique le soin de déterminer les exceptions.

« La question des incompatibilités, s'écriait un journal en présence de ce résultat prévu, est revenue, et l'assemblée l'a discutée avec un embarras visible. Évidemment l'incompatibilité absolue des fonctions de représentant et des autres fonctions publiques doit être de principe ; on n'ose le nier, et cependant nos représentants hésitent à le proclamer. Est-ce préoccupation personnelle ? est-ce préoccupation politique ? Nous n'admettons pas que les fonctions publiques soient des sinécures que le fonctionnaire puisse abandonner sans inconvénient. Un juge est élu ; qui le remplacera à son tribunal ?..... Si l'absence du fonctionnaire ne présentait aucun inconvénient, il faudrait supprimer sa place, parce que ce seul fait établirait son inutilité. »

L'assemblée arriva ainsi au chapitre V de la constitution, traitant du pouvoir exécutif. L'article 41, qui établissait la délégation faite par le peuple français du pouvoir exécutif à un citoyen recevant le titre de président, et les articles suivants relatifs à l'élection de ce président, furent lus tous ensemble, afin que l'on comprît la portée de ce chapitre tout entier.

On a déjà vu, par le discours du citoyen Audry de Puyraveau, que les républicains repoussaient de toutes leurs forces l'institution monarchique d'un président, et principalement d'un président élu par le suffrage universel ; les motifs de cette répugnance avaient été déduits par toutes les feuilles franchement républicaines. Le *Journal des Débats*, organe des restaurateurs de la monarchie, eut la franchise de dire pourquoi le parti réactionnaire voulait un président.

« Il ne faut pas se faire illusion, lisait-on dans le numéro de cette feuille du 6 octobre, à propos de la constitution du pouvoir exécutif, l'abolition de la royauté *a laissé un vide immense* dans le royaume de saint Louis et de Louis XIV, dans l'empire de Charlemagne et de Napoléon. Ce vide, une royauté plus modeste, la royauté constitutionnelle, le comblait... cette royauté a disparu ; mais la place qu'elle tenait, *il faut la remplir*. On a aboli la royauté, *on n'a pas aboli, on n'abolira pas la nature des choses*, qui veut un pouvoir exécutif, et qui le veut fort et indépendant à la tête d'une grande nation comme la France. »

Certes, on ne pouvait être plus explicite que le journal, organe du parti des regrets : ce qu'il voulait, c'était, faute de mieux, un fauteuil présidentiel assez large pour occuper la place du trône, afin qu'il n'y eût rien de changé dans la nature des choses. Pour atteindre ce but, ce parti de *républicains dynastiques*, c'est-à-dire de traîtres à la république, se mit à l'œuvre pour donner à la France un pouvoir fortement constitué, représentant l'ancien ordre de choses.

Mais, entre les vrais démocrates qui repoussaient le président, et les royalistes, qui voulaient remplir provisoirement la place qu'occupait le trône de saint Louis ou de Louis-Philippe, il existait un tiers-parti, malheureusement nombreux, représenté à l'assemblée nationale par des hommes sans principes arrêtés, qui voulaient, eux aussi, constituer la république modérée d'une manière durable, et qui croyaient niaisement y arriver en dotant cette république d'un président, exerçant le pouvoir exécutif d'autant plus fortement, à leurs yeux, qu'il tirerait sa puissance du peuple lui-même. Ces gens-là croyaient de bonne foi, sans doute, que la constitution votée telle quelle, et le président élu, c'était tout ce qu'il fallait pour réasseoir la société sur les bases les plus solides possibles; ils ne se doutaient pas que, dès le lendemain, les transactions commerciales et autres ne reprissent leur cours, que l'argent ne circulât, que les partis ne se raccommodassent, et que l'on n'imposât silence aux factions. Pauvres gens! Ils étaient loin de se douter qu'ils léguaient ainsi à la France dix années de perturbations, et peut-être de guerres civiles!...

Vainement cherchait-on à leur ouvrir les yeux; vainement leur criait-on :

« Gardez-vous de créer un président, et surtout de le créer indépendant de l'assemblée! Vous avez voté pour une seule représentation nationale, n'en instituez pas deux. Élu par le suffrage universel, le président élevera, en face de l'assemblée nationale, pouvoir contre pouvoir. Au lieu d'avoir créé un gouvernement, vous aurez préparé la lutte. Elu par l'assemblée, le président pourra toujours être détruit par elle. En principe, il est dangereux de nommer un président; en fait, qui nommerez-vous? Washington est mort. Un président élu par le suffrage universel, c'est la dictature en fleur; élu par l'assemblée, c'est le roseau qui plie sous la volonté nationale. »

— « Croyez-nous, ajoutaient d'autres publicistes; l'état constitutionnel provisoire auquel les circonstances nous ont conduits est encore ce qu'il y a de moins mauvais dans l'ordre de choses possibles. Si cet état de choses ne donne pas de bons résultats, c'est uniquement la faute des hommes. Votre constitution ne changera pas ceux qui existent, et n'en créera point de nouveaux. Croyez-nous donc, restez définitivement dans le provisoire, et changez les instruments du pouvoir jusqu'à ce que vous en ayez trouvé de bons. C'est la nécessité de la situation. Il vaut mieux l'avouer franchement que de faire une constitution *qui sera fatalement vouée à des violations fréquentes, à des coups d'État périodiques.* »

C'était là prêcher dans le désert; on ne pouvait espérer de convertir personne; car ceux à qui ces bons conseils s'adressaient attribuaient tous les maux actuels, toutes les souffrances physiques et morales de la nation, au provisoire; ces hommes avaient horreur du provisoire comme la nature a, dit-on, horreur du vide; ils faisaient consister leur gloire à y mettre un terme, comptant dès lors pouvoir dormir du sommeil des bienheureux!

Nous avons constaté que les avertissements ne manquèrent pas à ceux qui agissaient de bonne foi dans la question du président; le doute ne pouvait déjà plus être possible au moment où la discussion commença.

« Si nous étions de vrais citoyens, des républicains sérieux, s'écriait en ce moment le journal la *Réforme*, des républicains connaissant le droit et jaloux de la souveraineté, nous ne perdrions pas notre temps à discuter entre nous cette hérésie politique contre-révolutionnaire : *un président de la république!* »

Mais l'assemblée constituante de 1848 était-elle républicaine?

Nous allons la voir à l'œuvre, discutant très-sérieusement la question du président, et même celle du président élu par le souverain.

Ce fut d'abord le citoyen Félix Pyat qui ouvrit la discussion, en déclarant qu'il ne voulait point de président [1]; mais

---

[1] « Le citoyen Léonard Gallois, lisait-on dans la *Réforme* du même jour, vient de faire paraître une lettre au citoyen Armand Marrast, rapporteur de la

comme il n'espérait pas convertir à ses principes ceux qui avaient des opinions arrêtées d'avance, cet orateur se borna à semer quelques vérités politiques.

Abordant d'abord le prétendu principe de la séparation des pouvoirs : « C'est une question mal posée, mal comprise, disait-il à ce sujet. Les meilleurs esprits s'y trompent, et je m'y suis trompé comme vous. La division des pouvoirs ! elle se comprend dans le passé ; car dans la monarchie, il y avait une chambre des députés élus par le peuple, et un pouvoir plus fort, le roi. Un pouvoir exécutif indépendant du pouvoir législatif, ce n'est pas une séparation, c'est une division de pouvoirs, c'est la monarchie. Alors le pouvoir exécutif pouvait être indépendant du pouvoir législatif.

« Mais dans une république, il n'y a plus qu'un droit, le droit du peuple ; il n'y a plus qu'un roi, le peuple souverain représenté par cette assemblée. Cette assemblée doit donc être souveraine comme le peuple ; elle résume tous les pouvoirs ; elle règne et gouverne par la grâce du peuple ; elle est absolue comme l'ancienne monarchie.

« En république, ajoutait l'orateur, il n'y a qu'une assemblée, vous l'avez reconnu. Le pouvoir législatif, émanant du souverain, doit donc dominer le pouvoir exécutif, qui ne doit être que le bras dirigé par la tête, par la pensée, par ce qui ordonne. Mais si vous instituez un président de la république, nommé, comme le propose le projet de constitution, par la majorité absolue des suffrages du peuple, ce président aura une force immense, irrésistible ; car, une telle élection est un sacre bien autrement divin que celui de Reims, L'homme ainsi investi de cette force pourra dire à l'assemblée : Je suis plus

constitution, ayant pour titre : *Point de président*. L'auteur y expose avec clarté, précision et énergie, les raisons qui lui paraissent militer contre une présidence quelconque ; il cite à l'appui l'opinion des conventionnels et des principaux républicains de février.»

que chacun de vous; car vous n'êtes que l'élu d'un département, et je suis l'élu du peuple entier. Je vaux à moi seul autant que l'assemblée tout entière; nous sommes deux grands pouvoirs égaux...

« Ce serait là, s'écriait Pyat, l'organisation de l'anarchie la plus redoutable! Ajoutons le mot héréditaire à la suite du titre de président, et vous aurez un roi, électif il est vrai, mais un roi plus dangereux, plus redoutable pour les libertés publiques.

« En résumé, citoyens, répétait Félix Pyat, je ne veux qu'une assemblée, qu'un simple président du conseil, qui n'ait pas ces traitements, ces états-majors, ces flatteurs qui entourent la royauté ; car je veux la république grande et majestueuse, mais simple et sévère. »

Comme tout le monde ne se rendait pas bien compte des intentions de la commission au sujet du président, et que son système, sa pensée, n'étaient pas clairement indiqués, le citoyen Tocqueville fut chargé de l'expliquer.

Il le fit très-longuement.

« Parmi les membres qui penchaient pour un pouvoir unique, dit-il, ceux qui voulaient un président nommé par l'assemblée sont conséquents; je n'ai rien à leur dire. Mais je crois que telle n'a pas été la pensée de l'assemblée; je crois qu'elle a voulu que le pouvoir exécutif fût en dehors de son sein ; car elle pense que la division du pouvoir est la meilleure garantie pour le pays.

« Le système qu'on vous propose, qu'est-ce ? C'est celui de la convention nationale. Est-ce bien là ce qu'a voulu l'assemblée ? Non elle n'a pas voulu refaire une convention. Ce n'est pas que je m'effraie de ce mot, et que je croie qu'il soit possible de nous ramener à la convention et aux scènes de la terreur; non, je ne le crois pas, parce que l'état de la civilisation et des mœurs rend ce retour impossible.... Non, Messieurs, la monarchie et la terreur sont passées.....

— « Ce sont là des épouvantails ! s'écrie une voix ; donnez-nous des raisons que nous puissions apprécier. »

L'orateur se mit alors à examiner si l'assemblée avait le droit de nommer le président. Dans son opinion, elle n'avait pas ce droit ; son mandat était borné à donner des institutions au pays, mais il ne lui donnait pas le droit de nommer le président de la république. L'orateur affirmait que cette nomination, serait-elle légale, elle ne pouvait être utile, parce que ce serait tromper l'opinion publique, qui s'attendait à nommer un président, comme le complément de la république.

Il n'y avait dans le long discours de M. Tocqueville aucun argument de valeur ; on aurait même dit qu'il s'était efforcé de ne pas entrer dans le vif de la question, qui était de savoir si un pouvoir exécutif indépendant de l'assemblée nationale ne serait pas une hérésie politique dans une constitution républicaine. La commission semblait avoir tranché le nœud gordien elle seule, et le mal était à peu près consommé lorsque la discussion de ce chapitre commença.

Répondant à l'orateur de cette commission, le citoyen Parrieu s'écriait :

« Oui l'assemblée nationale a évidemment le droit de nommer ce président, si l'assemblée entend n'en faire qu'un simple magistrat chargé d'exécuter ce qu'elle ordonnera, et rien de plus. Dans ce cas, pourquoi donner une source indépendante à un homme qui sera dépendant ? Mais si, au contraire, vous voulez lui donner des racines de chêne, si vous voulez en faire un pouvoir issu comme vous de la souveraineté du peuple, ne voyez-vous pas que vous détruisez par là cette unité que vous avez votée avec tant de raison ? Ne voyez-vous pas que vous créez deux pouvoirs qui seront constamment en conflit, et que ce conflit sera impossible à vider, en présence du mandat de tout un peuple ?

« Vous faites une convention, nous dit-on. La comparaison

n'est pas possible. Qui ne sait que la convention n'avait pas un pouvoir exécutif indépendant à côté d'elle? La convention agissait par elle, elle agissait par ses comités, elle était souveraine en un mot; elle sentait que toute sa force était là; si elle l'eût partagée avec un pouvoir exécutif issu comme elle de l'élection populaire, elle n'eût plus été une convention. Aussi se refusa-t-elle constamment à créer un pouvoir exécutif, un gouvernement.

« Citoyens, disait en terminant le représentant Parrieu, ce que la commission de constitution propose nous ferait trop présumer des forces et de l'intelligence du pays; tout ce qu'il a de forces et d'intelligence, il l'a envoyé dans cette enceinte. Vous êtes en quelque sorte le palladium du pays; à ce titre, sachez vouloir. Non, citoyens, ne donnons pas l'exemple d'une telle abnégation. Pour nous, pour les intérêts particuliers, abnégation toujours; mais pour une grande assemblée politique, abnégation de ses droits et de ses devoirs, jamais! »

Les arguments présentés par le citoyen Parrieu avaient été goûtés par l'assemblée, sans pour cela qu'ils eussent influé ni sur les opinions arrêtées à l'avance, ni sur celles des hommes timorés que l'ombre de la convention effrayait toujours. Mais la majorité ne pouvait pas s'arrêter non plus aux sophismes débités ensuite par le citoyen Fresneau. Toute l'argumentation de ce représentant réactionnaire consistait à dire que l'assemblée pouvait bien nommer le président, mais qu'elle ne pouvait jamais donner à ce président la force, la puissance et la grandeur qui lui étaient nécessaires. « Le président que vous nommerez, ajoutait le citoyen Fresneau pour prouver sa démonstration, nommera les représentants de la France à l'étranger; croyez-vous que ces représentants soient respectés comme doivent l'être les représentants de la France? Croyez-vous qu'ils le seront comme s'ils émanaient d'un président sorti de l'unanimité ou du moins de la majorité de la nation?

Pour moi, je ne le crois pas, et je crois être dans le vrai. »

— « Ceux qui prétendent que le délégué sorti d'un vote pareil aurait été sans force, sans autorité, sans liberté, sans puissance, ceux-là ne comprennent pas la loi d'honneur et les grands devoirs de la démocratie, répondit le rédacteur d'un journal démocratique. Le serviteur républicain honoré par le suffrage parlementaire, le chef du pouvoir investi par la confiance des délégués du peuple, n'a pas besoin de s'appuyer au-dehors, ni de représenter une prérogative indépendante. Les attributions souveraines, dans le système républicain, sont des hérésies. C'est l'intérêt public qui seul importe ; il doit en rendre compte à toute heure. Il n'y a que les parodistes de monarchie qui aient pu défendre le président souverain. »

Un amendement sérieux, présenté par le citoyen Grévy et appuyé par d'excellentes raisons, vint forcer l'assemblée à prendre enfin une détermination sur l'interminable question du président de la république, question dans laquelle la commission de constitution avait pesé de tout son poids.

« Le président de la république, portait cet amendement, est nommé pour un temps illimité, il est toujours révocable. »

Le citoyen Grévy fit d'abord valoir les considérations tirées des grands principes de la démocratie.

« J'ai entendu dire, ajouta-t-il, que l'assemblée nationale ne pouvait pas nommer le président de la république parce que ce droit avait été réservé au peuple ! Je demande comment il se fait qu'une assemblée qui a été chargée d'organiser la constitution du pays ; comment une assemblée qui a été chargée de refaire toutes les lois, ne pourrait pas nommer celui qui doit faire exécuter la constitution et les lois qu'elle aura données ? ».

Passant ensuite à l'élection populaire demandée par les royalistes, le citoyen Grévy soutenait encore que cette élection donnait au président un pouvoir immense.

« Et d'ailleurs, s'écriait-il, voyez ce qui peut arriver. Dans cette série de présidents qui se succéderont, êtes-vous bien sûrs qu'il ne se trouvera pas un ambitieux? Et si le président est un général porté par la victoire, si c'est le descendant d'une des familles qui ont régné sur la France, et qui n'ont pas tout à fait renoncé à ce qu'ils appellent leurs droits; croyez-vous qu'un de ces ambitieux ne pourra pas parvenir un jour à renverser la république? Je dis, moi, que le système bâtard que la commission vous propose ne peut conduire qu'à la guerre civile.

« Croyez-moi, concluait l'orateur, ce qu'il nous faut, c'est un gouvernement qui s'appuie sur l'assemblée et qui ne fasse rien sans elle. Conservez donc celui qui vous a donné la force de traverser les crises les plus grandes qui aient jamais assailli une nation, qui vous a tirés de si périlleuses circonstances. Un pouvoir exécutif appuyé sur l'assemblée est la seule forme de gouvernement qui convienne à notre pays. Vous avez eu le bonheur de la trouver, soyez assez sages pour la conserver. »

Le citoyen Jules de Lasteyrie, en repoussant l'amendement Grévy et autres semblables, prétendit que l'unité du pouvoir sous un homme ou sous l'assemblée, c'était le despotisme. « La violence, dit-il, est la loi fatale de ces gouvernements sans contrôle et sans responsabilité. » Dans son opinion, la séparation des pouvoirs, c'était le principe et l'essence de la liberté.

Et, pour échapper au danger d'une consécration faite par l'idolâtrie des masses, le citoyen Lasteyrie proposait l'élection du président suivant les formes américaines, c'est-à-dire le suffrage à deux degrés. Il voyait, dans cette expérience double, une mesure de sagesse et de pondération.

— « Nous n'y voyons, nous, répondait un journaliste démocrate, qu'un moyen d'affaiblir et d'éluder la souveraineté véritable; nous n'y voyons qu'un expédient délatoire pour échapper à la cour plénière de l'égalité. »

L'assemblée, fatiguée d'une discussion si longue et si grave qui avait absorbé toutes ses facultés, d'une discussion qui s'était élevée, parfois, jusqu'à la grande controverse, attendait pour clore les débats qu'un orateur, considéré comme personnellement intéressé à l'élection du président, eût apporté dans la balance le poids de son opinion. Le citoyen Lamartine parut enfin à la tribune, aussitôt après un excellent discours prononcé par le citoyen Leblond. Il y prononça une de ces harangues qui émeuvent, séduisent, parce qu'elles sont toujours animées, toujours éloquentes, même dans les écarts de l'orateur ; car on put considérer comme un écart de la ligne que M. de Lamartine semblait s'être tracée en soutenant avec tant de force l'unité du pouvoir législatif, l'opinion qu'il émit, quelques jours après, sur l'élection du président de la république.

« La France est républicaine, dit l'orateur de prédilection dans un discours dont l'analyse est impossible ; la France est profondément républicaine d'idées et de sentiments. Ah ! sans doute, les périls qu'elle a traversés ont un moment glacé le cœur de quelques-uns.

« D'autres, au contraire, ont conservé leur foi dans la république, et ceux-là sont les forts.

« D'autres aussi, par excès de patriotisme, peut-être, sont allés de département en département, et là ils ont dit : La république, c'est la subversion de tout, c'est la spoliation de la propriété, de la propriété la plus sacrée, c'est la violence faite à la famille. Ce sont des clameurs, ce sont des attroupements au coin des carrefours, dans lesquels on entend des délations contre des noms voués à la haine, à l'exécration publique. C'est ainsi que l'on fait connaître la république ! C'est ainsi que l'on veut ranimer, réchauffer dans le pays le feu du sentiment républicain ! »

Entrant ensuite en matière, le citoyen Lamartine examinait les deux seuls systèmes en présence. Dans son opinion, un président était une chose indispensable; et il se rangeait à l'élection de ce chef du pouvoir exécutif par le peuple lui-même.

« On craint la puissance du pouvoir exécutif élu par la nation tout entière, poursuivait l'orateur. Je l'ai dit tout à l'heure et je le répète, la présidence de la république, ce sera une fonction distincte et non pas une division de pouvoirs..... Qu'est-ce que l'élection du président de la république? Est-ce la délégation à un homme de la souveraineté du peuple? Non. C'est, permettez-moi de le dire, le sacre d'une constitution, c'est la consécration d'un gouvernement plus collectif, plus universel, plus populaire, s'il se peut, que le peuple lui-même.

« Mais n'êtes-vous pas effrayés du résultat de l'amendement du citoyen Flocon (¹)? Voyez le prestige, la grandeur, la force de cet homme élu par tant de millions d'hommes; voyez, au contraire, la faiblesse de cet homme élu par cent, cinquante, quarante, dix, trois ou quatre voix, peut-être, de majorité? Savez-vous ce qu'on dira à chacun des membres de l'assemblée qui aura élu le président? On leur dira : toi, tu l'as élu pour l'enrichir et t'enrichir par lui; toi, tu l'as élu parce qu'il t'a promis une ambassade (²)!

« Je ne me dissimule pas qu'il y a des dangers dans les deux systèmes, concluait le citoyen Lamartine; je ne me dissimule pas qu'il y en a dans celui que je soutiens; mais je crois que le véritable danger de la révolution de février est dans une

---

(¹) L'amendement du citoyen Flocon, que ce représentant appuya si fortement dans la séance suivante, portait : « L'assemblée nationale délègue le pouvoir exécutif à un citoyen qui prend le titre de président de la république. » C'était, aux termes de la rédaction près, la même pensée contenue dans les amendements des citoyens Leblond, Girard et autres.

(²) L'objection que M. de Lamartine tirait du petit nombre de voix qui pouvaient, en définitive, élire le président, tombait devant les amendements qui exigeaient les trois quarts ou les deux tiers des voix.

sorte d'incrédulité, dans un manque de foi, une défiance à défaut de foi, une espèce de défaillance dans le pouvoir. Il faut donc le rendre fort. Messieurs, notre rôle est tracé, et si le peuple veut qu'on le reconduise aux carrières de la royauté, il en sera seul responsable, et ce sera là notre absolution devant la postérité. »

La discussion semblait terminée avec cette séance; mais elle se raviva le lendemain lorsqu'on examina les divers amendements.

Celui du citoyen Grévy, par lequel ce représentant proposait un président du conseil des ministres au lieu d'un président de la république, et qui exigeait que ce président du conseil ne fût élu que pour un temps limité et toujours révocable, fut mis aux voix le premier comme s'éloignant le plus du projet de la commission. Le citoyen Lasteyrie le combattit, par le motif qu'une délégation indirecte n'était pas ce que l'assemblée lui paraissait vouloir, et parce qu'il ne voulait pas que la représentation nationale se fît usurpatrice par peur de l'usurpation.

Le citoyen Bac appuya l'amendement, en rentrant dans la question, écartée jusqu'alors, de savoir s'il y aurait un président.

« Il me suffira d'une seule observation, dit-il, pour démontrer que la prétention qu'aurait l'assemblée de faire un président est puérile et ne pourra jamais se réaliser. Pourquoi le suffrage universel a-t-il la puissance d'imprimer à ses résultats le sceau de la durée et de l'irrévocabilité? C'est que, lorsqu'il a parlé, le suffrage se tait; son œuvre est accomplie et ne recommence que dans un temps déterminé; mais la pensée de l'assemblée est toujours vivante et s'exprime à chaque instant. Cette pensée s'exprime comme le vœu même qui l'aura faite. Et je vous demande alors si, lorsqu'un président, nommé même par l'acclamation de l'assemblée, si ce président se trouve, à un jour donné, en contradiction avec l'assemblée, si la lutte s'engage entre elle et lui, que deviendra sa puissance? Ruinée dans son frein, déconsidérée dans son origine, elle s'anéantira. Le jour où la France saura que le mandat est brisé, le président ne pourra plus se soutenir que par l'oppression de l'assemblée...

« Ceux qui avaient rêvé cette forme de gouvernement croyaient qu'aux deux côtés du président seraient deux assemblées. Cette forme a été brisée ; nous avons décidé qu'il n'y aurait qu'une chambre. Une chambre et un président, tous deux sortant de la même origine, tous deux ayant des devoirs divers, mais égaux en puissance, ces deux pouvoirs se feront l'un à l'autre un certain équilibre. Mais où sera la force? Une lutte s'engagera, et dans la lutte, il faut que l'un périsse, non sans entraîner la nation elle-même dans les plus graves perturbations.

« Croyez-moi, citoyens, concluait l'orateur; ce gouvernement que nous cherchons est-il autre que celui qui vous est proposé par notre ami Grévy? Ce gouvernement si complet, si attentif, si occupé des besoins du pays, cette assemblée qui veillera sans cesse et qui ne sera jamais tentée d'usurper, car l'usurpation ne peut servir à aucun de ses membres; ce président, nommé par elle et toujours révocable, toujours nanti de la confiance de l'assemblée, ne présente-t-il pas un pouvoir qui mérite toute la confiance du pays? La révocation ne donne-t-elle pas toutes les garanties au pays. Ce pouvoir sera tout-puissant pour faire le bien, impuissant pour faire le mal. Ainsi tout est réuni dans ce pouvoir, la force et la garantie. Tel est, citoyens, le gouvernement que nous avons préféré, et si vous ne l'adoptez pas, nous ne pousserons pas des cris de désespoir, nous conserverons l'espérance, parce que nous croyons que notre cause est celle du peuple, et que Dieu est avec nous. »

Après un discours du citoyen Saint-Gaudens, qui repoussait l'amendement Grévy, par cela seul qu'il ne voulait qu'un pouvoir unique, placé dans le peuple, et non dans l'assemblée nationale, le premier amendement fut rejeté à une majorité considérable.

Tout en déclarant qu'il réunissait sa proposition à celle du citoyen Leblond, le représentant Flocon s'attacha d'abord à répondre à ceux qui contestaient à l'assemblée le droit de nommer le président. Puis il posa la question conformément à sa manière de voir.

« Je crois que si elle eût été posée autrement qu'on ne l'a fait, que si, au lieu d'avoir à décider comment serait nommé le président, la commission avait commencé par définir ce que c'était que le pouvoir exécutif, si l'assemblée, par son vote, avait été appelée à dire : le pouvoir exécutif aura tels et tels pouvoirs; l'assemblée eût su ce qu'elle faisait. »

Le citoyen Flocon raisonnait juste, car la commission elle-même avait, par la seule rédaction du chapitre V, tranché la principale, la seule question sérieuse. L'orateur était donc en droit de lui adresser le reproche d'avoir mis l'assemblée dans la nécessité de s'occuper de la nomination d'un président, qui pouvait, à son tour, lui créer les plus grands embarras.

Aussi le citoyen Flocon s'écriait-il : « Le principal devoir en république c'est de se prémunir contre l'usurpation. L'usurpation ne peut venir d'une assemblée unique; mais elle peut être à craindre lorsqu'il y a en présence une assemblée et un président; je voudrais qu'on me dise comment et par qui seront vidés les conflits inévitables. »

Jusqu'alors, on avait souvent entendu le citoyen Martin (de Strasbourg) parler au nom de la commission de constitution, et ses anciens amis, les républicains de la veille, avaient eu plus d'une fois le chagrin de le trouver en désaccord avec les principes démocratiques.

Tout à coup on le vit monter à la tribune pour expliquer, dit-il d'abord, ce qui avait empêché la commission d'adopter la nomination du président par l'assemblée ; il se fit un grand silence.

« Nous avons été profondément divisés dans la commission, dit ce représentant ; la majorité a penché pour la nomination par le peuple ; la minorité, dont je fais partie, a pensé qu'il était essentiel, logique, conforme à la raison et aux principes, que le président soit nommé par l'assemblée.

« Ma conviction n'a pas changé ; elle s'est plutôt augmentée ; les magnifiques paroles de M. de Lamartine ne l'ont point ébranlée. Pour moi, il ne s'agit plus d'une question de principes ; je regarde maintenant cette question comme une question de vie ou de mort.....

« J'ai examiné avec soin ce système de la pondération des pouvoirs, ajoutait le citoyen Martin, et j'ai été de plus en plus persuadé qu'il ne menait qu'à une impasse au bout de laquelle il n'y avait que tyrannie ou révolutions. Pourquoi ne puis-je pas consentir à la nomination du président par le pays ? Parce que nous n'aurons pas un président comme nous le voulons, mais un roi électif, plus qu'un roi ordinaire...

« Qu'arrivera-t-il si vous avez deux pouvoirs sortant de la même source, égaux en force ? s'écriait l'orateur ; croyez-vous qu'il n'y aura pas un conflit, et au bout de ce conflit, la révolution et l'usurpation ? Eh bien ! pour moi, je crois la chose dangereuse et je la repousse de toutes mes forces.

« Citoyens, concluait ce membre de la minorité de la commission, le pays veut sortir du provisoire ; il a soif d'un gouvernement définitif, et il l'attend avec impatience. Renvoyer la nomination au suffrage universel, c'est exposer la république elle-même. C'est pour cela que je vote pour la nomination par l'assemblée. »

Les paroles si graves du citoyen Martin forcèrent encore le citoyen Dufaure à expliquer les motifs de la détermination prise par la majorité.

« Je sais bien que notre système a ses dangers, dit-il ; mais comment les prévenir?..... Nous les préviendrons par la constitution que vous allez voter. Nous savons que nous aurons peut-être un président ambitieux ; mais, encore une fois, nous ne sommes pas des enfants, et la constitution que vous voterez préviendra tous les cas, et saura prévenir les plus fâcheux. »

On mit alors aux voix l'amendement du citoyen Leblond, portant : « le président de la république est nommé par l'assemblée nationale, au scrutin secret et à la majorité absolue des suffrages. » Le président de l'assemblée eut bien soin de faire comprendre qu'en votant sur cet amendement, on votait en même temps sur tous les autres dont le principe était le même, et qu'il s'agissait de décider définitivement si le président de la république serait nommé par l'assemblée ou par le suffrage universel.

Six cent deux voix se prononcèrent contre l'amendement, et décidèrent ainsi, contre deux cent onze membres, que l'assemblée ne nommerait pas le président de la république. On se sépara dans la plus grande agitation.

« *Le fait est donc accompli*, s'écriaient les journaux démocratiques, en faisant allusion aux paroles prononcées par M. Odilon Barrot. L'assemblée nationale a décidé qu'elle n'avait pas le droit de donner un président à la république. Modestie touchante ! désintéressement plein de vertu ! l'assemblée nationale s'effraie quand il faut écarter de nos voies l'intrigue et l'ambition ! Si le suffrage universel, égaré par l'ignorance, par la misère, par la calomnie ou par certains souvenirs, se trompe jusqu'à choisir un prétendant, il faudra s'incliner !... Mais nous sommes rassurés d'un côté ; le citoyen Louis Bonaparte a bien voulu prendre la peine de nous avertir qu'il repoussait le titre de prétendant [1].

---

[1] Les journalistes faisaient ici allusion à une protestation spontanée que le

« On va donc jouer l'empire aux baïoques ! Accourez Pompée, César, et vous même Vitellius, car il y a chance pour la politique du ventre !....

« Oh ! pour nous qui sommes descendus de la barricade de février, quelle douleur, quelle amertume ! On a tué les instincts, les espérances et les idées de la révolution !

« *Un président !* un maître !

« Ils savent bien ce qu'ils font les hommes qui nous préparent cette grande solution de la présidence par le suffrage universel ! Blanchis au service de la royauté, auteurs ou complices de toutes nos hontes depuis Waterloo jusqu'à Messine, ennemis du travail et de la pensée, qu'ils proscrivaient il y a à peine six mois, ils savent bien que le suffrage universel peut s'égarer en ces jours de malheur ; car on leur a livré la république tout entière, ses places, ses forces, ses institutions, ses soldats et sa propagande.

« Aussi, vous les avez vus marcher en phalange au scrutin, et repousser comme une calamité publique l'amendement Grévy, qui réservait l'action au gouvernement, et le droit au

---

citoyen Louis Bonaparte avait faite au milieu de la séance, où avait été présenté l'amendement tendant à repousser de la présidence les familles ayant régné sur la France. Cette protestation était conçue en ces termes :

« Citoyens représentants, je ne viens pas pour parler contre l'amendement ; j'ai été assez récompensé en me retrouvant tout à coup au milieu de mes braves concitoyens pour n'avoir aucune autre ambition ; je ne viens pas non plus réclamer contre les calomnies et le nom de prétendant qu'on me donne ; c'est en mon nom et au nom de trois cent mille électeurs, que je viens réclamer et que je désavoue ce nom que l'on me jette toujours à la tête. »

Le lendemain, un autre Bonaparte, le citoyen Pierre, ouvrit la séance par cette déclaration :

« J'ai pris la parole sur le procès-verbal, afin que l'on sache bien, ici et ailleurs, que, dans cette enceinte, il n'y a pas de prétendants, mais des représentants du peuple qui ont prêté serment à la république démocratique, qui ne violeront jamais leur serment, et qui ne souffriront pas qu'on les désigne par une qualification qui équivaudrait à celle de traître et d'hypocrite. »

peuple ! Triste spectacle que celui auquel nous avons assisté ! La logique, le droit, le bon sens, tout a disparu dans ce scrutin secret ! *Le sort en est jeté !* »

En effet, ce fut vainement que quelques membres essayèrent encore, dans la séance suivante, de faire revenir l'assemblée sur sa décision à l'égard de la nomination du président, en présentant des amendements qui exigeaient au moins *trois millions* de suffrages pour l'élection directe par le peuple ; la même majorité les repoussa, comme elle rejeta aussi un autre amendement fort sage présenté par le citoyen Deville et énergiquement soutenu par ce représentant, lequel amendement avait pour objet d'exclure des fonctions de président les membres directs et collatéraux des familles qui avaient régné sur la France, et même les officiers généraux. Les éclats de rire les plus indécents accueillirent les motifs de cet amendement. On rit lorsque le citoyen Deville, ouvrant les pages de l'histoire, déroulait la longue liste des généraux qui avaient perdu les Etats les plus populaires ; on rit lorsque le citoyen Deville s'écria : « Un officiel général à la présidence, c'est le règne du sabre, c'est la force brutale, c'est le règne des caporaux, c'est la justice des conseils de guerre ! On rit encore lorsque l'orateur parla de la nécessité d'exclure tous ces prétendants qui traînaient à leur suite la guerre civile. Le citoyen Dégoussée crut devoir prendre le parti des généraux, par le motif que la France était trop éminemment militaire pour ne pas repousser la proposition de son collègue.

Quant à l'exclusion des prétendants, le citoyen Antony Thouret en fit courageusement l'objet d'un amendement spécial, portant qu'aucun membre des familles qui avaient régné sur la France ne pourrait être nommé président ou vice-président de la république.

« Mon amendement, dit ce républicain, a tout simplement pour but de déclarer la plus grave des incompatibilités, celle de la monarchie et de la république. Je ne veux pas placer dans les premières fonctions de la république ceux qui font valoir leurs prétendus droits ; en un mot, je crois qu'il est impossible que la république place à sa tête des hommes dont les familles ont été ses plus violents ennemis. »

Grande avait été la frayeur de ceux qui repoussaient, la veille, la qualification de *prétendants* comme une injure, lorsqu'ils apprirent que cet important amendement avait été présenté à la commission. Mais leur effroi se dissipa bientôt par l'assurance qu'on leur donna que cette proposition était repoussée.

En effet, le citoyen Woirhaye vint déclarer que la commission avait rejeté à l'unanimité l'amendement du citoyen Antony Thouret.

« Je pense comme l'auteur de la proposition, dit le citoyen Woirhaye ; je crois qu'une éducation royale ou impériale n'est pas un bon moyen d'apprendre à servir la république ; mais je diffère avec le citoyen Thouret en ce que je crois qu'il faut s'en rapporter au bon sens du peuple, à la sagesse de la nation. Nous sommes persuadés que ce n'est pas parmi les princes que le peuple ira chercher le magistrat qui sera chargé de fixer les destinés de la république. C'est dans cette persuasion que nous avons repoussé l'amendement et que nous y persistons encore. »

Vainement le citoyen Deludre essayait-il de faire prévaloir les principes posés par l'amendement ; le côté droit lui imposa silence, en demandant à grands cris la question préalable.

« Je ne veux pas faire une exclusion sacrilége, clama l'un d'eux, le citoyen Beslay. Nous n'avons pas le droit d'apporter des limites à la souveraineté du peuple. »

— « La commission, dit alors le citoyen Coquerel, a pensé qu'une loi contre un homme n'est pas digne de nous. Avec un peuple comme le peuple français, une exclusion est une désignation ; un défi serait une imprudence que nous ne voulons pas commettre.

— « Ce serait une loi de proscription, ajouta le citoyen Lacaze. Ce que je vous demande est un vote de confiance dans le peuple. »

Ce fut en ce moment que le citoyen Louis Bonaparte, provoqué de s'expliquer par les citoyens Lacaze et Thouret, fit cette déclaration dont nous avons déjà parlé et protesta contre la qualification de prétendant qu'on lui jetait toujours à la tête, dit-il.

« En présence des très-courtes paroles que vous venez d'entendre, eut la faiblesse de dire alors l'auteur de l'amendement, je comprends l'inutilité de ma proposition, et je la retire. »

Le citoyen Thouret se montra très-inconséquent, et le côté gauche le lui prouva par sa désapprobation ; car l'amendement n'était pas relatif à un seul prétendant, mais à tous, et ils étaient très-nombreux.

Aussi, le citoyen Deludre le reproduisit-il à peu près dans les mêmes termes, en ne demandant, toutefois, l'exclusion de ces familles que des seules fonctions de président. Le citoyen Deville déclara aussi qu'il n'avait pas renoncé à faire prévaloir ses idées.

Mais la majorité de l'assemblée se montrait pressée d'en finir avec ces amendements ; c'était à qui se piquerait de la générosité la plus imprudente ; la clôture était réclamée à grands cris, et la proposition fut rejetée avec une sorte de dédain qui ne prouvait que trop combien les enseignements de l'histoire étaient méprisés par les partis.

Il y avait pourtant, dans ce vote, une trahison en fleur contre la république. La guerre des candidats commença aussitôt ; le *Siècle* et la *Presse* relevèrent de sa déclaration le citoyen Louis Bonaparte, et les orgues de Barbarie se mirent à chanter les louanges du prince, futur président, pendant que les amis des autres prétendants entraient en campagne.

Déjà la durée de la présidence déterminée par le projet de la constitution ne suffisait plus à ceux qui voulaient un *pouvoir stable*. Non-seulement on proposa d'allonger le terme de cette première présidence, mais encore on aurait voulu que le futur roi du suffrage universel fût rééligible sans intervalle. Ce fut un assaut de servilité anticipée et de propositions les plus antidémocratiques. Le citoyen Lacrosse demanda que le président fût élu par le suffrage à deux degrés, afin, disait-il, que la plus haute magistrature de la république fût remise entre les mains du plus digne.

Lorsqu'on arriva aux articles déterminant les attributions du président, attributions déjà immenses, plus grandes, sur quelques points, que celles des rois constitutionnels, le citoyen Brunet proposa de dire que le président ne pourrait disposer de la force armée qu'en vertu d'un décret de l'assemblée nationale; son amendement fut repoussé. Le citoyen Combarel de Leyval ne voulait pas même qu'il fût dit que les traités négociés par le président ne seraient définitifs qu'après avoir été approuvés par l'assemblée. Le citoyen Barthélemy Saint-Hilaire demandait qu'il fût permis au président d'entreprendre la guerre, *dans les cas d'urgence*, sans avoir préalablement obtenu le consentement de l'assemblée. Le citoyen Ferouilhat voulait lui accorder le droit de grâce, sans être obligé de consulter le conseil d'Etat; en un mot, on voulait faire de ce président un véritable roi, et un roi absolu.

« Le président de la république n'est pas un roi, répondit l'un des membres de la commission; nous ne pouvons donc pas lui accorder ce qui était considéré comme une des principales prérogatives de la royauté. »

Tous les efforts que firent quelques membres pour que la promulgation des lois non urgentes n'allât pas au delà de quinze jours, restèrent sans succès ; on persista à accorder au président un mois pour leur promulgation. C'était une sorte de *veto* limité, en même temps qu'il pouvait encore exercer le veto suspensif par la demande d'une nouvelle délibération, droits que l'assemblée constituante avait contestés au roi Louis XVI.

Lorsqu'arriva l'article relatif au traitement du président, un grand nombre d'amendements furent présentés. Les uns tendaient à ne fixer qu'un minimum; les autres avaient pour objet de déterminer le maximum. Le citoyen Antony Thouret proposa de lui accorder seulement quatre cent mille francs annuels, c'est-à-dire seize cents francs par jour.

Une voix s'étant écriée que le président mourrait ainsi de faim;

« Je souhaite à la république de mourir de faim à la façon de son président, répondit l'auteur de la proposition. J'avoue que j'ai le cœur dur pour ces accès de sensibilité financière en faveur du président.

« Mais, me dit-on, il aura vingt fois moins que Louis-Philippe. Tant mieux, parce qu'il aura vingt fois moins de courtisans. Je ne veux le président ni riche ni pauvre; je le veux grand et simple comme le peuple; je veux qu'il brille par son patriotisme et son intégrité, et non par le luxe des potentats... Ne craignez pas, vous qui m'interrompez, que la modestie de ses appointements fasse diminuer son influence; l'assemblée nationale doit donner au peuple le grand signal de la réforme des traitements trop élevés. »

Il est difficile de se faire une idée de l'agitation que cet amendement, ainsi développé, produisit au milieu de l'assemblée. On demanda le scrutin de division et l'insertion au *Moniteur*. Mais rien ne put calmer l'ardeur des partisans d'une liste civile. Cent quatre-vingt-deux membres seulement, sur sept cent trente-un votants, approuvèrent le chiffre de quatre cent mille francs. Le superflu fut d'un avis contraire. L'on vit même le représentant Deslongrais proposer formellement l'allocation d'un million, tandis qu'un autre enchérissait encore de deux cent mille francs. On finit par s'en tenir à la somme demandée par la commission, c'est-à-dire à six cent mille francs annuels.

La question financière ainsi fixée, ces champions si ardents se bornèrent à lever la main pour voter d'autres articles; on ne s'arrêta un instant qu'à l'occasion de la nomination du vice-président; les uns opinaient pour que le président eût seul le choix de son *alter ego*; les autres voulaient laisser à l'assemblée le droit dérisoire de présenter une liste de candidats. Ces derniers l'emportèrent.

Les partisans des gros traitements proposèrent ensuite de porter le traitement de ce vice-président à cent vingt mille francs; ils éprouvèrent un échec.

Le chapitre relatif au conseil d'État amena quelques discussions plutôt de forme que de fond. Cependant le citoyen Sainte-Beuve, qui se rappelait, sans doute, tout ce qui avait été dit, sous la monarchie, de l'inutilité de ce corps, commença par demander sa suppression.

« A quoi servirait le conseil d'État? a-t-il dit. Quel serait son but? Il ne ferait que renouveler la chambre des pairs. »

— « Je partage l'avis du préopinant, ajouta le citoyen Stourm; il ne faut pas faire du conseil d'État une seconde chambre; mais il faut lui donner des pouvoirs politiques sérieux, effectifs; il faut qu'il puisse donner des avis dans les cas importants... Je voudrais la formation d'un conseil d'État qui dépendît de l'assemblée nationale, qui n'agît que sous son inspiration et son influence, et qui ne fût qu'un complément modérateur de son pouvoir. »

Le citoyen Marcel Barthe combattit avec force le projet présenté par la commission de constitution; et, dans la conviction que l'on n'atteindrait pas le but proposé par les dispositions du chapitre VI, il pria l'assemblée de rejeter ce chapitre, et de le remplacer par quelques articles additionnels rédigés par lui pour la formation d'une *commission consultative* prise dans le sein de l'assemblée nationale, et destinée à suppléer au conseil d'État.

L'idée développée par le citoyen Barthe était bonne ; elle était surtout économe des deniers publics ; mais il y avait dans l'assemblée tant de gens qui attendaient qu'on leur ouvrît les portes du conseil d'État pour aller émarger les traitements considérables attachés à ces fonctions !

Fort de ce qu'aucun bureau de l'assemblée n'avait formulé l'opinion de supprimer le chapitre VI, relatif au conseil d'État, le citoyen Vivien fit appel à la majorité pour qu'elle adoptât ce chapitre ; ce qui eut enfin lieu, après une discussion assez confuse.

Le chapitre VII, traitant de l'administration intérieure de la république, fut l'objet de chaleureux débats entre ceux qui voulaient ce qu'ils appellent la décentralisation, et ceux qui désiraient conserver l'organisation existante. Les légitimistes, fidèles à leur plan, s'efforcèrent de faire émanciper la commune, afin de soumettre les campagnes à une influence toute paroissiale, exercée par le curé et le *seigneur* du lieu : ils demandaient donc quarante mille petites républiques, qui ne devaient être, en définitive, que quarante mille fiefs. Ils espéraient ainsi arriver à la décentralisation politique, l'une des grandes conquêtes de notre première révolution.

D'autres auraient voulu, pour ces mêmes communes, la décentralisation administrative, tout en resserrant plus fortement que jamais les liens de la centralisation politique qui attachaient ces communes au gouvernement. Ceux-ci s'appuyaient, avec raison, sur les inconvénients des innombrables phases que devaient parcourir les réclamations administratives, et sur ceux de la longue filière par laquelle les affaires des localités devaient passer ; ils considéraient ces lenteurs comme contraires à la centralisation politique elle-même, et demandaient l'émancipation du canton à ce sujet.

D'autres, enfin, trouvaient que, sans être parfaite, l'organisation intérieure de la France telle que la présentait la commission, et à peu près telle que l'avaient faite les lois rendues successivement depuis soixante ans, pouvait attendre de nouvelles améliorations du temps et de l'expérience.

Ce fut là l'opinion que soutint la commission, opinion qui l'emporta enfin sur les nombreux amendements présentés dans le cours de la discussion du chapitre.

De vifs débats s'élevèrent encore à l'occasion des articles additionnels relatifs au recrutement de l'armée.

La commission avait d'abord proposé l'obligation du service personnel, et, par conséquent, l'interdiction du remplacement militaire. Revenant ensuite sur sa première pensée, elle venait de consentir à retrancher de l'article 107, les mots : « en personne » dans le premier paragraphe, et ceux-ci : « le remplacement est interdit, » qui en étaient la conséquence.

Le citoyen Deville combattit, par les raisons les plus concluantes, ces modifications, qui étaient tout un autre système de recrutement des armées de la république. Le ministre de la guerre, général Lamoricière, avait, lui aussi, demandé l'interdiction du remplacement, se proposant de faire insérer cette interdiction dans la loi sur le recrutement. Or, cette loi ne pouvant pas encore être votée, il sollicita l'ajournement de toute discussion à ce sujet.

Mais le citoyen Larochejacquelein insista pour que la faculté du remplacement fût consignée dans la constitution.

Il fut appuyé par le citoyen Thiers, qui considérait la question du remplacement comme éminemment constitutionnelle.

Alors s'engagea entre les citoyens Thiers, Larochejacquelein,

Morny et autres représentants d'un côté, les généraux Lamoricière, Laydet et le citoyen Deville d'un autre côté, une discussion des plus animées, qui remplit toute une séance.

Le citoyen Thiers, dans un discours habilement charpenté, développa les motifs nombreux qui le faisaient opiner pour le maintien du remplacement. C'était le système aristocratique et anti-révolutionnaire.

Le citoyen Lamoricière lui répondit, non pas comme organe du gouvernement, mais comme simple représentant; et, chose étrange! l'homme du sabre trouva dans son cœur des paroles généreuses, des raisons propres à frapper l'assemblée, pour soutenir sinon l'abolition complète du remplacement, du moins des modifications essentielles à la loi existante.

« Il faut qu'une armée, dit ce général, soit faite à l'image de la nation : il faut qu'elle soit animée de son esprit. Savez-vous quel est le danger des armées isolées? Je vais vous le signaler.

« Si vous avez des armées qui ne se repeuplent pas dans l'infusion continuelle des citoyens qui sortent du sein de la nation, ces armées auront un esprit à part, une vie à part. Elles pourront remporter des victoires; mais elles seront toujours dangereuses pour la liberté. »

Ces paroles si vraies, ayant été couvertes d'applaudissements par le côté gauche, excitèrent en même temps les murmures du côté opposé. Il en fut de même lorsque l'orateur, répondant à M. Thiers, prononça la phrase suivante :

« Je me préoccupe tout autant de ces enfants arrachés à leurs champs, de ces ouvriers enlevés à leurs ateliers, qui, revenant dans leurs familles après avoir servi sept ans, n'y trouvent que la misère et le chagrin, que de vos jeunes gens pouvant toujours se créer une position avec leur instruction. »

Le citoyen Lamoricière terminait en disant qu'il n'appuyait pas l'amendement du représentant Deville, parce qu'il savait que l'assemblée ne l'adopterait pas; mais il la suppliait de ne pas inscrire dans la constitution le mot de remplacement.

L'amendement du citoyen Deville ayant, en effet, été rejeté par une grande majorité, l'assemblée déclara que le mode et les conditions de la faculté, pour chaque citoyen, de se libérer du service militaire personnel, seraient réglés par la loi de recrutement.

Ainsi finit cette longue et curieuse discussion de la constitution de 1848. « Si on peut appeler constitution, disait à ce sujet un publiciste, une série de dispositions législatives, desquelles ont été écartées la plupart des questions importantes soulevées par la révolution de février. La constitution sera ce que la feront les lois organiques, et Dieu seul sait sous quelles influences ces lois seront rédigées ! »

Nous terminerons nous-même ce long exposé par cette déclaration :

« Il nous eût été facile de passer sous silence ces débats, et de traiter, en quelques pages, tout ce qui fut relatif à cette constitution; mais nous avons préféré nous livrer à une analyse raisonnée de ces discussions qui embrassèrent toutes les grandes questions politiques; parce que ces questions sont de tous les temps, et que nous écrivons pour des lecteurs qui n'ont pas toujours la faculté d'aller feuilleter les journaux : ceux-là nous sauront gré, peut-être, d'avoir résumé tout ce qui fut dit d'important pendant les deux mois consacrés par l'assemblée constituante de 1848 à son œuvre principale.

« L'histoire ne serait qu'une stérile narration, si elle ne renfermait pas tout ce qui doit servir d'enseignement. »

CHAPITRE V.

Nouveaux progrès de la faction réactionnaire. — Ligue de tous les contre-révolutionnaires contre la république et les républicains. — Mouvements royalistes dans quelques villes. — Les chefs de la réaction répriment l'impatience de leurs subordonnés. — Ils comptent sur la marche du gouvernement pour arriver à leurs fins. — Politique des intérêts. — Avertissements donnés au gouvernement par les feuilles républicaines. — Elections du mois de septembre. — Leur résultat à Paris met les socialistes en évidence. — Changement partiel du ministère. — Le gouvernement tombe entre les mains des serviteurs de la royauté. — Explications demandées au général Cavaignac. — Il fait un appel aux nouveaux satisfaits. — Démission motivée du préfet de police. — Levée de l'état de siége. — Confiscation de toutes les libertés publiques. — Guerre à mort déclarée aux clubs. — Ils sont défendus pour la dernière fois par les journaux républicains et par le citoyen Bac. — Manifeste du nouveau ministère. — Opposition à la politique du gouvernement. — Elle est attaquée par Dupont de Bussac et par Ledru-Rollin. — La majorité soutient le général Cavaignac. — Il ne reste plus que l'ombre de la république. — Adresse au peuple par les représentants républicains. — Campagne des banquets. — Les réactionnaires les dénoncent au pouvoir. — M. Denjoy et le banquet de Toulouse. — Le ministère défend les autorités de cette ville. — Le citoyen Grandin dénonce le banquet des ouvriers. — Le citoyen Bac défend les citoyens qui ont porté des toasts. — Le gouvernement se prononce.

Pendant les deux mois employés par l'assemblée nationale à la discussion de l'acte constitutionnel et de son préambule, la faction réactionnaire n'avait cessé de gagner du terrain : royalistes de tous les systèmes, légitimistes de toutes les dynasties, contre-révolutionnaires de toutes les couleurs et de toutes les époques s'étaient agités d'une extrémité à l'autre de la France, dans le but de renvoyer ce qui restait encore de républicains près du gouvernement comme près des administrations ; et, ainsi que nous l'avons déjà démontré, tous les moyens avaient paru bons à cette éternelle et haineuse faction pour nuire aux amis de la république.

Encouragés par leurs journaux, les contre-révolutionnaires croyant avoir assez préparé le terrain, ne tardèrent pas de passer des menaces aux voies de fait. Les villes de Montpellier, d'Arles et beaucoup d'autres virent éclater dans leurs murs des mouvements royalistes très-prononcés. A Toulouse, et dans diverses communes du Midi, le drapeau blanc avait paru clandestinement, il est vrai, mais enfin quelques bandes l'avaient promené après avoir mis en lambeau le drapeau tricolore ; des fonctionnaires, des gendarmes, des citoyens avaient été blessés dans ces luttes provoquées par le parti royaliste, et l'on avait pu se croire un moment aux jours néfastes de 1815.

Dans d'autres localités, des cris de *vive Henri V!* avaient été publiquement proférés ; des placards où on lisait *à bas la république!* étaient journellement arrachés par les bons citoyens ; une petite ville de l'Ariége avait vu de nouveaux Blondels chanter dans les rues : *ô mon roi! je te serai fidèle!* D'autres chansons ayant pour refrain : *à bas le drapeau tricolore! rallions-nous au drapeau blanc!* avaient servi à faire des farandoles de nuit. Pendant toute une soirée, des cris de *vive le roi!* s'étaient fait entendre dans une commune du département de la Sarthe, accompagnés de celui de *mort aux rouges!* c'est-à-dire aux républicains de la veille. Le vœu de l'anéantissement de Paris était émis hautement par bien des royalistes et des gardes nationaux accourus dans cette capitale après les journées de juin. Le clergé de certaines villes, uni à l'ancien parti conservateur, adressait publiquement au Ciel des prières pour l'anéantissement de la république et pour le rétablissement du nouveau Joas. Les sacristies députaient des agents et entretenaient des correspondances actives pour répandre les portraits et les médailles du prince *Crédit*. On ne parlait partout que de complots contre la république et d'embauchage légitimiste; et, effectivement, des registres étaient ouverts pour l'inscription des *chevaliers de la foi*; enfin, on avait vu les amis de la dernière dynastie aller rendre visite, en corps et en habit de la garde nationale parisienne, à l'ex-roi Louis-Philippe et aux autres exilés de Claremond (¹).

Mais ce n'était là, il faut le dire, que les exploits de quelques enfants perdus du parti; les chefs, alliant l'hypocrisie à l'habileté, n'avaient pas cru devoir déposer encore le masque qui leur donnait l'apparence de *républicains honnêtes et modérés*; et si l'impatience des subalternes avait parfois rompu le voile qui couvrait le but de ce parti, ceux qui en dirigeaient les manœuvres s'étaient bien souvent efforcés de modérer cette fougue intempestive.

« Que l'ancien parti, disait à ce sujet la *Gazette de France*, s'en rapporte à ses chefs, dont l'attitude est si digne, si intelligente, si influente dans l'assemblée nationale!... Il faut laisser la république tuer le socialisme; après cela, l'on verra si la république (²) a bien gagné ses chevrons, et si elle mérite d'être maintenue en grade. Jusque-là, le devoir de tous les

---

(¹) En annonçant l'arrivée à Paris de Mᵐᵉ la princesse de Liéven, considérée comme l'Égérie de M. Guizot, un journal assurait que cette nouvelle avait mis en émoi tout le personnel de la diplomatie et le faubourg Saint-Germain. On ne doutait pas que l'ancien président du conseil des ministres, le populaire Guizot, n'arrivât aussi pour renforcer le parti de la branche cadette. « L'ombre de Talleyrand qui plane sur la rue Saint-Florentin, s'écriait cette même feuille, a dû tressaillir de joie. » En effet, M. Guizot ne tarda pas à rentrer en France; et bientôt il fut question de ce personnage pour remplacer un des représentants nommé dans deux départements. Le collége électoral de Bordeaux lui ouvrit ses bras.

(²) Il est bien entendu qu'on ne gardait ces ménagements que pour la seule *république honnête et modérée*, équivalant, aux yeux des réactionnaires, à une république entourée d'institutions monarchiques, et destinée à garder la place à la monarchie vraie.

gens *sages et honnêtes* envers le gouvernement *actuel* est une entière loyauté (¹). »

Ce langage indiquait clairement que le parti réactionnaire se félicitait de la marche que ses chefs avaient su imprimer au gouvernement de la république, et qu'il le considérerait comme digne de sa protection, tant qu'il suivrait la ligne que la majorité lui avait tracée. Quelques feuilles royalistes disaient tout haut que la figure politique du général Cavaignac s'agrandissait. « N'y a-t-il, s'écriait le correspondant de ces feuilles contre-révolutionnaires, n'y a-t-il pas une place à prendre entre Hoche et Bonaparte? » Il était clair qu'on croyait caresser un nouveau Monck. Aussi le parti royaliste soutenait-il le gouvernement de ce général comme faisant très-bien les affaires de la restauration.

Et pourtant les feuilles de la réaction n'étaient pas encore contentes; elles engageaient journellement le général Cavaignac à se jeter *franchement* dans les bras de l'opinion que ces feuilles représentaient; à revenir tout simplement à la *politique des intérêts*, et à s'appuyer sur la bourgeoisie, hors de laquelle, disaient-elles, il n'y avait point de salut.

« Nous sommes donc revenus au temps de Casimir Périer, pour qu'on ose émettre ces doctrines imprudentes? s'écriait le journal la *Réforme* : *politique des intérêts!* lesquels? Politique

---

(¹) Il circulait, à cette époque, une lettre de M. de Villèle à Mgr le duc de Bordeaux, dans laquelle l'ancien ministre de la branche aînée disait au prétendant que, quoique ce qui se passait en France accrût les chances de la légitimité, Henri V ne devait pas accepter l'occasion qui se présenterait probablement de remonter sur le trône de ses pères. « La crise financière, lui disait le vieux Mentor de la royauté, est plus grave que ne semblent le croire les ministres actuels; elle nous mène droit à la banqueroute; une restauration serait impuissante à conjurer ce malheur. Il faut donc en laisser l'odieux à la république.... Quand le peuple, accablé de souffrances, maudira la république à bout de ressources, alors le moment sera venu. »

— « Pourquoi désespérer? s'écriait le journal légitimiste d'Orléans; *tel événement qui afflige* peut conduire au bonheur! »

de la bourgeoisie? d'une classe? Quel incurable aveuglement!...
Malheur au gouvernement qui se laisserait aller à de tels conseils! Il semerait pour longtemps des germes de guerre civile; il compléterait les éléments de dissolution que renferme notre malheureuse société. L'appel aux intérêts égoïstes d'une classe provoquerait les jalousies de la classe opposée, et c'est ainsi qu'on arriverait à l'affaiblissement de l'esprit national et à la guerre civile! »

Les avertissements ne manquaient pas au gouvernement de la république; assez de vigies lui criaient chaque matin : «Prenez garde! vous faites fausse route! vous cinglez à pleines voiles vers les parages qui ont vu sombrer les précédents pouvoirs! »

Et, comme si ce n'eût pas été assez de toutes ces voix alarmées pour arrêter le gouvernement au bord de l'abîme, il reçut alors des électeurs une leçon qui aurait dû lui ouvrir les yeux.

Le département de la Seine avait trois représentants à réélire. Jusque-là, le parti démocratico-socialiste n'avait pu parvenir à réunir aucun nombre de voix propre à faire pressentir son prochain avènement. Les trois réélections du mois de septembre, en portant à l'assemblée nationale le citoyen Raspail, l'homme politique, le socialiste de la plus grande valeur, et en donnant aux citoyens Thoré et Cabet une masse considérable de voix au-dessus de celles obtenues par les candidats de la prétendue république honnête et modérée, ces élections, disons-nous, démontrèrent quelles étaient encore les forces de la vraie république, après les transportations en masse des insurgés de juin et des colons algériens.

« L'entente du parti démocratique dans les élections qui viennent d'avoir lieu, disait à ce sujet un journal peu suspect, lui montre ce qu'il peut se promettre du suffrage universel en se disciplinant. Le peuple doit connaître aujourd'hui l'arme puissante qu'il a en main, quand il saura s'en servir avec intelligence. Il doit être convaincu qu'il a dans le scrutin un moyen plus sûr d'imposer sa volonté que dans la force brutale. C'est là qu'il fait acte de souveraineté. Rapportons-nous-en donc au scrutin général et aux progrès du temps pour triompher des préjugés et des erreurs qui égarent encore les masses : la lumière se fera. »

Ni les avertissements de la presse, ni ceux que venaient de lui donner les électeurs de Paris ne purent arrêter le gouvernement sur la pente glissante de la contre-révolution. Poussé qu'il était par le haut conseil de la rue de Poitiers sans cesse occupé à faire entrer au ministère quelques-unes des notabilités royalistes, le pouvoir exécutif fut obligé de leur faire de la place par le renvoi des trois membres du conseil qui étaient encore considérés comme professant des principes républicains. Mais, afin de rendre moins sensible ce changement de politique, les habiles avaient conseillé en même temps la levée de l'état de siége, arme usée entre les mains de la réaction, qui pouvait s'en passer depuis que l'assemblée avait voté toutes les lois possibles de compression.

Dans la séance du 13 octobre, le général Cavaignac se présenta à la tribune pour demander la nomination d'une commission à laquelle le gouvernement, dit-il, ferait les communications nécessaires relatives à la levée de l'état de siége. Cette demande avait été, sans doute, provoquée par une proposition, déposée la veille par le citoyen Hubert Delisle, pour la levée de l'état de siége; le gouvernement, pressentant que cette motion aurait des chances de succès, aima mieux prévenir la discussion et se faire un mérite du retrait de cette mesure, afin de faire moins crier contre les changements ministériels qu'il méditait; car le lendemain même, un supplément du *Moniteur* annonçait à la France républicaine que MM. Senard, Vaulabelle et Recurt, cessaient d'être ministres, et que la réunion de la rue de Poitiers les avait remplacés par MM. Dufaure, Freslon et Vivien.

Le *Siècle*, qui était alors une feuille réactionnaire, fit chorus avec les autres journaux royalistes pour appuyer cette combinaison ; il remercia le général Cavaignac d'avoir fait taire ses souvenirs et ses sympathies pour M. Senard, afin de se conformer au vœu de la majorité. « Sans doute, disaient les écrivains contre-révolutionnaires, le ministère ne réalise pas l'idée qu'on pourrait rêver, mais pour le présent, il est acceptable. »

Tout le monde ne fut pas de cet avis. Le citoyen Portalis monta à la tribune pour demander des explications sur le changement que le journal officiel annonçait à l'improviste.

« Le peuple, dit-il, est seul souverain, nous ne sommes que ses mandataires ; mais s'il y a un changement de ministère, nous avons le droit de demander pourquoi ce changement a eu lieu : nous avons d'autant plus le droit de demander si ce changement de personnes est un changement de système, que ceux qui ont été nommés ont été ministres sous Louis-Philippe. Il faut que nous sachions s'ils suivront le même système sous la république que sous la royauté..... Voilà ce qu'il faut que nous sachions ; voilà sur quoi le président du conseil doit s'expliquer. »

— « L'honorable M. Portalis m'a demandé une explication sur la démission des ministres, répondit le général Cavaignac. Il voudra bien s'adresser aux membres qui composaient l'ancien ministère. Je ne dis pas que je n'ai rien à répondre si l'assemblée m'interroge ; M. Portalis peut s'adresser aux membres de l'ancien ministère qui lui répondront, s'ils le veulent ; ils en sont libres.

« Je n'ai point à dire maintenant ce que feront ceux de vos collègues qui ont accepté les différents ministères vacants. Je dois dire seulement qu'avant les interpellations, nous étions décidés à porter lundi prochain à cette tribune une demande de fonds qui nous sont nécessaires. L'assemblée entendra alors les explications que nous donnerons sur les vues du gouvernement nouveau...... Ce n'est point un vote de confiance que nous demanderons; ce sera un engagement solennel fait au pays, qui déclare que l'assemblée est suffisamment représentée par le ministère. »

C'était d'un appel aux nouveaux *satisfaits* qu'il s'agissait donc. Les républicains le sentirent; en même temps qu'ils apprécièrent et la portée de ce qui venait de se passer, et la réponse embarrassée du chef du pouvoir.

« On n'a changé que trois hommes, s'écriait le journal qui représentait le plus franchement la démocratie, et pourtant l'émotion est grande au sein des partis politiques. Est-ce la retraite de MM. Senard, Recurt et Vaulabelle, qui trouble si profondément l'opinion? Pleure-t-on sur la chute des trois personnages mis en disponibilité, comme on pleurait autrefois Turgot et Necker? Mon Dieu, non !.... La valeur personnelle de ces trois hommes d'Etat, au point de vue de la fonction, ne sera pas grande dans l'histoire, et la France n'a pas à gémir.

« Toutefois leur départ est presque un événement, et l'opinion publique n'a pas tort de s'inquiéter; car ce n'est pas une modification dans le personnel seulement : c'est une révolution dans le pouvoir; c'est une politique nouvelle qui s'engage et commence.

« En repoussant les républicains pâles et décolorés, pour aller aux anciens serviteurs de Louis-Philippe, ajoutait le journaliste après avoir rappelé les antécédents dynastiques des trois ministres nouveaux, le général Cavaignac, que nous avons souvent et longtemps défendu contre les calomnies et les haines qui s'attachent à son nom, patrimoine par nous révéré, le général Cavaignac change nos devoirs; il ne s'agit plus de la république démocratique ou sociale; il ne s'agit plus de la république tout court; ce sont les hommes de la monarchie qu'on installe dans le gouvernement; c'est une révolution décisive et qui ne permet pas la dernière espérance. Que l'état de siége disparaisse ou soit maintenu, on n'en vient pas moins de porter un coup direct à notre révolution. C'est le moment, pour ceux qui l'aiment, de ne pas lui faire défaut. »

Un autre journal républicain, en annonçant la démission motivée que venait de donner le citoyen Ducoux, préfet de police, lequel refusait de s'associer à la politique du nouveau ministère, s'écriait : « Serrons nos rangs, républicains ! c'est la royauté qui monte; laissons-la passer dans sa dernière insolence ! à moins qu'elle ne viole le droit de suffrage, elle n'ira pas loin. Mais unissons-nous tous : si nous savons former le faisceau pacifique, la victoire des eunuques ne sera que d'un jour. Est-ce que nous ne sommes pas le peuple, c'est-à-dire, la majorité vivante ! tenons-nous à l'écart; la république, en effet, n'est pas le conseil de guerre, elle n'est pas l'état de siége, elle n'est pas la transportation sans jugement; cela s'appelle d'un autre nom ! »

En effet, ce n'était plus la république que cet état de choses qui voulait marcher contre le progrès et gouverner malgré l'opinion, qui voulait renier les principes républicains pour s'appuyer sur les principes contraires à son institution ; ce n'était plus la république, que ce gouvernement qui ne pouvait se tenir debout qu'appuyé sur la force brutale des baïonnettes et du canon, et en bâillonnant à la fois la presse et les tribunes populaires; ce n'était point comme représentant la république, que la majorité de cette assemblée législative, après avoir confisqué une à une toutes les libertés publiques et les avoir remplacées par des lois draconiennes, luttait encore, sous l'influence de la peur, contre la levée de l'état de siége !

La discussion qui eut lieu à ce sujet dans les bureaux prouva que tous les soutiens de la monarchie, tous les trembleurs anciens et nouveaux, ne voulaient consentir à la levée de l'état de siége qu'à la condition d'imposer de nouvelles entraves à la presse et aux réunions patriotiques. A la mesure extra-légale et essentiellement transitoire de l'état de siége, qu'ils ne pouvaient plus maintenir, ils voulaient substituer des mesures en apparence légales, des mesures d'un caractère permanent, et propres à enchaîner longtemps les libertés proclamées dans la constitution. Et ce ne fut qu'à ce prix que l'état de siége dut enfin être levé légalement (1).

Quoique la guerre contre les clubs eût commencé depuis longtemps, il était dans la pensée des ennemis de la liberté, de ne pas la discontinuer jusqu'à ce qu'on fût arrivé à la suppression totale de ces sociétés populaires si redoutables pour les royalistes. Chaque jour, les tribunaux, appliquant dans toute sa rigueur la dernière loi sur les clubs, ordonnaient la fermeture permanente de quelques-unes de ces réunions patriotiques. Aujourd'hui c'était le club du *Vieux-Chêne*, tenu dans une salle de la rue Mouffetard, qui était frappé ? le lendemain on apprenait que celui de Saint-Antoine avait subi le même sort. C'est ainsi que furent successivement fermés, et en quelques jours, le club du marché Saint-Laurent ; celui dit de la Révolution, siégeant dans la rue du Bac ; celui qui se tenait dans la salle de la Grosse-Tête, rue Saint-Spire, etc., etc. Les journaux étaient remplis de bulletins judiciaires où l'on enregistrait les condamnations prononcées contre les présidents de clubs convaincus d'avoir contrevenu à la loi, en exigeant une contribution à la porte de leurs salles ; or, cette contribution volontaire étant le seul moyen de faire face aux frais de location et de luminaire des salles, l'interprétation donnée à ce sujet à la loi

---

(1) « On a levé l'état de siége, disait un journal sous la date du 23 octobre ; mais il paraît que la ville de Paris continuera, comme par le passé, à vivre sous le régime fraternel du sabre. Les deux rives de la Seine seront gardées comme des places fortes ; les détails stratégiques qui nous sont communiqués prouvent qu'il n'y aura qu'une disposition législative de moins, mais que la chose reste. »

sur les clubs équivalait à une suppression complète. « Il vaudrait mieux dire franchement aux défenseurs de la république démocratique et sociale : Vous n'avez pas le droit de réunion, disaient les citoyens Valleton et Merlieux, présidents condamnés, dans une pétition adressée à l'assemblée nationale contre la persécution des clubs ; mais agir de la sorte, c'est du despotisme, c'est de l'arbitraire, c'est de la ruse constitutionnelle, c'est un raffinement de persécution (1). »

C'était, en effet, une guerre à mort entre l'autorité et les clubs. Nous n'en donnerons d'autre preuve que l'extrait suivant de la circulaire adressée par le procureur de la république aux commissaires de police, au sujet de la surveillance de ces réunions :

« Votre procès-verbal, leur disait-il, ne répondrait que d'une manière insuffisante au vœu de la loi, s'il se bornait à constater les délits ou contraventions caractérisés. Il doit me signaler tous les discours que vous hésitez à incriminer, et résumer toutes les séances sans exception, même celles qui n'offrent aucune prise à l'incrimination, car c'est à moi qu'appartient l'appréciation des convenances de la poursuite comme la responsabilité, et je tiens à suivre d'un œil attentif les tendances des divers clubs. La paix publique peut être si soudainement troublée par les excitations des clubs, que la justice doit agir avec autant de promptitude que les ennemis de l'ordre. »

Ainsi les clubs, c'est-à-dire les réunions publiques, les assemblées patriotiques des citoyens s'occupant des intérêts de la république étaient considérés par les autorités républicaines, comme des foyers de troubles ! ce n'était donc pas sans raison que les journaux affirmaient que l'ordre de choses de cette époque n'était plus la république.

---

(1) Cela était d'autant plus vrai que plusieurs clubs *modérés* ou ouvertement réactionnaires, continuaient à percevoir le don volontaire à l'entrée, sans être poursuivis, quoique la police sût que la rétribution y fût maintenue.

Les clubs n'en furent pas moins défendus, parfois encore, contre l'acharnement qu'on mettait à les poursuivre. Le citoyen Joigneaux, répondant à son collègue Isambert, qui voulait qu'on sévît avec la dernière rigueur contre les excès des clubs, ne craignit pas d'affirmer que la police n'était pas étrangère à ces motions désordonnées que l'on se plaisait à signaler ; et comme un certain nombre de membres du bureau où se discutaient ces questions semblaient douter des assertions de ce représentant, il leur cita les noms de plusieurs agents qui avaient joué un rôle actif dans certains clubs, non pas, dit-il, pour le compte du préfet de police, Ducoux, mais pour le compte de la police du ministère de l'intérieur.

« On argumente contre les clubs des motions incendiaires que la justice de l'état de siége n'a point poursuivies, et dont le zèle du procureur de la république ne s'est point avisé, s'écriait à ce sujet un journal démocratique. Eh bien ! ces prétendues motions incendiaires sont plus que douteuses, puisque les commissaires de police, si attentifs à signaler les moindres délits, ne les ont point signalées, ou se sont tus parce qu'ils savaient à quoi s'en tenir.... Nous avons entre autres polices, la police de M. Carlier, qui a son siége au ministère de l'intérieur, et à laquelle les clubs sont spécialement dévolus. Or, on sait la manière de procéder de M. Carlier ; il nous l'a lui-même révélée, dans un ancien procès où il racontait aux jurés comment il avait désorganisé les sociétés secrètes, en y introduisant ses propres agents, chargés de ces terribles motions dont on nous fait peur. C'est aujourd'hui le même système. On veut abolir les clubs en les compromettant. »

Le citoyen Bac, répondant ensuite à une interpellation du représentant Grandin au sujet de l'exercice du droit de réunion, s'était exprimé en très-bons termes pour défendre ce droit.

« Je ne pense pas qu'on vienne ici discuter le droit de réu-

nion, avait-il dit. Mais ce droit n'est pas réglé, me répond-on. Il l'est tellement que, grâces aux réglements provisoires qu'a faits l'assemblée, tous les clubs de Paris se trouvent fermés. Les uns parce que c'est un bâtiment de la liste civile ; ici parce que le local n'est pas solide ; l'autre parce que, pour couvrir les frais de location et d'éclairage, il a été prélevé une contribution de *cinq centimes* ; l'autre parce que son président a été poursuivi à l'occasion d'un délit, et qu'on use immédiatement du droit de suspendre le club en attendant le jugement ; l'autre parce qu'il se forme dans un quartier où l'on pense qu'il serait l'occasion de tumultes ; l'autre enfin, parce qu'on effraie les propriétaires, qui ne veulent plus louer leur local. Par un prétexte ou par un autre, il se trouve qu'en ce moment la liberté de réunion, en attendant son réglement, ne peut plus être exercée. Et cependant, l'homme a besoin de se rapprocher de l'homme, concluait le citoyen Bac, il a besoin d'épancher, d'échanger ses idées avec les hommes ; c'est là une tendance contre laquelle ont lutté tous les mauvais gouvernements.... Nous croyons qu'avec le suffrage universel, la liberté de la presse et le droit de réunion, nous pouvons arriver au règne de ce que nous pensons être la vérité.... Ceux qui enseigneront ce qui doit faire le bonheur de l'humanité auront raison ([1]). »

([1]) C'est un fait incontestable que les clubs s'étaient promptement naturalisés en France depuis la révolution de février. Généralement les citoyens, même les plus réactionnaires, s'étaient emparés de ces assemblées populaires comme ils l'avaient fait du suffrage universel. En très-peu de temps les clubs s'étaient eux-mêmes popularisés, au point que les salles les plus grandes, d'abord peuplées par quelques rares spectateurs, étaient journellement devenues insuffisantes pour contenir la foule avide d'assister aux séances. Hommes et femmes, tout le monde voulait s'y rendre, et s'y rendait en effet, avec empressement, quittant ainsi les habitudes de cafés et autres lieux publics pour les sociétés populaires. Et quand la peur et la haine se réunirent pour faire fermer ces grandes écoles du patriotisme, bien des gens qui y étaient entrés, la première fois, en tremblant de tous leurs membres, se trouvèrent péniblement désappointés ; il leur semblait

Au milieu de ces discussions incessantes, nécessitées par le besoin de défendre les libertés publiques si gravement compromises, on attendait avec impatience la profession de foi du nouveau ministère.

Au jour indiqué, le gouvernement tout entier entra dans la salle de l'assemblée constituante pour y demander un nouveau crédit de cent mille francs comme complément des dépenses secrètes de l'année courante. Cette demande ne fut qu'un prétexte pour fonder l'opinion de la représentation nationale à l'égard du nouveau ministère. C'était là, en quelque sorte, un vote de confiance anticipée dans son administration.

Le citoyen Dufaure, chargé de faire cette demande, profita de l'occasion pour lancer le manifeste du gouvernement. Après avoir fait l'éloge de la forme républicaine, qu'il appela une *noble institution*, il exposa ainsi son programme :

« Nous pensons que le gouvernement doit s'attacher à combattre les méfiances et les craintes qui paralysent toutes les activités sociales, dit-il ; il doit faire comprendre aux populations qu'une république n'est pas nécessairement inquiète, turbulente, agitée sans relâche et sans but; qu'elle n'est pas une révolution en permanence; qu'elle peut marquer sa place dans l'histoire autrement que par des jours de sang et de deuil; qu'elle ne peut être solidement assise que sur les bases éternelles de toute société humaine, la liberté, la propriété, la famille, l'inviolabilité, le respect de tous les droits; que plus que tout autre gouvernement peut-être, elle demande l'ordre, l'ordre non pas arbitraire et despotique, mais l'ordre selon les lois, exigé de tous impartialement mais inflexiblement.... Nous voulons, ajoutait le nouveau ministre, que les principes que vous avez si sagement proclamés, descendent en pratique dans les

---

qu'il manquait quelque chose au complément de leur journée. La France était donc mûre pour la liberté!

derniers détails de l'administration, et que le plus humble des citoyens se sente à tout instant libre et inviolable sous la main protectrice de la république. »

C'était là un magnifique programme que tout le monde pouvait signer; mais il était loin de renfermer les explications que l'on attendait sur la démission des trois ministres, et moins encore de préciser la marche que le nouveau cabinet se proposait de suivre tant à l'égard de la politique intérieure, que de celle non moins importante de l'extérieur.

Aussi le citoyen Landrin s'empressa-t-il de déclarer qu'il allait mettre le gouvernement en demeure, et qu'il ne lui accorderait sa confiance qu'après avoir obtenu une réponse catégorique.

Rappelant tous les efforts que ses amis et lui avaient faits pour appuyer le pouvoir exécutif dans les graves circonstances où la patrie s'était trouvée, le citoyen Landrin faisait remarquer que ce pouvoir avait déjà tenté de trouver une majorité en dehors, et qu'enfin la séparation était complète et solennelle.

« Pouvons-nous, devons-nous, dans les circonstances où il nous a placés, poursuivait l'orateur, le suivre aveuglément, les yeux fermés, lorsqu'il a cherché une majorité ailleurs? Le suivre, nous, ses amis politiques d'hier! Je ne le pense pas, et je m'explique.

« Nous voulons tous ici la république; mais nous la voulons d'une manière différente. Les uns veulent qu'elle tienne les promesses qu'elle nous a faites en février; les autres, au contraire, veulent la retenir. De là, deux tendances différentes. Eh bien! je dis que la majorité du nouveau pouvoir appartient à la seconde fraction, et que nous, qui appartenons à la première fraction, nous sommes de ceux qui pensons que la république a été faite pour tous, qu'elle n'a pas été faite exclusivement pour eux seuls, mais pour que toutes les capacités puissent parvenir.

« Nous ne sommes pas de ceux, ajoutait encore l'orateur, qui croient à la transformation spontanée dont nous avons le spectacle sous les yeux. Nous pensons qu'il y a des hommes qui ne sont pas possibles, par cela seulement qu'on les croit impossibles, parce que leur heure n'est pas venue tant que la lutte dure encore. Un programme n'est qu'une promesse que les événements de demain peuvent renverser. Il y a un programme plus certain, c'est celui qui est écrit dans la vie d'un homme, dans ses antécédents. »

Le général Cavaignac se borna à répondre qu'il n'acceptait pas les distinctions établies par le citoyen Landrin. Quant aux motifs qui l'avaient amené à modifier son ministère, il déclara qu'en principe, il lui avait paru nécessaire de réunir les éléments d'une majorité stable, parce qu'on ne pouvait gouverner que dans ces conditions.

Le citoyen Portalis lui prouva bientôt après que ni les ministres précédents, ni le président du conseil n'avaient tenu un compte aussi rigide des prescriptions constitutionnelles, puisqu'ils ne s'étaient point retirés devant des votes hostiles sur plusieurs questions importantes. Les explications que cet orateur provoqua de la part du ministre de l'intérieur sortant, eurent pour objet de prouver que la réaction guettait depuis longtemps l'occasion de rallier à elle le chef du pouvoir exécutif, et qu'elle était enfin parvenue à l'entraîner dans ses haines et ses rancunes, en s'emparant de l'administration politique de la France, au moment de l'élection du président.

A quelles conditions le général Cavaignac avait-il consenti à débarrasser le gouvernement de ceux de ses membres qui y représentaient encore le principe républicain? Il serait difficile de les indiquer avec précision ; mais une phrase de M. Senard semble expliquer ce mystère.

« Vint ensuite la question de la nomination du président de la république, dit-il. Nous avions tous la pensée que cette élection devait avoir lieu par le suffrage universel ; mais la nomination par l'assemblée prévalut en l'absence du président. Ce ne fut que le lendemain que nous apprîmes que le président du conseil, appelé au sein de la commission, y avait appuyé le vote universel. Plus de six cents voix accueillirent le vote universel. La retraite de tous les membres du cabinet fut dès lors agitée. On s'arrêta à une modification, à condition que l'élément démocratique resterait en majorité dans le conseil. Nous laissâmes au président le soin de recomposer un cabinet. Depuis lors, nous sommes restés étrangers à tout ce qui s'est passé. »

Il était évident que le vote sur la nomination du président de la république, avait été la cause de la retraite des ministres. Mais, ainsi que le fit fort judicieusement remarquer le citoyen Dupont (de Bussac), ce vote devait entraîner la retraite du cabinet tout entier, et non par fraction. « Si je ne me trompe, ajouta cet orateur, le général Cavaignac défendait alors le suffrage universel pour l'élection du président. Le ministère tout entier a voté pour que cette élection fût laissée à l'assemblée. Je ne puis me rendre compte de ce vote, mais je n'y trouve pas un motif plausible de la retraite de trois membres du cabinet sur sept. »

— « Je me borne à répéter, répondit le général Cavaignac, que le ministère s'est dissous contrairement à mon opinion, et que j'ai résisté à cette dissolution. »

— « Si j'ai bien compris les paroles de M. le président du conseil, répliqua aussitôt le citoyen Ledru-Rollin, il nous a dit qu'il s'était séparé avec peine d'hommes dont le nom avait été une garantie lorsqu'il s'était agi, par suite des événements de juin, de porter la main sur la liberté. Si cela est vrai, si ces hommes, qu'on me permette de le dire, qui avaient compromis leur popularité au prétendu service de la république, si ces hommes ne peuvent plus rester avec vous, vous auriez donc quelque chose de plus à exiger d'eux? Il fallait donc leur demander de nouveaux sacrifices ; car les leurs, ils les avaient faits ; ils n'avaient pas reculé devant de pénibles concessions ; et si aujourd'hui ils se retirent, c'est, sans doute, parce que vous avez quelque chose de nouveau à exiger en fait de sacrifices contre la liberté?...

« Ce que je viens vous demander, moi, ajoutait le citoyen Ledru-Rollin, c'est moins l'explication des substitutions de personnes, que l'explication du changement de politique et de système. Vous avez parlé de conciliation ! c'est là un mot banal ; car le citoyen Senard vous a dit que la conciliation était son idée dominante. Il y a donc deux genres de conciliation : la conciliation avec les hommes qui avaient des principes républicains, et la conciliation avec des hommes arrivés depuis peu sur le même terrain, mais qui, loin d'avoir donné des gages, des garanties à la république, l'avaient sans cesse méprisée ou combattue.

« Or, disait l'orateur, c'est presque exclusivement avec les hommes dont les convictions étaient hostiles à la république, que vous venez de former votre cabinet. C'est presque exclusivement avec des hommes de cette politique que désormais vous allez administrer le pays. Les républicains sincères doivent donc s'alarmer et tenir votre ministère et vous dans un état de légitime défiance ; car le pacte que vous faites n'est plus un pacte avec nos principes, mais un pacte, un simple pacte avec des hommes.

« Citoyens, disait en terminant l'ancien membre du gouvernement provisoire, ce changement dans le personnel des fonctionnaires, est d'autant plus grave que nous allons arriver à l'élection d'un président. Quand, sur cette question de l'élection par le peuple ou par l'assemblée, le chef du pouvoir exécutif a changé si rapidement d'avis, quand il a été si soudainement convaincu, je dis qu'alors changer l'administration de la France, la modifier profondément, la placer entre les mains d'hommes qui ont lutté pendant dix-huit ans contre nous, c'est oublier les principes pour les personnes. »

Le citoyen Ledru-Rollin, qui avait été si souvent interrompu par les centres, et qui venait même d'être forcé de quitter la tribune, avant d'avoir pu expliquer quelle politique la république devait suivre à l'intérieur comme au dehors, ne put s'empêcher de s'écrier en passant devant le banc ministériel et en regardant les ministres :

« Cette compression de la tribune est une triste inauguration de votre ministère ! » Ce qui lui valut une demande de rappel à l'ordre.

Le général Bedeau essaya, au milieu du tumulte, de faire comprendre pourquoi il se proposait de donner un vote de confiance au nouveau cabinet. L'ex-préfet de police, Ducoux, s'écria qu'il ne comprenait pas comment des hommes qui avaient à peine reçu le baptême de la nouvelle religion politique, eussent déjà la prétention de devenir les grands prêtres de ce culte. « Le ministère, ajouta-t-il, demande un vote de confiance ; il l'aura à une grande majorité ; mais qu'il pèse cette majorité, il verra qu'il s'est étrangement mépris sur les désirs et la politique du pays. »

Enfin, le citoyen Dufaure, après avoir répété que le ministère nouveau se considérait comme un messager de conciliation, s'écriait :

« Lorsque nous aurons obtenu l'appui de la majorité dans l'assemblée, nous serons forts, car, hors la majorité, il n'y a que caprice, dictature, tyrannie, et nous nous croirons alors les vrais représentants de la majorité du pays. »

Cette majorité, le nouveau ministère l'eut ce jour-là même, car le vote des fonds secrets lui donna 570 voix sur 725 votants.

Ce fut ainsi que la contre-révolution fut inaugurée sous les auspices du général Cavaignac, l'un des prétendants à la future présidence ; et cette inauguration ne fut plus clandestine, elle se fit avec les hommes et le drapeau de la monarchie. Il y eut de nouveaux *satisfaits* par anticipation.

Certes, les ministres Dufaure, Freslon et Vivien, n'arrivaient pas aux affaires publiques pour trahir la révolution ; il y avait chez eux cette probité d'homme qui les forçait à servir la république avec la même fidélité qu'ils avaient servi la monarchie ; mais, émanant de la réaction, ils ne pouvaient faire autre chose qu'étouffer insensiblement les germes de la démocratie, conservés jusqu'à ce jour par des ministres considérés comme dévoués à la cause de la liberté. Nul contrepoids n'existant plus dès lors dans le gouvernement ; il devait fonctionner exclusivement dans l'intérêt de la majorité contre-révolutionnaire, qui se dessinait de plus en plus au milieu de l'assemblée nationale.

Et en effet, ce fut dans ce sens qu'on vit marcher le gouvernement dont le général Cavaignac était le chef, jusqu'à ce que les masses, ayant perdu tout espoir de ce côté, et n'ayant plus aucune confiance dans l'assemblée constituante, hâtèrent de leur vœu le moment où elles pourraient se livrer à une autre expérience. Mais, de ce jour, il ne resta plus que l'ombre de la république, dirigée occultement par les plus implacables ennemis des républicains.

En présence de cette situation si grave, les représentants républicains siégeant à ce qu'on appelait la *montagne*, crurent de leur devoir d'adresser au peuple une sorte de protestation contre la marche des affaires de la république.

« C'est là maintenant que nous sommes ; c'est aux hommes de la monarchie que viennent d'être confiés les destins de la république, disaient-ils.

« Nous comprenons les craintes du peuple, et son indignation trop justifiée, certes. Qu'il ne s'alarme pas, cependant, outre mesure, et surtout qu'il se garde de céder à de perfides provocations. Quoique l'on fasse pour le pousser à des imprudences désastreuses, qu'il reste calme et ferme, maître de soi, pour l'être de l'avenir. C'est ainsi qu'il prouvera sa force, et qu'il la retrouvera tout entière, invincible par l'union, dans les combats pacifiques, qui doivent seuls aujourd'hui venir en aide au droit.

« Et nous, honorés du titre de représentants du peuple, nous savons à quoi ce titre nous oblige; nous connaissons nos devoirs, et nous les remplirons. Sortis du peuple, unis au peuple, nous lutterons et, c'est notre foi, nous vaincrons avec lui. »

Tels furent les conseils que la nouvelle montagne adressa au peuple, et auxquels le peuple déféra malgré son irritation.

La presse bâillonnée par toutes les lois compressives portées en dernier lieu, et par celles qu'on exhumait de l'arsenal monarchique, et les réunions populaires fermées, il ne restait plus à la démocratie d'autre moyen d'exprimer son opinion et ses protestations contre l'ordre de choses établi par la réaction qu'en se rassemblant dans les banquets patriotiques. Ces banquets, renouvelés des derniers temps de la monarchie, se réorganisèrent alors partout; chaque ville voulut avoir le sien. A Paris, chaque arrondissement, chaque corporation, fit sa protestation en dînant. Il y eut le banquet des écoles, le banquet des ouvriers, celui de la presse démocratique, celui des représentants du peuple, etc., etc. Le banquet commémoratif de l'ère républicaine et de la fondation de la première république démocratique en France fut surtout célébré avec enthousiasme, non-seulement à Paris, mais dans tous les centres de population républicaine. Des tostes aux principes professés par nos pères, à un meilleur avenir, au rétablissement de la liberté, de l'égalité, de la fraternité, à l'amélioration du sort du peuple; des discours où se résumait la situation et où se formulait le programme de l'avenir, consolaient les démocrates de la perte des libertés publiques. Les républicains de la veille ne pouvant plus faire de la propagande par les moyens ordinaires, s'occupaient de l'éducation publique dans les banquets, qui avaient tous un grand retentissement.

C'en fut assez pour déchaîner les réactionnaires contre les banquets; les mêmes hommes qui, à force de calomnies, étaient parvenus à faire fermer les clubs, entrèrent en campagne pour faire interdire ces banquets subversifs de l'ordre tel qu'ils le voulaient.

Ce fut d'abord un obscur député du midi, ancien sous-préfet de MM. Guizot et Duchâtel, qui, dans un discours d'apparat, dénonça au ministre de l'intérieur et à la France entière, les faits et gestes des républicains de Toulouse rassemblés dans un banquet auquel assistaient un grand nombre de fonctionnaires de la ville. Et, pour que son travail fût plus complet, le même député, désigné sous le nom de Danjoi ou Denjoye, crut devoir comprendre dans sa dénonciation les discours prononcés à Bourges, dans une autre réunion de même nature.

« Une campagne de banquets commence à ce qu'il paraît, sur tous les points du territoire, dit le citoyen Danjoi. Le prétexte ou la cause apparente de ces banquets a été de célébrer le 56e anniversaire de la fondation de la république. A en juger par le journal qui a organisé la fête, la véritable cause du banquet de Toulouse était de protester contre le vote de cette assemblée qui, à une grande majorité, a rejeté l'amendement d'un de nos collègues sur le droit au travail.

« Voici maintenant ce qui s'est passé, continuait l'orateur. Les couleurs arborées étaient rouges, sans doute comme nouvel essai de la république rouge; les colonnes de la salle étaient rouges, le socle qui servait de support à la liberté était rouge, et sur la hampe rouge d'un drapeau, on avait placé un bonnet rouge.

« Maintenant, un toste est porté par le préfet, à l'assemblée nationale ; mais qu'est-il arrivé ? On a répondu à ce toste par les cris : *à bas l'assemblée nationale !* Puis quand le toste a été porté au président du conseil, au général Cavaignac, on a répondu par des huées. Pendant que ces cris éclataient, un préfet, un maire, un conseil municipal, un recteur étaient présents ; ont-ils protesté ? Non ; ils sont restés muets !.....

« Après le banquet, Messieurs, il y eut des farandoles et des promenades dans toute la ville. Il est prouvé qu'on s'est livré aux crix de vive Marat, vive Robespierre, vive Barbès, vive la guillotine !..... »

Jusqu'ici les représentants siégeant au côté gauche s'étaient bornés à murmurer et à protester contre l'inexactitude des faits racontés par l'orateur. Mais ces dernières assertions excitèrent un mouvement général d'indignation de toute cette partie de la salle ; car on s'aperçut que la dénonciation contre le banquet de Toulouse était tirée mot à mot de la relation évidemment mensongère et calomnieuse donnée par le *journal de Toulouse*, feuille réactionnaire s'il en fût. Il s'ensuivit un immense tumulte, au milieu duquel les plus vives interpellations furent adressées au dénonciateur en second [1]. Celui-ci put enfin conclure, en demandant au ministre ce qu'il comptait faire à l'égard du préfet, du maire, des conseillers municipaux et autres fonctionnaires qui avaient assisté au banquet,

---

[1] Le lendemain et jours suivants, les feuilles royalistes s'empressèrent de célébrer le courage que le citoyen Denjoy avait montré au milieu de cette tempête ; ces feuilles en firent tout d'un coup un grand orateur. L'une d'elles, l'*Union monarchique*, lui décerna même le martyre, en affirmant que l'intrépide dénonciateur de la république rouge et des banquets de la même couleur, avait été précipité de la tribune par les *hommes de la montagne*. Ces feuilles continuèrent à considérer comme vraies les imputations mensongères du *journal de Toulouse* et les faits colportés à la tribune par l'honnête et véridique sous-préfet de M. Duchâtel. L'enquête même ne put pas les convaincre des exagérations de leur collègue de Toulouse.

et autorisé, par leur présence, les excès qui l'avaient signalé si déplorablement.

Pris à l'improviste, le ministre de l'intérieur, qui était encore le citoyen Senard, ne put s'empêcher de mettre en doute les allégations du citoyen Denjoy.

« Faut-il prendre pour vrai tout ce que dit un journal? s'écria le ministre. J'ai la ferme espérance que tout ce que rapporte la feuille que l'honorable préopinant avait à la main n'est pas et ne peut être vrai. Est-ce que vous pouvez croire facilement que tous les fonctionnaires publics, le préfet, le maire, qui est un des négociants les plus honorables de Toulouse, que les deux tiers des membres du conseil municipal, que des magistrats qui ont reçu leur investiture de la république, après avoir gagné leurs grades sous les gouvernements précédents, seraient allés s'asseoir au milieu des emblèmes de la terreur? Il est évident qu'il y a eu une grande exagération. Les rapports du préfet, du maire, de toutes les autres autorités, constatent que la fête de Toulouse n'a pas cessé d'être une fête de patriotisme, et qu'aucun désordre ne l'a signalée. Je tiens donc pour faux les détails qu'on vous a lus.

— « Je suis chargé de démentir formellement les faits auxquels on a fait allusion, reprit aussitôt le citoyen Joly. Le journal qu'on vient de lire n'est pas l'*Émancipation*; c'est le *journal de Toulouse*; c'est un journal appris par cœur. Je ne suis pas étonné que l'honorable préopinant n'aime pas les banquets; il sait ce qu'ils lui coûtent à lui et à ses amis.

« On a dit que le local dans lequel le banquet s'est tenu était revêtu de rouge : Le banquet s'est tenu en plein air. Quant aux tostes dont on a parlé, je n'ai qu'un mot à répondre : Il est impossible qu'en présence de fonctionnaires publics, ces tostes aient été portés; tous ces fonctionnaires et l'élite de la garde nationale eussent certainement protesté.

« Oui, ajouta le citoyen Joly, oui, il y a eu à Toulouse une manifestation patriotique qui aura un grand retentissement dans le midi; mais ce retentissement était nécessaire; les patriotes de Toulouse ont voulu faire savoir à la Vendée toulousaine que le parti républicain n'était pas mort. Oui, le banquet du 22 septembre était une nécessité patriotique en présence des coupables espérances formulées chaque jour dans ce pays par cette même presse qui nous accuse aujourd'hui. »

— « Le ministre de l'intérieur aurait dû vous dire, ajouta le citoyen Germain Sarrut, qu'aux portes de Toulouse le drapeau blanc avait été déployé. Les organisateurs du banquet de Toulouse et de tous ceux qui s'organisent encore, je l'espère, ont voulu prouver, en présence de toutes ces manifestations royalistes, que les républicains ne sont pas encore décidés à laisser confisquer la république. »

L'enquête demandée par le ministre de l'intérieur ne tarda pas à démontrer combien avaient été grandes les exagérations du *journal de Toulouse*.

Toutefois, le parti réactionnaire ne renonça pas à poursuivre sa campagne contre les banquets.

Un mois après, le citoyen Grandin dénonçait encore les tostes portés aux ouvriers de Rouen, d'Elbeuf et de Limoges par le représentant Bac, qui se trouvait au banquet des ouvriers, à Neuilly.

« Ces tostes, dit le citoyen Grandin, peuvent amener les plus grands dangers, et comme nous pouvons en être les victimes, je demande à M. le ministre quels moyens il a pris pour en prévenir les funestes conséquences, et pour surveiller de pareilles réunions qui menacent à la fois la liberté et la tranquillité publique. »

Le côté gauche de l'assemblée ne put s'empêcher d'accueillir par des éclats de rire les termes du citoyen Grandin; ce côté voulut même empêcher le citoyen Bac de répondre à la dénonciation de la peur; mais celui-ci, comprenant que les interpellations s'adressaient directement à lui et non au ministre, répondit en ces termes :

« Nous avons pensé, dit-il, que c'était un droit pour les ouvriers de se réunir dans un banquet, et pour nous un devoir d'y assister. Les banquets sont un moyen d'échapper à certaines interdictions. Mais ont-ils été l'occasion d'un tumulte quelconque? Y a-t-il eu une atteinte portée aux lois à ce sujet? Non ; et le banquet auquel j'ai assisté a été plein de calme et de dignité.

« M. Grandin s'est beaucoup effrayé des discours qui y ont été prononcés. S'il les eût entendus, il saurait que les hommes qui ont pris la parole veulent entrer dans les voies pacifiques, et qu'ils ont la ferme volonté de mettre fin à toutes les guerres civiles. Je le renvoie à ce sujet au *journal des Débats* lui-même, qui a rendu un compte exact de ces discours.

« Personnellement, ajouta le citoyen Bac, je n'ai pas à démentir mes paroles. J'ai porté un toste aux ouvriers de Limoges qui m'ont nommé membre de cette assemblée ; aux ouvriers de Rouen et d'Elbeuf, et j'ai ajouté quelques mots de sympathie en faveur de ceux qui, du fond de leur prison, unissent leur cœur au nôtre. J'avais le droit de le faire; car tous les malheureux ont droit à nos sympathies..... »

— « Nous voulons la liberté pleine et entière, dit alors le ministre, et pour cela nous ne croyons pas qu'il faille trop s'épouvanter de manifestations sans danger. Le jour où les clubs et les banquets offriraient des dangers, soyez bien persuadés que le gouvernement viendrait vous demander les moyens de répression nécessaires. Mais ne donnons pas à ces banquets plus d'importance qu'ils n'en méritent, car c'est toujours le même personnel qui les compose tous. »

Le pouvoir semblait se consoler et rassurer les réactionnaires par cette considération que les citoyens qui allaient s'asseoir aux divers banquets étaient partout les mêmes. C'était une illusion dont les royalistes ne tardèrent pas, aux élections suivantes, de reconnaître le danger.

CHAPITRE VI.

L'élection du président absorbe l'attention publique. — Suicide de l'assemblée nationale. — Elle s'occupe de la responsabilité du président — Vœu d'un ajournement émis par les journaux réactionnaires. — L'assemblée y répond en décrétant la série de lois organiques qu'elle doit porter. — Les candidats à la présidence se posent. — Le général Cavaignac porté par le parti des modérés. — Sa circulaire aux fonctionnaires civils et militaires. — Appréciation de sa politique. — Ses amis espèrent un succès complet. — Candidature du général Changarnier. — Le général Bugeaud se met sur les rangs. — Il compte sur les voix des réactionnaires. — Chances qu'aurait eues M. de Lamartine. — Il se trouve séparé des démocrates et délaissé par les réactionnaires. — La candidature du citoyen Ledru-Rollin est présentée comme une protestation contre la présidence. — Elle est fortement appuyée par la montagne, les comités démocratiques, les clubs, les feuilles républicaines et les travailleurs. — Déclaration de la montagne. — Les journaux démocratiques motivent leur choix de Ledru-Rollin. — Décision du congrès électoral à son égard. — Scission entre les *socialistes* et les *politiques*. — Candidature des citoyens Raspail et Louis Blanc. — Si la dernière et l'unique espérance du peuple c'est le socialisme, la première et la seule espérance du socialisme, c'est la république. — Candidature du citoyen Louis Bonaparte. — Journaux et partis qui l'appuient. — Moyens employés pour la faire réussir. — Guerre ignoble que se font les candidats. — Vues des légitimistes en appuyant Louis-Napoléon. — Son manifeste. — Ses promesses. — La question nettement posée. — Article du journal la *Réforme* à ce sujet. — Illusions détruites par le scrutin. — Les démocrates votent pour Louis, en haine du général Cavaignac. — Louis-Napoléon obtient cinq millions et demi de voix. — Il est proclamé président de la république française. — Nouveau ministère. — Barrot. — C'est comme sous la monarchie.

Il serait exact de dire, qu'à partir du vote définitif de la constitution jusqu'à l'élection du président de la république, toutes les affaires quelconques restèrent suspendues, et que l'on ne s'occupa guère en France que de cette élection, considérée par bien des gens comme la panacée qui devait guérir tous les maux de l'État. L'histoire de cette époque pourrait donc se borner au récit des démarches actives et des intrigues de toute nature, auxquelles se livrèrent dès lors les partis divers qui se montraient enchantés d'avoir obtenu quelque chose de semblable à une royauté.

Mais il serait injuste de ne plus parler de l'assemblée nationale, quoiqu'elle se fût suicidée par l'adoption du chapitre V de la constitution de 1848. Nous devons donc continuer à dire ce qu'elle fit pendant les deux mois qui précédèrent l'organisation définitive du nouveau gouvernement.

Comme la constitution n'avait rien statué à l'égard de la responsabilité du futur président, l'assemblée se hâta de placer à l'ordre du jour une loi à ce sujet : elle le fit même d'urgence ; car, la plupart des législateurs commençaient à comprendre combien était grave et périlleuse cette création présidentielle, dont ils venaient de doter la république. Comme on sait la valeur de ces lois de responsabilité, nous passerons sous silence les dispositions élaborées par le citoyen Crémieux, et nous nous bornerons à faire remarquer que, par cette loi, l'assemblée voulait constater qu'elle n'avait pas donné sa démission.

Or, comme en ce moment là quelques feuilles réactionnaires avaient commencé à émettre le vœu d'une prorogation, la proposition formelle en fut aussitôt présentée à l'assemblée. La commission chargée de l'examiner consulta le gouvernement. Sans s'expliquer sur le fond même de la question, le général Cavaignac se borna à déclarer, que quelle que fut la détermination de l'assemblée à ce sujet, il croyait pouvoir répondre de la paix et de la sûreté publique. Ainsi, lorsqu'il s'était agi de la levée de l'état de siége, le cabinet avait déclaré qu'il verrait un grand danger à laisser la société désarmée, et quand il était question de se débarrasser de la tutelle d'une assemblée, d'ailleurs fort peu gênante, ce même cabinet répondait de tout.

C'est que la plupart des ministres du conseil et le président lui-même pensaient probablement que le rôle de l'assemblée nationale était fini, et qu'elle pouvait aller se reposer. Bien des membres n'auraient pas été fâchés de préparer leur réélection; quelques-uns firent même observer que la réunion des conseils généraux s'approchant, il serait convenable que ceux des députés appartenant à ces conseils locaux pussent prendre part à leurs délibérations.

Néanmoins, la commission de constitution proposa le rejet de la proposition d'ajournement, tout en émettant le vœu d'une suspension momentanée des travaux législatifs, et la majorité de l'assemblée déclara, par son vote, qu'elle ne se prorogerait pas.

Ce fut là un échec pour ceux qui auraient voulu, d'une manière ou d'autre, que l'assemblée se séparât. Or, comme les journaux réactionnaires ne cessaient de revenir sur cette question, et qu'ils ne craignaient pas de sommer la constituante de se retirer, elle crut devoir répondre à ces insolentes sommations par un projet de décret tendant à déterminer les lois organiques qu'elle jugeait nécessaires de voter avant de se séparer. Ce projet embrassait : la loi sur la responsabilité des dépositaires du pouvoir; la loi sur le conseil d'État; la loi électorale; la loi d'organisation départementale et communale; celle sur l'organisation du jury; celle sur la force armée; la loi définitive sur la presse, et la loi sur l'état de siége. Le rapporteur de la commission de constitution demandait même l'urgence pour la nomination d'une commission générale des lois organiques; mais l'assemblée se borna à décréter le renvoi dans les bureaux.

Quelques jours après, le citoyen Boussi présenta un amendement tendant à augmenter le nombre de ces lois organiques. Ce représentant aurait voulu qu'on comprît dans la proposition générale, conformément à la constitution : 1° la loi réglementaire de la police intérieure des assemblées nationales et de leurs relations avec les pouvoirs exécutif et judiciaire; 2° la oi d'organisation et d'attributions de l'administration centrale;

3° la loi réglémentaire des réunions et associations ; 4° la loi organique de l'assistance.

Déjà on avait distribué aux représentants une liste de quarante-six projets ou propositions qui étaient à l'État de rapport; ce qui faisait dire aux journaux chargés de renvoyer l'assemblée constituante, qu'elle voulait s'éterniser.

Mais pendant que les bureaux examinaient ces propositions, le temps s'écoulait et l'élection du président s'approchait ; aussi devint-il impossible de s'occuper sérieusement d'autre chose que de cette élection ; à elle seule elle absorbait toutes les facultés de l'assemblée, comme celles des citoyens; car les candidatures surgissaient, se posaient et divisaient la France en plusieurs camps, ayant chacun leur drapeau.

Au premier rang se présentait naturellement le général Cavaignac, président de fait depuis quelques mois. Il fondait son espoir sur la confiance qu'une grande majorité dans l'assemblée lui témoignait; il comptait aussi sur le parti du *National* qui l'avait constamment appuyé, et sur les titres qu'il croyait avoir à la reconnaissance des modérés. Il comptait enfin sur les nombreux fonctionnaires civils et militaires auxquels il venait d'adresser sa profession de foi, à l'égard de la constitution, afin, disait-il, de se mettre directement en rapports avec eux, au milieu des circonstances solennelles où le pays se trouvait.

Le général Cavaignac y attribuait tous les maux qui venaient d'affliger la patrie aux irrésolutions provenant de ce que, la constitution n'étant pas faite, la révolution ne se trouvait pas définie.

« Désormais, ajoutait-il, la constitution est faite, et la révolution définie dans sa règle, dans son organisation, et quiconque, s'élevant contre la loi nouvelle, prétendrait encore demander à la révolution qui s'accomplit, l'acquittement de dettes imaginaires, encourrait à juste titre les sévérités de la loi.... La république sans le bon ordre, le bon ordre sans la république, ajoutait-il, sont désormais deux faits également impossibles, et celui qui prétendrait les séparer ou sacrifier l'un à l'autre, est un citoyen dangereux, que la raison condamne et que le pays repousse. Attachez-vous donc à vous pénétrer de ces pensées et à les faire pénétrer dans l'esprit de ceux qui vous secondent ou vous entourent. Vous connaissez les erreurs et les dangers de notre époque ; vous continuerez à les combattre avec le dévouement que la république a le droit d'attendre de votre part. L'appui de l'autorité qui vous dirige, l'opinion de la nation tout entière, sont les sources où vous irez retremper le courage qui vous est nécessaire, pour ne pas faillir en présence d'agressions audacieuses, si par malheur elles venaient à se reproduire. »

Ainsi le chef du pouvoir exécutif semblait ne trouver de rigueurs que pour les doctrines des socialistes et même des démocrates ; aussi recommandait-il aux fonctionnaires d'écarter sans hésitation quiconque ne commanderait par leur confiance.... « Plus d'une nation, ajoutait-il, a étouffé ses propres libertés sous le fardeau de la reconnaissance ; je n'en connais pas qui les ait vues disparaître devant le remords de son ingratitude. » C'était dire aux fonctionnaires qu'ils ne devaient avoir aucuns égards pour les vieux républicains ayant usé leur vie à combattre les royautés et leurs dogmes.

Tout cela était bien pâle, bien vague ; ce qu'il apparaissait de plus clair dans cette fameuse circulaire, c'est que le gouvernement, dont le général était le chef, croyait avoir accompli, de la manière la plus digne d'éloges, ses devoirs envers la nation.

Quant à la politique suivie, à l'égard de l'extérieur, le chef du pouvoir exécutif déclarait hautement que, grâce aux principes loyaux et généreux tracés par l'assemblée nationale, le gouvernement de la république avait la confiance d'arriver au terme de son autorité provisoire, sans avoir vu troubler les rapports pacifiques que tous ses efforts avaient tendu à consolider, et qu'il léguerait au pouvoir définitif une situation dont le maintien ne coûterait rien à l'honneur et aux intérêts de la France.

M. Guizot ne parlait pas avec plus d'assurance quand il laissait la France pourrir au milieu de la paix à tout prix, et le peuple français ne devait guère trouver de différence entre la circulaire du général Cavaignac et les explications que donnait souvent le ministre de Louis-Philippe à ses *satisfaits*.

Quoiqu'il n'y eût dans cet exposé aucun acte qui pût mériter au général l'honneur de devenir président définitif de la république française, ses amis, et principalement ceux appartenant au parti du *National*, vantèrent beaucoup la ligne de conduite que le chef du pouvoir exécutif traçait aux fonctionnaires ; à leurs yeux, nul autre candidat ne pouvait lui disputer la suite de possession d'un pouvoir qu'il avait rendu si respectable. Et d'ailleurs, le général Cavaignac ne s'était-il pas révélé à la France comme un homme supérieur, et son étoile ne semblait-elle pas le destiner à atteindre rapidement tous les plus hauts échelons de la fortune? Ceux qui, dans ces régions officielles, appuyaient cette candidature, doutaient d'abord si peu du succès, qu'ils avaient déjà assigné au rapporteur de la constitution, le citoyen Marrast, les fonctions de vice-président.

En effet, il était permis de croire que le candidat du *National* l'emporterait facilement sur des concurrents tels que le général Changarnier.

Un autre chef militaire, le général Bugeaud, s'était aussi placé sur les rangs.

Quoiqu'il se fût montré constamment l'ennemi irréconciliable de la république et des républicains, cet autre officier général avait conservé une si bonne opinion de lui-même, qu'après s'être considéré longtemps comme l'homme indispensable à la monarchie, il osait concevoir la prétention d'être nécessaire à la république. Les hauts grades dont la royauté s'était plue à le revêtir si rapidement, au grand scandale du pays tout entier, qui n'oubliait pas le rôle odieux dont ce militaire s'était chargé dans plus d'une circonstance, les honneurs et les dignités dont on l'avait affublé, semblaient lui avoir tourné la tête, au point que, sans posséder le moindre titre à la candidature, il ne s'était pas moins mis sur les rangs pour arriver à la présidence de la république, comptant sur l'appui des feuilles les plus contre-révolutionnaires. Quelque grands que fussent les progrès de la réaction, le général Bugeaud ne devait espérer évidemment que les voix les plus hostiles à la république, les seules qui se seraient réunies sur lui, dans l'intention d'en faire un nouveau Monck, c'est-à-dire un traître à la cause de la liberté. Il ne pouvait donc être un concurrent sérieux pour le général Cavaignac. Il le sentit et se désista en véritable fanfaron.

M. de Lamartine aurait pu lutter avantageusement contre le chef du pouvoir exécutif, s'il ne fût pas surgi une autre candidature, qui devait fasciner les yeux de bien des gens par son seul nom. M. de Lamartine avait naguère joui d'une immense popularité ; les électeurs de dix départements s'étaient empressés de lui donner par avance un million de voix : les uns le considéraient comme l'homme nécessaire au gouvernement de la république ; d'autres étaient encore en extase devant les éloquents rapports du ministre qui avait dirigé la politique étrangère aux premiers temps de la révolution de février. Si cette politique, par trop pacifique, ne répondait pas immédiatement aux exigences de la situation, si elle avait eu pour résultat de refréner la juste impatience des plus conséquents parmi les démocrates, au moins M. de Lamartine s'était-il gardé de fermer totalement la porte aux généreux élans des révolutionnaires ; et ceux-ci, comparant les nobles paroles du gouvernement provisoire à celles prononcées par le pouvoir qui lui avait succédé, relativement à la politique du dehors, auraient certainement continué à donner la préférence à l'homme qui avait constamment parlé de la délivrance de la Pologne, de l'Italie et des autres peuples en état de révolution, comme d'une dette de la France républicaine.

Il ne faut cependant pas se dissimuler que les réactionnaires avaient puissamment contribué à lui former cette grande clientelle. Or, par la qualification de réactionnaires, j'entends ce pêle-mêle de légitimistes, de philippistes, de peureux et de mauvais citoyens, qui, déplorant la révolution de février et détestant les chefs démocrates qu'elle avait mis en évidence, avaient pris à tâche d'exalter l'un des membres du gouvernement provisoire, celui qui leur paraissait représenter les idées les moins révolutionnaires, et selon eux les moins subversives, au détriment de ceux en qui la révolution et la démocratie s'étaient personnifiées. Il sera donc exact de dire que M. de Lamartine avait, comme Annibal, réuni sous ses drapeaux des troupes de toutes les nations, ayant des mobiles divers, et que la moindre circonstance pouvait diviser profondément.

C'est ce qui arriva lorsque, par une résolution qui devait l'honorer aux yeux de toute la France, M. de Lamartine refusa de faire partie de la commission exécutive, si Ledru-Rollin en était éliminé. De ce moment la tourbe réactionnaire, qui ne raisonnait pas, se détacha de son idole, et peu s'en fallut qu'elle ne le foulât à ses pieds. Comme M. de Lamartine tenait à sa popularité, il voulut en vain donner à ceux qui s'éloignaient de lui tous les gages possibles de son dévouement à la *république des modérés*; il ne put ramener le parti qui l'avait applaudi lorsqu'il blâma les fameuses circulaires, et acheva d'éloigner de lui ceux des démocrates qui n'avaient point désespéré alors du grand orateur. C'est ainsi qu'après avoir possédé sans partage une popularité prodigieuse, M. de Lamartine se trouva tout à coup séparé des démocrates et délaissé par les réactionnaires, auxquels les nouveaux représentants du peuple donnèrent l'exemple de l'ingratitude envers le membre du gouvernement provisoire qui les avait si puissamment aidés à revenir sur la scène politique.

Malgré cette indifférence, il est très-probable que les sympathies du peuple eussent de nouveau entouré M. de Lamartine, s'il n'eût été en présence que du seul général Cavaignac. En déposant leur bulletin de vote, les uns eussent pensé aux services que M. de Lamartine a rendus à la révolution par son *Histoire des Girondins*; les autres se seraient rappelé ses luttes de tribune et le talent dont il avait fait preuve en défendant la cause des libertés publiques; beaucoup eussent rendu hommage à ses qualités personnelles, et les masses populaires lui auraient donné un grand nombre de voix en haine de son concurrent. Les hommes éclairés, repoussant de toutes leurs forces le gouvernement du sabre et de l'état de siége, auraient très-certainement aussi voté en faveur de M. de Lamartine, comme offrant plus de garanties libérales que le chef militaire qui avait laissé démolir pièce à pièce l'œuvre révolutionnaire du gouvernement provisoire. Nul doute que, malgré ses fautes, M. de Lamartine ne l'eût emporté sur le général Cavaignac.

Au surplus, ce candidat s'exprimait très-modestement dans la réponse adressée à ceux qui lui demandaient s'il acceptait la candidature :

« Je ne brigue pas les suffrages, leur disait-il; je ne les désire pas; mais la république peut avoir encore des difficultés et des dangers à traverser. Il y a aussi loin de la hardiesse de solliciter à la faiblesse de refuser, qu'il y a loin de l'ambition au dévouement. Ce dévouement me commande de ne pas retirer mon nom au libre choix du pays. J'accepte donc les suffrages qui se porteraient sur moi. »

Quant à la candidature du citoyen Ledru-Rollin, candidature fortement appuyée par la montagne et par tous les comités et feuilles démocratiques, dans les circonstances où le pays se trouvait, elle ne pouvait être considérée que comme un hommage rendu aux principes républicains ; car ce candidat était lui-même la négation de la présidence, contre laquelle il avait voté. Ses amis politiques le présentaient encore afin de le venger de toutes les calomnies dont il avait été l'objet. « Il faut, disaient-ils, que la lumière se fasse, et que Ledru-Rollin soit dignement vengé par les suffrages de tous ceux qui ont au cœur une fibre républicaine et l'amour de leur pays. »

La réunion de la rue Taitbout, dite de la Montagne, publia une déclaration dans laquelle on lisait les phrases suivantes :

« Citoyens, nous voulions l'unité du pouvoir, et nous la voulons encore. Nous avons voté contre le principe de la présidence ; mais puisque le vote de la majorité l'a emporté, puisque la constitution admet un président, il faut bien se garder de s'abstenir.

« Les candidats sérieux qui s'offrent à vos suffrages sont connus de vous ; vous savez ce qu'ils valent ; l'un a pour droits un nom, un souvenir dynastique ; l'autre des gages donnés à la réaction. Sans vouloir discuter ici les mérites de tous, nous dirons d'abord qu'il faut mettre à la tête de la république un républicain, car il faut conserver, développer et compléter la république.

« Dans cette situation, le citoyen Ledru-Rollin est celui qui mérite toute notre confiance, et qui peut, en outre, rallier les diverses nuances de la démocratie. Nous n'avons pas besoin de rappeler à l'estime des patriotes les titres de l'homme qui le premier, avec le peuple, a proclamé la république, et qui a organisé le suffrage universel. Si le citoyen Ledru-Rollin n'a pu jusqu'à présent appliquer tous nos principes et réaliser toutes nos idées, c'est qu'il fut paralysé par une majorité vouée à des idées et à des principes contraires. »

Aussitôt les nombreux comités démocratiques et les sociétés populaires des départements prirent la candidature du citoyen

Ledru-Rollin sous leur patronage spécial. Elle fut proclamée dans les clubs, dans les banquets, et fortement motivée dans tous les journaux républicains; des adresses lui furent envoyées par les démocrates des diverses villes pour lui annoncer qu'il avait été acclamé.

« En appuyant la candidature du citoyen Ledru-Rollin, disait à ce sujet le *National de l'Ouest*, nous ne sommes mus que par l'intérêt général de la république. Nous voyons dans Ledru-Rollin l'homme aux convictions démocratiques éprouvées; mais en même temps un homme d'ordre, quoique la réaction en dise, le seul qui puisse consolider la république de manière à ramener la confiance. »

— « Toutes les réformes bienfaisantes, Ledru-Rollin ne les ferait pas attendre au peuple, ajoutait le *Constitutionnel-Démocrate*; il l'a proclamé hautement; il tiendrait parole. Aujourd'hui, d'ailleurs, il est impossible de soutenir plus longtemps que Ledru-Rollin est l'auteur des *quarante-cinq centimes...* »

Le *Messager du Nord* contenait une adresse du comité démocratique de Valenciennes aux frères des villes et des campagnes, dans laquelle il recommandait la candidature de Ledru-Rollin comme la seule qui pouvait donner au peuple les gages d'une constante sollicitude pour ses plus chers intérêts.

« Portons donc à la présidence, y disait-on, le citoyen qui le premier a osé, sous la monarchie, au banquet de Lille, proclamer nos droits, en même temps qu'il nous rappelait nos devoirs. »

— « En soutenant la candidature du vrai fondateur de la république de 1848, nous soutenons un principe, lisait-on dans le *Républicain de Lot-et-Garonne*. Ledru-Rollin n'est pour nous ni un homme ni un nom : c'est la république. »

— « Nos ouvriers se sont rappelés, ajoutait une autre feuille du département du Nord, qu'au gouvernement provisoire, le citoyen Ledru-Rollin a toujours eu pour règle d'alléger le sort de celui qui souffre; qu'il a voté le crédit foncier et le droit au travail ; enfin que, dans toutes les occasions, il s'est montré le défenseur intelligent et dévoué des classes laborieuses. »

Le comité électoral des Bouches-du-Rhône et le club Castellane de Marseille s'empressèrent de recommander la candidature du citoyen Ledru-Rollin aux habitants des départements des Bouches-du-Rhône, du Var, des Basses-Alpes et de Vaucluse.

« Ledru-Rollin, leur disaient-ils, est l'homme principe, en qui se résume aujourd'hui la démocratie française. Fondateur de la république, il pourra mieux que personne la défendre contre les ennemis implacables qui s'acharnent à la détruire.

— « Avec Ledru-Rollin, ajoutait le *Citoyen de Dijon*, la France atteint le but qu'elle s'est proposé en saisissant l'arme des révolutions; avec Ledru-Rollin, il y a désormais une barrière infranchissable entre le passé et l'avenir; l'astre vieilli des royautés pâlit pour jamais devant l'étoile naissante des républicains, et la France devient pour toujours le phare autour duquel doivent se rallier les nations civilisées. »

— « Ledru-Rollin et ses amis, disaient encore les démocrates des Hautes-Pyrénées, veulent ce que veut le peuple : l'unité de pouvoir, la distinction des fonctions, la liberté de la presse, la liberté de réunion et d'association, le système d'élection appliqué à toutes les fonctions publiques, l'éducation gratuite, la révision des lois sur le service militaire et sa réduction de trois années, l'abolition immédiate des impôts qui frappent les objets de première nécessité, le sel, les boissons, etc., etc.; la réforme de l'impôt foncier, des octrois, des patentes; l'établissement de l'impôt proportionnel et progressif sur le revenu net, la réforme administrative, judiciaire et pénale; la justice gratuite, le droit au travail, le crédit, l'association, etc. ; en un mot, il veulent pacifiquement et progressivement toutes les conséquences des trois grands principes de la révolution française : *liberté, égalité, fraternité*, c'est-à-dire le gouvernement de tous, par tous et pour tous.

« Voilà ce que c'est que la république une et indivisible, démocratique et sociale, la seule vraie, et dont les monarchistes cherchent à vous effrayer par toutes sortes de moyens. Cette république, c'est celle de Ledru-Rollin et de tous les démocrates sincères. Frères de la ville et des campagnes, républicains des Hautes-Pyrénées, vous voterez pour elle en votant pour le citoyen Ledru-Rollin. »

Enfin, le congrès électoral national siégeant à Paris, et formé des délégués de cette ville, de la banlieue, des corporations ouvrières, du compagnonnage, de l'armée et des départements, au nombre de trois cents, décida, à l'unanimité moins trois voix, que le seul candidat à la présidence, sur lequel il appelait les suffrages des démocrates socialistes, était le citoyen Ledru-Rollin.

« Chacun de nous, disait le bureau de ce congrès, peut avoir des sympathies et des préférences; mais quand nous n'avons qu'une voix à donner, il faut suivre le plus grand nombre. De toutes parts on porte le citoyen Ledru-Rollin; son nom est partout accueilli avec enthousiasme; nous avons applaudi au manifeste de la montagne et nous l'avons adopté; toute la vie du citoyen Ledru-Rollin a été consacrée à mettre en pratique les idées que ce manifeste renferme. Un lien indissoluble l'enchaîne à cette œuvre. Nous devons nous réunir à la majorité, et voter pour ce bon citoyen. »

Ce n'était pas sans raison que le congrès électoral démocratique recommandait aux républicains de se serrer et de ne pas se diviser. Une scission, dont les feuilles réactionnaires firent grand bruit, venait de se manifester au sein du grand *parti de la révolution*. Heureusement elle ne portait point sur les principes démocratiques; elle n'avait pour cause qu'une erreur facile à détruire.

Quelques citoyens, professant exclusivement le *socialisme pur*, crurent qu'ils devaient tracer d'eux-mêmes une ligne de démarcation entre les *socialistes* et ceux qu'ils appelaient les *politiques*; et pour que cette ligne fût bien tranchée, ils refusèrent de donner leurs voix au candidat des républicains *politiques*, et les portèrent sur un autre citoyen célèbre, qu'ils considérèrent comme étant plus socialiste que démocrate, c'est-à-dire, suivant leur propre langage, que *politique*.

Il n'y avait là qu'une erreur provenant d'un défaut de logique, et cette erreur une fois constatée et reconnue, ne pouvait pas diviser sérieusement des hommes qui étaient en véritable communion de principes et d'opinions politiques, des hommes attelés tous au char de la révolution.

Or, cette erreur provenait de ce que les démocrates appelés *politiques*, pensaient qu'avant d'arriver à l'application des doctrines socialistes, on devait travailler révolutionnairement à asseoir la république, et à fonder le règne de la démocratie; que cette première transformation, toute politique, de la société était le seul moyen d'arriver à la propagation des doctrines appelés *socialistes*, en ce qu'elles avaient d'immédiatement applicable. C'était là la pensée de tous les républicains sincères, de tous les démocrates conséquents; ils croyaient que les principes d'humanité destinés à empêcher l'exploitation de l'homme par l'homme, ceux de l'association, du droit au travail, etc., etc., étaient nécessairement renfermés dans les doctrines qu'avaient formulées nos pères par ce simple symbole : *liberté, égalité, fraternité*. C'était ainsi que venait de s'exprimer l'un des chefs des socialistes purs, mais conséquent, Hubert, lorsqu'il disait à ses amis et coreligionnaires, à l'occasion de l'élection du président :

« C'est donc la république avant tout qu'il faut sauver ou fonder et consolider, si nous ne voulons pas désespérer du triomphe de nos doctrines..... Si la dernière et l'unique espérance du peuple c'est le socialisme, la première et la seule espérance du socialisme c'est la république. »

Ledru-Rollin, dans le discours prononcé au banquet des écoles, avait insisté sur cette pensée que dans la révolution politique et sociale étaient les deux termes où l'on devait tendre, et que l'on ne pouvait les séparer, parce qu'ils se complétaient l'un par l'autre, l'un étant le but et l'autre le moyen.

« Qu'on ne dise donc plus, s'était-il écrié en combattant les assertions des socialistes purs, que la politique est impuissante. N'est-ce pas elle qui a préparé les voies à la république et au triomphe des idées socialistes par la conquête du suffrage universel? Cessons donc de vaines distinctions et de vaines récriminations; ne soyons ni politiques ni socialistes exclusivement; mais disons-nous révolutionnaires socialistes. Soyons révolutionnaires et montagnards; n'était-ce pas ainsi que s'appelait l'immortelle phalange de nos pères?..... »

Mais en dépit de ces vérités palpables, de cette suite logique d'idées, il s'était formé, à Paris surtout, une sorte de petite église de *socialistes purs* qui ne tendaient à rien moins qu'à établir des divisions et des distinctions là où il n'en existait pas; ces jeunes gens, d'ailleurs très-bons républicains démocrates, eussent volontiers supprimé du dictionnaire les mots *républicain* et *démocrate*, convaincus qu'ils étaient que le *socialisme* était la seule science gouvernementale dont on dût s'occuper. C'étaient ceux-là qui, ne voulant rien faire comme tous les autres républicains, s'étaient mis dans l'idée d'opposer à Ledru-Rollin un candidat de leur choix, et ce candidat fut Raspail.

Certes, les socialistes pouvaient présenter avec confiance aux suffrages des citoyens un nom qui rappelait toutes les vérités politiques et sociales semées dans le *Réformateur* et dans l'*Ami du peuple*; le peuple connaissait toute la valeur de ce candidat à *la présidence*; et c'est parce qu'il avait la

conscience du haut mérite de ce vieux et intrépide démocrate, qu'il était allé le chercher dans le donjon de Vincennes pour en faire le représentant des républicains parisiens à l'assemblée nationale.

« Mais les circonstances se font trop graves, s'écriait à ce sujet le journal la *Réforme*, pour que tous les bons citoyens, *socialistes* ou *politiques* (nous parlons ici le jargon du jour), ne cherchent pas, au lieu de faire scission au profit de nos ennemis communs, à s'unir pour donner au vote démocratique la puissance du nombre et la valeur de la solidarité. Que signifie d'ailleurs cette différence, cette barricade que l'on élève entre les *politiques* et les *socialistes?* le programme, dans sa généralité, n'est-il pas le même? et ne professe-t-on pas, des deux côtés, la même politique, la même religion, la république démocratique et sociale? s'agit-il du moins de faire triompher une école, d'incarner un dogme dans un homme son représentant? Pas le moins du monde; car le citoyen candidat des socialistes est un républicain démocrate comme nous, qui n'a jamais fait le *messie*, et qui ne demande, comme nous, que le triomphe de l'égalité par le développement légal, par les institutions, et sous l'empire du suffrage universel. »

Non-seulement les socialistes purs persistèrent à séparer leurs votes de ceux de la majorité républicaine, mais encore ils se fractionnèrent eux-mêmes pour donner une partie de leurs voix à un autre candidat socialiste, au citoyen Louis Blanc. Ce furent les anciens délégués des corporations ayant siégé au Luxembourg qui crurent devoir appuyer ce troisième candidat républicain, en considération, dirent-ils, des immenses services rendus par le citoyen Louis Blanc à la cause du socialisme. Ce proscrit livra son nom à ses amis comme une protestation contre le titre et les fonctions de président de la république; mais ce n'en fut pas moins une nouvelle scission à enregistrer, et la république n'était pas en assez bonne fortune pour qu'on ne dût pas considérer ces divisions comme des fautes très-graves.

Néanmoins, il était évident que la candidature de Ledru-Rollin, appuyée par les citoyens les plus énergiques et les plus éclairés, faisait de grands progrès sur tous les points de la France, surtout parmi les classes laborieuses ; aussi les feuilles contre-révolutionnaires s'efforcèrent-elles de la combattre avec les mêmes moyens employés naguère contre le membre du gouvernement provisoire et de la commission exécutive ; moyens infâmes, qu'on avait pu croire usés, mais qui portèrent de nouveau les fruits que les ennemis de la révolution en avaient su tirer, lorsqu'il s'était agi de fermer les portes de l'assemblée nationale au fondateur de la république, à l'organisateur du suffrage universel.

Pendant que les républicains, dits modérés, se serraient autour du général Cavaignac, et que la grande phalange des réactionnaires mettait tout en œuvre pour repousser le citoyen Ledru-Rollin, sauf à se diviser ensuite au moment du scrutin, une autre candidature perçait, d'abord très-modestement, et comme forcée par la persistance de quelques amis. Bientôt cette candidature se trouva chaudement appuyée par une infinité de comités bonapartistes et même impérialistes. Une foule d'anciens militaires de l'empire, parmi lesquels on put remarquer bien des généraux jadis très-dévoués aux Bourbons, se déclarèrent hautement les partisans du neveu de l'empereur Napoléon, et enfin plusieurs feuilles, au nombre desquelles figuraient la *Presse*, l'*Évènement*, la *Gazette de France* (1), le *Constitutionnel*, etc., appuyèrent, de toutes leurs forces, ce choix fait

---

(1) Voici en quels termes, fort peu rassurants pour les républicains, la *Gazette de France* motivait ses préférences à l'égard de Louis-Napoléon Bonaparte :

« Louis-Napoléon Bonaparte, nommé le 15 décembre par le peuple ; le maréchal Bugeaud, choisi comme *généralissime* de toutes les armées de terre et de mer, et de toutes les gardes nationales ; l'ordre matériel sera assuré. Une assem-

en haine du général Cavaignac et de la république. Dès lors, tous les moyens parurent bons à cette ligue bonapartiste, pour acquérir des voix au neveu du grand capitaine.

Le journal la *Presse*, principal parrain de cette candidature, déclara qu'il n'aurait pas voulu de président, mais que du moment où la majorité avait déclaré ne pouvoir s'en passer, il le voulait le plus nul possible. Dans l'opinion du rédacteur de cette feuille, le futur président n'avait besoin d'être ni orateur, ni écrivain, ni guerrier, ni politique; il gouvernerait d'autant mieux, disait le rédacteur de cette feuille, que son incapacité serait plus grande. Ainsi, c'était pour ramener la république aux fictions constitutionnelles, et pour envoyer à la France le soliveau de la fable, que M. Emile de Girardin et quelques autres journalistes indépendants, appuyaient si vivement la candidature du citoyen Louis Bonaparte.

L'alarme fut grande parmi les nombreux membres de l'assemblée nationale qui portait à la présidence le général Cavaignac; ils crurent parer le coup en donnant une nouvelle activité à leur correspondance avec les départements, et les journaux de la réunion dite de l'*Institut*, comme ceux dévoués à la fraction qui se réunissait au Palais-National, chantèrent sur tous les tons les louanges du chef du pouvoir exécutif, rejetant sur les circonstances les concessions que celui-ci avait dû faire à la réaction.

Quant aux représentants siégeant au club de la rue de Poitiers, comme ils étaient tous royalistes au fond, ils penchaient pour le candidat de la *Presse*, et ce, par les mêmes motifs que

---

blée nouvelle convoquée, amènera une majorité tout entière dévouée à l'ordre, et le salut sortira de là. »

Nul doute que ce ne fut là le programme du maréchal Bugeaud lui-même, car il était de force à rêver une pareille contre-révolution militaire, et des élections faites sous la pression du sabre. Quoiqu'il en soit, l'audace le disputait ici au ridicule.

le rédacteur en chef de ce journal ; mais avec l'arrière pensée que le président de leur choix serait bientôt usé au contact des partis, et que son passage à la présidence servirait de planche pour aller de la république à ce qu'ils appelaient la légitimité. Mais trop habiles pour se mettre en évidence et manifester leur pensée, ils laissaient faire les amis de M. Louis Bonaparte ; ils les auraient même secondés au besoin, tant il y a de la sincérité dans l'âme de ces hommes rompus aux intrigues de la royauté! Ce n'était donc pas sans raison, qu'un journal républicain faisait remarquer que le neveu de l'empereur était devenu le candidat, non pas seulement des intrigants de tous les partis, mais encore de tous les casse-cou politiques. « Il est en même temps recommandé, disait ce journal, par M. Emile de Girardin, par M. de Genoude et par M. Thiers. » On aurait pu ajouter que cette candidature était également appuyée par l'âme damnée de Louis-Philippe, l'ex-ministre Guizot, qui semblait avoir pris la détermination de rentrer en France pour rallier des voix à l'ex-prisonnier de Ham. Mais ce qui devait étonner encore davantage, c'est que le maréchal Bugeaud ne semblait se désister de sa ridicule candidature qu'en faveur du prince, et que le fameux préfet de police, Gisquet, rompait des lances pour le neveu de l'empereur.

Ainsi, il restait avéré que les ennemis de la république fondaient leurs espérances sur le nom que portait le citoyen Louis-Napoléon Bonaparte pour réussir à éloigner les autres candidats, et sur son incapacité pour céder bientôt la place à un autre.

« Tous les renseignements que nous recevons des départements, disait à ce sujet le journal la *Réforme*, sont d'accord sur ce point. Légitimistes et orléanistes se disposent à profiter de l'engouement populaire que produit, dans bien des contrées, le nom de Napoléon. Elever à la présidence de la république un *prince*, un homme qui ne se recommande que par son nom, leur semble un chef-d'œuvre d'habileté, un pas décisif vers une monarchie quelconque. Cette élection leur paraît le meilleur moyen d'amener un conflit; et tout conflit, quelle qu'en soit la nature, doit être nuisible à la république. C'est ainsi que raisonnent tous les contre-révolutionnaires.

En effet, on voyait la réaction se rattacher avec fureur à toutes les combinaisons qui pouvaient faire tomber la république; les réactionnaires ne reculaient pas même devant la perspective de la guerre civile, qui fut, plus tard, invoquée par leurs journaux comme une salutaire nécessité.

Il est facile de se figurer la nature et la diversité des moyens employés dès lors pour faire réussir les combinaisons de tous les partisans du citoyen Louis Bonaparte. On le présentait aux habitants des campagnes comme l'homme qui allait à la fois restaurer les finances de l'Etat par le concours de ses richesses personnelles, et abolir tous les impôts onéreux à l'agriculture ; on disait aux ouvriers que lorsque le neveu de l'empereur pourrait dénouer les cordons de son inépuisable bourse, bien des misères seraient soulagées et bien des larmes taries. A ceux qui avaient conservé le culte de la gloire et de l'honneur national, on parlait de la tendance du futur président à relever la France de l'abaissement qu'elle devait à l'ancien gouvernement. Les biographies louangeuses, les portraits enluminés, les chansons, et jusqu'à la musique des orgues de Barbarie, pénétraient dans le dernier hameau pour réveiller les vieux souvenirs de la grande nation et des grandes choses : c'est ainsi que l'on touchait la fibre populaire. Et les simples habitants des campagnes, comme ceux des villes, se laissaient prendre à toutes ces piperies de l'intrigue ; car, quel nom pouvait-on donner à toutes ces vaines promesses, à tout ce miroitage d'une gloire dont on avait oublié le prix ? Et quelle misérable lutte que celle où la patrie était mise de côté par les candidats !

« Ici, s'écriait un journal républicain, point de profession de foi politique et explicite, point de programme derrière lequel se classent les opinions et les intérêts publics ; on dirait un concours d'habileté et de ruse. Des noms, des éloges nauséabonds, à l'égard de l'un ; des critiques passionnées et toutes personnelles, une recherche de petitesse et de vilenies, poussée jusqu'à l'absurde à l'égard de l'autre. Tels sont les moyens, telles sont les armes qu'emploient les soutiens des candidatures que les événements ont mis le plus en évidence. »

Une autre feuille démocratique, en se plaignant de la funeste agitation qui suspendait le cours ordinaire de toutes les affaires et même les travaux législatifs, s'écriait :

« Cette élection contre laquelle nous avons protesté de toutes nos forces ; cette élection qui, malheureusement pour la France, n'a pas dit son dernier mot, inquiète, émeut, agite extraordinairement les esprits. La lutte est sérieusement engagée ; les candidats, plus ou moins contre-révolutionnaires, s'entredéchirent à belles dents ; les journaux, les pamphlets, les courtiers, les carricatures, les révélations, la vérité, le mensonge, les colères, les passions, tout est déchaîné, tout se faufile dans l'ombre, se croise ou se heurte au grand jour..... La république n'y perdra rien ; elle saura ce que vaut au juste la dépouille de ces grands hommes.....

« Nous ne connaissons pas de meilleur enseignement pour le pays, ajoutait cette feuille, qu'une querelle d'ambitieux vulgaires, se rapetissant, se dénudant de leur prestige de contrebande, jusqu'à ce que de guerre lasse, il s'affaissent pour ne plus inspirer que de la pitié. C'est ce spectacle que nous donnent aujourd'hui le général Cavaignac et Louis Bonaparte. Il n'est sorte de misères et de vilenies que leurs champions ne se jettent à la face. On nous livre nos héros en déshabillé ; on nous mène par la main dans les profondeurs les plus cachées des petitesses humaines ; on noircit les auréoles ; on souffle sur le prestige, et rien de ce qui se rattache à eux ne réchauffe, n'enivre déjà plus. »

Au milieu de cet indigne pugilat, de ce hideux commerce de calomnies, de cette guerre à coups de dents que se faisaient les deux candidats des modérés, on ne pouvait manquer de s'apercevoir que la candidature du citoyen Louis Bonaparte, frappée d'abord par le ridicule, et ensuite par sa qualité de citoyen du canton de Turgovie, faisait journellement de grands progrès. Il semblait incompréhensible qu'un prétendant chargé des antécédents de Strasbourg, de la Suisse, de Boulogne et de Londres, pût prétendre, sans s'appuyer sur aucun service rendu à la patrie, à l'honneur d'exercer la première magistrature de la république française. Cette candidature paraissait surtout insoutenable en présence de celle d'un homme possesseur du pouvoir.

Mais cet étonnement devait cesser, si l'on considérait le sens des voix qui se ralliaient sur le neveu de l'empereur.

Il fallait d'abord placer au premier rang les anciens soldats de l'empire, promoteurs de cette candidature ; ces soldats et les habitants de leurs villages avaient conservé une grande vénération pour le nom de Napoléon, dont ils adoraient le buste en plâtre, placé dans chaque foyer. Il semblait à tous ces partisans sincères du neveu du grand homme, que l'élection de son neveu serait une protestation contre les traités de 1815, si honteusement respectés depuis plus de trente ans. Ceux-ci devaient donc voter pour Louis-Napoléon, poussés qu'ils y étaient par une sorte d'instinct national.

Mais à côté de ces hommes inspirés par de bons sentiments, combien d'autres se décidaient journellement à imiter les impérialistes par des motifs qu'ils n'auraient pas osé avouer hautement !

Et d'abord, les vieux partis légitimistes auxquels se joignirent les royalistes de la quasi-restauration, n'eurent garde de laisser échapper une occasion qui leur semblait unique pour mettre obstacle à la consolidation de la république et à la paix intérieure. Les hommes du parti de la *Gazette de France* trouvaient un grand avantage à n'être pas forcés de se compter autour d'un candidat de leur choix et à se mêler avec les hommes les plus opposés à la royauté du droit divin. Voici leur raisonnement : s'ils échouaient, ils n'étaient pas battus comme partis, et s'il réussissaient, ils pouvaient s'attribuer tout l'honneur du succès, et présenter l'élection d'un président qu'ils auraient soutenu comme la preuve que la France n'était pas républicaine.

Malgré cet appui, qui aurait montré l'ancienne gloire impériale restaurée par les ci-devant marquis de Coblentz, par les héros de la Vendée et de la *chouannerie* et par les *verdets*, la candidature du citoyen Louis Bonaparte n'eût pas triomphé au scrutin, si une foule de républicains, convaincus que les circonstances s'opposaient à ce que Ledru-Rollin réunît la majorité, n'eussent pris la détermination de porter leurs voix sur le neveu de l'empereur, dans la seule crainte que, n'ayant pas de majorité bien acquise, l'assemblée ne désignât alors le candidat de son propre choix, qui eût été nécessairement le général Cavaignac. Ceux des républicains qui cédèrent à ce raisonnement, savaient très-bien qu'en votant pour Louis-Napoléon, ils marchaient vers l'*inconnu*; qu'au point de vue du passé comme du présent, ce candidat n'exprimait rien par lui-même, puisqu'il ne représentait qu'un nom avec lequel la démocratie sympathisait fort peu. Mais ils préférèrent cet *inconnu*, ce *vague* qu'ils pouvaient considérer comme de bon augure dans un homme jeune encore, au régime dur et bâtard imposé à la France par les amis du général Cavaignac, régime pour lequel le peuple avait une répulsion et une haine bien caractérisées; on se rappelait que pour tout commentaire à ses belles et fraternelles proclamations de juin, le chef du pouvoir exécutif avait livré les *vaincus* à la transportation et aux conseils de guerre; qu'il avait aussi, sans pouvoir invoquer à cet égard la dure nécessité, livré les hommes et les principes de la révolution à leurs ennemis ; qu'hommes et choses, le parti tout entier avait été sacrifié à l'implacable vengeance de la réaction, lorsque la propre origine révolutionnaire et le nom du chef du gouvernement auraient dû protéger le parti. Entre ces tristes actes, entre ces faits si récents, dont le peuple avait gardé un souvenir irritant, et l'incertitude de ce que serait le neveu de Napoléon, il n'y avait point à balancer pour les citoyens dévoués à la cause des libertés publiques.

Ce fut ainsi que tous ces partis divers et opposés, ne présentant individuellement que des voix la plupart négatives, arrivèrent à former cette grande majorité dont nous parlerons bientôt.

Le manifeste que le citoyen Louis Bonaparte crut devoir adresser aux électeurs à l'occasion de sa candidature, eut un caractère généralement trop banal pour rien changer aux résolutions des partis. Dans cet écrit, indécis, vague et confus comme l'eût été le programme d'un conservateur bourgeois, on ne trouva rien qui pût annoncer le futur vengeur des injures nationales, le consolidateur des libertés conquises par le peuple français. Il n'y était question que de l'affermissement de l'ordre, de la sécurité et du retour de la confiance ; toutes choses fort nécessaires, sans doute, mais très-secondaires pour une nation avide de progrès.

Une seule phrase de ce manifeste fit concevoir quelques espérances à la démocratie ; ce furent ces paroles révélant un sentiment généreux :

« La république doit être généreuse et avoir foi dans son avenir : aussi, moi qui ai connu l'exil et la captivité, j'appelle de tous mes vœux le jour où la patrie pourra, sans danger, faire cesser toutes les proscriptions et effacer les dernières traces de nos discordes civiles. »

On put penser en lisant ces paroles, que l'élection de celui qui les écrivait serait le signal de cette amnistie sollicitée si instamment et si vainement depuis plusieurs mois par tant de républicains ; aussi cette sorte d'engagement fut-elle une excellente réclame électorale pour le *prince* (¹).

Mais du reste, quelle différence, sous tous les rapports, entre le programme du candidat de l'ordre et la déclaration toute de principes que les représentants siégeant à la montagne adressèrent alors au peuple, déclaration dont le citoyen Ledru-Rollin fut l'un des rédacteurs et l'un des premiers signataires (²) !

Il était temps que, suivant l'expression énergique d'un journaliste, on jouât l'empire aux baïoques, car il était impossible que la France vécût plus longtemps au milieu de ces saturnales d'appétits indécents et de réclames éhontées propres à rappeler la décadence de la grande république romaine, de cette république dégénérée, à laquelle un roi de barbares attachait l'écriteau infamant : *A vendre !*

La question se trouvait nettement posée : Remettre en doute la révolution et son principe, éterniser les luttes et le malaise, ou consolider la république, hors de laquelle il n'y avait plus

---

(¹) L'avant-veille du jour fixé pour l'élection du président, on lisait dans un journal la note suivante :

« Son Altesse Impériale a voulu faire aussi sa réclame à l'endroit du pape. Elle a annoncé, par ses journaux, qu'elle envoyait M. Murat, son cousin, porter ses compliments de condoléance au saint-père ; et pour mieux amorcer le clergé, elle a écrit au nonce apostolique la lettre suivante, dont elle n'a fait confidence qu'à l'*Univers religieux*.

« Monseigneur, je ne veux pas laisser accréditer auprès de vous les bruits qui
« tendent à me rendre complice de la conduite que tient à Rome le prince de
« Canino. Depuis longtemps je n'ai aucune espèce de relations avec le fils aîné de
« Lucien Bonaparte, et je déplore de toute mon âme qu'il n'ait point senti que
« le maintien de la souveraineté temporelle du vénérable chef de l'Église, était
« intimement lié à l'éclat du catholicisme comme à la liberté et à l'indépendance
« de l'Italie. »

(²) Nous croyons nécessaire d'ajouter cette déclaration aux pièces justificatives de ce volume, afin de servir de pendant à la constitution de 1848.

(*Réforme du 9 novembre 1848*).

ni sécurité, ni ordre, ni prospérité possibles. La lutte allait donc s'ouvrir entre les amis dévoués du principe républicain et ses constants adversaires.

« D'un côté, disait-on dans une feuille démocrate, toutes les coalitions de l'égoïsme viennent s'abriter derrière un nom auquel les entraînements d'une vie aventureuse ont depuis longtemps pris soin d'enlever tout le prestige; de l'autre sont les hommes qui, s'inspirant des besoins et des tendances de l'époque, acceptent franchement, avec toutes ses conséquences, l'institution démocratique sortie des barricades de février. L'on peut voir aujourd'hui, comme toujours, où est le drapeau de la démocratie; de même que l'on sait qui tient en ce moment la bannière royaliste sous laquelle marchent les divers intérêts de caste et de fortune ligués... Ce serait faire injure à quelques patriotes sincères entraînés à leur insu par la gloire de l'empire, ajoutait ce journal, que de les comprendre dans le cortége où se heurtent et se coudoient la grande chouannerie, les hommes de Gand, ceux de Grenoble et ceux qui ont conquis la faveur des cours dans la place d'armes de Blaye.

« En présence de tous ces éléments coalisés au profit de la candidature princière, tout homme impartial doit comprendre que le triomphe d'une telle combinaison, c'est la lutte organisée, ce sont tous les déchirements du pays en perspective. Que peut gagner le pays au succès d'une cause qui porte aussi manifestement dans ses flancs des rivalités intraitables, des luttes sans fin, la guerre civile elle-même? Il faut être perverti par toutes les ardeurs d'une ambition vulgaire, pour consentir à se faire le centre et comme le lien de cette politique sans nom, sans dignité et sans grandeur.

« Le général Cavaignac, disait encore le même journal, ne peut plus être l'élu de la démocratie; le peuple et le chef actuel du pouvoir exécutif sont maintenant séparés à jamais. Le général a donné trop de gages à la contre-révolution pour que la réconciliation soit possible ; il n'existe plus aucun lien entre ce chef et ceux qu'il s'est obstiné à traiter en *vaincus*, malgré les paroles enregistrées par l'histoire.

« Et puis, qui donc ignore qu'en se donnant tout entier à la réaction, le général Cavaignac s'est mis par cela même dans l'impossibilité de s'en faire craindre désormais ? Perdu pour les siens, il a cessé presque aussitôt d'être de quelque utilité à ces étranges alliés qui s'en vont maintenant porter aux pieds de César leur encens et leurs vœux, comme leur fatale assistance.

« Non, s'écriait en terminant ce dernier coup d'œil sur les candidats le journal qui faisait ainsi de l'histoire ; non, ce n'est pas de ce côté que la démocratie doit aujourd'hui porter ses regards et diriger son vote (¹). Les révolutions n'ont rien à démêler avec les hommes qui sont perdus pour tout le monde, pour l'ordre comme pour la liberté. »

Hélas ! en lisant ces appréciations des hommes en évidence et de ceux qui les soutenaient, on croyait assister à l'une de ces séances où la parole lumineuse des athlètes de la liberté portait la conviction chez tous les spectateurs et leur faisait ré-

---

(¹) La veille de l'élection, on afficha dans Paris l'avis suivant, qu'un journal considéra comme marqué au coin du bon sens. On y lisait :

AU PEUPLE.
QUI SE RESSEMBLE S'ASSEMBLE.

Thiers, Molé, Montalembert, Bugeaud, Girardin, Genoude, Berryer, Gisquet et tous les souteneurs de la monarchie votent pour *Napoléon*, et crient tous bas : *Vive le roi !*	Tes vieux amis, tes frères les vieux combattants de la démocratie votent pour *Ledru-Rollin*, et crient tout haut : *Vive la république démocratique et sociale !*

PEUPLE, OUVRE L'ŒIL, VOIS ET VOTE.

Signé : *Michaud*, mécanicien ; *Lemaire*, tailleur ; *Andrieux*, idem ; *Séné*, ébéniste ; *Ficher*, cordonnier ; *Masson*, plombier.

ver le succès de la cause appuyée sur tant de raisons, jusqu'à ce que les votes silencieux, déposés dans l'urne du scrutin, par une majorité honteuse, viennent détruire ces illusions, et porter le dépit dans les âmes droites et honnêtes !

C'est ce qui arriva le jour de l'élection du président de la république. Toutes les combinaisons fondées sur le bon sens du peuple furent détruites en un instant : du mépris, on vit beaucoup de gens passer à l'engouement pour le candidat qui devait avoir le moins de chances; les partis les plus opposés lui donnèrent leurs voix, bien entendu avec toutes les réserves mentales que chacun d'eux crut devoir faire ; et l'homme que l'on repoussait naguère comme sans consistance, comme ayant joué un triste rôle en Angleterre, l'homme à qui l'on contestait même sa qualité de citoyen français, obtint cinq millions et demi de voix, lorsque son concurrent, maître du pouvoir, ne put en réunir que un million et demi (1). Et ce résultat fut salué par les applaudissements d'une grande partie des démocrates, en haine du général à qui ils reprochaient d'avoir trahi sa mère et sa bienfaitrice ! Cette élection constata un immense revirement d'opinion, propre à défier toutes les prévisions humaines.

Quant au candidat de la démocratie, abandonné ce jour-là par une grande foule de républicains sincères qui crurent faire preuve de la plus habile politique en contribuant à mettre le neveu de l'empereur hors ligne avec le général Cavaignac, le poste qu'il occupait de chef de la démocratie était assez beau pour le consoler facilement d'un insuccès auquel il était préparé. Il savait trop bien que le peuple ne manierait convena-

---

(1) La récapitulation générale officielle des votes portait, sur 7,326,345 votants, 5,434,236 voix pour le citoyen Louis-Napoléon Bonaparte; 1,448,238 voix pour le général Cavaignac; 370,119 voix pour le citoyen Ledru-Rollin; 36,920 voix pour le citoyen Raspail; 17,940 voix pour M. Lamartine, et 4,990 pour le général Changarnier.

blement, dans son intérêt, le suffrage universel, que lorsque l'éducation politique des masses serait plus avancée. Il dut donc s'applaudir en voyant cette nouvelle et dernière expérience se faire au profit de l'instruction de la France, sans passer par ces secousses qui reculent toujours le progrès.

La proclamation de Louis Bonaparte, comme président de la république française, eut lieu le 20 décembre, sans faste et sans bruit, comme l'événement le plus simple ; il n'y eut ni étonnement, ni émotion bien vive, ni troubles, quoique l'on eût annoncé des désordres et des tentatives d'émeute.

Toutefois, l'autorité militaire avait cru devoir continuer à suivre les usages de la monarchie pour cette séance : de nombreuses troupes étaient sur pied, et l'enceinte législative se trouvait entourée de baïonnettes et de sabres.

Après le rapport fait par le citoyen Waldeck-Rousseau sur les élections générales et principalement sur celle du citoyen Louis-Napoléon Bonaparte, le président de l'assemblée donna la parole au président du conseil. Le général Cavaignac fut bref et sec :

« Citoyens représentants, dit-il, j'ai l'honneur d'informer l'assemblée que les ministres viennent de me remettre leur démission collective.

« Je viens, à mon tour, remettre entre les mains de l'assemblée les pouvoirs qu'elle m'avait confiés.

« L'assemblée comprendra quels sont les sentiments de reconnaissance que j'éprouve pour la bienveillance qu'elle a toujours montrée pour moi. »

Et il descendit de la tribune, au milieu de grands applaudissements, propres à lui prouver que son insuccès ne lui avait pas enlevé ses amis.

Le président de l'assemblée, le citoyen Dupin, annonça alors que l'assemblée nationale, au nom du peuple français, proclamait le citoyen Louis-Charles-Napoléon Bonaparte président de la république française, *depuis le 20 décembre 1848 jusqu'au deuxième dimanche du mois de mai 1852.*

Louis-Napoléon Bonaparte, invité à monter à la tribune, y prêta le serment suivant :

« En présence de Dieu et devant le peuple français, repré-
« senté par l'assemblée nationale, je jure de rester fidèle à la
« république démocratique une et indivisible, et de remplir
« tous les devoirs que m'impose la constitution. »

« En présence de Dieu et du peuple français, reprit alors le président Dupin, l'assemblée nationale prend acte de ce serment. »

Le petit discours que le président de la république prononça ensuite, avec un accent étranger très-caractérisé, ne fut guère que la reproduction de son manifeste aux élections. La première et la dernière phrase méritèrent seules d'être mentionnées. Louis-Napoléon Bonaparte commençait par s'y montrer très-dévoué à la république et à la constitution, et par déclarer qu'il verrait des ennemis dans tous ceux qui tenteraient de changer ce que le peuple français avait établi ; il finissait en indiquant la nature du gouvernement qu'il était appelé à fonder ; ce gouvernement devait être juste et ferme, *sans être ni réactionnaire ni utopique.*

C'est ainsi qu'il espérait, disait-il, avec le concours de l'assemblée nationale, faire le bonheur du peuple qui l'avait nommé.

Quoique le chef du pouvoir exécutif sortant n'eût pas dit un seul mot de relatif à son successeur, celui-ci s'était empressé de lui adresser des remerciements et des félicitations sur son dévouement, sur sa conduite ferme et digne, qu'il considéra comme au-dessus de tout éloge. Enfin en descendant, et au moment où le nouveau président passa devant le général Cavaignac, il lui prit et lui serra affectueusement la main ; ce qui fut encore vivement applaudi sur quelques bancs.

Dans la soirée, on publia la liste des hommes que le nouveau président appelait à ses conseils ; le message présidentiel nommait :

M. Odilon Barrot, ministre de la justice, chargé de présider le conseil des ministres, en l'absence du président de la république ;

M. Drouyn de Lhuys, ministre des affaires étrangères ;

M. Léon de Malleville, ministre de l'intérieur ;

Le général Rulhières, ministre de la guerre ;

M. de Tracy, ministre de la marine et des colonies ;

M. de Falloux, ministre de l'instruction publique et des cultes ;

M. Léon Faucher, ministre des travaux publics ;

M. Bixio, ministre de l'agriculture et du commerce ;

Et M. Passy (Hippolyte), ministre des finances.

Tous ces ministres, à l'exception du dernier de la liste, étaient représentants du peuple. C'était donc tout comme sous la monarchie.

CHAPITRE VII.

Cruelle application de la loi contre les insurgés de juin. — Le parti royaliste veut dormir tranquille. — Activité des commissions militaires et des conseils de guerre. — Condamnations sans jugements. — Protestations de la presse républicaine. — Départ du premier convoi des insurgés. — Détails à ce sujet. — Triste spectacle. — Cri qui s'élève contre les jugements à huis-clos. — Trois mille quatre cent vingt-neuf démocrates déportés en deux mois. — On ne trouve pas dans ces listes un seul des milliers de forçats libérés aperçus par les journaux réactionnaires. — Huit mille sept cents décisions rendues par les hautes commissions. — Proposition formelle d'amnistie formulée par le côté côté gauche de l'assemblée. — Elle est combattue avec ténacité par les royalistes. — Travaux des conseils de guerre. — Condamnations exorbitantes et infamantes pour délits politiques. — Manière de procéder de ces conseils. — Partialité évidente des juges militaires. — Colonisation de l'Algérie considérée comme un moyen de chasser de Paris un grand nombre de familles démocrates. — Sincérité du projet du général Lamoricière. — Empressement des ouvriers à s'inscrire. — Départ du premier convoi. — Les autres convois se succèdent tous les huit jours. — Suites déplorables de cette précipitation. — Rien n'était préparé pour recevoir les colons. — Ils sont démoralisés par l'oisiveté et décimés par les fièvres et le choléra. — Commission d'enquête envoyée sur les lieux. — Résumé du rapport de cette commission fait par le représentant Émile Barrault. — On y dévoile les rigueurs ineptes de l'autorité militaire. — On demande l'établissement du régime civil pour les colons. — Le ministère s'y oppose et la majorité vote contre.

Avant de raconter les événements dont la France fut encore le théâtre pendant la présidence du citoyen Louis-Napoléon Bonaparte, il nous reste à jeter un coup d'œil rétrospectif sur le sort préparé aux vaincus de juin par les décrets de la réaction.

Dans un précédent chapitre, nous avons dit quelques mots sur la manière dont était appliquée la terrible loi rendue contre ceux que l'on appelait les *insurgés de juin*. Bien des républicains avaient pensé qu'après les premiers moments donnés à la vengeance par la peur, les provocateurs, auteurs et exécuteurs de cette loi inique se seraient empressés d'amender ses dispositions les plus sévères, et que les enfants de la France ne seraient point condamnés sans jugement, jetés dans des sortes de bagnes, et traités comme les plus vils malfaiteurs pour avoir été vaincus dans une guerre civile, où ils avaient déployé un courage propre à les faire absoudre.

Les espérances de ceux qui avaient cru à un retour aux sentiments d'humanité de la part de l'aristocratie furent encore trompées. Ceux qui avaient imposé le décret du 27 juin mirent une persistance désolante à frapper sans cesse et sans discernement tous ces hommes du peuple qui avaient osé renverser le trône et bannir la royauté. L'unique préoccupation des royalistes fut de débarrasser Paris et la France de ces démocrates toujours prêts à défendre les libertés publiques, et, par cela seul, considérés comme dangereux. Ce parti, haineux et sans entrailles, ne croyait pas pouvoir dormir tranquille tant qu'il verrait autour de lui l'ombre de ces républicains si dévoués à la cause de la révolution.

Là se trouve l'explication de ces déportations en masse, et même de ces essais de colonisation qui enlevèrent à la population parisienne plusieurs milliers de familles suspectes et tant d'intrépides soldats de la démocratie.

L'activité des conseils de guerre et des commissions militaires était venue en aide aux intentions des provocateurs du décret. Malgré le temps qu'il fallut donner à l'organisation de toutes ces commissions, elles n'en avaient pas moins décidé, dans le courant du mois de juillet, du sort d'un grand nombre de prisonniers, et, dès le commencement d'août, tout se trouva prêt pour diriger vers la mer plusieurs convois considérables de condamnés sans jugement.

« Des commissions militaires, disait un journal en parlant de ces déportations en masse, jugent à huis-clos, sans débat, sans confrontation, sans défense, sur des rapports de police, sur des dénonciations qui peuvent être intéressées. Voilà la loi ! voilà la justice appliquée par l'administration, et créée, proclamée comme le verbe de salut par l'assemblée nationale dans un jour d'émotions et de peur !

« C'est une horrible responsabilité que celle qu'entraîne une pareille dictature, supprimant les droits et les codes ! Nous souffririons cruellement, quant à nous, si notre conscience nous disait : « Parmi ces hommes que vos décrets ou vos arrêts jettent à l'exil, il y a peut-être des victimes, des innocents, et tous ceux que le wagon emporte peuvent s'écrier : « Nous n'avons pas été jugés ! car nous n'avons eu ni le débat contradictoire, ni la publicité, ni la défense ! »

Telle fut la protestation qui sortit de la presse démocratique contre cette manière de procéder. Mais les journaux réactionnaires se turent sur ces déportations en masse ; ils se bornèrent à annoncer les départs des convois, et à publier les noms des insurgés qui en faisaient partie, enregistrant avec une impassible froideur et comme une pâture jetée à la curiosité publique, toutes les péripéties que ces grands drames fournissaient.

C'est ainsi que Paris apprit le départ du premier convoi des insurgés, et qu'il connut les circonstances de cette première transportation, exécutée nuitamment.

Il avait été décidé précédemment que les femmes et les enfants des insurgés seraient admis à partager le sort de leurs maris et de leurs pères. Mais le secret gardé sur ce premier départ empêcha l'exécution de cet adoucissement. Les familles ne purent être prévenues, car les noms des déportés ne furent publiés qu'après leur départ. Cette infraction à la loi fut dénoncée à l'assemblée et aux ministres par les représentants Bac et Sarrut : « Si l'on songe, dit le premier, que sept à huit mille familles sont dans l'ignorance du sort réservé à ceux qui les intéressent, on jugera de leur anxiété et de leur désespoir. »

Insistant sur la publication préliminaire de la liste de ceux qui allaient partir, le citoyen Sarrut demanda quelles mesures les ministres avaient prises pour secourir les femmes et les enfants des insurgés. « Ceux qui restent, dit-il, manquent de pain ; vous leur enlevez ceux qui leur en donnaient, et vous laissez les familles mourir de faim. »

Les cris à l'ordre ! à l'ordre ! prononcés par le côté royaliste, forcèrent le citoyen Sarrut à quitter la tribune ; et tout fut dit à ce sujet !

Cependant cinq cents citoyens, parmi lesquels se trouvaient des Polonais, des Italiens, des journalistes, des artistes, des médecins, des marchands, des bourgeois, des gardes nationaux, des gardes mobiles ayant encore leur uniforme, des ouvriers, des vieillards et des adolescents avaient quitté les forts où ils étaient enfermés pour être conduits à la première station du chemin de fer de Rouen, au milieu d'un grand déploiement de forces militaires.

Ces malheureux durent traverser Paris, attachés par les mains trois par trois, et escortés par des gardiens de Paris et par la gendarmerie mobile, composée d'anciens gardes municipaux, ennemis déclarés de tous ces hommes du peuple. Les hontes de toute espèce ne leur furent donc pas épargnées pendant le trajet, car les mêmes gendarmes, constitués en surveillants de ces républicains, furent encore placés à côté de ces derniers dans les wagons ; chaque voiture contenait presque autant de surveillants que de transportés.

Arrivés à la gare du chemin de fer du Havre, les gendarmes procédèrent encore à la mesure de rigueur : on lia de nouveau les mains des insurgés trois par trois, et ce fut dans cette triste situation que tous ces hommes de cœur traversèrent le Havre, entre une double haie de troupes, de garde nationale, de garde marine et de pompiers de la ville chargés de fournir un supplément d'escorte pour les conduire au bassin de la Floride, où se tenait la frégate l'*Ulloa*.

Ainsi rien ne manqua à l'humiliation des vaincus de juin, ni les menottes, ni l'escorte, composée d'anciens gardes municipaux de la royauté, ni les regards et les remarques de la foule qui assistait à ce trajet, ni enfin le nom du navire chargé de les déporter. Les gendarmes ne devaient pas même quitter le navire; ils avaient l'ordre de conduire les condamnés par les commissions militaires, jusqu'à leur destination provisoire (¹).

Arrivés près de la mer, les ponts Vauban et de la Citadelle furent levés pour éviter tout encombrement, et l'embarquement s'effectua. Ce premier convoi, transporté à Cherbourg, fut attendre sur les pontons sa destination définitive, qui d'abord devait être la déportation hors du territoire continental de la France et de l'Algérie. « Triste spectacle ! disait une feuille du Havre. La foule, silencieuse et morne, crut assister à une exécution ! Quel homme aurait été assez insensible pour ne pas donner une larme à ces infortunés, dont la plupart avaient combattu sur les barricades de février, à ces frères égarés, qui, après tout, pouvaient rejeter la responsabilité de leurs actes sur les iniquités du siècle ! »

En présence de cette première transportation et de ces longues listes d'insurgés que l'on criait dans les rues de Paris, comme autrefois les bulletins de la grande armée, la presse démocratique tout entière s'émut; il n'y eut qu'un cri contre le huis-clos des commissions militaires. Cette exception du droit commun parut alors ce qu'elle était réellement, exorbitante même dans les circonstances où l'on était. Personne ne put

---

(¹) Le *Moniteur* assurait que les transportés recevraient sur les bâtiments de l'État les mêmes soins d'humanité qu'on leur avait donnés, durant leur captivité, dans les forts. Ce n'était pas promettre beaucoup ; mais les marins français comprirent les devoirs de l'hospitalité et l'exercèrent fraternellement.

l'envisager comme un fait irrévocable, car il y avait une si grande différence entre ces formes judiciaires si expéditives et les paroles d'humanité prononcées par les dépositaires du pouvoir, qu'on ne pouvait point perdre l'espoir de voir modifier cet état de choses, propre d'ailleurs à empirer la position de ceux que le décret de l'assemblée considérait comme les moins coupables.

« On juge des hommes sans les entendre, disait la *Démocratie pacifique*; beaucoup d'entre eux, certains de leur innocence, puisqu'ils ont été arrêtés sans motifs plausibles, ont négligé ou ont fait faire trop tard des certificats constatant leur innocence. Qu'en est-il résulté? que des malheureux qui sont maintenant en pleine mer, ont reçu leur mise en liberté, c'est-à-dire qu'on est venu pour les y mettre lorsqu'ils n'étaient plus dans les forts. Jugez de la douleur des familles !..... On ignore ce qui se passe dans les forts. Le canon d'un fusil, indépendamment d'une pièce chargée à mitraille, est toujours prête à repousser quiconque veut y pénétrer. Pas un des déportés n'a pu embrasser sa femme, ni serrer la main de son ami..... »

Mais toutes les réclamations de la presse républicaine restèrent sans effet; on continua de juger et de condamner de la même manière; et les convois de déportés se succédèrent avec une effrayante rapidité. Tous les six ou huit jours, le public apprenait qu'un convoi de quatre à cinq cents insurgés était parti nuitamment avec la même escorte de gendarmerie mobile. Bientôt la première frégate à vapeur ne suffit plus pour emmener tant d'hommes; un second navire, le *Darrien*, reçut la même destination. A peine était-on arrivé au 30 septembre, qu'on comptait neuf convois formant un total de trois mille quatre cent vingt-neuf transportés, soit dans les forts de Cherbourg, soit sur des navires-pontons.

Dans le troisième convoi se trouvaient un vieillard de 73 ans et un enfant ayant 14 ans. Les journaux s'emparèrent de ces circonstances pour demander à l'assemblée nationale si elle avait entendu abroger, en cela, le code, qui n'admet la responsabilité qu'à seize ans révolus et qui accorde un privilége à la vieillesse. L'assemblée resta muette.

A la suite de la liste de chaque convoi, on trouvait la récapitulation des professions exercées par les condamnés ; et comme on n'y voyait que des ouvriers divers, des artistes, des médecins, des marchands mêlés avec des militaires de la garde mobile et républicaine, ou avec des hommes ayant eu une position élevée, les journaux républicains ne cessaient de demander aux journaux le *Constitutionnel* et à l'*Assemblée nationale*, ce qu'étaient devenus ces bandes de forçats libérés et de malfaiteurs dont les crimes imaginaires, dénoncés par ces feuilles, avaient jeté l'effroi dans la France. Le rôle des journaux réactionnaires était fini, leur mission avait été remplie ; ils se gardèrent bien de répondre (1).

Tout à coup l'on apprend que plusieurs des déportés ayant fait partie des premiers convois, vont être ramenés à Paris, par suite de circonstances qui ont nécessité la révision de l'instruction sommaire faite sur eux. C'était une preuve des erreurs nombreuses que la précipitation avait fait commettre. Pour empêcher le retour de ces erreurs, le citoyen Buvignier fit la proposition formelle d'autoriser les transportés à prendre connaissance, personnellement ou par fondés de pouvoir, des faits allégués contre eux. Mais avant que cette proposition eût été examinée par le comité de justice, la transportation était presque complète. Un relevé des travaux des huit commissions consta-

---

(1) « Le *Constitutionnel* nous fait grâce de ses forçats libérés, de ses pillards, de ses incendiaires, disait quelques jours après le journal la *Réforme*; l'évidence le couvre de confusion à ce sujet ; mais il a toujours en réserve le parti de la désorganisation et de l'anarchie, où personne n'est tenu de se reconnaître et dont il effraie ses abonnés. Ces stupides terreurs tomberont à leur tour comme les précédentes; mais les leçons de Basile auront porté leurs fruits. »

tait que, depuis leur institution, les commissions avaient prononcé huit mille sept cents décisions, parmi lesquelles plus de la moitié déclarait l'innocence des prévenus. Trois mille six cents étaient classés dans la catégorie des transportés, et deux cent vingt-neuf renvoyés devant les conseils de guerre.

« Nous ne pouvons nous empêcher de frémir en pensant à la rapidité avec laquelle fonctionne cette justice si expéditive, s'écriait à ce sujet le journal la *Réforme*; fasse le ciel que nous n'ayons pas de cruelles erreurs à réparer ! »

Quelques jours après, le pouvoir exécutif ordonna que les dossiers des condamnés à la déportation seraient soumis à une révision. Les démocrates espéraient, d'après les premiers travaux de cette commission de révision, qu'environ un tiers des déportés recouvreraient la liberté. On se flattait même que ce serait l'acheminement à une amnistie, devenue l'objet de bien des démarches et des sollicitations ; mais le parti réactionnaire ne voulut jamais consentir à lâcher sa proie.

Néanmoins, les membres de l'assemblée siégeant au côté gauche ne tardèrent pas à déposer la proposition formelle pour qu'une amnistie fût accordée à tous les individus prévenus de crimes et délits politiques, tant à Paris que dans les départements, depuis le 24 février. Il appartenait aux représentants de l'extrême gauche de faire usage de leur initiative pour relever le peuple de sa déchéance, panser les blessures saignantes, et venir en aide au droit comme au malheur.

Mais cette amnistie, toujours espérée, promise même formellement avant l'élection du président, fut constamment combattue avec une grande tenacité par les royalistes de l'assemblée constituante comme par ceux de la législative ; et toutes les tentatives renouvelées cent fois à ce sujet échouèrent devant les haines de ce parti, exprimées par son organe habituel le *Constitutionnel*, qui voulait, disait-il, que la justice eût son cours. La justice des conseils de guerre ! la justice de la condamnation et de la transportation sans jugement! Cette justice qui, depuis plus de trois mois, retenait dans la prison de Saint-Lazare un nombre considérable de femmes prisonnières de guerre comme des hommes, par cela seul que la calomnie les avait désignées, et qu'on soupçonnait qu'elles avaient pu participer à l'insurrection du mois de juin !

La justice de juin, comme l'appelait un journal, repoussa toute idée d'amnistie, et décida que les condamnés à la déportation seraient parqués sur la terre africaine.

Pendant que les huit commissions venaient ainsi de débarrasser la plupart des prisons et des forts, les conseils de guerre ne s'étaient pas reposés. Ils avaient procédé au jugement de plusieurs des insurgés de la catégorie considérée comme la plus coupable, et il s'était passé peu de jours sans que quelque condamnation infâmante n'eût été prononcée contre ceux des prévenus déférés à la juridiction militaire. Ces condamnations portaient toutes le cachet d'une sévérité inouïe. C'était toujours dix, vingt années de travaux forcés, et très-souvent la perpétuité ; ce qui faisait dire à un journal : « La justice militaire telle qu'elle est appliquée aux accusés traduits en ce moment devant elle, n'est plus de notre temps. Les idées qui se répandent entraînent vers un régime neuf, généreux et contraire à toutes ces pénalités barbares, filles de la peur et de l'ancien régime. »

— « Il y a dans la plupart des décisions rendues jusqu'à ce jour par les conseils de guerre, ajoutait un autre journaliste démocrate, une chose qui navre l'âme et qui révolte l'opinion. Nous voulons parler de ces condamnations infamantes pour des faits qui, de quelque manière qu'on les juge, n'impliquent pas assurément l'abjection du coupable, et peuvent même dans bien des cas n'être que l'aberration d'un sentiment généreux. La peine des travaux forcés, appliquée à des accusés politiques, va contre la justice elle-même, car la conscience la désavoue et en relève le condamné. Il y a dans la dignité humaine une solidarité qu'il ne faudrait pas méconnaître, et c'est toujours un malheur pour la justice lorsque le châtiment réagit contre elle. »

Ajoutons que la manière de procéder des conseils de guerre faisait le désespoir de tous les avocats habitués à plaider devant les tribunaux civils. Le citoyen Bac, défendant un capitaine de la garde nationale accusé d'avoir pris part à un attentat ayant pour but de détruire le gouvernement, reprochait au capitaine rapporteur son argumentation.

« Le capitaine rapporteur, disait l'avocat, reconnaît dans son réquisitoire l'honnêteté de la vie privée du citoyen Chapon ; mais il voit en lui un ambitieux. Comment a-t-il procédé ? il a pris Chapon dans ses opinions, dans ses tendances, dans ses aspirations politiques, dans ses sympathies, et il a conclu de tout cela que Chapon pouvait bien être coupable.

« Cette argumentation, Messieurs, peut avoir une certaine logique ; mais elle est pleine de périls. En vous donnant le droit de descendre dans les régions profondes de la conscience et de lire dans les cœurs, vous usurpez ce qui n'appartient qu'à Dieu. Vous êtes institués pour juger les actes et non les opinions ; en recherchant les opinions, vous abandonnez la voie de la justice. »

Il faut le dire encore, le personnel des conseils de guerre n'était pas de nature à rassurer les accusés : la partialité la moins dissimulée se faisait jour dans les moindres choses ; les chefs militaires oubliaient trop souvent qu'ils étaient constitués en tribunal chargé de prononcer sur les plus graves intérêts de la société. On avait vu un président, imposant silence à un accusé, lui crier : « Taisez-vous, misérable ; vous êtes un *Raspail fini !* Un autre président, s'adressant à un témoin intimidé, lui dit tout haut : « Portez sur vous des pistolets et *brûlez la cervelle* au premier qui vous insultera à raison de votre déposition. » Il y eut peu d'audiences où l'on n'entendît sortir de la bouche des juges des paroles haineuses contre les accusés qu'ils interrogeaient et qu'ils allaient juger.

Comme la pensée qui décréta la transportation et celle qui organisa les colonisations à Alger fut à peu près la même, nous dirons ici ce qui fut fait à cet égard.

Nous constaterons d'abord les bonnes intentions du général Lamoricière. Il est évident qu'en présentant son projet de loi pour l'établissement de colonies agricoles en Algérie, il n'avait fait que mettre à exécution des idées antérieures à celles de la déportation, antérieures même à la révolution de février, idées qu'il avait mûries lui-même pendant son séjour en Afrique. Les explications qu'il donna à ce sujet ne laissent aucun doute. Le citoyen Didier ayant dit qu'au lieu d'envoyer des colons en Algérie, on devait penser à faire défricher les terrains incultes qui existent en France :

« Oui, répondit le ministre de la guerre, je sais qu'il y a en France des terres incultes ; mais savez-vous pourquoi elles ne trouvent pas de cultivateurs ? c'est que ces terres ne promettent aucun produit. En Algérie, au contraire, c'est l'homme qui manque à la terre, et ces terres qui ont été cultivées par des peuples pasteurs, ne demandent que la culture. Ce qu'il faut en Algérie ce sont des bras et des capitaux ; c'est ce que nous venons vous demander......

« Vous avez chaque jour le budget de la misère qui vous déborde, ajouta plus loin l'auteur du projet de colonisation ; vous venez encore de voter deux millions, qui en exigeront bien d'autres. D'où vient cette misère ? elle vient de ce que trop de bras sont détournés de l'agriculture et occupés dans les villes. Faisons donc une diversion utile, en dirigeant sur une colonie fertile les bras inoccupés de l'industrie. »

Malgré toutes ces bonnes raisons, il est fort douteux que la majorité de l'assemblée nationale eût voté les cinquante millions de crédit que le ministre de la guerre demandait pour l'exécution complète de son plan, si les royalistes de l'assemblée n'eussent considéré la colonisation comme un moyen de débarrasser Paris de toutes ces familles de prolétaires appartenant généralement à l'opinion démocratique et socialiste. Aussi un représentant du nom de Poujoulat, qui siégeait parmi les réactionnaires, voulut-il augmenter le crédit annuel pour 1848, le doubler même, afin, dit-il, de diminuer les chances des révolutions. Plusieurs autres députés, ses amis politiques, ne voulurent le projet de lois de colonisation que parce qu'ils y virent un *exutoire* de la population. L'Algérie fut donc considérée, par ce parti, comme une localité providentielle dans laquelle on pouvait verser le surplus de la population, et principalement *cette population turbulente qui met toujours l'ordre en péril*.

Tel est le point de vue sous lequel les réactionnaires de l'assemblée examinèrent le projet de loi ; et ce ne fut qu'avec bien de la peine qu'on les empêcha de voter dix millions au lieu de cinq millions demandés pour la première année ; tant ils avaient hâte de débarrasser Paris de la *queue* de la révolution qu'ils y apercevaient encore.

Quelles que fussent les préoccupations de la majorité en votant le projet de loi du général Lamoricière, nous répéterons ici qu'il renfermait les éléments d'une vaste opération conçue dans de bonnes vues. Les douze mille émigrants qui devaient partir dans le courant de la première année, recevaient de l'Etat, à titre gratuit, des concessions de terre de deux à dix hectares par famille, selon le nombre des membres de la famille et la qualité de la terre ; on leur accordait en outre, pendant trois ans, les subventions nécessaires à leur établissement. Les frais de route, de traversée, du transport du mobilier et effets étaient également à la charge de l'Etat. Enfin les concessionnaires qui, dans le délai de trois ans, auraient mis en culture les terrains et bâti sur ces terrains, devenaient propriétaires définitifs de ces lots.

Ces incontestables avantages furent appréciés par une foule d'ouvriers de toutes sortes et par des pères de familles à qui la capitale n'offrait que des ressources précaires ; tous s'empressèrent de se faire inscrire. Dans les seules journées des 25 et 26 septembre plus de six mille postulants étaient accourus au secrétariat de la commission nommée *ad hoc.*

Le premier convoi fut prêt à partir dès les premiers jours d'octobre. Le 9 de ce mois, deux cents familles présentant un effectif de huit cents personnes partirent, en effet, du quai de Bercy. Des *chalans* ou bateaux pontés, remorqués par des vapeurs, attendaient les passagers. Le général Lamoricière, accompagné d'un nombreux état-major, assista au départ pour donner aux colons quelques conseils sur la conduite qu'ils avaient à tenir en Algérie : il les assura de la constante protection du gouvernement, et leur remit un drapeau aux couleurs nationales semblable, pour la forme, à ceux de l'armée. Sur la bande blanche de ce drapeau, étaient inscrits ces mots : *Colons français; Liberté, Égalité, Fraternité.* « Jurez, s'écria le général, de mettre en pratique les mots tracés sur cet étendard, et rappelez-vous, au jour du danger, que bien que séparés de la mère patrie, vous êtes ses enfants comme ceux qui restent. Des fanfares militaires se firent entendre tout le temps que dura l'embarquement, auquel assistaient aussi les membres du comité de colonisation, le préfet de police et un grand nombre d'autres fonctionnaires. Au milieu des scènes les plus saisissantes, les bateaux à vapeur entraînèrent le convoi, qui devait atteindre jusqu'à Rouanne par la Seine, les canaux du Loing, de Briare, et le canal latéral de la Loire. De Rouanne à Givors, le trajet devait se faire par le chemin de fer ; de Givors à Arles par les bateaux à vapeur du Rhône, d'Arles à Marseille par le chemin de fer, et enfin, de Marseille à la destination par les bâtiments de l'État.

A huit jours de distance, un second convoi partit encore de Paris. Cette fois l'embarquement se fit au quai Saint-Bernard, en face de l'île Louviers, et tout Paris put assister à ce départ de neufs cents autres colons, qui eut ainsi l'air d'une fête. Une foule nombreuse accueillit par les marques de la plus vive sympathie et par des vœux sincères, les adieux de ces deux à trois cents familles, hommes, femmes, enfants, composant les neuf cents passagers de ce deuxième convoi, et la séparation se fit, de part et d'autre, aux cris mille fois répétés de *vive la république*.

Les autres convois se succédèrent avec une égale rapidité. En très-peu de temps, les douze mille colons de tout âge et de tout sexe, qui obtinrent la préférence dans cette première année, eurent quitté Paris, à la grande satisfaction des royalistes, qui auraient volontiers dépeuplé cette ville immense afin de pouvoir dormir tranquillement.

Cette précipitation à expatrier les familles suspectes de républicanisme eut des suites déplorables. Comme rien n'était préparé en Algérie pour recevoir les colons et les mettre à même de commencer leurs établissements agricoles, que tout leur manqua d'abord, même les outils qu'on leur avait promis et les semences qui devaient leur être fournies, ces hommes, ces femmes, ces enfants, transportés tout à coup dans un pays et un climat nouveaux pour eux, s'y trouvèrent en proie à une inaction rendue encore plus démoralisante par l'isolement. Bientôt les fièvres décimèrent les populations des quarante-deux centres de colonisation, et le choléra ne tarda pas à réduire aux dernières extrémités ces villages factices, affaiblis par tant de causes funestes ; les deux tiers de leur population respective disparurent en peu de temps, sans que la France le sût, sans qu'elle pût faire entendre un cri d'alarme et de douleur.

Ce ne fut guère que l'année suivante, et à l'occasion du

crédit porté au budget de la guerre pour ces colonisations, que de terribles révélations furent faites à la tribune nationale. Elles eurent pour résultat l'envoi sur les lieux d'une commission d'enquête sérieuse, qui dut s'y rendre pour constater les causes de cette effrayante mortalité.

Transportons-nous maintenant à deux années d'intervalle, depuis le départ des colons, et faisons assister nos lecteurs non pas à la lecture du rapport de cette commission d'enquête, ce qui serait trop long, mais à la séance du 4 juillet 1850, dans laquelle l'un des représentants de l'Algérie, le citoyen Emile Barrault, vint en quelque sorte, retracer l'histoire de la colonisation d'Alger, en faisant le résumé de ce rapport accusateur.

« L'assemblée constituante, dit franchement ce député, n'a pas eu l'intention de coloniser l'Algérie, mais seulement de purger la capitale de la partie la plus remuante de la population, de donner un coup de balai dans les rues de Paris, selon l'expression du moment. Les colons, pris au hasard parmi les prolétaires, étaient des hommes d'une trempe délicate, mais dont le ressort était vif; une main habile pour les diriger, et tout allait au mieux.

« Mais ils tombèrent sous le coup d'hommes avides d'honneurs, habitués à la discipline militaire, inhabiles à manier les masses civiles et gênés avec elles ; d'hommes qui voient à travers la visière d'un casque, et qui ne voyant pas juste, ne peuvent frapper juste : ils ne savent employer que la compression.

« Et qu'on ne vienne pas nous dire que l'échec qu'ont éprouvé les colonies agricoles tient au défaut de spécialité des colons. Les colons parisiens pouvaient être transformés en habiles cultivateurs. A qui la faute s'ils ne le furent pas? à leurs chefs. Un peu de liberté, Messieurs, est d'un grand aide au travail. Il y a maintenant en Afrique de très-bons laboureurs qui n'avaient jamais manié la charrue avant leur départ pour l'Algérie. Mais ce n'est pas au moyen d'un système de compression que l'on obtiendra ce résultat d'une manière générale. »

Ici l'orateur entrait dans l'examen du régime et des peines appliquées par l'administration militaire dans les divers centres de colonisation, peines qui se rapprochaient de celles portées dans le *Code noir*, et au nombre desquelles se trouvait la privation des vivres, pour stimuler le courage des travailleurs ; puis il s'écriait :

« Nous vous demandons ce que vous avez fait des travailleurs de vos colonies militaires? Nierez-vous qu'après avoir voulu faire de l'atelier une caserne, vous êtes conduits à faire de la caserne un pénitentiaire? »

Or, le citoyen Barrault n'était monté à la tribune que pour demander, de concert avec les autres représentants de l'Algérie, que les colonies agricoles fussent placées sous le régime civil, à l'expiration de la deuxième année de leur établissement, au lieu de trois années exigées par le ministre.

« Vos colonies, ajouta-t-il, resteront désertes tant que vous ne les aurez pas mises sous le régime de la liberté et des lois civiles. Vous avez fait de l'Algérie une France inhospitalière, une France barbaresque. Lorsque vous avez recruté, à grands frais, par voie de presse, une population colonisatrice, elle se fond entre vos mains sur la terre d'Afrique, grâce au régime auquel elle est soumise. Que si les colonies agricoles continuent d'êtres placées sous le régime militaire, l'Algérie deviendra une Irlande française, couverte du drapeau de la France, gardée par soixante et quinze mille hommes de troupes, et pour l'administration de laquelle la France dépensera cent millions par an en faveur des seuls étrangers qui l'habiteront alors. L'Algérie, en un mot, deviendra le dépôt de mendicité de l'Europe, et c'est la France qui en fera les frais. »

Le ministre de la guerre, général d'Hautpoul, répondit que la peinture affligeante que le citoyen Barrault venait de faire de l'Algérie était heureusement exagérée. Il défendit le régime militaire comme le seul qu'il fût possible d'établir à la suite des journées de juin. « On plaça près de chaque centre, dit-il, un officier choisi parmi les plus expérimentés, ceux qui connaissaient l'Algérie et qui étaient les plus aptes à bien remplir les fonctions auxquelles on les appelait. Il n'y avait pas moyen de choisir parmi les colons qui venaient d'arriver dans le pays. Les officiers, d'ailleurs, n'avaient pas d'autre désir, d'autre intérêt même que de faire réussir les colonies placées sous leur direction.

« Maintenant on dit que le despotisme, l'habitude de traîner le sabre, les empêchait de se livrer à un travail sérieux. »

— « C'est le rapport qui a dit cela, » interrompit le citoyen Barrault.

— « Ces officiers, reprit le ministre, se sont trouvés en face d'hommes qui ne voulaient pas travailler ; ils ont signalé à l'autorité supérieure ceux qui pouvaient être une cause de désordres pour les colonies ; c'est ainsi que deux cent cinquante-sept colons ont été expulsés de la colonie. Aujourd'hui le gouverneur général lui-même n'a plus le droit de proposer les exclusions au ministre. Voilà cet arbitraire dont on se plaint. Depuis que les colons expulsés sont revenus en France et qu'ils ont été remplacés par de véritables colons, la colonie va de mieux en mieux.

« Il y a, cependant, maintenant en Afrique, ajoutait le ministre, des principes de démagogie qui étaient inconnus avant l'arrivée des colons. Autrefois on ne s'occupait pas de politique ; aujourd'hui ces folies existent, il faut les surveiller ; il ne faut pas manquer d'énergie : c'est pour cela que si vous changiez le régime, ce serait pour vos colonies la licence, la perturbation, le chaos et la désertion. »

Le citoyen Didier, lui aussi représentant de l'Algérie, affirma d'abord que les intentions de l'assemblée, en décrétant l'organisation de colonies agricoles, étaient sincères. Appuyant ensuite la proposition de son collègue, il ajouta :

« On avait placé en tête du livret de chaque colon le décret de l'assemblée constituante, et ce n'était pas sans intention, car on leur avait promis qu'au bout d'un an, au plus tard, ils rentreraient dans le régime civil.

« L'amendement du citoyen Barrault a donc pour but de remplir une promesse faite au nom de la république elle-même, et écrite de sa main, s'il est permis de s'exprimer ainsi. J'adjure l'assemblée de donner son adhésion à la proposition qui lui est faite. »

Ce fut en vain que l'on prouva, pour la millième fois, que le système militaire n'avait jamais été favorable aux colonisations, et qu'en le maintenant, l'assemblée brisait des promesses qui étaient devenues un contrat sacré, la majorité vota pour la proposition du ministre, adoptée par la commission. Le régime du sabre et de la caserne continua donc à régir ces malheureuses populations, transplantées et réduites en quelque sorte à la servitude sur une terre de liberté.

CHAPITRE VIII.

Écrit du citoyen Barthélemy Saint-Hilaire contre le général Cavaignac. — Grands débats entre les membres de la commission exécutive et ce général. — Reproches qu'on adresse à ce général. — Sa défense. — Réponse du citoyen Garnier-Pagès. — Éclaircissements donnés par le citoyen Ledru-Rollin.—Le général Cavaignac déclare la guerre aux républicains de la montagne. — Situation dans laquelle le place sa scission avec les républicains. — Il est forcé de se jeter du côté des réactionnaires. — Comment le *Constitutionnel* répond aux avances du chef du pouvoir exécutif. — Création de la *Solidarité républicaine* contre la ligue des aristocraties.— But et moyens d'action de cette société. — Ses progrès. — Elle est attaquée par les feuilles royalistes. — Circulaire du ministre Léon Faucher contre cette association. — Elle est fermée violemment. — Martin Bernard dénonce cet acte arbitraire à l'assemblée. — Le ministère demande que la justice ait son cours à ce sujet. — La Solidarité défendue par Ledru-Rollin. — Le ministère prélude à la suppression des clubs. — Nouvelle campagne des banquets. —Tostes et discours qui y sont prononcés. — Le gouvernement se décide à fermer les clubs. — Projet de loi contre ces réunions, présenté par le ministre Faucher. — Conseils donnés au gouvernement à ce sujet. — Motifs qu'il donne à cette mesure illégale. — L'assemblée décrète l'urgence. — Opinion des journaux sur ce projet de loi. — Protestation collective des journalistes. — Ils demandent la mise en accusation du ministère. — Gravité des circonstances. — Appareil militaire déployé ce jour-là. — La commission propose de repousser l'urgence. — Débats à ce sujet. — L'assemblée rejette la proposition d'urgence. — Grand échec que le ministère éprouve. — Les membres de la montagne demandent sa mise en accusation.

Pour ne pas scinder la grande affaire de la présidence, nous avons dû négliger les fameux débats de tribune qui eurent lieu, vers la fin de novembre, entre plusieurs des anciens membres de la commission exécutive et le général Cavaignac à l'occasion d'un écrit publié par l'un des secrétaires de cette commission exécutive sur les événements du mois de juin, écrit dans lequel le général se considéra comme vivement attaqué.

Le citoyen Barthélemy Saint-Hilaire avait tracé ce qu'il appelait des pages d'histoire, pour défendre la commission exécutive des attaques auxquelles elle était en butte depuis ces tristes journées ; il y présentait le général Cavaignac comme n'ayant eu pour mobile, dans son inaction des premiers moments, que le désir de renverser le gouvernement des cinq pour s'emparer du pouvoir. On lui reprochait amèrement d'avoir laissé toute la responsabilité morale à la commission et tout le poids de la lutte à la garde nationale, et enfin d'avoir beaucoup plus pensé à réprimer qu'à prévenir.

« Bien loin de s'occuper de l'insurrection, affirmait-on dans cet écrit, ceux qui complotaient le renversement de la commission exécutive, calculaient les conditions auxquelles le général pourrait prendre les pouvoirs entre ses mains : le concours de la rue de Poitiers lui avait été assuré. Ce fut alors que le citoyen Pascal Duprat fit, au milieu de la séance, la proposition formelle de confier le pouvoir exécutif au général, et la commission se trouva ainsi dans la nécessité d'envoyer sa démission. »

Comme on le pense, le général Cavaignac se justifia chaleureusement de ce guet-apens : il fournit les explications les plus minutieuses sur tous ses actes, et parvint ainsi à triompher de la plupart des imputations personnelles qui lui avaient été adressées par le citoyen Barthélemy Saint-Hilaire.

C'est qu'en effet, il était difficile d'admettre complétement cet horrible complot organisé, comme l'assurait le journal la *Presse*, non-seulement pour abattre, pour étrangler, entre deux nuits pleines d'alarmes, la commission exécutive, mais encore pour aller chercher la dictature dans les faubourgs ensanglantés.

Aussi Garnier Pagès, s'écriait-il, tout en assumant la responsabilité de l'écrit en question :

« Nous n'avons pas dit que vous vous étiez servi du sang

français pour arriver au pouvoir ; nous avons dit, que vous aviez commis des fautes graves et grossières. Tout le monde le disait avec nous.... On nous a dit que la garde nationale criait à la trahison parce qu'elle n'était pas appuyée... On ne comprenait pas le système que vous aviez adopté : nous étions tous calomniés. Nous vous avons couvert de notre nom, vous qui n'aviez pas envoyé des troupes et qui nous laissiez ainsi accuser de trahison. Nous vous couvrions de notre responsabilité, et vous, lorsqu'on nous accusait aussi injustement, êtes-vous venu couvrir la commission de votre responsabilité ?... Nous avons été attaqués lorsque nous étions commission exécutive, et alors on vous a offert de nous supplanter, et vous avez accepté immédiatement. Quand vous vous conduisiez ainsi, c'était de l'ingratitude. »

Ces reproches touchèrent le général Cavaignac beaucoup plus vivement que n'avait pu le faire l'écrit contre lequel il s'était élevé. Il répondit à Garnier-Pagès qu'il avait défendu la commission à son poste ; mais celui-ci lui répliqua qu'il aurait dû la défendre à la tribune.

Jusqu'à ce moment, le citoyen Ledru-Rollin s'était tenu de côté dans ces pénibles querelles ; mais provoqué par Garnier-Pagès, qui adjurait ses anciens collègues d'intervenir, l'ex-ministre de l'intérieur avait enfin consenti à éclaircir tous les points qui concernaient la commission exécutive, et il les avait tous remis en lumière avec cette vigueur de logique et de parole qu'on lui connaissait.

Après avoir clairement prouvé la longue inaction du général pendant le temps consacré par lui à la concentration des troupes, le citoyen Ledru-Rollin démontra quelles furent les funestes conséquences de cette inaction, si propre à faire naître des soupçons sur la conduite du chef militaire et sur celle de la commission exécutive elle-même.

« A trois heures et demie, racontait ce membre de la commission, le général part et va aux barricades ; il nous déclare qu'il sera revenu dans une demi-heure. Je connais l'emploi de son temps, je ne le discute pas; la question n'est pas là. Mais remarquez bien ce qui se passe. La commission exécutive réunie dans une salle de l'assemblée, tout Paris, toute la banlieue, sans exception, venaient s'adresser aux deux membres présents, M. Marie et moi, et nous demandaient des ordres avec les plus vives instances. Que fallait-il répondre pendant les six heures que dura l'absence du général? Il fallait répondre : Le général est absent. Et alors on nous disait : La commission exécutive trahit! Et la garde nationale criait : *A bas la commission exécutive!*

« Maintenant ceci se renouvelle. Vous arrivez à neuf heures et demie et vous repartez une demi-heure après. — Voici, vous dis-je, une longue liste des ordres demandés; je n'ai pu répondre; je ne sais pas où se trouve un seul de vos bataillons; je ne suis pas militaire, et, d'ailleurs, je ne puis pas contrecarrer vos ordres.

« Vous repartez à dix heures, et vous revenez à deux heures du matin; Or, de dix heures à deux heures du matin, je me retrouvai dans la même situation. Je ne vous accuse pas; mais je vous dis : vous vous conduisiez de façon que la garde nationale devait m'accuser ; car à mesure qu'on venait, on ne vous trouvait pas, et je ne pouvais rien répondre. Aussi ne cessait-on de dire : Ledru-Rollin conspire, Ledru-Rollin nous trahit!... Je ne veux qu'une chose, concluait le citoyen Ledru-Rollin, c'est de bien faire comprendre au peuple, qui avait été trompé, que la commission exécutive a fait son devoir, et surtout qu'elle a voulu prévenir au lieu de réprimer violemment. »

— « J'ai servi la république, répondit le général Cavaignac, je la sers fidèlement, utilement. Souvent, du haut de ces bancs (en désignant la montagne), bien des paroles injurieuses se sont fait entendre à mon adresse ; je les avais dédaignées parce qu'elles étaient injustes ; je n'avais pas voulu y répondre parce que je voulais éloigner tout soupçon de calcul ambitieux. Vous m'y avez contraint ; eh bien, je laisse au temps le soin de décider qui de vous ou de nous sert mieux la république. Quant à moi, je vous le déclare, je continuerai à la servir comme je l'ai servie..... M. Ledru-Rollin a dit qu'à la suite d'un double soupçon, il s'était retiré de moi. Je ne désire pas entrer dans des explications bien longues sur la valeur de ce mot ; mais dans l'état actuel des choses, je ne sais véritablement lequel des deux s'est retiré de l'autre. Assurément, oui, cette séparation existe, et je déclare que quant à moi, je ne prévois guère qu'elle puisse jamais cesser. »

Cette scission entre les républicains siégeant à la montagne et le chef du pouvoir exécutif n'était pas une chose instantanée ; elle existait depuis longtemps, et tout le monde l'apercevait. Il ne pouvait plus y avoir rien de commun entre ceux qui avaient fait et acclamé la révolution de février et ceux qui se jetaient à corps perdu dans la contre-révolution ; entre les hommes qui avaient constamment combattu la politique couarde de Louis-Philippe et ceux qui suivaient ses traces. Le général Cavaignac n'avait-il pas de nouveau livré tous les abords du pouvoir aux anciens royalistes ? L'Italie, la Pologne et l'Allemagne n'étaient-elles pas retombées sous les étreintes de leurs oppresseurs ?

La séparation était donc complète ; mais il n'y avait pas eu de déclaration de guerre aussi positive que celle signifiée aux républicains par le général Cavaignac à la suite de ces débats si pleins d'aigreur de part et d'autre.

Un fait grave devait en résulter, c'est que le général Cavaignac allait se trouver réduit à accepter l'appui des contre-révolutionnaires, et qu'il perdrait ainsi toutes les voix démocratiques, qui eussent probablement soutenu sa candidature, sans pouvoir espérer d'acquérir celles des réactionnaires. On remarqua même qu'au moment où le général faisait toutes les avances possibles au parti de M. Thiers, représenté par le *Constitutionnel*, ce journal lui répondait en appuyant nettement la candidature de M. Louis-Bonaparte.

Le général Cavaignac avait déjà commis bien des fautes politiques très-graves en se plaçant à la suite des meneurs contre-révolutionnaires ; il devait en commettre de nouvelles plus grandes encore ; aussi, de ce moment, bien des journaux républicains qui l'avaient soutenu d'abord, se tournèrent contre lui, et le considérèrent comme l'ennemi le plus dangereux de la démocratie.

« Oui, nous sommes séparés du pouvoir comme au temps du juste-milieu, s'écriait le journal la *Réforme* au sortir de cette séance. N'est-ce pas, en effet, la politique du roi Louis-Philippe que nous voyons refleurir ? Berlin, Vienne, Milan ne sont-ils pas tombés comme Varsovie jadis, sans avoir reçu de la république une consolation, une cartouche, un courrier ? N'avons-nous pas au dedans les préfets, les généraux, les juges de M. Duchâtel, et les royalistes ne sont-ils pas au gouvernail ? Oui, nous sommes séparés ! »

Pour résister à la ligue redoutable de tous les réactionnaires, au nombre desquels on comptait alors le chef du pouvoir exécutif et son conseil, les démocrates conçurent l'idée de créer la société dite de la *Solidarité républicaine*, sorte d'assurance mutuelle de tous les démocrates de la France contre les projets des aristocraties, sous quelque drapeau qu'elles manœuvrassent. Le but de cette patriotique association était la surveillance de l'administration, une résistance énergique à tous les abus, l'assistance fraternelle entre tous, la réforme sociale par la presse et par l'élection, etc. Les moyens d'action de la *Solidarité républicaine* consistaient à créer ou soutenir des journaux démocratiques, à éclairer les électeurs afin d'assurer la pureté des élections, à répandre les écrits propres à instruire, en la moralisant, la population des villes et des campagnes, à faciliter les associations de travailleurs, à créer des conseils de défense pour tous les membres de l'association, à venir en aide aux associés nécessiteux en cas de chômage ou de maladie, et enfin à ne rien négliger pour faire aimer et pratiquer le dogme républicain.

Dans ce programme, il n'y avait rien de contraire aux lois, rien qui pût fournir au gouvernement aucun motif de sévir contre cette société nationale, dont les statuts furent rendus publics, et qui ne s'était constituée qu'après avoir rempli les formalités prescrites en pareil cas. Mais les réactionnaires ne purent voir qu'avec rage une organisation aussi formidable du parti républicain; aussi leurs journaux ne cessèrent-ils d'attaquer cette grande affiliation.

Néanmoins, pendant près de deux mois, le pouvoir laissa marcher l'organisation de la Solidarité, qui prit, tant à Paris que dans les départements, une extension des plus rapides. Chaque chef-lieu eut son comité, et les souscriptions furent aussi abondantes que les ressources pécuniaires du parti démocratique le permirent.

Mais, vers la fin du mois de décembre, et alors que le portefeuille de l'intérieur eut été donné à M. Léon Faucher, au grand scandale de tous ceux qui avaient pu apprécier la médiocrité de cet ancien journaliste, ce nouveau ministre ne trouva d'autre moyen de se distinguer dans le poste élevé où le hasard l'avait placé que d'adopter, à l'égard des républicains, un système de persécution tel qu'on pouvait l'attendre d'un homme irascible, qui avait à venger son amour-propre blessé bien des fois par les journaux démocratiques.

Le ministre adressa tout à coup aux préfets de la réaction, fort disposés à seconder leur chef, une circulaire acrimonieuse, dans laquelle il leur prescrivait d'exercer leur vigilance sur les réunions et les comités républicains qui se formaient dans toutes les villes. Comme cela devait être, bien des préfets s'en prirent aux comités de la Solidarité. La lutte s'établit partout entre l'autorité s'arrogeant le droit de faire fermer ces réunions, et les citoyens, qui prétendaient que cette société, constituée publiquement, était dans les bornes du droit consacré par la constitution. Les républicains voulaient faire décider cette question par les tribunaux, quand le ministre de l'intérieur trancha lui-même le nœud gordien, en faisant envahir par la force armée le bureau central de la Solidarité, à Paris, qui fut violemment fermé à l'occasion de la conspiration occulte dirigée contre la constitution dans cette journée du 29 décembre, dont nous aurons à nous occuper bientôt.

« Les menaces de M. Léon Faucher, disait, à ce sujet, le journal la *Réforme*, sont promptement suivies d'exécution ; et, en fait d'arbitraire, il brûle de dépasser les ministres de Charles X et de Louis-Philippe.....

« Mais pourquoi cette invasion brutale ? ajoutait le même journal ; pourquoi cette razzia à la Carlier, et de quel droit a-t-on fermé les bureaux de la *Solidarité républicaine*, quand le précédent ministre de l'intérieur, M. Dufaure, n'a rien trouvé à dire sur cette correspondance mutuelle des démocrates ? »

Dans la séance du lendemain 30 janvier, le représentant Martin Bernard dénonça à l'assemblée l'acte que les républicains considéraient comme un abus de pouvoir. Après avoir dit comment la *Solidarité républicaine* s'était constituée et organisée publiquement et légalement, Martin Bernard rappela que les statuts avaient été imprimés et publiés, et que M. Dufaure avait lui-même reconnu implicitement la loyauté et la légalité de cette association par correspondance.

« Comment se fait-il donc, continua ce représentant, que, dans la soirée d'hier, une descente de police ait eu lieu dans le local de la Solidarité et que vingt-sept personnes qui s'y trouvaient aient été arrêtées (¹), que la correspondance ait été saisie à la poste et que tous les papiers de la Solidarité, sans exception, aient été enlevés. De deux choses l'une : ou c'est l'association que l'on a voulu frapper ; et si c'est l'association, nous sommes trente-cinq représentants du peuple membres de cette association, qui l'avons signée, qui avons cru avoir le droit de la signer, qui en sommes les fondateurs; alors on doit demander une autorisation de poursuites contre nous.

« Si c'est un complot, et je crois pouvoir affirmer que ce n'est pas un complot, l'avenir le prouvera. Comme cela ne peut pas concerner la *Solidarité*, je demande que les scellés soient levés du local, pour qu'il nous soit permis de continuer nos travaux. »

Le ministre de l'intérieur garda le silence; mais M. Odilon Barrot, chef du cabinet, répondit, en sa qualité de ministre de la justice, que les magistrats faisaient leur devoir dans leur conscience et sous leur responsabilité. « La justice, ajouta-t-il, a vu dans cette vaste association, appelée la *Solidarité républicaine*, de graves présomptions de l'existence d'une société fondée en dehors de la loi. Que veut-on maintenant que nous décidions ici? Veut-on que nous anticipions sur la décision de la justice? En vérité, on veut entraîner cette assemblée dans une voie où tous les pouvoirs seraient confondus, au grand péril de la société. Que ceux qui demandent que les actes de la justice soient rectifiés s'adressent à la justice elle-

---

(¹) Quelques autres arrestations des membres de la Solidarité républicaine ayant eu lieu après, le nombre des personnes arrêtées pour cet objet s'éleva à trente-quatre, dont trente-deux furent rendues à la liberté, à la suite de l'instruction judiciaire qui eut lieu au sujet de cette association. On ne tenait pas à punir les organisateurs; ce qu'on voulait, c'était détruire l'organisation elle-même.

même et commencent par respecter son caractère et son indépendance. »

C'était évidemment éluder les intentions des républicains; et pourtant de nombreux applaudissements couvrirent les paroles emphatiques du ministre de la justice et furent considérés comme une approbation donnée à la fermeture du local de la *Solidarité républicaine*.

Mais ceux qui regardaient la mesure comme arbitraire s'empressèrent de présenter la question sous son véritable point de vue.

« Personne ne peut avoir la pensée de faire juger par l'assemblée, dit le citoyen Ledru-Rollin; il ne s'agit point de cela. Ce que nous croyons notre droit, c'est de demander, non point à la justice, ce serait contraire à son institution, mais au gouvernement, si, quand une poursuite a été faite, elle l'a été contre une association ou contre un complot. Vous nous dites : Demandez à la justice. Eh bien! si monsieur le procureur général veut prendre la parole avant moi, il pourra nous expliquer clairement en vertu de quelle loi la *Solidarité républicaine* a été envahie. Si c'est l'association qu'on poursuit, je la défendrai; si c'est un complot, la justice prononcera. »

Le citoyen Baroche, procureur général, ayant répondu que la justice avait fait son devoir et qu'elle le ferait jusqu'au bout, ajouta que ce serait devant elle qu'on aurait à défendre la Solidarité.

Ledru-Rollin répliqua aussitôt en ces termes :

« Citoyens, la mesure que l'on a prise à l'égard de la *Solidarité républicaine* est une mesure violente. On a arrêté, vous savez quel jour, et au moment où l'on tentait un coup d'Etat, vingt-deux membres de cette association, presque tous employés. A la porte, on avait établi une espèce de chaîne d'agents de police. Ceux qui venaient étaient invités à entrer, et on les arrêtait. Si ce fait est constaté, il est évident que toutes les associations régulières sont menacées. Dans tous les temps, sous tous les gouvernements, lorsque M. Barrot était de l'opposition, et qu'il arrivait au pouvoir de faire des poursuites qui paraissaient être politiques, les hommes de l'opposition venaient demander compte au gouvernement de la mise en action de la justice..... Si, dans les circonstances ordinaires, vous nous répondiez : « La justice est saisie, » nous le comprendrions; mais dans un moment où la société est menacée, où Paris est envahi par quatre-vingt-mille hommes ; dans un moment où se font de nombreuses arrestations, ce n'est pas d'un fait isolé, ce n'est pas d'un fait judiciaire ordinaire qu'il s'agit, c'est d'un fait politique de la plus haute gravité, c'est la liberté même de l'association qui est discutée ici, et qui ne peut l'être ailleurs qu'en dénaturant les faits. L'association est consacrée par la constitution, et vous ne pouvez la détruire sans détruire la constitution. »

Une vive animation s'était emparée de l'assemblée nationale ; le côté gauche appuyait chaleureusement les conclusions de l'orateur, et la séance pouvait prendre une tournure autre que celle que les réactionnaires voulaient lui laisser, quand la majorité demanda impérieusement l'ordre du jour. Le président le prononça, non sans de vives réclamations de la part de ceux qui plaidaient pour le droit. Il était évident que la fermeture des bureaux de la *Solidarité républicaine* n'avait point été provoquée par la justice; que c'était un acte purement administratif, un acte arbitraire, exécuté par la police, et dont il était permis d'augurer fort mal pour la cause des libertés publiques.

En effet, le ministre de l'intérieur, Léon Faucher, de qui émanaient ces descentes de police, non-seulement dans les bureaux de la *Solidarité républicaine*, mais encore au milieu d'autres réunions légales, telles que celle des délégués des corporations industrielles, qui, au nombre de trente-quatre, furent aussi arrêtés comme chefs de section de la société des Droits de l'homme, quoique la police connût très-bien l'objet de leur réunion; le ministre Léon Faucher, disons-nous, ne tarda pas à manifester ses intentions au sujet des réunions populaires par la présentation d'un projet de la loi destiné à les interdire, malgré le texte formel de la constitution.

On le vit préluder à ce projet liberticide en faisant poursuivre les membres de la Solidarité par les tribunaux. Mais il agit à cet égard avec beaucoup de circonspection, et en laissant aux parquets et aux tribunaux le soin d'interpréter la constitution et la loi au sujet de la *Solidarité républicaine*. Il ne fut plus question de complot, bien que les citoyens arrêtés à la Solidarité l'eussent été sous ce prétexte; on s'en prit à l'association elle-même comme ayant des rapports avec les sociétés secrètes; et les tribunaux instruisirent l'affaire sous ce nouveau point de vue, après avoir fait mettre en liberté tous les détenus arrêtés dans les bureaux de la Solidarité, moins deux. En même temps, les juges d'instruction faisaient aussi relâcher les délégués des corporations emprisonnés pour avoir été trouvés buvant ensemble dans un établissement de la rue Jean-Robert.

Ce que le gouvernement voulait obtenir, c'était la fermeture légale des bureaux de correspondance des républicains comme présentant une organisation contraire aux lois, en ce qu'elle créait un gouvernement dans le gouvernement régulièrement établi. La chambre du conseil maintint donc l'accusation contre les membres organisateurs de cette société, qui furent ensuite condamnés correctionnellement.

Ainsi fut dissoute l'association démocratique connue sous le nom de *Solidarité républicaine*, association qui eût pu rendre les plus grands services à la cause de la révolution, si le gouvernement ne s'en fût point alarmé, comme il le faisait de tout ce qui pouvait donner des forces à la démocratie.

Deux autres organisations démocratiques le gênaient encore

à cette même époque d'entraînement vers la réaction et le royalisme. L'une, c'était ce qu'on appelait la campagne des banquets, qui, loin d'être terminée, recommençait avec plus d'entraînement dans les villes comme dans la capitale. Les discours prononcés au milieu de ces nombreuses réunions que la loi ne pouvait atteindre, les tostes qui y étaient portés, reproduits d'abord par les feuilles des localités et ensuite dans les journaux républicains de Paris, étaient l'objet des attaques incessantes des feuilles préfectorales et ministérielles ; le pouvoir ne cessait de s'en préoccuper sérieusement.

Après les banquets mémorables des départements de l'Est et du Midi, où avaient été portés les tostes les plus démocratiques, était venu celui dit de la *Presse républicaine,* qui eut lieu à l'établissement du Château-Rouge, à Paris, sous la présidence du citoyen Lamennais. Ce fameux banquet servit à faire éclater, dans toute sa force, par de nobles et puissants entraînements, le signe de la vitalité de la démocratie. Là fut retracée, en caractères ineffaçables, l'histoire de cette admirable révolution sociale de 1848 que les réactionnaires s'efforçaient de peindre comme une catastrophe ; là, les voix les plus éloquentes firent appel aux républicains du monde entier pour opposer une digue infranchissable au torrent de la réaction.

Quelques jours après, les écoles de Paris se réunissaient dans le même but ; et, malgré la présence forcée d'un commissaire de police, de grandes vérités y furent également proclamées.

Les démocrates de la ville de Marseille répondirent à ceux de Paris par un échange de pensées tournées vers l'avenir.

Ce que les royalistes appelaient la *campagne des banquets,* qui fut pour eux un constant objet d'effroi et de calomnies, se termina par les banquets anniversaires de la révolution de février, organisés dans presque toute la France.

Le gouvernement, désespérant d'atteindre ces nombreuses

réunions des citoyens les plus énergiques, ne trouva d'autre moyen de les frapper qu'en y introduisant forcément ses commissaires de police; il reporta sa mauvaise humeur sur les clubs.

Toutes les lois portées depuis le 15 mai pour réglémenter ces grands foyers de la démocratie lui semblaient inefficaces, et la réaction demandait davantage encore; elle poussait de toutes ses forces à la fermeture de ces sociétés patriotiques, qui, malgré les entraves mises à la liberté de leurs séances, n'en étaient pas moins restées un épouvantail pour les contre-révolutionnaires. Ceux-ci, ne pouvant plus dormir à côté de ces volcans, proposèrent effrontément d'effacer de la constitution le droit de réunion, malgré le texte formel de ce pacte fondamental.

Déjà cette pensée liberticide avait été émise avant l'élection du président de la république; mais le ministre Dufaure, interpellé à ce sujet, ne répondit autre chose sinon que le jour où le gouvernement serait convaincu de la nécessité de présenter un nouveau projet de loi contre les clubs, il ne reculerait pas. Ce jour-là le ministre se borna à suspendre sur les clubs l'épée de Damoclès.

Mais les journaux réactionnaires ne s'en contentèrent pas; le *Constitutionnel* et les autres feuilles de la contre-révolution n'hésitèrent point à demander hautement la suppression de tous les clubs. Les républicains devaient donc s'attendre à cette nouvelle et grave atteinte portée à la constitution à l'égard du droit de réunion des citoyens. Néanmoins, les journaux de la démocratie essayèrent encore de faire entrevoir au gouvernement le danger de se laisser entraîner par les clameurs haineuses des contre-révolutionnaires.

« Les clubs, leur disaient-ils, sont le seul lieu où le plus grand nombre des citoyens puissent s'entretenir en commun des affaires publiques et s'y instruire de manière à se discipliner pour l'exercice du droit électoral. Les clubs seuls peuvent lutter contre les influences de position ou de fortune, que tout régime républicain, fondé sur la libre persuasion, doit toujours combattre. Sans les clubs, le droit de suffrage, qui appartient à tous les citoyens, n'est plus qu'une lettre morte, une fiction. La suppression complète des clubs serait non-seulement une violation de la constitution, un attentat contre la république, mais encore une faute des plus graves.... Lorsqu'on peut discuter librement en public, il est rare que l'on conspire.

« Que si les clubs ont été parfois offensifs depuis six mois, au sein de l'effroyable anarchie que nous ont faite les divers gouvernements qui se sont succédé au milieu des factions et des intrigues, nous pouvons espérer beaucoup mieux pour l'avenir. Il est possible que l'on divague, que l'on débite des hérésies morales et sociales dans les clubs ; mais est-il raisonnable d'exiger la perfection de ce peuple né d'hier à la liberté, abandonné à lui-même, sans conseils, sans guides, et qui est obligé de chercher à tâtons la voie de l'avenir ?

« Sans doute, il est beaucoup plus commode pour ceux qui gouvernent de n'entendre autour d'eux aucun bruit, concluait le journaliste qui défendait les sociétés populaires ; les clubs sont importants comme la presse, comme la tribune elle-même ; le pouvoir militaire absolu a plus de charmes. Mais aussi quels dangers ! A côté du dictateur redouté, le conspirateur grandit dans le silence ; les doctrines proscrites prennent l'attrait du mystère et deviennent sacrées par la persécution ; les imaginations s'exaltent, les pensées s'égarent, et tout à coup l'abîme se révèle ; chacun maudit le sommeil trompeur dans lequel s'était oubliée la société. Ajoutons enfin que ce n'est ni par les clubs, ni par la presse, ni même par la tribune que Louis-Philippe est tombé comme Charles X : n'avaient-ils pas également imposé silence à toutes les voix de la révolution ?... »

Ce fut vainement que ces conseils si sages furent mis sous les yeux du gouvernement pour l'empêcher de se laisser entraîner davantage par les passions désordonnées de la réaction, les clubs étaient condamnés d'avance par tous les contre-révolutionnaires. Après avoir fermé violemment la *Solidarité républicaine*, on s'enhardit à fermer arbitrairement une réunion électorale centrale, sous prétexte que ceux qui y assistaient n'avaient pas obtenu l'autorisation voulue. Les représentants Gent et Joly plaidèrent chaleureusement la cause du libre droit des réunions électorales préparatoires, et rappelèrent qu'elles avaient eu lieu, en 1840, successivement chez M. Odilon Barrot, Duvergier de Hauranne, etc.; mais ce fut en vain que ces républicains de la veille protestèrent, au nom de la constitution, contre la fermeture illégale de ce lieu de réunion, et qu'ils accusèrent le ministre de l'intérieur d'attentat contre la liberté électorale; la majorité de l'assemblée nationale, en passant à l'ordre du jour, autorisa le gouvernement à ne plus être retenu par les scrupules constitutionnels.

Il est juste de dire que le ministre Dufaure, effrayé, peut-être, de la responsabilité qui pèserait sur lui s'il proposait la suppression complète du droit de réunion, crut devoir s'en tenir à ces illégalités de détails, et laissa à son successeur, le citoyen Léon Faucher, la tâche ingrate et périlleuse de demander à l'assemblée nationale l'abolition complète d'une des principales libertés garanties au peuple par la constitution de 1848.

Vers la fin de janvier, M. Léon Faucher, ministre sous la présidence de M. Louis Bonaparte, eut le triste courage de rédiger à ce sujet un projet de loi dicté par la réaction royaliste, pour violer effrontément cette constitution jurée naguère par la représentation nationale et par le président de la république.

Dans la séance du 26 de ce même mois, ce ministre du gouvernement nouveau monta à la tribune pour y lire un exposé des motifs du projet qu'il se voyait, dit-il, forcé de présenter.

« L'insuffisance des lois qui existent, dit-il, se révèle aux regards des moins clairvoyants. Nous avons provoqué dans la capitale, ainsi que dans les départements, la fermeture d'un grand nombre de clubs. Nous avons dénoncé aux tribunaux, sans exception ni retard, les contraventions qui étaient commises. Nous avons fait, pour décourager les anarchistes et pour rassurer les bons citoyens, tout ce que la législation nous autorisait à faire. Cependant ni le scandale, ni le péril n'a cessé. Les clubs, que le gouvernement ferme sur un point, se rouvrent sur un autre. Quand on ne viole pas ouvertement les prescriptions du décret, on les élude..... On ferait de vains efforts pour régulariser ce désordre ; nous allons à la racine du mal, et nous vous invitons à l'extirper. En vous proposant une loi indispensable, nous croyons faire ce que le pays attend de nous ; nous pensons aller au-devant d'un vœu qui est aussi le vôtre. Toute la portée du projet de loi est dans ces mots : « Les clubs sont interdits. »

« Le danger des clubs consiste précisément dans le vague et l'universalité des matières qu'on y traite, ajoutait le ministre acquis à la réaction ; chaque club élève une tribune rivale de la vôtre, et une tribune sans mandat comme sans garantie. Le gouvernement que vous avez constitué y est discuté par l'ignorance et attaqué par les plus détestables passions..... »

Dans la pensée du citoyen Faucher et de ses amis, c'était donc le moins que l'on pût faire de défendre le droit de réunion des citoyens.

En effet, ce fut là le but du projet de loi que le premier ministre de l'intérieur du citoyen Louis Bonaparte présenta hardiment à la discussion de l'assemblée nationale constituante, et pour lequel il demanda un vote d'urgence.

A peine M. Faucher eut-il achevé de lire le projet de décret, que le représentant Gent courut à la tribune.

« Nous connaissions l'intention du ministère, s'écria-t-il, nous savions depuis longtemps qu'il voulait essayer de détruire la première des libertés reconnues par la constitution ; mais nous ne pensions pas, quant à nous, qu'on pût aller jusqu'à avoir l'audace de présenter un pareil projet de loi. »

— « A l'ordre ! à l'ordre ! » lui crient les réactionnaires.

— « Je ne trouverai jamais de termes assez forts pour qualifier des tentatives qui porteraient atteinte à la constitution, reprend l'orateur. » Et, au milieu des vociférations de tous les contre-révolutionnaires, ce représentant demande que l'assemblée ne fasse pas même à un pareil projet de loi l'honneur de le discuter.

Mais une très-forte majorité vota l'urgence et décida que le rapport sera fait le lendemain.

Ce jour-là, les feuilles démocratiques commencèrent par s'emparer du projet de loi contre les clubs.

« Ce projet est court et substantiel comme un décret de dictature, disait à ce sujet le journal la *Réforme* ; ce n'est plus une restriction plus ou moins mesurée du droit de réunion ; ce n'est plus un moyen de discipline, une loi de surveillance, la réglementation d'un droit ; c'est une suppression violente. M. Léon Faucher a raison, toute la loi proposée se résume par ces mots : « Les clubs sont interdits. »

« Ainsi le droit de se réunir, c'est-à-dire de s'éclairer par la discussion publique et contradictoire sur les mesures politiques, est interdit aux citoyens armés du suffrage universel, au peuple reconnu, proclamé souverain ! Ce droit est interdit malgré la constitution qui le consacre !.....

« Et ce n'est pas seulement un droit constitutionnel qu'on supprime ; c'est un droit imprescriptible, antérieur ; c'est un droit naturel, que l'assemblée constituante n'a fait que consacrer par ses votes dans la grande charte sortie de ses délibérations.

« Et pourtant elle a voté l'urgence en faveur du projet de messieurs les royalistes, dont les clameurs annonçaient et préparaient depuis quelques jours cette violation du pacte juré, ce grave attentat contre la souveraineté du peuple, origine et base du gouvernement nouveau. Si l'assemblée cède, non-seulement elle sacrifiera un droit naturel, imprescriptible, antérieur et supérieur, mais encore elle se suicidera moralement et politiquement....

« A nous maintenant de remplir notre devoir, concluait le journaliste. Voici la protestation collective des journaux républicains démocrates et socialistes. »

Cette protestation collective, qui pouvait faire pendant à la fameuse protestation des journalistes du 25 juillet 1830, était ainsi conçue :

« Les soussignés, considérant que le droit de réunion et
« d'association est un droit naturel, antérieur et postérieur à
« toute loi positive, et reconnu d'ailleurs par la constitution ;

« Considérant que la loi présentée par le ministère n'a point
« pour objet de réglémenter l'exercice de ce droit, ainsi que
« le prescrit la constitution, mais qu'elle le supprime d'une
« manière absolue, et dépouille ainsi le peuple souverain de
« ses plus importantes prérogatives politiques ;

« Considérant que le ministère, par le seul fait de la pré-
« sentation de cette loi, attaque et la constitution et les droits
« naturels de l'homme,

« Protestent de toute leur énergie, et demandent à l'assem-
« blée nationale de mettre en accusation les ministre squi
« osent tenter ce coup d'État. »

Signé par les rédacteurs de la *Réforme*, de la *République*, du *Peuple*, de la *Révolution démocratique et sociale*, du *Travail affranchi*, des *Clubs* ([1]).

([1]) Les rédacteurs de la *Démocratie pacifique* adhérèrent aussi à cette protestation.

La situation devenait grave. Le pouvoir s'en alarma d'autant plus qu'il ne tarda pas à apprendre les noms des membres désignés par les bureaux pour faire le rapport sur l'urgence. Ces membres étaient les citoyens Bac, Germain Sarrut, Péan, Degeorges, Bérard, Emery, Baune, Leichtenberger, Charencey, Bavoux, Saint-Gaudens, Ducoux, Sénard et Laurent (de l'Ardèche). La majorité de cette commission devait donc être contraire au projet de loi contre les clubs. Qu'allait-il se passer? personne ne pouvait le prévoir. Mais ce que l'on savait positivement, c'est que la jeunesse des écoles se réunissait dès le matin pour aller porter à l'assemblée une pétition dans laquelle ces jeunes gens protestaient avec énergie contre la présence de M. Lherminier au collége de France. Préparait-on une nouvelle journée du 15 mai?

Le gouvernement crut nécessaire de déployer un grand appareil de forces militaires; Paris se couvrit de bataillons, de canons, de faisceaux de fusils; ce qui faisait dire par le peuple, à l'occasion de cette prise d'armes, que le motif de cette veillée et de ces flamberges au vent, était la conscience troublée de nos hommes d'État qui les accusait. On disait encore que ces provocations mal calculées avaient besoin d'une émeute pour que le grand rêve du coup d'État pût aboutir.

Ce fut au milieu de cet appareil de la force stationnant sur nos places, que s'ouvrit la séance. La pétition des écoles fut déposée par le représentant Martin Bernard, et les étudiants s'en retournèrent le plus paisiblement du monde. Là n'était pas la question qui pouvait causer de l'agitation; on attendait avec anxiété le rapport sur la loi contre les clubs. M. Sénard, chargé de le présenter à l'assemblée, s'exprima ainsi :

« Votre commission s'est rendu compte de la nature et de la portée du décret. On ne vous propose pas une limite, pas même une suspension momentanée; c'est une suppression violente du droit de réunion. Si fâcheux qu'ont été les résultats de ce droit, il avait été consacré par la loi du 10 juillet et par l'article 8 de la constitution.

« Il a paru à votre commission que la question ainsi posée était trop grave pour qu'elle ne suive pas les dispositions du réglement. Nous avons pensé que pour créer un décret aussi important, il faudrait y être excité par des mesures exceptionnelles. En conséquence, la commission a appelé le ministre de l'intérieur dans son sein; ses explications n'ont pas paru suffisantes à la grande majorité de votre commission. Le nombre des clubs est très-restreint ; cinq ont été supprimés, et les tribunaux ont accompli leur tâche avec courage. Les raisons que l'on invoque doivent donc être discutées longuement et gravement.

« La commission a l'honneur de vous proposer de ne pas admettre l'urgence, et de renvoyer le projet dans les bureaux. »

Quoique le ministère s'attendît à cette proposition de la part de la commission, il n'en fut pas moins atterré ; il savait très-bien que si l'assemblée votait ces conclusions, non-seulement elle ajournait indéfiniment, peut-être, le projet du gouvernement, mais encore elle rendait impossible de longtemps la présentation d'un nouveau projet contre les clubs. Le cabinet devait donc faire tous ses efforts pour repousser les conclusions que M. Sénard venait de lire. M. Odilon Barrot chercha à remettre en discussion l'urgence et s'étonna de ce qu'ayant voté la veille cette même urgence, l'assemblée parût prête à se déjuger.

« Je croyais, dit-il, que la question des clubs était une de ces questions qui, une fois posées, doivent être immédiatement résolues. Il me semblait que telle avait été la pensée de l'assemblée. »

— « Non ! non ! lui crient une foule de membres ; nous avons voté l'urgence pour en finir plus vite. »

« La question posée par le gouvernement, reprend le ministre de la justice, est simple et absolue; la résolution doit être immédiate. La constitution dit que les clubs seront réglés par la sécurité publique. Si l'assemblée pense différemment, il vaudrait mieux repousser de suite le projet de loi que de laisser planer une inquiétude et une agitation dont le gouvernement repousse la responsabilité. »

Le citoyen Ledru-Rollin répondit que la responsabilité devait retomber sur un gouvernement qui avait cru devoir saisir l'assemblée d'une question aussi brûlante dans ce moment préférablement à tout autre. Puis abordant le fond de la question :

« Le droit de se réunir dans les clubs, ajouta-t-il, est un droit sacré qui ne devrait pas être discuté, car ce serait la mise en question de la constitution elle-même. Or, je n'ai pas besoin de venir à cette tribune défendre les clubs; chacun sait qu'ils sont autorisés; mais il s'agit de savoir si la constitution peut être violée.

« On nous dit que cela sera discuté. Permettez-moi de vous répondre ceci : Le droit de réunion dans les clubs est un droit antérieur et fondamental, le remettre en discussion ce serait alors la mise en question de la constitution. D'ailleurs, je demanderai à tout homme de bonne foi si supprimer entièrement un droit, c'est le réglémenter? Je supplie l'assemblée d'adopter les conclusions de la commission, car ce qu'il y aurait de plus funeste pour les clubs, ce serait la violation de la constitution. »

Le ministre Barrot répliqua qu'en proposant la loi, le gouvernement avait usé de son droit, sans prétendre que l'assemblée ne dût pas user des siens. Puis rappelant avec quelle anxiété on avait suivi la marche dangereuse des clubs, foyers les plus ardents, disait-il, de toutes les mauvaises passions, il adjura ses amis de tous les bancs de reconnaître qu'il y avait urgence à examiner le projet et danger à l'ajourner.

« Votre commission n'a pas voulu se prononcer sur le principe avant qu'il y ait examen et discussion dans les bureaux, et surtout études préalables de la question, répondit tout simplement le rapporteur ; voilà ce qu'a voulu votre commission, et voilà pourquoi elle vous propose de rejeter la question d'urgence, et pourquoi elle persiste dans ses conclusions. »

Une vive agitation ayant succédé à cette déclaration si positive, tout le monde comprit qu'il ne restait plus qu'à voter sur ces conclusions ; aussi le président fit-il procéder au scrutin secret, qui donna pour résultat quatre cent dix-huit voix en faveur de la proposition de la commission, et trois cent quarante-deux voix contre. L'assemblée décida donc, à une majorité de soixante-seize voix, qu'elle adoptait les conclusions de la commission, et rejetait, par conséquent, l'urgence ; ce qui fut proclamé aux cris répétés de *Vive la république !*

Au même instant, le citoyen Ledru-Rollin déposa sur le bureau de l'assemblée une demande en autorisation de poursuites contre le ministère, demande formulée par quarante-huit représentants du peuple, et basée sur ce qu'en rédigeant un projet de loi pour supprimer les clubs, le ministère s'était rendu coupable de violation flagrante des articles 8 et 51 de la constitution.

La situation devenait donc des plus graves ; tout le monde le comprenait, et les journaux de la démocratie ne cessaient de s'écrier :

« Du calme, citoyens, encore une fois du calme et de la modération : La république est sauvée si les royalistes n'ont point d'émeute ! »

CHAPITRE IX.

Les royalistes ordonnent à l'assemblée nationale de se dissoudre. — Motifs sur lesquels ils se fondent. — Leurs intentions dévoilées par la feuille de Cambrai. — Les journaux démocratiques expliquent le vote du 10 décembre. — Nouvelles attaques contre l'assemblée et nouvelles sommations. — Langage tenu par le journal de l'Aisne. — Proposition présentée par le représentant Rateau pour la dissolution de l'assemblée constituante. — Voile qui couvre le projet des royalistes. — Ligue républicaine pour combattre le plan des réactionnaires. — Nombreuses pétitions pour soutenir l'assemblée. Réponse de la *Réforme* aux incriminations des royalistes. — Dernier coup de collier donné par les réactionnaires. — Le parti du désordre et des intrigants. — Irritation extrême des partis. — Rapport du citoyen Grévy sur la proposition Rateau. — Débats à ce sujet. — Les citoyens Desèze, Pierre Bonaparte, Montalembert, Billaut et Odilon Barrot. — Le gouvernement appuie la dissolution. — La proposition Rateau prise en considération par une majorité de deux voix. — Rien n'est décidé. Nouvelles pétitions pour soutenir l'assemblée. — Le *Glaneur de Loir-et-Cher*; le *Républicain de Lot-et-Garonne*; le *Messager du Nord*; le *Publicateur de Saint-Malo*; le *Journal de la Meurthe*, le *Peuple souverain*; le *Précurseur de l'Ouest* et la *Réforme*. — L'opinion publique s'alarme de la marche du gouvernement. — Actes du ministre de l'intérieur. — Personnel des préfets et sous-préfets de la royauté. — Désorganisation de la garde mobile. — Irritation de cette troupe. — Menaces du général Changarnier. — Il fait arrêter plusieurs chefs de ce corps. — Commissaires repoussés de l'Élysée. — Ils n'obtiennent rien du général Changarnier. — Désarmement et réincorporation. — Six mille jeunes gens jetés sur le pavé. — Éloignement des bataillons restants. — Situation vers la fin de janvier. — Projet de mise en accusation du ministère, déposé par la montagne. — Poursuites autorisées contre le représentant Proudhon. — Irritation des masses, inquiétude du pouvoir.

A tous les motifs de désappointement de la population, à toutes les causes graves qui entretenaient dans les esprits une agitation fébrile, se joignait alors l'usage que les réactionnaires avaient compté faire contre l'assemblée nationale constituante de la victoire qu'ils crurent avoir remportée le 10 décembre. A entendre les royalistes, le suffrage universel n'avait fonctionné que pour les rendre complétement maîtres de la position. Aussi, dès le lendemain, s'étaient-ils empressés de signifier leur volonté à cette assemblée, qu'ils considéraient comme le seul obstacle à leur prise de possession du pouvoir. Ces rois du scrutin déclarèrent, par les cent journaux dont ils disposaient, qu'ils n'avaient patroné Louis Napoléon Bonaparte que pour arriver à la dissolution de la constituante. Suivant le raisonnement des légitimistes, la majorité de cette chambre se trouvait trop engagée dans la politique du candidat écarté par le suffrage universel pour qu'elle pût ne pas être en dissentiment sur beaucoup de questions de premier ordre avec le nouveau gouvernement.

« Les royalistes vont vite en besogne, s'écriait un journal que ces prétentions indignaient; ils ont à peine vidé les urnes que leur main félone à remplies de suffrages adultères, que déjà l'assemblée nationale est dénoncée comme indigne, comme un pouvoir périmé. A leurs yeux, la constitution n'est qu'un chiffre sans valeur, car elle n'a pas la *sanction des communes*. Ils vont plus loin ; ils contestent, ils nient, dans son principe, dans sa forme, dans ses institutions, le gouvernement républicain..... Qu'on ne s'y trompe pas, ajoutait ce journal; si on ne veut plus de l'assemblée issue du suffrage universel et la seule souveraine, c'est pour abolir plus vite cet exécrable gouvernement sorti des pavés de février. »

Il n'y avait pas à se méprendre sur les intentions des royalistes; ils venaient de les expliquer clairement par l'organe de la *feuille de Cambrai*. Dans un article considéré comme la profession de foi de son parti, cette feuille regardait la constitution et l'assemblée qui l'avait faite comme des choses nulles, et il déclarait que l'assemblée nationale avait démérité de la patrie en proclamant la république. Dans l'opinion des chefs de ce parti, le vote du 10 décembre n'était autre chose qu'une protestation contre la constitution qui consacrait cette forme de gouvernement ; ils en appelaient donc à ce même suffrage universel qui venait de fonctionner au gré de leurs désirs.

« On ose présenter le vote du 10 décembre comme une protestation contre la forme républicaine? répondaient les feuilles démocratiques. Que signifie donc cet empressement du peuple à accourir dans les comices ouverts par la république, pour élire un magistrat républicain? Cet empressement est-il un témoignage de dédain pour le suffrage universel ou pour la constitution républicaine?.... Le peuple s'est souvenu de la gloire et de la grandeur extérieure de l'empire, le vieux sang gaulois s'est révélé. Le vœu du scrutin est un vœu d'activité extérieure, de guerre même; car il est impossible de méconnaître cette vérité : la guerre avec tous ses sacrifices, avec toutes ses douleurs, a paru préférable à une paix honteuse. »

Quoi que pussent dire ceux qui défendaient l'assemblée nationale, le mot d'ordre des royalistes était donné; chaque jour de nouvelles attaques, de nouvelles sommations étaient adressées à la constituante pour la forcer à déserter son poste.

Vers la fin de décembre, à l'occasion du vote qui réduisait définitivement des deux tiers le plus lourd et le plus impopulaire des impôts, celui sur le sel, il y eut une recrudescence de menaces contre cette assemblée qui, malgré les ministres de M. Louis Bonaparte, avait osé faire quelque chose pour la population agricole de la France, et qui poussait l'irrévérence jusqu'à rejeter les plans financiers de MM. Léon Faucher et Passy. On vit alors le grave *journal des Débats* entrer lui-même en lice contre les élus du 23 avril, et reproduire, avec commentaires, le langage tenu par le *journal de l'Aisne*, organe de M. Odilon Barrot. Voici ce que disait ce journal :

« Une portion importante de la chambre a pris son parti. Cette portion pense comme nous, comme le pays, que *l'assemblée a fait son temps*. L'élection du 10 décembre en est en ce moment la meilleure des protestations. Espérons donc que, *sans y être contrainte par les moyens violents*, l'assemblée constituante saura se séparer d'elle-même. — Si elle ne le voulait pas comprendre, *alors il sera de notre devoir d'agir vigoureusement.* »

Or, le parti pris par une portion importante de la chambre fut bientôt connu. Il consistait en une proposition de décret, bien formelle, qu'un membre obscur, du nom de Rateau, déposa, sous le patronage de M. Dufaure, dans l'intention de mettre fin aux pouvoirs et à la session de l'assemblée. La contre-révolution attendait impatiemment le succès de cette manœuvre, car les royalistes espéraient beaucoup du remplacement de la constituante par une chambre législative qu'ils considéraient devoir être selon leur cœur.

Les journaux démocrates, en appréciant la proposition qui prit dès lors le nom de son auteur, cherchèrent à soulever le voile qui couvrait encore les projets des contre-révolutionnaires; ils crurent apercevoir, sous cet empressement à se débarrasser de tout ce qui pouvait faire obstacle aux desseins de la réaction, le besoin de réaliser des espérances mal dissimulées; et ces espérances n'avaient rien qui dût rassurer les républicains.

Dès lors il se forma une ligue républicaine pour encourager et soutenir cette assemblée que les royalistes voulaient mettre à la porte; une foule de journaux démocrates opposèrent au projet de décret présenté par le citoyen Rateau, les décrets précédemment rendus à l'égard des lois organiques, et soutinrent que l'assemblée, de qui émanait la constitution, avait seule le droit de faire les lois organiques, qui en étaient inséparables.

L'affaire de la dissolution de l'assemblée nationale devint alors la seule préoccupation de l'opinion publique.

« La dissolution de l'assemblée nationale, voilà le cri qui s'échappe de toutes les poitrines réactionnaires, lisait-on dans une feuille départementale appelée le *Démocrate de l'Ouest* ; voilà le désir qu'expriment aujourd'hui tous ceux que mécontente *le peu d'énergie* de M. Bonaparte. Ah ! sans doute, la partie serait belle pour les royalistes ; mais il ne faut pas tarder ; l'occasion est bonne, il faut en profiter ; quelques jours encore et le pays qu'on trompe, qu'on abuse, aura la clé de toutes les roueries employées à son intention ; éclairé sur ses véritables intérêts, il châtiera, comme ils le méritent, les exploiteurs de la misère, les aristocrates le savent bien. Aussi ne cessent-ils de dire qu'*il faut battre le fer tandis qu'il est chaud*.

« Les feuilles du privilége traitent à merveille et sans relâche ce thème favori ; chaque jour apporte une nouvelle attaque, un nouveau commentaire injurieux aux actes de l'assemblée nationale. Des courtiers parcourent les campagnes, de *nombreuses pétitions se signent partout. Le sens intime* des populations leur fait comprendre que l'assemblée a terminé sa mission (¹) ; on exhorte les élus du peuple à se démettre de leurs fonctions ; on les convie à cet acte d'abnégation ; on les presse ; on va même jusqu'à les menacer, s'ils ne se rendent au *vœu général*, de les mettre poliment à la porte.

« Mais un instant ! Messieurs, ajoutait le même journal républicain ; le vœu général, selon vous, est fort discutable, selon nous ; et, si nous avons bonne mémoire, il fut un temps où vous l'entendiez autrement.

« L'assemblée nationale, et il y a quelques mois c'était votre avis, est souveraine ; elle a résolu, dans sa souveraineté, qu'elle ferait les lois organiques, conséquence naturelle de la constitution qu'elle venait de voter ; s'y opposer serait un attentat contre les droits du peuple, un attentat contre le suffrage universel, qui vaut bien, ce nous semble, le *vœu général* exprimé par quinze ou vingt feuilles royalistes. »

Pour appuyer ce raisonnement, les citoyens de tous les départements se mirent à pétitionner dans le sens contraire des

---

(¹) Expressions dont se servaient journellement les feuilles qui poussaient à la dissolution.

quelques adresses réactionnaires colportées de porte en porte, et une masse énorme de demandes pour engager l'assemblée nationale à ne pas se retirer avant d'avoir voté les lois organiques, vint étouffer sur le bureau du président celles qu'y avaient fait déposer les royalistes contre cette assemblée. Enfin la réunion de représentants qui marchaient avec le parti du *National*, se prononça énergiquement contre la violence faite aux élus du suffrage universel.

Et comme les feuilles royalistes continuaient à accuser l'assemblée d'être la cause de la situation précaire qui s'opposait à la reprise des affaires commerciales (¹), la *Réforme* leur répondait :

« Non, l'assemblée ne peut sans lâcheté déserter son poste avant d'avoir fini son œuvre. Elle ne peut pas davantage fixer, par avance, le jour de sa dissolution, avant d'avoir terminé ses travaux. Il est urgent même qu'elle fixe sa situation par un vote et par des actes, parce que la souffrance des affaires vient justement de l'état d'incertitude et d'attente perpétuelle où on tient la nation. Il faut lui donner le temps de se reposer de l'élection de la présidence avant de la jeter de nouveau dans la fièvre électorale. Il ne faut pas surtout perdre de vue que le jour où on aura fixé les prochaines élections parlementaires, la vie

---

(¹) « Vous ne demandiez d'abord que la promulgation de la constitution pour rendre aux affaires leur essor ordinaire, disait-on aux royalistes ; la constitution a été promulguée et les affaires ne reprirent point.

« Vous avez réclamé ensuite l'élection du président, afin d'avoir, disiez-vous, un gouvernement définitif, propre à rétablir la confiance ; vous avez eu votre président, et la confiance n'a point été rétablie.

« Maintenant vous poussez à la dissolution de l'assemblée nationale, que vous présentez comme l'unique obstacle.

« Savez-vous pourquoi les affaires restent dans la plus déplorable stagnation ? C'est que tous les jours les royalistes s'efforcent d'alarmer l'opinion et les intérêts, en marchant ouvertement à la ruine de la république, c'est-à-dire à un bouleversement. »

réelle de l'assemblée constituante aura cessé et que l'action du pouvoir sera paralysée. »

On était ainsi arrivé à la veille du jour où la proposition Rateau devait être discutée : les feuilles royalistes crurent qu'elles devaient donner le *dernier coup de collier*. L'une d'elles, la plus violente de toutes, s'en chargea.

« Les jours qui nous séparent encore de la dissolution de la chambre, lisait-on dans le journal dit l'*Assemblée nationale*, sont autant de nouveaux coups portés au commerce à l'agonie. Le parti qui s'oppose à la dissolution est le parti qui se plaît à voir la misère publique s'accroître, qui se plaît à voir le mal devenir horrible, incurable. La responsabilité des souffrances dont nous parlons doit être rejetée tout entière *impitoyablement* sur cette majorité dans l'assemblée et sur les amis qu'elle peut avoir. C'est là ce qu'il faut répéter souvent, afin d'augmenter, s'il est possible, la répulsion du pays pour tous ces égoïstes et ces avides qui ne veulent pas que la France sorte du gouffre dans lequel ils l'ont lancée si glorieusement il y a dix mois. »

En présence de ce dénigrement organisé en système pour avilir ce qui restait encore debout de la grande révolution du peuple, la *Réforme* se crut obligée de répondre à l'*Assemblée nationale*. Elle le fit en ces termes :

« Il y a en effet un parti qui se plaît à voir la misère publique s'accroître ; c'est le parti des financiers, des hommes de loisir et des intrigants royalistes dont le journal l'*Assemblée nationale* est l'organe. Les hommes auxquels plaît la misère publique sont ceux qui, au 26 février, ont retiré tout crédit à la production ; ceux qui ont provoqué les faillites préparées sous la royauté et appelé la misère sur toute la France ; ceux qui ont fermé ou fait fermer violemment les ateliers et jeté sur le pavé, sans aucune ressource, les ouvriers par centaines de mille ; ceux qui ont effrayé les capitalistes, lorsque les capitalistes sont allés leur demander conseil ; ceux qui ont refusé tout concours au gouvernement de la république ; ceux qui, après s'être enrichis pendant trente-trois ans de la monarchie dans les emprunts et les grandes compagnies, ont entrepris de pousser la France au désespoir, afin de la ramener sous leur joug. Ce sont ces hommes qui ont semé parmi nous la guerre civile, par l'art infernal avec lequel ils ont propagé et maintenu dans les rangs du peuple les souffrances les plus aiguës ; ce sont eux qui, furieux de la réduction de l'impôt du sel, sur lequel ils prélevaient leur infâme courtage, veulent à tout risque et à tout prix amener aujourd'hui la dissolution de l'assemblée nationale. »

Il était difficile de porter plus loin l'irritation des partis au sujet de cette assemblée que les républicains défendaient alors parce qu'ils lisaient clairement dans la pensée de ceux qui voulaient la remplacer par une autre plus maniable ; aussi s'abordat-on avec les plus vifs ressentiments lorsqu'il fut question de voter sur la prise en considération de la fameuse proposition Rateau.

Renvoyée d'abord à une commission fort divisée sur cette question, une faible majorité, dont le citoyen Grévy se rendit l'organe, avait enfin conclu, après les plus vifs débats, au rejet de la motion. C'était donc sur ce rapport préliminaire qu'allaient se concentrer les débats du jour.

Les royalistes savaient très-bien que si les conclusions de la commission étaient adoptées, la proposition Rateau se trouvait définitivement repoussée. Mais ils comptaient autant sur leur nombre que sur les puissants auxiliaires qu'ils allaient avoir dans les ministres et dans tous les députés votant ordinairement avec le pouvoir.

Un membre de la minorité de la commission, M. Desèze, appartenant à l'ancienne faction royaliste de Bordeaux, entreprit de prouver que le mandat constituant reçu par l'assemblée était rempli dès l'instant où la constitution se trouvait écrite et adoptée. S'emparant ensuite de quelques délibérations d'une fraction des conseils municipaux et généraux, de quelques pétitions adressées à la chambre et de l'opinion des feuilles réactionnaires, M. Desèze essayait de prouver que l'assemblée actuelle n'avait pas le droit d'entamer les lois organiques, et cela parce qu'il n'en était point parlé dans la constitution [1]. En conséquence, M. Desèze voulait que l'assemblée, ayant égard au *vœu populaire* qui s'élevait jusqu'à elle et qu'elle ne pouvait mépriser, se bornât à doter la France de la loi électorale, seule loi organique qu'elle pût faire dans les circonstances, et qu'ensuite elle laissât à l'assemblée législative le soin de compléter ces mêmes lois organiques, conformément à la proposition du citoyen Rateau, dont l'orateur aurait désiré voir discuter les articles.

Le citoyen Pierre Bonaparte répondit au membre de la minorité de la commission que l'on avait tort de supposer l'assemblée nationale en état d'hostilité envers le président.

« Elle l'a admis comme représentant du peuple, dit-il ; elle nous a admis, nous, ses parents ; elle l'a proclamé président de la république. L'assemblée doit être la gardienne de la situation ; elle doit rester avec le président de la république pour se soutenir mutuellement. Ce qui prouve cette nécessité, ajouta ce représentant, c'est l'audace des partis contre-révolutionnaires, qui veulent abréger la durée de la session. Pour mon compte, je n'hésite point à le dire : si le gouvernement actuel ne maintien pas l'assemblée, il trahit ses devoirs ; car les

---

[1] « Qu'est-ce que la constitution sans les lois de développement ? répondait un publiciste à la prétention de M. Desèze. — Un principe abstrait, une lettre morte, un théorème qui ne conclut pas. S'il plaît à l'assemblée législative de détruire ou d'infirmer, dans les institutions supplémentaires, l'esprit et la lettre de la constitution, qu'en restera-t-il ? — Donc ne vouloir confier le mandat de développement qu'à l'assemblée législative, c'est livrer l'œuvre de février, son principe, ses lois et son gouvernement à la mobilité des passions, à la vengeance des intérêts réactionnaires. »

décrets de l'assemblée sont la loi du pays. L'assemblée nationale, qui a prouvé au mois de juin qu'elle ne se laissait pas intimider par les factions, tranchera vigoureusement une question qu'il n'aurait pas dû être permis de soulever. Il est temps d'imposer silence à ces rebelles ; ce sont des factieux qu'il faut réduire au silence. Le pouvoir de l'assemblée a été consacré le jour où elle a déterminé le nombre des lois organiques. Elle seule peut défaire son œuvre ; ceux qui voudraient l'attaquer seraient traîtres à la république, traîtres aux lois de l'assemblée. Mais nous saurons résister à ces anarchistes. »

Les vigoureuses paroles prononcées par le citoyen Pierre Bonaparte produisirent la plus vive agitation sur les bancs des réactionnaires, qui crurent nécessaire de pousser à la tribune l'un de leurs orateurs les plus applaudis par eux. Ce fut M. de Montalembert qui se présenta pour expliquer clairement le but auquel tendaient les trois partis qu'il apercevait au sein de l'assemblée.

« Une fraction, dit-il, veut s'en aller ; elle veut s'en aller à tout prix, par beaucoup de bonnes raisons, et entre autres, parce qu'elle est sûre de revenir. Une seconde fraction veut rester à tout prix pour de très-bonnes raisons, et entre autres, parce qu'elle est à peu près sûre de ne pas revenir..... »

M. de Montalembert qui débutait par provoquer les cris : à l'ordre ! aurait pu ajouter que la première fraction, celle qui était sûre de revenir, avait aussi l'espoir de se recruter d'amis politiques, et de faire de la prochaine assemblée un concile complétement royaliste. L'orateur le savait si bien, qu'il se mit à adjurer les centres à faire cause commune avec ceux qui étaient sûrs de revenir, afin de voter ensemble la proposition de ce M. *Rateau,* que le peuple appelait M. *Balai.*

« Vous n'êtes engagés par rien, leur disait-il ; vous n'avez à consulter que les circonstances. Etes-vous complétement d'accord avec ce nouveau courant d'opinions que le vote du 10 décembre vient de déterminer? Depuis la révolution de février, le pays a eu la fièvre, et comme tous les fiévreux, il s'est retourné et demande comme un remède une nouvelle assemblée. Vous avez déchaîné ce géant, et vous l'avez armé du suffrage universel. Ce qu'il veut, il vous le dit à demi-mot; ne l'obligez pas à vous le dire plus haut. »

Ainsi M. de Montalembert pensait qu'en élevant à la présidence un prétendant, le peuple n'avait manifesté sa volonté qu'à demi, et que pour peu qu'il fût consulté de nouveau, il pourrait bien dire toute sa pensée, si transparente sous les paroles de l'orateur. Il ne craignit pas d'avancer que si l'assemblée législative était d'une opinion différente de celle de sa devancière, elle pourrait bien défaire ce que la constituante avait fait, c'est-à-dire abolir la république pour rétablir la monarchie.

« La mer de l'opinion publique est encore agitée, s'écriait-il ; elle est houleuse pour ainsi dire ; craignez que le flot ne monte. »

Les cris : à l'ordre! ayant de nouveau interrompu l'orateur, il crut devoir conclure en adjurant ceux qui défendaient l'autorité de l'assemblée nationale à s'unir à lui pour faire admettre la proposition du citoyen Rateau, et calmer ainsi le pays, en abdiquant à temps.

Il était réservé à l'un des anciens royalistes convertis sincèrement à la république, au citoyen Billault, de repondre, avec toute la clarté de sa parole et sa logique habituelle, aux menaces adressées par M. de Montalembert à la fraction qui ne voulait pas s'en aller. Le citoyen Billault le fit de manière à simplifier autant que possible la question dont l'opinion publique était si fortement saisie.

« Nous avons reçu un pouvoir immense, dit-il d'abord, celui de faire une constitution et de préparer les appendices qui rendront l'œuvre complète. C'est un droit que l'on reconnaît ici, mais qu'il est bon de proclamer bien haut, car on commence à le nier au dehors.

« Oui, je le reconnais, le pays a soif d'ordre et de stabilité; mais le calme qu'on espérait n'est pas venu; le doute revient et, à côté de ce doute, de cette inquiétude, nous avons vu les habiles se mettre à l'œuvre. Qu'a-t-on fait? On a créé ce qu'on appelle aujourd'hui l'opinion publique; et ces pétitions qu'on colporte partout, si elle ne sont pas un 15 mai matériel, sont au moins un 15 mai moral. Il s'agit de savoir si l'assemblée nationale ne pourra pas terrasser les passions contre-révolutionnaires; voilà la question, la question de la paix, la question de la force et de l'autorité du pouvoir.

« Qu'est-ce que le vote du dix décembre? ce sont six millions de voix données aux promesses de Louis-Napoléon. Qu'était-ce que le programme de ce candidat? C'était la réalisation de tout ce que vous aviez déjà vous même appliqué. Comment donc vient-on prétendre que le vote du dix décembre est un vote contre l'assemblée? »

Et après avoir affirmé que le ministère n'avait pas su présenter un décret d'utilité générale qui liât l'assemblée au président, ce qui faisait dire au pays que tout était inactif, impuissant, le citoyen Billault terminait son remarquable discours par cette phrase résumant toute la question pendante :

« On dit au pays que nous voulons perpétuer notre présence dans cette enceinte : cela n'est pas ; mais nous voulons terminer notre ouvrage et quitter notre poste avec honneur. Je sais que l'assemblée n'a pas plus de trois mois à vivre; mais elle doit à la France de ne pas se retirer devant les menaces dont elle a la force de faire justice. »

Le président du conseil répondit d'abord qu'il s'élèverait hautement contre toute menace et toute injure qui seraient faites à l'assemblée, et qu'il saurait les réprimer au nom de la loi. Quant au reproche de n'avoir rien fait de propre à rétablir la confiance, le citoyen Odilon Barrot affirma que dans la position où se trouvait le gouvernement, il lui avait été impossible de commencer avec l'assemblée une législation sérieuse.

Au nom de ce même gouvernement, le ministre se croyait forcé de dire la vérité à cette assemblée.

« Mais cette vérité, ajoutait-il, ce n'est pas moi qui la lui dis ; c'est la constitution qui dit que deux pouvoirs égaux ne peuvent exister l'un en face de l'autre ; c'est la constitution qui dit que ces deux pouvoirs doivent tôt ou tard se trouver en opposition. La constitution a prévu qu'en face de l'assemblée le pouvoir était gêné dans sa liberté et dans son indépendance ; elle l'a si bien prévu, qu'elle n'a pas voulu que cette situation se prolongeât. Elle a fait plus, elle a textuellement déclaré que l'assemblée de révision ne s'occuperait que de la question constitutionnelle et constituante. Vous êtes dans une situation plus exceptionnelle que ne le serait une assemblée de révision. Est-ce que vous n'êtes pas sous l'empire de votre passé ? Est-ce que vous ne savez pas que vous avez fait et défait le pouvoir exécutif ? Est-ce que ce souvenir ne pèse pas malgré vous sur la situation ?..... »

L'étrange langage tenu par le ministre de la justice à l'assemblée nationale avait d'abord jeté une partie de ses membres dans l'étonnement ; néanmoins au milieu de fréquentes interruptions, et de rappels à l'ordre, M. Barrot poursuivit ainsi :

« Je dis que dans une situation analogue à celle-ci, le vœu national avait recommandé à l'assemblée constituante de ne s'occuper que de la constitution, afin d'éviter cette position fâcheuse du pouvoir exécutif en présence d'un pouvoir exorbitant... Je dis qu'en face de cette recommandation constitutionnelle, l'assemblée serait dans une position trop difficile si une telle disposition des esprits continue..... »

— « Eh bien ! allez-vous-en, lui crie le côté gauche impatienté par l'argumentation si pauvre du ministre de la

« justice. — Assez ! assez ! » ajoutent d'autres membres.

« Eh bien ! oui, poursuit le ministre au milieu du plus grand trouble, c'est cette défiance qui est au fond de la question et de la résolution à prendre. C'est la défiance de l'avenir; c'est la crainte de l'élection. Rappelez-vous les retards apportés à l'élection de l'assemblée; ces retards fondés sur la prétention de faire l'éducation du pays; rappelez-vous ce que ces retards ont rapporté à ceux qui les ont jugés nécessaires. N'attendons pas une troisième leçon; il y va de la sécurité du pays, il y va de notre avenir : il faut que cette grande épreuve soit faite dans le calme des passions. C'est à l'assemblée à fixer son jour et son heure, et si j'ai pris la parole, c'est pour prier l'assemblée de soulager notre situation. »

Ce qui résultait de plus clair du discours ministériel et de la pensée du gouvernement, c'est que l'assemblée constituante avait fait son temps, ainsi qu'on le répétait sur tous les tons, et qu'il fallait qu'elle abdiquât, sous peine de laisser le pays dans la déplorable incertitude qui ruinait les affaires. Les motifs que le ministre avait fait valoir n'étaient rien moins que concluants, et déjà le citoyen Jules Favre se disposait à les pulvériser, quand un chœur de voix du centre s'opposa à ce que cet orateur prît la parole, et demanda instamment la clôture de la discussion. Les réactionnaires s'étant déclarés suffisamment éclairés sur la question, le président allait la mettre simplement aux voix, lorsqu'on lui rappela que *cent soixante* membres avaient demandé le scrutin de division. On y procéda au milieu de la plus vive agitation, et il donna le résultat suivant : Quatre cent une voix se prononcèrent en faveur des conclusions du rapport Grévy, et quatre cent quatre repoussèrent ces conclusions; c'est-à-dire que la proposition du citoyen Rateau, tendant à fixer *le jour de la dissolution de l'assemblée constituante*, fut prise en considération par une majorité de trois voix, y compris celles des ministres.

Tout autre ministère aurait reconnu, par ce vote même, qu'il n'avait pas la majorité ; mais le conseil de M. Louis Bonaparte considéra comme trop peu de chose les trois échecs qu'il venait d'éprouver successivement ; il persista à vouloir gouverner la république. « Il y a dix-huit ans que M. Odilon Barrot court après un portefeuille, disait à ce sujet un journal très-peu ministériel, ne pensez pas qu'il le lâche si promptement. »

« Au surplus, faisait observer une autre feuille démocratique, la séance d'hier n'a prouvé qu'une chose, c'est le mauvais vouloir du ministère envers l'assemblée, et les rancunes imprudentes de M. Barrot contre la république. Ces deux faits ne peuvent manquer de produire des conséquences prochaines. »

La prise en considération de la proposition Rateau ne décidait rien ; on assurait même que plusieurs républicains s'y étaient associés parce qu'ils jugeaient utile de discuter à fond la question de la dissolution, pour en finir une bonne fois. Mais ces républicains s'abusaient sur la situation des affaires publiques ; la réaction n'avait pas encore atteint son apogée ; chaque jour lui faisait faire quelques pas dans la carrière qu'elle devait fournir.

Pendant l'intervalle qui sépara la prise en considération de la discussion solennelle, une foule de pétitions continuèrent d'être adressées à l'assemblée nationale pour l'engager à ne point quitter le poste que lui avait confié la volonté du peuple ; et les feuilles des départements la suppliaient de faire droit à ces pétitions.

« Il faut qu'à ceux qui prétendent qu'elle est morte, l'assemblée nationale reponde en marchant, lisait-on dans le *Glaneur de Loir-et-Cher*. Elle a proclamé la constitution ; c'est à elle à diriger les premiers pas de la république. »

— « L'assemblée nationale, ajoutait le *Républicain de Lot-et-Garonne*, est le seul rempart qui puisse défendre momentanément la révolution contre les tentatives antinationales de la réaction. Tout lui fait donc une obligation de ne pas abandonner son poste. »

— « Le but des royalistes, disait le *Messager du Nord*, est facile à saisir. Pour satisfaire de honteuses passions, pour redevenir ce qu'ils étaient jadis, les maîtres et seigneurs des ouvriers et des paysans, ils ne craignent pas de courir le risque de mettre la France à feu et à sang. »

— « Les journaux réactionnaires réclament à cor et à cri la dissolution de l'assemblée, s'écriait le *Publicateur de Saint-Malo*; ils croient qu'il leur sera facile, dès que l'assemblée aura quitté Paris, de renverser la république, et de nous ramener ou la branche aînée ou la branche cadette. En ceci comme en tant d'autres choses, erreur n'est pas compte. »

— « Si l'assemblée, obéissant aux clameurs de la réaction, avait la faiblesse de se dissoudre, lisait-on encore dans le *Journal de la Meurthe*, elle laisserait le terrain libre à des manœuvres et à des complots criminels, dont le résultat serait de plonger la France dans l'anarchie. »

— « L'assemblée nationale en votant les lois organiques, disait le *Peuple souverain* de Lyon, est dans son droit; il importe en effet que ce soit elle qui fasse ces lois.... Ne comprenez-vous pas, citoyens, que ceux qui vous disent de demander sa dissolution craignent de voir la lumière éclairer enfin leurs ténébreux complots? ne comprenez-vous pas qu'ils redoutent par-dessus tout de voir votre intelligence se développer et votre éducation politique se compléter? »

— « Nous approuvons complétement l'assemblée d'aborder résolûment la question de sa dissolution, question au moyen de laquelle on s'efforce depuis trop longtemps d'aviver les passions populaires et d'exploiter les souffrances de la crise commerciale, disait enfin le *Précurseur de l'Ouest*. Vouloir que l'assemblée se retire aujourd'hui est tout aussi absurde que de prétendre qu'elle se perpétue indéfiniment. »

En présence de ces nombreuses pétitions contre la dissolution de l'assemblée nationale et du langage unanime de la presse des départements à ce sujet, la *Réforme* s'écriait :

« Oui, la presse sérieuse, la presse qui se respecte, qui n'est pas vendue à telle ou telle autre monarchie, a compris qu'il importait au salut de la république et de la France, que l'assemblée nationale ne se séparât pas avant d'avoir voté les lois organiques…. Nous savons maintenant que leurs fameuses pétitions, ne sont que des pièces fabriquées dans les sacristies et les châteaux; nous savons qu'on a usé de tous les subterfuges imaginables pour obtenir quelques centaines de signatures; nous savons que dans plusieurs départements le peuple a fait bonne justice des intrigues des hommes de 1815, des amis des cosaques, des émigrés gorgés du fameux milliard. Si dans quelques localités leurs perfidies ont abouti, le peuple reviendra bientôt de son erreur, éclairé par les départements. La campagne est rude, mais la presse patriote ne fera pas défaut au pays, et l'assemblée nationale, en voyant l'accord de l'opinion démocratique, restera au poste du devoir et votera les lois organiques, en dépit de la conspiration flagrante du royalisme. »

Malgré la prise en considération de la proposition Rateau, les démocrates se flattaient que l'assemblée, par respect pour elle-même, se refuserait à voter sa dissolution; une foule d'autres pétitions lui arrivèrent encore pour la supplier de ne point céder aux vœux des royalistes. Dans ces nouvelles adresses, les républicains faisaient ressortir le petit nombre de voix qui avaient demandé cette dissolution; ils mettaient à nu la conspiration royaliste, et se montraient pleins d'espoir que les coupables efforts des éternels ennemis du peuple et de la liberté échoueraient dans leurs perfides projets.

On était ainsi arrivé vers la fin de janvier, et l'agitation au lieu de se calmer, se généralisait : l'opinion publique était fortement émue de la marche suivie par le gouvernement de Louis Napoléon Bonaparte, et surtout d'une foule d'actes émanés du nouveau ministre de l'intérieur, Léon Faucher ([1]), qui, à défaut de talents administratifs, cherchait à se distinguer par ses condescendances envers les réactionnaires.

Nous avons déjà vu ce ministre, qu'un journal disait avoir été emprunté à l'administration des pompes funèbres pour conduire la république au cercueil, montrer le triste courage de violer la constitution, en proposant la suppression complète des clubs.

A la suite du vote de l'assemblée rejetant l'urgence invoquée par ce ministre pour son projet de loi, on avait cru à la retraite de la totalité du cabinet, ou au moins à celle du ministre de l'intérieur ; mais l'appui que lui prêtèrent toutes les feuilles de la réaction, joint à la tenacité du ministère lui-même, ainsi qu'à la volonté du président de la république, retinrent encore ce ministère de minorité. Ainsi, un conflit grave, une lutte déplorable allait inévitablement s'engager entre le pouvoir exécutif et l'assemblée nationale.

D'un autre coté, le ministre de l'intérieur, se jouant de l'opinion publique, venait de faire une immense épuration de préfets et sous-préfets. Tout le personnel de l'administration départementale avait été complétement changé par lui : ce qui restait encore de fonctionnaires nommés dans les premiers temps de la république, avait été impitoyablement sacrifié aux

---

([1]) Le citoyen Léon Faucher n'était arrivé au ministère de l'intérieur qu'à la suite de la retraite instantanée du titulaire, M. de Malleville, qui se retira, ainsi que deux de ses collègues du 20 décembre, par suite de différends personnels avec le président de la république relatifs aux dossiers des affaires de Strasbourg et de Boulogne. Nous n'avons rien dit de ce remaniement du cabinet, parce qu'il n'eut aucune influence sur la marche du gouvernement. Le citoyen Léon Faucher ne fut placé à la tête du département de l'intérieur que pour garder la place. Mais les royalistes, dont il faisait si bien les affaires, l'y soutinrent jusqu'au moment où l'assemblée nationale le rendit impossible.

exigences des royalistes, et, au grand scandale de la démocratie, on avait remis en place tous les préfets et sous-préfets qui fonctionnaient sous le ministre de Louis-Philippe, Duchâtel.

« Avez-vous lu le *Moniteur* ? s'écriait un journal à propos de cette grande fournée de préfets et sous-préfets ; vous trouverez dans cet ossuaire une cinquantaine de préfets et sous-préfets qui, sous Guizot, d'honnête mémoire, auraient passé pour des fanatiques. M. Léon Faucher est en plein délire ; ou bien, déterminé à ne reculer devant aucun obstacle, il marche droit au royalisme, ne cachant plus ni ses projets, ni sa bannière ; il est devenu le héros des royalistes.

— « Ces promotions sont un scandale, une trahison contre la république, ajoutait une autre feuille ; elles prouvent que le ministère du 10 décembre, qui ne peut s'accorder avec l'assemblée, est décidé à marcher, quand même et isolément s'il le faut, dans la voie de la réaction ; car ces nominations ont été faites dans l'esprit des deux dynasties déchues. »

A toutes ces causes de l'étonnement et de l'irritation des démocrates, se joignirent, en même temps, de graves motifs de mécontentement donnés à la garde mobile par un arrêté que le même ministre de l'intérieur venait de prendre au sujet de cette troupe, considérée alors comme trop attachée à la république. Les mesures prises par le ministre n'étaient rien moins que la désorganisation complète de ce corps. Les vingt-cinq bataillons de la garde mobile étaient réduits et reconstitués en douze bataillons, lesquels devaient être considérés comme force militaire mise à la disposition du ministre de la guerre, qui dès lors pouvait les détacher sur tous les points de la France et de l'Algérie. Ces douze bataillons devaient être soumis en tout à la discipline militaire et à la solde de l'infanterie. Enfin les grades ne pouvaient plus être confiés par l'élection.

Le but, la pensée du gouvernement étaient clairement exprimés par les termes qu'employait le ministre dans son arrêté.

La garde mobile ne devait plus exister à partir du 1ᵉʳ février ; et pour ne pas jeter tout à coup sur le pavé douze mille hommes et plusieurs centaines d'officiers qui avaient cru s'ouvrir une carrière, on voulait bien recueillir dans les cadres des douze nouveaux bataillons, ceux de ces jeunes soldats et de leurs chefs qui voudraient se laisser recruter pour l'armée active. C'était un licenciement complet.

Grande fut l'irritation de cette troupe à laquelle la *république honnête et modérée* devait son existence, quand cet arrêté fut publié ; chefs et soldats témoignèrent tout haut leur mécontentement. Ils firent plus encore, ils se réunirent aux Champs-Élysées, et y décidèrent qu'une députation serait envoyée au président de la république et au général Changarnier pour leur transmettre les réclamations de la garde mobile.

On comprend combien les mouvements de cette garde durent causer d'agitation dans Paris, au milieu des circonstances graves où l'on se trouvait. Croyant mettre un terme à ces manifestations, le général Changarnier fit appeler près de lui les chefs de la mobile. Là, il leur reprocha, en termes fort durs, l'indiscipline de leurs subordonnés, et menaça même de faire *sabrer* la garde mobile, si elle remuait.

Ces menaces ayant eu pour effet de mécontenter ceux qui se croyaient le droit d'adresser au pouvoir des réclamations contre la mesure qui les frappait, plusieurs chefs de bataillon, aigris par l'étrange réception qu'on leur faisait lorsqu'ils devaient s'attendre à des paroles de consolation et d'encouragement, se permirent de ramener le général à la seule question du moment, la brutale dissolution de la garde mobile, dans un moment où la république était violemment menacée par les royalistes.

L'un de ces chefs, le commandant Aladenise, que la révolution de février avait trouvé dans les prisons politiques, après avoir déposé ses épaulettes et son épée afin de pouvoir répondre en citoyen libre au général africain, s'emporta jusqu'à accuser ce chef suprême de trahir la république. « Je vous dénoncerai à l'opinion publique, s'écria-t-il, comme je vous dénonce ici ; vous êtes un traître à la patrie. »

Le général, qui s'était attendu à de vives réclamations et qui assurait-on avait fait placer un détachement de la gendarmerie de la Seine dans une pièce voisine, tira violemment le cordon de sa sonnette, et une vingtaine de ces gendarmes, à la tête desquels se trouvait un capitaine de l'arme, parurent tout à coup, arrêtèrent le commandant Aladenise ainsi que les chefs de bataillon Bassac, Camuset, Arrighi et Duseigneur, qui furent conduits à l'Abbaye.

L'irritation de la garde mobile fut au comble. Ce même jour, des délégations de chaque bataillon se réunissaient aux Champs-Élysées ; tous ensemble, ces délégués se dirigèrent vers l'Élysée national, pour protester contre l'arrêté ministériel qui brisait si brutalement leur position. Mais là encore, les mobiles furent désappointés? L'entrée de l'Élysée leur fut refusée à trois reprises, et on les menaça de recourir à la force s'ils persistaient.

Pensant que leur nombre avait été la cause du refus de les admettre, les délégués des vingt-cinq bataillons retournèrent aux Champs-Élysées pour désigner une nouvelle commission réduite à quelques commissaires. Mais le président persista dans son refus de les recevoir, et ils ne purent avoir d'entrevue qu'avec le général Changarnier.

Les commissaires ayant commencé par demander à leur chef la mise en liberté des commandants arrêtés dans la matinée, il leur fut répondu par un refus formel. Les autres observations ne portant que sur l'arrêté du gouvernement, le général répondit qu'il était impossible de laisser la garde mobile dans les conditions d'existence qui leur avaient été faites par le gouvernement provisoire ; que le pouvoir régulier qui gouvernait la France n'était pas lié par les engagements des précédents pouvoirs, en ce qui concernait des corps auxiliaires levés provisoirement. Il finit par déclarer aux mobiles qu'ils devaient se soumettre aux nouvelles dispositions prises à leur égard, et passant aussitôt à la menace, il répéta qu'il saurait bien mettre les mutins hors d'état de troubler l'ordre.

Les commissaires ainsi congédiés se retirèrent aux cris de *vive la république démocratique et sociale!* cri qui fut entendu par l'autorité comme une menace de la part de ces jeunes citoyens, et qui n'était au fond que l'expression de leurs sentiments.

« Ainsi, disait un journal à propos de l'arrêté du ministre de l'intérieur ; voilà cinq à six mille jeunes gens sur le pavé, sans habits, car leur uniforme leur devient inutile et peut-être dangereux, sans ressources, sans travail, et cela du soir au lendemain, par suite d'une dissolution aussi brutale qu'intempestive ! Et voilà comme les modérés, les amis de l'ordre, récompensent ceux qu'ils appelaient des héros au mois de juin ! »

Quelques jours après, les journaux royalistes annonçaient avec joie que le désarmement de la garde mobile s'effectuait sans troubles ; que les gardes qui n'habitaient pas Paris recevaient une feuille de route et qu'ils étaient obligés de rentrer dans leurs foyers, les réengagements étant très-peu nombreux.

« Nous avons entendu dire à beaucoup de ceux qui rentrent dans leurs familles, ajoutait une feuille démocrate, qu'ils n'ont pas voulu servir plus longtemps, afin de n'être pas exposés à prendre des armes contre la république. »

— « Quatre à cinq mille volontaires, forcés par la nécessité, ont seuls consenti à rester dans les cadres des douze nouveaux bataillons, dont l'effectif est ainsi dérisoire, disait-on dans un autre journal, sous la date du 8 février. Plusieurs de ses bataillons sont destinés pour La Rochelle, Toulouse, Bordeaux, et Bayonne; quelques-uns iront en Afrique, où ces pauvres enfants de Paris expieront le péché d'origine républicaine. Il est probable qu'une déportation complète ne tardera pas à succéder à ce remaniement provisoire. »

Enfin, après quinze jours de détention arbitraire, le commandant Aladenise fut mis en liberté, le général Changarnier n'ayant pu trouver contre cet ex-chef de bataillon de griefs plausibles pour le retenir plus longtemps.

Ainsi qu'on le comprendra aisément en se reportant aux circonstances critiques où l'on se trouvait vers la fin du mois de janvier, l'affaire de la garde mobile contribua beaucoup à assombrir une situation déjà si nuageuse. D'un autre côté, pendant que la montagne déposait sur le bureau du président la proposition de mise en accusation du ministère, le parquet de Paris y répondait par une demande en autorisation de poursuites contre le représentant journaliste Proudhon, coupable d'avoir signé des articles de son journal, que le ministère public considérait comme devant être poursuivi par les tribunaux.

Il y avait de l'audace à venir demander à l'assemblée de se déjuger, pour mettre en cause le citoyen Proudhon; car personne ne pouvait avoir oublié que malgré les instances de M. de Lamennais, qui demandait à être jugé pour les articles dont il était l'auteur, l'assemblée, voulant rester dans l'esprit et la lettre de la loi, s'était refusée à décharger le gérant de sa responsabilité légale, et avait repoussé les prétentions de l'auteur effectif. Or, vouloir diriger des poursuites contre le citoyen Proudhon pour des articles couverts par la signature du gérant de son journal, n'était autre chose qu'obliger l'assemblée à changer d'avis.

Le citoyen Proudhon ne voulut pas bénéficier de cet antécédant conforme d'ailleurs à la loi en vertu de laquelle on demandait sa mise en cause.

« Je suis l'auteur des deux articles incriminés, dit-il; j'avais oublié de signer le premier ; j'en accepte néanmoins la responsabilité. Je dois dire que dans ces articles j'avais entendu porter la question toute neuve de la responsabilité du président de la république. J'ai cru remplir un droit et un devoir. Le ministère me répond par la saisie des journaux et la demande de poursuites : je m'expliquerai devant la commission, et s'il y a lieu, à cette tribune (¹). »

Rien ne manquait donc pour exciter au plus haut point l'irritation des masses et l'inquiétude du pouvoir.

(¹) Mais le citoyen Proudhon n'était pas de ces hommes que la réaction relâchait quand une fois elle les tenait. Aussi la commission chargée d'examiner la demande du procureur général conclut-elle à autoriser les poursuites contre l'auteur des articles incriminés, et la majorité de l'assemblée le renvoya devant la cour d'assises.

CHAPITRE X.

Prise d'armes du 27 janvier. — Motifs que le gouvernement en donne. — Reproches adressés au pouvoir. — Recommandation à la population de se montrer calme. — Tranquillité du dimanche. — Immense déploiement de forces militaires dans la matinée du 29. — Investissement du palais législatif par les troupes. — Rappel battu dans trois légions. — Bruits qui circulent. — Pensée des amis de la république. — Incertitude, défiance, hésitation des gardes nationaux. — Résolutions de plusieurs colonels. — Ils rassemblent leurs légions. — Offre faite au président de l'assemblée par le colonel Forestier. — Conjectures diverses. — Indices de préméditations contre le pouvoir. — Mystères et intentions peu loyales prêtés à quelques membres du gouvernement. — Incident relatif à l'investissement de l'assemblée nationale. — Explications données par le ministre de la justice sur les événements. — Il dénonce un complot. — Revue du président de la république. — Cris républicains qui l'accueillent. — Il borne sa promenade et retourne à l'Elysée, escorté par les mêmes cris. — Partie perdue pour l'empire. — L'assemblée discute la proposition Rateau. — Discours des citoyens Fresneau, Jules Favre, Hugo, Lamartine, etc. — Une faible majorité prend en considération la proposition Rateau. Ce résultat sauve le ministère. — Calme et modération du peuple. — Fruit qu'il retire de son attitude. — Cris républicains que font entendre les ouvriers et les troupes. — Réflexions à ce sujet. — M. Léon Faucher veut faire croire à un complot. — Arrestations qu'il provoque. — Le colonel Forestier. — Proclamation violente publiée par le ministre. — Accueil qu'elle reçoit du public.

Ainsi que nous l'avons déjà dit : quand s'ouvrit la séance du 27 janvier, tout semblait à l'orage autour de l'assemblée ; le bruit des armes retentissait partout.

Le motif que le pouvoir allégua pour répondre à ceux qui le questionnaient sur cette prise d'armes dans un moment où il n'existait aucune agitation dans la rue, fut la manifestation des écoles au moment où la garde mobile était surexcitée par les mesures que le ministre de l'intérieur venait de prendre à l'égard de ce corps.

Mais les journaux républicains reprochèrent au pouvoir cet étalage de baïonnettes comme un moyen de provoquer l'émeute dont l'Elysée avait besoin, disaient-ils, pour faire aboutir le coup d'état qu'on y rêvait. Aussi recommandèrent-ils au peuple de conserver le plus grand calme en présence de ces provocations.

Le dimanche, cette recommandation fut renouvelée non-seulement par les journalistes démocrates, mais encore par les délégués du congrès national et du congrès central pour les élections. Aussi la journée fut-elle admirable de calme et de modération. Malgré les provocations des feuilles réactionnaires, ni les écoles, ni la mobile, ni la population, ne fournirent au pouvoir le moindre prétexte pour recommencer la parade de la veille. Tout le monde dormit tranquille. Le gouvernement seul se tint en éveil.

Dès la pointe du jour du lundi 29 janvier, les habitants de Paris s'aperçurent qu'un immense mouvement de troupes de toutes armes avait eu lieu pendant la nuit, et qu'il en était résulté l'occupation de tous les points stratégiques de la ville. Le palais de l'assemblée nationale surtout se trouvait entouré de bataillons, d'escadrons et d'artillerie, sans que le président ou les questeurs eussent été prévenus de cette infraction au décret formel qui donnait au seul président de la représentation nationale le droit d'appeler la force publique autour du palais législatif ([1]).

([1]) Voici, d'après un journal, les forces militaires qui entouraient l'assemblée nationale dans la journée du 29 janvier 1849.

« Le palais de l'assemblée, disait ce journal, avait l'aspect d'une citadelle; on y remarquait le 26e de ligne et le 6e d'artillerie, qui étaient de service avec les bataillons de la 1re légion. L'entrée de l'esplanade des Invalides et le bout de la rue de l'Université étaient occupés par le 14e léger; le 2e de dragons s'échelonnait sur le quai; des détachements du génie, armés en guerre, tenaient la tête du pont de la Concorde, flanqués à droite par le 7e et le 9e léger. Toutes ces troupes étaient en tenue de guerre, comme s'il se fût agi d'aller faire une cam-

Bientôt on entendit battre le rappel pour rassembler les légions de la garde nationale les plus rapprochées de ce palais. Ces légions étaient précisément les 1re, 2e, et 10e; c'est-à-dire les plus réactionnaires. Une vague inquiétude s'empara de tous les esprits, sans que personne pût savoir au juste la cause de ce mouvement extraordinaire. Les uns parlaient d'un complot dont le gouvernement venait, disait-on, d'être informé ; les autres, voyant avec quel calme la population assistait à ces préparatifs d'une bataille, se demandaient de quelle couleur étaient les prétendus conspirateurs contre lesquels on déployait une armée de cinquante mille hommes, sans compter les nombreux régiments à portée des chemins de fer qui avaient reçu l'ordre de se tenir prêts à marcher sur Paris.

Il y avait tant de motifs d'agitation, que le gouvernement pouvait bien être soupçonné de vouloir en finir tout d'un coup et avec l'assemblée nationale et avec ce qu'il appelait les factieux, c'est-à-dire ceux qui veillaient sur les libertés publiques.

« Parce qu'il est dans la politique, dans les intérêts, dans l'ambition de quelques chefs royalistes d'alarmer les opinions et les affaires, s'écriait un journal qui examinait les causes de cette grande prise d'armes; parce qu'ils espèrent que le résultat de leurs provocations calculées est sur le point d'aboutir; parce que la troisième période de la contre-révolution commence, que les impatients de la ligue seraient bien aises d'en précipiter le dénoûment, la population s'inquiète. »

Telle était la pensée des amis de la république en présence de cette incompréhensible mesure qui venait de mettre sur pied toute l'armée de Paris, quand il existait déjà tant de sujets d'irritation.

---

pagne dans l'intérieur de l'Afrique. Un régiment de lanciers occupait toute la place de la Concorde; le 45e et le 18e de ligne défendaient les abords de l'Hôtel-de-Ville, etc. »

Cependant les tambours de la garde nationale, escortés par les détachements des zélés qui s'étaient réunis les premiers, ne cessaient de se promener dans les rues des trois arrondissements convoqués, sans pouvoir rassembler ces nombreux bataillons habituels : les citoyens, s'interrogeant les uns les autres, se demandaient à quel usage ils étaient destinés ; les moins républicains manifestaient hautement leur refus de concourir à tout acte qui aurait pour but de remettre en question la forme du gouvernement établi par la constitution. Aussi, après trois heures de rappel, les bataillons réunis n'avaient pas atteint le dixième de l'effectif. Il y avait incertitude, hésitation, défiance, et déjà le bon sens de la garde nationale rendait l'espérance aux bons citoyens.

L'attitude de l'armée était plus significative encore : les régiments manifestaient hautement l'intention de défendre et de protéger l'assemblée contre toute pression et contre toutes tentatives, de quelque part qu'elles vinssent.

Ajoutons encore que plusieurs colonels des légions du centre, étonnés de ne recevoir aucun ordre pendant que les 1er, 2e et 10e arrondissements prenaient les armes, se communiquèrent leurs craintes, et résolurent de réunir aussi leurs légions, afin d'être prêts à défendre la constitution. L'artillerie, commandée par le républicain Guinard, fut la première à faire sonner le rappel, sans ordre ; les 4e, 5e, 6e, 7e et 11e légions l'imitèrent. Chacun voulut concourir à faire avorter toute menace d'invasion réactionnaire.

L'un de ces colonels, M. Forestier, commandant la 6e, écrivit même une lettre au président de l'assemblée, dans laquelle il offrait à la représentation nationale non-seulement le concours et l'appui de sa légion, mais encore un emplacement dans le bâtiment des arts et métiers afin d'en faire au besoin un nouveau jeu de paume. Ces offres démontrent à quelles impressions était livrée la population de Paris en présence de tous ces régiments préparés comme pour une bataille. Au surplus cette incertitude, cette anxiété étaient partagées par bien des chefs des corps militaires; ils ne cessaient de demander aux représentants du peuple arrivant au palais législatif les motifs de cette agglomération de troupes autour de ce palais.

Réduits à des conjectures, les républicains se trouvaient dans la nécessité de porter leurs investigations sur tout ce qui était du ressort de leurs sens. C'est ainsi qu'ils purent apercevoir quelques symptômes de préméditation dans la présence, au milieu de la 10e légion, d'une foule de gardes nationaux inconnus jusqu'à ce moment-là dans leurs bataillons, de ces hommes invisibles lorsqu'il s'agissait du service ordinaire; on remarqua que la plupart de ces gardes nationaux nouveaux-venus portaient *des bottes vernies et des gants glacés*, et que tous étaient armés de fusils de chasse et munis d'une cartouchière bien garnie. On supposa qu'ils arrivaient de leurs châteaux pour prendre part au congrès légitimiste qui venait de s'ouvrir sous les yeux du gouvernement. Enfin, on dut considérer encore comme l'indice d'intentions hostiles à la représentation nationale, le colportage ostensible dans les rangs de la 1re légion, stationnée sur la place Vendôme et autour du palais législatif, d'une pétition réclamant la dissolution *immédiate* de l'assemblée nationale.

Les groupes de curieux attirés par l'attente d'un dénoûment se livraient, à défaut de collision dont le peuple se montrait peu soucieux, à des commentaires de plusieurs espèces sur les causes mystérieuses de tout ce qu'ils voyaient. On se rappelait les visites dans les casernes, faites la veille et l'avant-veille par le général Changarnier; on pensa à ces convocations de généraux et de colonels de l'armée, à ces arrestations brutales d'officiers de la garde mobile, pris dans une souricière d'un nouveau genre. On savait aussi que, dans cette même journée, l'assemblée nationale devait discuter la fameuse proposition Rateau demandant la prompte dissolution; on n'ignorait pas enfin l'importance que le ministère attachait à cette question, surtout après le vote de l'une des dernières séances, vote qui avait donné contre lui une majorité de soixante-seize voix. Les moins soupçonneux se demandaient si ce déploiement de forces autour de l'assemblée n'était pas un moyen honnête d'intimider quelques représentants et d'obtenir une majorité quelconque.

D'autres enfin, et c'était le plus grand nombre, ne bornaient pas leurs suppositions à des limites aussi restreintes; et, rapprochant les faits apparents, ils se croyaient en droit de supposer, de la part de quelques membres du gouvernement, des intentions peu loyales et plus sinistres encore. Les souvenirs de fructidor et de brumaire se présentaient à tous les esprits; et certes, le républicanisme de MM. Changarnier, Léon Faucher, Falloux et Rulhières n'était pas de nature à rassurer les républicains. On ne pouvait compter que sur l'intelligence et le bon sens du peuple, qui, loin de seconder les intentions des vrais conspirateurs, se montrait calme et digne au milieu de ces provocations propres à l'attirer dans le piége que les habiles lui tendaient.

Un incident de cette journée prouve que l'autorité militaire agissait comme souveraine. Le général Changarnier avait fait investir le palais de la représentation nationale sans daigner en donner avis au président. Il y avait dans cette manière de procéder, un oubli complet des convenances et une infraction formelle aux décrets de l'assemblée. Plus de deux heures s'étaient écoulées depuis la prise de possession de ce palais par les troupes; les places, les ponts et les quais adjacents étaient hérissés de baïonnettes et de canons, que M. Marrast était encore dans la plus complète ignorance de ce qui se passait autour de lui. Pressé par le bureau, par les questeurs et par quelques représentants qui lui exprimèrent énergiquement leur indignation et leur défiance, M. Marrast s'était enfin décidé à interroger le général Changarnier sur ses illégales dispositions militaires. La réponse fut, dit-on, telle que le président Marrast crut devoir la traduire dans un autre sens, afin de ne pas ajouter à l'irritation qui s'était emparée de l'assemblée : M. Changarnier niait au président les droits qui lui avaient été conférés par un décret que personne ne devait ignorer.

La séance s'ouvrit sous la pression morale des faits de toute nature qui préoccupaient si vivement tous les membres de l'assemblée.

Mais avant d'entamer la discussion sur le rapport de la commission au sujet de la proposition Rateau, le ministre de la justice jugea convenable d'informer les représentants des mesures prises dans la matinée et des causes qui les avaient motivées.

Après avoir justifié l'arrêté du ministre de l'intérieur relatif à la garde mobile, M. Odilon Barrot dit que ces dispositions ayant causé quelque émotion, le pouvoir s'était vu dans la nécessité de prévenir tout désordre.

« Nous avons reçu cette nuit, ajouta-t-il, un avertissement que ces jeunes et braves soldats, égarés par un malentendu, devaient faire une manifestation. C'est pour prévenir ce malheur que le ministère, qui croit qu'il vaut mieux prévenir que réprimer, a pris ces mesures. C'est après s'être entendu avec M. le président de l'assemblée, que des mesures ont été prises, et personne ne doutera du soin avec lequel le ministère et le président de l'assemblée veilleront à la sûreté du pays et de l'assemblée (¹) contre les passions furieuses qui veulent attaquer le pouvoir que vous leur avez confié. »

(¹) Soit que M. Odilon Barrot fût mal informé, soit qu'il crût pouvoir donner le change à cette assemblée, qu'il paraissait caresser de sa voix la plus douce, toujours est-il vrai qu'il mentait en parlant de la coopération de son président,

« Ces troupes, reprit M. Odilon Barrot après un moment d'interruption, ces troupes n'ont qu'un but, l'assurance de l'ordre et l'indépendance de l'assemblée. Il n'y aurait dans cet incident qu'un seul malheur à redouter. Si les passions exaltées qui cherchent une position dans l'avenir... »

Le ministre ayant été violemment interrompu à ces mots, crut devoir terminer ses explications par des assurances de respect pour la constitution, en même temps qu'une prompte répression de toutes les manifestations antisociales.

Le citoyen Degoussée raconta alors comment il avait vu arriver les canons et les bataillons pour investir le palais de la représentation nationale, sans qu'un seul avis eût prévenu le président; que celui-ci, sollicité par le bureau de la questure, avait invité le général à se rendre à la présidence, et qu'un aide de camp était venu annoncer que le général ne pouvait déférer à l'invitation de l'assemblée, étant lui-même retenu auprès du président de la république. « Je ne pus m'empêcher de dire, ajouta le questeur Degoussée, qu'il y avait là un manque de convenance. Quant à moi, je pense que personne n'a le droit de donner des ordres aux questeurs, si ce n'est M. le président, et que personne ne doit envoyer de troupes pour garder l'assemblée. »

Tout le monde s'étant montré de l'avis du citoyen Degoussée, le président Marrast balbutia quelques paroles pour calmer les représentants, dont la plupart ne demandaient pas mieux que d'excuser le général Changarnier; et cette discussion, qui devait se reproduire le lendemain sous son vrai point de vue, tomba alors devant l'assurance donnée par M. Marrast que les droits de l'assemblée avaient été sauvegardés.

Au moment où l'assemblée nationale allait entamer la dis-

Aussi, le questeur Degoussée ne put-il s'empêcher d'interrompre le ministre pour demander la parole.

cussion solennelle de la proposition Rateau, une partie de la population assistait paisiblement au spectacle que lui offrait la réunion sous les armes de tant de soldats, de chevaux et de canons. La plupart des ouvriers qui, le matin, s'étaient rendus à leurs ateliers comme à l'ordinaire, en étaient sortis en entendant le rappel incessant des tambours de la garde nationale, et ils étaient allés grossir la foule des curieux stationnant autour de chaque corps. Les bruits les plus étranges et les plus contradictoires circulaient dans ces groupes : on aurait pu les résumer à ces deux versions les plus probables : celle d'un complot bonapartiste, ayant pour but de dissoudre l'assemblée nationale et d'élever le citoyen Louis-Napoléon Bonaparte sur le pavois pour le proclamer empereur des Français ; ou bien le besoin de peser sur la décision que l'assemblée allait prendre au sujet de la proposition Rateau ; le ministère devait y trouver une fiche de consolation pour le vote qui l'avait tant alarmé quelques jours auparavant.

L'instinct du peuple le portait déjà à se ranger à la première de ces deux versions, lorsqu'une démarche du président de la république vint le confirmer dans son opinion. Le citoyen Louis Bonaparte, revêtu de l'uniforme de général de la garde nationale et accompagné de quelques officiers, sortait en ce moment du palais de l'Elysée pour aller passer en revue les troupes sous les armes. Les nombreux citoyens qui se trouvaient réunis sur la place de la Concorde, dans la rue de la Révolution et autour de la Madeleine, crurent que l'heure décisive venait de sonner. La conservation des formes républicaines leur suggéra une simple manifestation, bien préférable à toute détermination extrême ; ils accueillirent le président aux cris mille fois répétés de *vive la république !* Par une de ces commotions électriques qui atteignent spontanément toute une population, toute une ville, l'escorte se mit aussi à crier *vive la république !* Et les troupes devant le front desquelles le président passa dans le premier arrondissement, firent entendre le même cri. Tout le temps que dura cette revue, sur laquelle on paraissait compter beaucoup, les cris de *vive la république! vive l'assemblée nationale! vive l'amnistie! à bas les chouans! à bas les traîtres!* ne cessèrent d'accueillir le président, qui ne put s'empêcher de reconnaître l'unanimité des sentiments du peuple et de l'armée.

« Cette démonstration spontanée, cette réception bruyante, disait un journaliste qui avait assisté à cette scène rassurante pour l'existence de la république, soit qu'elle fût inattendue ou désagréable au président, a produit sur lui un effet étrange, car on a remarqué qu'il était très-pâle et paraissait visiblement contrarié. »

— « En effet, ajoutait une autre feuille démocratique, on aurait dit que chaque régiment, chaque soldat, chaque citoyen, vivait en ce moment d'une seule pensée, celle de défendre la république, et de prouver son dévoûment par des acclamations plus vives que jamais. Plusieurs bataillons de cette garde mobile dont M. Odilon Barrot eut le tort de faire soupçonner les intentions, étaient mêlés aux autres bataillons de la garde nationale et de l'armée, et ne se montraient nulle part ni moins prêts à faire respecter l'ordre, ni moins dévoués à soutenir et protéger la constitution et la république. »

Le président étonné, contrarié peut-être, de la force de ces cris et des intentions qu'annonçaient par là ceux qui n'avaient cessé de les proférer, crut devoir borner à la Madeleine sa promenade d'essai, et prit le parti de rentrer immédiatement à l'Elysée. Mais son escorte populaire, qui s'était immensément grossie, continua de l'accompagner et de faire entendre à ses oreilles les cris de *vive la république! vive le président! à bas Falloux! à bas Faucher!* Un homme d'une forte stature saisit, dit-on, la bride du cheval qui portait le président, et lui cria d'une voix de Stentor : *Vive la république! à bas les traîtres!* —

« Oui, mes amis, répondit le citoyen Bonaparte, *vive la république !* » et il se renferma dans son palais pour s'y remettre des émotions qu'il venait d'éprouver.

S'il est vrai, comme on l'assurait alors et comme on n'a point cessé de le répéter depuis, qu'il ait existé ce jour-là un complot bonapartiste-impérialiste, ayant pour objet de déchirer la constitution, de renvoyer l'assemblée nationale, et de porter sur le trône impérial le neveu de Napoléon; s'il est vrai que, dans la pensée des meneurs, ce déploiement de forces n'ait eu lieu, le 29 janvier, que pour faire aboutir les vues des amis personnels *du prince*, le président de la république, rentré à l'Elysée après sa revue avortée, a dû reconnaître que la partie impériale était perdue, et qu'il fallait remettre à d'autres occasions la réalisation d'un projet que les gens sensés considèrent comme un anachronisme, comme l'aberration d'un esprit malade.

En effet, comment qualifier cette ambition désordonnée qui, non contente de présider aux destinées de la première nation du globe, s'amuse à jouer le noble fauteuil de la présidence, sur lequel l'ont placé six millions de citoyens libres, contre le trône vermoulu où le soutiendraient avec peine quelques vieux étais ou bien quelques traîtres qui rêvent encore le rétablissement de la royauté?

Pendant que le président de la république, par sa présence du côté de la Madeleine, avait fait éclater cette significative et salutaire manifestation démocratique, l'assemblée nationale s'était emparée du rapport de la commission sur la proposition du citoyen Rateau, et la discussion avait commencé par un discours du citoyen Fresneau.

Cet orateur reproduisit, sous une forme nouvelle, la plupart des arguments invoqués par tous ceux qui voulaient renvoyer l'assemblée constituante. Dans son opinion, cette assemblée se trouvait en face de l'élection du 10 décembre, qui avait soulevé de graves dangers, et rendu la situation de la constituante très-périlleuse. « Il faut que l'entente entre tous les pouvoirs existe, ajoutait-il; cette entente existe-t-elle? Non. Quels sont les moyens de la ramener? » Et l'orateur répondait à cette question, qu'il n'y avait d'autre moyen de faire fonctionner la machine gouvernementale, qu'en appelant à marcher d'accord avec le pouvoir exécutif une assemblée législative propre à mettre les pouvoirs en harmonie. L'assemblée constituante, disait-il, n'avait déjà que trop prouvé qu'elle ne pouvait plus exister avec le pouvoir exécutif créé par la constitution, et auquel six millions d'électeurs venaient de donner une immense consécration. Le citoyen Fresneau considérait la question soulevée par la proposition Rateau comme la dernière crise suspendue sur le pays avant d'arriver à un gouvernement régulier et définitif; aussi suppliait-il l'assemblée de ne pas prolonger cette crise malfaisante.

Le citoyen Jules Favre, dans un discours comme on en trouve peu en feuilletant les annales des corps législatifs, commença par demander au ministre de la justice comment il avait pu venir solliciter la dissolution de l'assemblée nationale au milieu de ce danger public qu'il venait de signaler; danger qui devait être bien grand, puisqu'il avait nécessité les mesures qui frappaient tous les yeux. Dans son opinion, l'assemblée nationale, pressée de tous côtés par une force armée qu'elle n'avait point appelée, aurait dû passer purement et simplement à l'ordre du jour, et déclarer qu'elle ne se dissoudrait pas.

Entrant ensuite en matière, et jetant les yeux sur ces pétitio s, sur ces sommations sorties des officines royalistes, il montra la conspiration des sacristies et des châteaux prête à fondre sur la république, et débutant par vouloir chasser l'assemblée qui s'opposait aux vues de la réaction.

« On se plaint de l'assemblée, s'écriait l'orateur démocrate, je le conçois; elle est gênante, je le sais; mais savez-vous pourquoi?

C'est parce qu'elle défend la république et la constitution. L'assemblée n'a pas seulement le mandat de faire la constitution, elle doit encore affermir l'ordre contre toutes les restaurations que l'on voudrait rappeler, et qui tomberont peut-être dans le sang. Oui, ajoutait-il, l'assemblée ne doit quitter son poste qu'après avoir organisé la démocratie française dans l'ordre et dans la liberté. Il s'agit de savoir aujourd'hui si le vaisseau peut être lancé sans danger, et si les pilotes sont sûrs... Il est bien certain que l'assemblée actuelle fait obstacle à quelqu'un ou à quelque chose qu'on ne connaît pas, qui ne veut pas se déclarer. Eh bien! je le dis : rien de plus dangereux qu'un ministère occulte ; rien de plus faible qu'une ministère partagé.

« Que dit-on du ministère? reprenait l'orateur : qu'il veut ramener le passé, ce passé qu'il regrette ; voilà ce qu'on dit. Ce sont des calomnies, je le crois ; mais enfin voulez-vous des actes? Le cabinet a présenté une loi contre le droit de réunion des citoyens. Savez-vous tout ce que ce projet a soulevé dans notre grande cité de passions qui sommeillaient? Il faut savoir aujourd'hui si le cabinet veut s'unir à l'assemblée ou s'il veut marcher dans un autre sens ; et si, dans ce cas, c'est l'assemblée qui doit être sacrifiée au ministère. Je dis qu'il faut que le cabinet s'explique catégoriquement, puisqu'il entend non pas murmurer, mais proclamer tout haut que la république est un mauvais gouvernement. Quant à moi, dans l'intérêt de la république et du salut du peuple, je vote pour les conclusions de la commisssion, et repousse de toutes mes forces le projet de renvoyer une assemblée encore assez républicaine pour assumer la haine des royalistes. »

Le citoyen Victor Hugo, après avoir déclaré qu'il ne voulait pas passionner le débat, chercha à définir les assemblées constituantes et à fixer leur mandat. Considérant la révolution comme close, il pensait que l'assemblée constituante avait terminé sa mission. « Vous vous êtes attribué la mission de voter les lois organiques, ajoutait-il ; mais les lois organiques sont-elles une partie essentielle de la constitution? Non, car elles peuvent être changées et modifiées. Elles ne sont donc que des lois ordinaires; alors pourquoi les faire quand on n'en a pas le temps? »

Le citoyen Hugo, très-souvent interrompu dans ses distinctions et ses appréciations, reprocha à ceux qui défendaient les droits et l'existence de l'assemblée nationale, de laisser trop percer la défiance que leur inspirait le vote universel. Il leur conseillait de montrer de la confiance dans le pays, et demandait, au nom du commerce et du crédit à l'agonie, qu'on ne prolongeât pas les agitations de la rue, si nuisibles aux intérêts généraux.

« Je pense, concluait-il, que l'assemblée fixera elle-même un terme à ses travaux. S'il en était autrement ; s'il était possible que cette assemblée se décidât à prolonger indéfiniment son existence; eh bien, Messieurs, l'esprit de la France, qui anime cette assemblée, se retirerait d'elle ; elle pourrait durer encore; mais elle ne pourrait vivre; la vie politique ne se décrète pas. »

Lorsque fut arrivé le moment de poser la grande question sur laquelle l'assemblée allait voter, le président, et successivement le rapporteur de la commission, expliquèrent comment la prise en considération de la proposition du citoyen Rateau ayant été votée précédemment, il s'agissait de prononcer maintenant si l'on adopterait les conclusions de la commission, qui se résumaient soit à passer à l'ordre du jour sur la proposition elle-même, ainsi que le proposait le rapporteur, soit à déclarer que l'assemblée en viendrait à une seconde délibération, conformément au règlement.

M. de Lamartine prit la parole à ce sujet, parce qu'il était évident pour lui que la question était mal posée par le président.

« Dans une circonstance aussi solennelle, ajouta-t-il, il doit être permis à tout le monde de faire entendre le cri de sa conscience.

« Je dis qu'il y a un abîme entre la proposition de M. Rateau et ma pensée; entre la proposition de M. Rateau, qui veut la dissolution immédiate de l'assemblée, et ma pensée et celle de beaucoup de mes amis, qui croient qu'en l'adoptant on céderait à des menaces, à des intimidations. J'aurai, je l'espère, à un jour et à une heure plus favorables, la faculté de développer à cette tribune les raisons qui me font repousser la proposition Rateau. »

La protestation de M. de Lamartine fut fort mal accueillie par ceux qui voulaient chasser l'assemblée; il dut lui-même descendre de la tribune pour satisfaire l'impatience de la réaction, et l'on vota au scrutin secret.

La majorité absolue était de quatre cent onze voix : quatre cent cinq votèrent pour les conclusions de la commission, c'est-à-dire pour qu'on adoptât l'ordre du jour sur la proposition Rateau, et quatre cent seize bulletins opinèrent pour qu'on passât à une seconde délibération.

Ce résultat, qui fit bondir de joie tous les réactionnaires, tous les royalistes, tous les ennemis patents ou cachés de la république, sauva aussi le ministère d'une retraite honteuse, devenue inévitable, s'il eût éprouvé un nouvel échec. Tout en déplorant le succès de la proposition Rateau, les républicains ne le considérèrent pourtant que comme une nouvelle épreuve imposée à la république. On pensait généralement que la constitution aidant, la république pouvait encore être sauvée, malgré les fautes du pouvoir. Mais il fallait que tous les démocrates eussent la conscience de la situation; car il était nécessaire d'opposer à ces fautes, à ces provocations, à ces insultes, le calme et la modération que les circonstances exigeaient si impérieusement.

Le calme, la modération, la dignité et le patriotisme dont le peuple avait fait preuve dans cette journée fameuse, lui avaient donné gain de cause sur un autre champ de bataille que celui où les royalistes avaient réuni et leurs forces et leurs intrigues. Tandis que les représentants démocrates perdaient, dans la salle législative et au scrutin secret, un procès qui n'était pas encore sans appel, le peuple remportait, par sa seule attitude, une victoire complète au dehors. Il forçait le parti qui rêvait l'empire à ajourner, peut-être indéfiniment, l'exécution de ses projets ambitieux ; il obligeait le président à reconnaître que la république avait des racines profondes non-seulement chez les ouvriers, mais encore parmi les gardes nationaux des arrondissements les plus royalistes; cette seconde bataille avait révélé en même temps le dévoûment des corps militaires à l'ordre de choses issu de la révolution de février; de sorte qu'à moins de vouloir persister à se faire illusion, il fallait bien reconnaître que l'opinion publique faisait journellement des progrès en sens inverse de la marche de la réaction et de celle du gouvernement de M. Louis Bonaparte. On commençait à voir clairement que les porte-drapeau de la république soit disant *honnête et modérée* n'étaient que des royalistes déguisés, des casse-cou politiques capables de consommer froidement la ruine de la France pour arriver à leurs fins.

On eut la preuve la plus évidente des dispositions du peuple et de l'armée dans la soirée même. Sur le passage de tous les corps rentrant à leurs casernes ou retournant à leurs garnisons, on n'entendit qu'un cri immense partant également et des rangs des soldats et de la foule de spectateurs ; ce cri fut unanimement celui de *vive la république!* auquel on ajoutait ceux de *vive la constitution! vive l'assemblée nationale! à bas le ministère! à bas les traîtres!* Les régiments fraternisaient avec le peuple par un échange d'acclamations de *vive le peuple! vive l'armée!*

« A ce grand déploiement de forces, à cet appareil militaire qu'on ne voit que dans les villes prises d'assaut, aux provocations des royalistes, disait le journal qui parlait de ces touchantes fraternisations, le peuple de Paris a opposé un calme et une résignation admirables. Honneur à lui! car il a compris qu'il ne suffit pas de donner son sang pour la liberté, mais qu'il faut encore, dans certaines circonstances, vaincre par une patience héroïque la brutalité de ses ennemis. Osera-t-on dire, après cette journée, que les démocrates sont des anarchistes qui ne demandent que batailles et guerre civile? De quel côté se trouvent aujourd'hui les provocateurs? »

Quoique les provocateurs eussent reçu, ce jour-là, la leçon qu'ils méritaient, et que chacun des meneurs de la journée repoussât toute idée de complot, et reniât sa participation au plan et à la mise en scène du double imbroglio dont les fils leur étaient échappés des mains, un homme seul, parmi tant d'autres, voulut accomplir jusqu'au bout le rôle qu'il avait accepté. Cet homme fut le citoyen Léon Faucher, devenu ministre de l'intérieur de la république *honnête et modérée*.

Persévérant par tous les moyens, à faire croire à un complot de la part de ces mêmes républicains coupables de n'avoir répondu au jeu des royalistes que par le calme le plus louable, M. Léon Faucher employa son temps à ordonner de nombreuses arrestations de démocrates connus. Il ne craignit pas de faire saisir, au milieu de ses gardes nationaux, le colonel Forestier commandant la 6ᵉ légion, et d'exciter par là des troubles sérieux dans un arrondissement où ce bon citoyen comptait tant d'amis dévoués. Le colonel Forestier s'était rendu coupable du double crime de s'être offert pour protéger l'assemblée nationale et d'avoir parlé irrévérencieusement du ministère dont M. Faucher faisait partie. Le lecteur connaît déjà les moyens employés ce jour-là par ce même ministre pour fermer la *Solidarité républicaine*. Le soir, on comptait par centaines les arrestations opérées par les ordres de M. Faucher ou de M. Carlier.

Mais ce ne fut pas assez pour un homme qui avait d'inépuisables ressources au service de sa politique : il crut devoir clore cette fameuse journée par une proclamation adressée aux citoyens de Paris, « proclamation, disait la *Réforme*, qui se distingue par un ton de violence qui révèle l'orgueil et les colères désespérées. Voici comment ce forcené ministre insulte à la modération des amis de la république : »

« Nous avons appelé la garde nationale sous les armes,
« disait-il, nous l'avons appelée à la défense de l'ordre social,
« menacé encore une fois par les mêmes ennemis qui l'atta-
« quèrent dans les journées de juin.

« Les projets de ces hommes n'ont pas changé. Ce qu'ils
« veulent empêcher à tout prix, c'est l'établissement d'un
« gouvernement régulier et honnête. Ce qu'il leur faut, c'est
« un régime d'agitation perpétuelle, l'anarchie, la destruction
« de la propriété, le renversement de tous les principes; c'est
« le despotisme d'une minorité qu'ils espèrent fonder, en
« usurpant comme un privilége la propriété commune, le
« nom sacré de la république.....

« Habitants de Paris, il ne suffit pas que la société soit
« forte, il faut encore qu'elle montre sa force; le repos et la
« sécurité sont à ce prix. Que tous les bons citoyens secon-
« dent le gouvernement dans la répression des troubles qui
« agiteraient la place publique. C'est la république, c'est la
« société elle-même, ce sont les bases éternelles du pouvoir que
« les perturbateurs mettent en question. La victoire de l'ordre
« doit être décisive et irrévocable. Que chacun fasse son de-
« voir, le gouvernement ne manquera pas au sien. »

Cette triste proclamation, que l'on s'accordait à considérer comme un appel direct, comme une provocation à une funeste collision, n'excita cependant que la froide indignation du peuple ; il s'opposa lui-même, dans bien des quartiers, à ce qu'elle subît le sort que lui avaient réservé les gamins de Paris. On voyait les citoyens lever les épaules après avoir lu les calomnies du ministre Faucher, et se détourner avec dégoût de ces placards provocateurs pris en flagrant délit de mensonge. Les amis mêmes de ce fougueux réactionnaire gardaient le silence à l'égard de cette proclamation, et les plus dévoués ne trouvaient pas un mot pour excuser la violence de son langage, en présence du calme admirable et de la modération dont le peuple donnait l'exemple au pouvoir.

CHAPITRE XI.

Déclaration faite le lendemain du 29 janvier par la montagne. — Explication qu'elle donne de la prise d'armes. — Irritation laissée dans les esprits. — Demande d'une enquête sur le 29 janvier. — Discussion sur les incidents de la journée. — Le citoyen Faucher fait l'éloge du ministère. — Le citoyen Bac appuie la proposition d'enquête. — Motifs sur lesquels il appuie son opinion. — Correspondance ministérielle envoyée aux journaux des départements. — Le colonel Guinard défend son collègue Forestier et la république. — Effet produit par ses nobles paroles. — Le citoyen Flocon appuie l'enquête. — Questions de la déportation et de l'amnistie mises à l'ordre du jour. — Les royalistes repoussent la demande d'amnistie. — Motifs allégués par le rapporteur. — Rapport du citoyen Baze sur la mise en accusation des ministres. — La proposition en est repoussée. — L'enquête est aussi rejetée. — Discours du citoyen Perrée contre le ministère. — Ordre du jour qu'il propose. — Explications données par les citoyens Léon Faucher et Falloux. — Langage tenu par le citoyen Odilon Barrot. — L'assemblée vote l'ordre du jour motivé du citoyen Perrée contre le ministère. — Le cabinet déclare qu'il ne se retirera pas. — Conflit entre les deux pouvoirs. — La crise n'est point finie. — Rétractations du ministère. — Nouvel ordre du jour motivé présenté par le général Oudinot. — Il est repoussé par le citoyen Dupont (de Bussac). — L'assemblée se déjuge. Elle donne sa démission. — Seconde lecture de la proposition Rateau. — Ce qu'en pensent les royalistes. — Proposition nouvelle présentée par le citoyen Lanjuinais. — M. Rateau s'éclipse. — Débats sur la proposition Lanjuinais. — Les citoyens Guichard, Pagnerre et Félix Pyat. — Passages de son discours. — La proposition Lanjuinais. — L'assemblée ne se séparera qu'après la loi électorale et le budget.

Le lendemain de cette inexplicable journée du 29 janvier 1849, les feuilles démocratiques publiaient une note émanant de la montagne, dans laquelle les membres du côté gauche déclaraient que, confiants dans le suffrage universel, ils étaient décidés à rester sur le terrain de la légalité dans la lutte qu'ils soutenaient contre la réaction. Ils ajoutaient que leur conviction intime étant que la démocratie devait enfin triompher par la discussion et l'enseignement public des hautes questions politiques et sociales, ils allaient redoubler d'efforts pour éclairer le peuple. Cette même note renfermait des explications sur ce qui se passait dans le monde officiel.

« Pour tous ceux qui veulent ouvrir les yeux, y lisait-on ; pour tous ceux qui ne sont pas complices de la conspiration royaliste permanente, il est évident que le ministère, déconsidéré dans le pays comme dans l'assemblée, a cherché, par une série de provocations dans la population parisienne, à exciter une démonstration hostile, dont la répression eût été pour lui un moyen de consolidation. La tragi-comédie qu'il a jouée n'a pas abouti, malgré l'aide des calomnies de toutes espèces, plus absurdes les unes que les autres, de la presse royaliste, sa complice. Ce ministère atteint, aux yeux de tous, et convaincu d'incapacité et de mauvais vouloir vis-à-vis de la république, doit tomber, avant peu, sous le mépris et le ridicule. Les hommes qui le composent ne s'aveuglent pas au point de ne pas reconnaître cette vérité : aussi chercheront-ils, par tous les moyens, à ressaisir le pouvoir qui leur échappe. Leur dernière tentative doit faire comprendre qu'ils ne reculeront devant aucune mesure, si misérable, si odieuse qu'elle soit, pour sauvegarder leur amour-propre blessé, et pour satisfaire leur ambition dans l'intérêt de la faction qu'ils protégent. »

C'était ainsi que la montagne expliquait la prise d'armes du 29. Convaincue que le ministère et sa police ne cesseraient de tendre des piéges à la démocratie, elle conjurait le peuple de ne fournir aux ministres aucune occasion de faire un mouvement quelconque qui pourrait leur servir de moyens d'influence sur l'assemblée nationale. « Il faut par-dessus tout, disait la montagne, ôter tout prétexte à leurs récriminations calomnieuses contre la démocratie, qu'ils accusent sans cesse d'être la cause de la stagnation des affaires; c'est ainsi que nous arriverons à démontrer que la triste situation des choses est le résultat de leur funeste impuissance et de leur mauvais vouloir. »

L'opinion publique était donc d'avis que la mise en scène

du 29 janvier n'avait été motivée par aucune indication sérieuse, et qu'elle était l'œuvre d'une pensée immorale, d'une police déshonnête. Tout le monde était convaincu qu'avant peu une nouvelle démonstration serait encore organisée ; car on savait que le plan des royalistes était de fatiguer, d'irriter la population, afin que le pays, las et ruiné, se jetât, dans un moment de désespoir, entre les bras d'un roi.

Telle était la situation où la journée du 29 janvier avait laissé les esprits. L'irritation contre le ministère était extrême parmi le peuple. Cette irritation ne pouvait manquer de se manifester également au sein de l'assemblée nationale, où la journée de la veille allait nécessairement être l'objet de bien vives interpellations.

Le citoyen Sarrans commença, en effet, par demander des explications sur l'arrestation du colonel de la 6e légion de la garde nationale ; et, profitant de l'attention que l'assemblée lui prêtait, ce représentant demanda compte aussi au général Changarnier de son mépris pour les droits du président, et de son hostilité envers l'assemblée nationale.

« M. le général Changarnier, dit-il, a écrit au président de la représentation nationale une lettre dans laquelle il niait ses droits. Cette lettre, on ne l'a pas lue, sous le prétexte qu'elle était confidentielle. Non, elle n'était pas confidentielle ! s'écriait l'orateur, et l'assemblée devait en avoir connaissance. L'assemblée ne saurait jamais être trop susceptible à l'endroit de son inviolabilité et du respect de ses droits ; surtout au moment où l'on veut nous épouvanter par le déploiement de forces immenses, par des menaces audacieuses et par une proclamation insensée et incendiaire.

« Oui il y a une conspiration contre la république, ajouta le citoyen Sarrans, qui se sentait soutenu par les chaleureux applaudissements de tout le côté gauche ; et cette conspiration est tramée par les éternels amis de l'ordre. Il est du devoir de l'assemblée de savoir la vérité, et je demande qu'une enquête sur la journée d'hier soit ordonnée. »

Le citoyen Sarrans venait d'exprimer nettement la pensée des démocrates siégeant à l'assemblée; tout le côté gauche adhéra à sa demande d'une enquête. Le gouvernement se hâta de répondre par l'organe du ministre de l'intérieur Faucher.

Celui-ci prétendit que la lettre du général Changarnier n'était nullement irrespectueuse pour l'assemblée. Quant à l'arrestation du colonel Forestier, le ministre assurait que ce chef de légion n'avait pas été arrêté pour la lettre écrite par lui au président de l'assemblée, mais bien pour avoir cherché à exciter les citoyens contre le gouvernement établi. « En présence de ces faits, ajouta-t-il, il fallait bien que la force publique fît respecter la loi. Au reste le colonel Forestier est entre les mains de la justice; la justice prononcera sur son sort..... »

« On nous demande des explications sur les mesures que nous avons prises hier, reprit le ministre, au milieu des murmures que chacune de ses phrases avaient provoqués. Lorsque nous avons mis la force armée sur pied, ç'a a été pour épargner le sang français..... »

— « Ç'a a été une provocation, » interrompit le citoyen Deville.

— « Aujourd'hui, la population de Paris rend justice à nos précautions, » s'avisa de dire le citoyen Léon Faucher. Mais les plus violentes dénégations lui imposèrent silence; ce ne fut qu'après une assez longue interruption qu'il put reprendre le fil de ses idées.

« Oui, s'écria-t-il, il existe un complot..... »

— « C'est vous qui le faites ! » lui crie tout le côté gauche.

— « Oui, il y a un complot, sur lequel nous nous expliquerons bientôt, de la part de tous les éternels ennemis de l'ordre social, qui, s'ils parvenaient au pouvoir, conspireraient contre eux-mêmes..... »

Ici le ministre fut de nouveau interrompu par les rires ironiques que firent entendre les républicains; d'autres ne cessaient de crier à l'orateur : « Allons donc! allons donc! assez! Vous nous donnez ici une nouvelle édition de votre proclamation provocatrice! »

— « Je n'ai pas à me défendre de la proclamation que j'ai faite, répliquait le ministre; j'ai voulu rassurer Paris. J'ai fait mon devoir et je continuerai de le faire. »

Les murmures et les interpellations d'une grande partie de l'assemblée forcèrent enfin le citoyen Léon Faucher à quitter la tribune, à laquelle il s'était cramponné dans l'intention de faire l'apologie du gouvernement, en même temps que la sienne; mais ses paroles eurent pour résultat de lui attirer des dénégations énergiques, et il retourna à son banc visiblement contrarié.

Le président de l'assemblée lui vint pourtant en aide : M. Marrast déclara que si la lettre du général Changarnier n'eût pas été convenable, il aurait su le rappeler aux convenances. Mais bien des membres qui savaient à quoi s'en tenir à ce sujet, se mirent à sourire. En effet, tout n'avait pas encore été mis au grand jour à l'égard de la manière de procéder du général Changarnier. On avait d'ailleurs à s'occuper de choses plus importantes. Le citoyen Bac se chargea de ramener la question au point où l'avait laissée le citoyen Sarrans.

« Le premier orateur que nous avons entendu aujourd'hui, dit ce dernier représentant, a formulé l'idée d'une enquête propre à dévoiler les causes du mouvement insolite qui a effrayé la capitale; je viens appuyer de toutes mes forces sa proposition; je l'appuie dans l'intérêt de la tranquillité, dans l'intérêt du gouvernement et dans l'intérêt de ceux que l'on accuse de conspirer, sans produire contre eux la moindre preuve.

« J'ai remarqué la coïncidence fatale entre les événements

d'hier et les journaux qui nous arrivent aujourd'hui des départements, et qui prévoyaient le fait que nous avons vu se dérouler hier (¹). Oui, il devait arriver hier des faits qui n'ont manqué que grâce au calme admirable des ouvriers de Paris. Je dis qu'il y a une apparence qui doit être détruite dans l'intérêt du pays et de l'assemblée nationale. Je m'explique :

« Paris a été très-étonné hier d'entendre battre le rappel dans ses rues, qui n'avaient jamais été plus tranquilles, malgré les préoccupations diverses qui s'attachaient à la discussion si importante de la proposition Rateau.

« La mise en accusation du ministère, poursuivit le citoyen Bac, a été la conséquence de ces faits. Si donc ces mesures avaient jeté des inquiétudes dans l'esprit des républicains, si ces mesures ont été prises sans que le président de l'assemblée

---

(¹) Non-seulement le mouvement dans Paris fut prémédité de longue main, mais encore on avait mis dans le secret toutes les feuilles royalistes et ministérielles des départements, afin que la population de la France fût préparée contre les démocrates. Les correspondances de Paris, envoyées à ces journaux depuis le 26, s'étaient plu à accréditer les bruits les plus sinistres dans les grands centres de population. Dès le 27, le *Courrier de la Somme* avait donné le plan d'un complot républicain devant éclater le 29 ; ce journal avait cherché à signaler les démocrates comme des incendiaires ou des pillards, ne méritant que l'exécration publique.

Le *Journal de l'Aisne*, patroné par le président du conseil, après avoir prédit la journée du 29, et présenté le tableau des forces dont disposait le général Changarnier, s'écriait : « Les bons citoyens ne s'affligent pas. Chacun croit y trouver l'*indice* d'un changement ardemment désiré, et l'on espère que le *grand acte attendu* s'accomplira sans coup férir..... »

Le *Mémorial bordelais* annonçait, sous la date du 28, que le lendemain, il y aurait tempête dans la rue. « Ce qui nous rassure, ajoutait-il, c'est qu'une armée nombreuse sera sur pied de bonne heure, les canons autour de l'assemblée, et les régiments placés dans des forts et dans les environs sont entrés en ville, ou bien ont reçu l'ordre de se rapprocher.... »

Enfin, le 30, le citoyen Bac lisait, à la tribune, un long article du *Courrier de la Gironde*, dans lequel ce journal, annonçant le complot républicain, disait que le gouvernement y répondrait par ces mots : « Trois sommations et feu ! Voilà la réponse de la société. »

en eût été instruit; eh bien ! c'est à un pareil moment que M. le ministre de l'intérieur jette dans le public une proclamation par laquelle il désigne à l'animadversion publique ceux qu'il appelle les éternels ennemis de la paix publique ! C'est quand j'ai lu ces passages, que j'ai cru devoir déposer une mise en accusation contre le ministère.

« Eh bien ! concluait l'orateur, après avoir lu divers passages de la correspondance ministérielle adressée aux feuilles des départements ; si vous croyez que le parti républicain conspire, qu'on fasse une enquête générale. Il faut qu'elle soit la même pour tous : ne pas l'accepter, ce serait prouver que vous la craignez. »

— « Il est étonnant, se borna à répondre le ministre de la justice, qu'on nous rende responsables des écrits envoyés de Paris aux journaux de la province. Je déclare que je ne connais le journal dont il s'agit que parce que je l'ai déféré à la justice. »

Le ministre Léon Faucher ajouta quelques mots dans le même sens, mais toujours en ajoutant quelques paroles provocatrices et blessantes pour la minorité, comme pour les citoyens dont il avait ordonné l'arrestation.

« Je monte à la tribune, lui répondit le colonel de l'artillerie parisienne, pour repousser avec indignation les accusations infâmes qui viennent d'être insinuées contre un bon citoyen, contre le colonel Forestier, dont j'ai l'honneur d'être le collègue. C'est déjà quelque chose de grave, qu'une arrestation faite légèrement, quand elle est faite par les dépositaires de la force publique.

« Le colonel Forestier est à la tête d'une légion de douze mille hommes ; il a toujours donné les preuves les plus éclatantes de son énergique dévoûment à la république. Et on vient dire ici qu'un tel homme n'a pas été arrêté parce qu'il a écrit une lettre à M. le président de l'assemblée nationale, et qu'on ne sait pour quel motif il a été arrêté !

— « On n'a pas dit cela, » lui crient plusieurs voix.

— « Il a été arrêté, dit-on, pour des paroles coupables, pour des provocations vis-à-vis de ses frères d'armes. Mais ils témoignent tous hautement que leur chef s'est montré dans cette circonstance ce qu'il fut toujours, un bon citoyen. Or, ce bon citoyen ayant entendu dire que la république était en danger, et qu'on battait le rappel dans les 1re, 2e et 10e légions, a fait, dans cette circonstance, ce que nous avons fait tous. Le colonel Forestier a sans doute confiance, comme moi, dans ces légions ; mais il s'est dit : Il y a quelque temps la république était attaquée comme aujourd'hui, et alors nous étions tous à notre poste. — Ses frères d'armes lui ont dit : Citoyen, réunissez-nous ; et il les a réunis ; c'était son devoir, et il a bien fait.

« Moi qui vous parle, citoyens, moi qui ai l'honneur de commander la légion d'artillerie, ajouta le brave Guinard, je n'ai pas reçu d'ordre, et pourtant, disait-on, la république était en danger. Eh bien! il y a vingt-cinq ans que nous combattons pour elle, et nous avons tous pensé que nous pouvions bien nous mettre à côté de M. Léon Faucher pour la défendre.

« Nous avons donc pris les armes dans cette circonstance, comme nous le ferons toujours pour le maintien de la république, envers et contre tous, pour le maintien de ces grands principes qui sont le fondement de toute société, et que nous saurons défendre, croyez-le bien, citoyens. »

Les nobles paroles que prononça un homme que ses ennemis politiques ne pouvaient s'empêcher d'estimer, furent accueillies par des applaudissements propres à prouver aux ministres que la république était restée la passion des âmes généreuses.

Les réactionnaires de l'assemblée cherchèrent à étouffer les sentiments patriotiques que Guinard venait de réveiller, en demandant à cor et à cris l'ordre du jour.

Mais le citoyen Flocon s'empare de la tribune, et tout en

parlant contre la clôture, il rappela à l'assemblée nationale qu'une proposition d'enquête venait d'être déposée, et que l'on ne pouvait se dispenser de l'examiner, de la voter même à l'instant.

« Je dis, ajouta l'orateur, en dominant les voix de ceux qui demandaient la question préalable ; je dis qu'il a régné et qu'il règne encore dans la cité une agitation funeste, et qu'il est du devoir de l'assemblée d'y mettre un terme le plus tôt possible. Je dis que, dans l'opinion publique, un coup d'état a été tenté hier, et que si ce coup d'état a avorté, c'est à l'énergie de la population que nous le devons ; c'est parce que ceux qui comptaient sur l'armée et la garde nationale, ont vu que l'armée et la garde nationale étaient républicaines, ce qui les a forcés de renoncer à leur projet... Je dis qu'il importe que la vérité soit connue ; je dis que cela importe surtout à ceux sur lesquels plane l'accusation déjà portée ; je dis enfin que le devoir de l'assemblée est de faire ce qu'elle a fait après les journées de juin ; car si heureusement cette journée n'a pas été sanglante, ce n'est pas la faute de ceux qui l'ont provoquée. Je demande donc que l'enquête soit ordonnée à l'instant même, afin que la vérité soit connue. »

Le citoyen Flocon avait été précis ; l'assemblée se trouvait acculée dans un impasse dont elle ne pouvait sortir que par l'enquête ou par un déni de justice. La majorité, habituée à ne faire que ce qui lui convenait, vota d'abord la clôture, et mit ainsi la proposition d'enquête dans la nécessité de suivre l'ordre du réglement, c'est-à-dire de passer par l'examen des bureaux, qui l'étouffèrent dans leur huis clos.

Pendant que les réactionnaires se préparaient à faire avorter la proposition d'enquête, provoquée par les républicains de l'assemblée et sollicitée également par la population, les feuilles démocratiques se livraient à quelques remarques importantes sur la situation respective des partis au commencement de février.

« Hier, disaient ces feuilles, le parti royaliste chantait victoire ; le rejet des conclusions du rapport Grévy leur épanouissait le cœur ; aujourd'hui, les vainqueurs ont tout à fait changé d'allures ; ils sont tristes et moroses : tout se ressent du malheureux lundi. Les clubs royalistes déplorent la maladresse des meneurs : en certains lieux mêmes on crie à la perfidie, à la trahison ; on croyait si facile d'entraîner le peuple au combat ! Le peuple a prouvé que cela n'était point si facile, et les chefs royalistes sont bien obligés de l'avouer. Le peuple, par son calme et son dévoûment à la république, a montré une haute intelligence, une connaissance parfaite des hommes et des choses ([1])..... Il s'est méfié du sieur Léon Faucher ([2]). »

Par une coïncidence singulière due aux dispositions de l'ordre du jour de l'assemblée, la même séance du 2 février offrit

---

([1]) « Le peuple parisien, toujours indulgent pour les complots des aristocrates, lisait-on dans un journal républicain, se venge déjà de la conspiration des ministres, en chansonnant leur déconfiture. Nous avons entendu ce soir chanter, sur un air bien connu, les vers suivants, inspirés par les nobles paroles du colonel Guinard :

> Léon Faucher s'était promis (*bis*),
> De faire égorger tout Paris (*bis*),
> Mais son coup a manqué ;
> Grâce à nos canonniers ! »

Dès le lendemain de la prise d'armes, on annonçait un changement complet des ministres ; et l'on assurait que, tout au moins, le citoyen Léon Faucher serait sacrifié, comme coupable de maladresse. On avait constaté que le président de la république ayant entendu, dans sa revue du 19, crier : *A bas les ministres !* avait répondu aux ouvriers : « Oui, mes amis, le ministère sera changé. »

([2]) Il y avait à peine deux mois que le premier ministère modifié du citoyen Louis-Napoléon Bonaparte fonctionnait, et déjà ses actes, ses coupables déférences pour les royalistes, l'avaient fait prendre en haine par les républicains, qui ne parlaient plus qu'avec mépris de la *société* Barrot-Faucher-Falloux ; ils considéraient Léon Faucher comme *le faucon* de la compagnie.

et la discussion sur le projet de loi relatif à la transportation des insurgés en Algérie, et celle de la proposition formelle d'une amnistie, déposée naguère par le côté gauche de la représentation nationale.

Il était rationnel de ne discuter le projet de déportation qu'après que l'assemblée aurait prononcé sur la question d'amnistie. Néanmoins les royalistes firent procéder à la première lecture de la loi de déportation, avant même d'entamer la délibération sur l'amnistie; car c'était un parti pris chez eux de repousser systématiquement toute demande qui aurait pour objet de rendre à leurs familles ruinées tant d'ouvriers arrachés, sans jugement, à leurs femmes, à leurs enfants, à leur patrie.

Aussi, quelques touchants que fussent les arguments dont se servit le citoyen Schœlcher pour appuyer la prise en considération de la demande d'amnistie, ils n'émurent point les réactionnaires.

« Comptez les transportés qui sont encore sur les pontons; s'était écrié cet orateur démocrate; comptez les condamnés aux galères (des condamnés aux galères pour des crimes politiques)! et jugez combien il reste encore de familles dans le dénûment, que de femmes et d'enfants abandonnés par suites des fautes de leurs pères et de leurs maris; que de souffrances! Ces femmes ne pleurent pas seulement, elles maudissent. Changez leurs larmes d'affliction en larmes de joie, leurs désespoir en reconnaissance, leurs malédictions en bénédictions pour l'assemblée nationale..... Dornès, notre ancien collégue, a demandé, en mourant, l'amnistie pour ceux dont la balle l'avait frappé; je vous demande d'acquitter le legs de ce sublime testament. »

— « Le comité de justice a examiné avec soin la proposition d'amnistie qui lui était soumise, répondit le rapporteur Legeard de la Diryais; il a été d'avis de la repousser.

« Que vous demande-t-on ? Une amnistie générale pour tous les délits politiques commis depuis le 24 février ! Comment ! une amnistie pour ces hommes audacieux qui sont venus ici, à cette tribune même, proclamer la dissolution de l'assemblée nationale ! une amnistie pour ces hommes audacieux qui étaient derrière les barricades de juin pour détruire la société tout entière ! Les hommes qui ont été transportés le méritaient, car ils avaient commis de bien grands crimes. »

Vainement le représentant Pelletier plaida-t-il éloquemment ce qu'il appela la cause du malheur ; les murmures d'une partie de l'assemblée couvrirent constamment ses paroles. Ce ne fut qu'avec peine qu'il put prononcer cette phrase :

« Si on avait voulu connaître les auteurs de ces malheureuses journées, cela n'aurait pas été difficile. Les auteurs de ces douloureuses journées sont ceux qui ont fait partie de tous les gouvernements précédents ; ce sont ces hommes-là qui ont causé tous les malheurs, en poussant le peuple au désespoir... »

Vainement encore le citoyen Lagrange prononça-t-il un discours plein de mansuétude et de fraternité pour arriver au cœur des impitoyables ; cinq cent trente-une voix repoussèrent la proposition d'amnistie, qui ne put être prise en considération, les conclusions du comité de justice ayant eu pour objet de repousser toute demande de ce genre.

Ainsi s'évanouirent les promesses qu'avait faites à cet égard le chef du gouvernement de la république lorsqu'il n'était encore que candidat cherchant à se populariser.

Chaque jour amenait de nouvelles questions propres à émouvoir l'assemblée, et chacune de ces questions était une crise pour un ministère qui n'avait aucune majorité formée pour le soutenir.

On se rappelle qu'une demande de mise en accusation des ministres avait été déposée le jour où celui de l'intérieur eut l'audace de proposer la violation de la constitution par la lecture d'un projet de loi ayant pour objet de supprimer les clubs. Cette demande, renvoyée à une commission, devait être examinée dans la séance du 3 février.

Le représentant Baze lut le rapport, qui concluait à ne pas donner suite à cette proposition, attendu qu'une pareille discussion ne devait pas avoir lieu. Comme personne ne se leva pour combattre ces conclusions, elles furent implicitement adoptées par l'assemblée nationale.

Le citoyen Woirhaye, rapporteur d'une autre commission, vint, à son tour, faire un rapport sur la proposition d'enquête. Considérant cette enquête comme une annexe de la mise en accusation, ou plutôt comme l'accusation elle-même, parce que les mêmes signataires avaient successivement demandé et la mise en accusation et l'enquête, le citoyen Woirhaye, s'étayant de l'opinion de la majorité des bureaux, qui ne voulait pas qu'on jetât de la déconsidération sur le pouvoir exécutif, conclut à repousser l'urgence de cette dernière demande.

Mais une voix s'éleva contre l'absolu des motifs sur lesquels le rapporteur s'était appuyé. Cette voix fut celle du citoyen Perrée, directeur du journal le *Siècle*, feuille qui s'était montrée ministérielle jusqu'à ce jour.

Le citoyen Perrée commença par déclarer que le sentiment du devoir envers le pays le forçait à se séparer du ministère. Non pas, dit-il, qu'il fût le partisan de l'enquête, mais parce qu'il repoussait les motifs que la commission avait fait valoir.

Puis arrivant à examiner les causes de l'inquiétude générale, il crut les reconnaître dans cet empressement des partis à se disputer les dépouilles de la république. Dans son opinion, ceux qui écrivaient aux départements que la république était en danger, n'étaient point de véritables républicains. Donnant lecture d'un bulletin envoyé sous le couvert du ministre de l'intérieur aux feuilles ministérielles des départements, bulletin dans lequel on disait que le premier besoin de la

France était la dissolution de l'assemblée nationale, et qu'il fallait pour cela opposer aux cris d'une minorité factieuse le vœu d'une minorité compacte ; le citoyen Perrée, disons-nous, convaincu que le ministère avait eu recours aux mauvaises passions pour chercher à propager l'esprit d'inquiétude et d'agitation qui tourmentait le pays, moyens blâmables, selon lui, et auxquels son mandat lui défendait de s'associer, proposait l'ordre du jour motivé suivant :

« L'assemblée nationale déclare que les membres du cabinet « sont un danger pour la république. »

Grande fut la stupéfaction des ministres en entendant proposer un pareil ordre du jour, dont il leur fut aisé de comprendre les conséquences immédiates ; aussi les vit-on se succéder sans interruption à la tribune pour s'opposer à cet ordre du jour de congé.

Ce fut d'abord le citoyen Faucher qui déclara que la correspondance qu'on venait de lire lui était étrangère, et que conséquemment on ne pouvait rendre le gouvernement responsable de la politique d'un journal. Entrant ensuite dans les détails relatifs à cette correspondance transmise sous le couvert du ministère, le citoyen Faucher déclara que dorénavant elle cesserait d'avoir lieu, et que si elle continuait, comme c'était le droit du directeur, il défendrait qu'on joignît aux nouvelles de la journée des articles de politique. « Je ferai en sorte, dit-il en terminant, que la correspondance qu'on incrimine, ne contienne plus que des faits, et tout ce qui sera envoyé sera lu avec soin. »

A ces explications embarrassées, le citoyen Falloux, ministre de l'instruction publique, s'empressa d'ajouter que le journal coupable venait d'être dénoncé au procureur de la république ; et comme on fit observer à ce ministre que les poursuites étaient antérieures et pour un autre cas, le citoyen Falloux se rejeta sur les arguments déjà produits par son collègue, et soutint qu'on ferait une singulière position à un gouvernement si on allait chercher sa pensée dans les articles d'un journal qui s'imprimait à soixante lieues.

Déjà les amis du ministère demandaient l'ordre du jour pur et simple, et le président se disposait à le mettre aux voix comme devant avoir la priorité sur l'ordre du jour motivé, quand M. Odilon Barrot s'avisa de vouloir poser la question avec plus de netteté.

« On vous demande, dit-il, de poser à côté de la question d'enquête, une question ministérielle, ou, en d'autres termes, une question de cabinet ; cela est grave. Il faut qu'une pareille question soit posée d'avance ; alors le débat est loyal... Mais ici, on vient à l'improviste demander la dissolution du ministère... Je m'adresse à l'assemblée : je lui demande si elle consentirait à résoudre, par un vote de cette nature, une question dont la solution peut entraîner de si graves effets... »

— « Allons donc ! allons donc ! interrompt ici le côté gauche.

— « Une pareille dissolution, reprend le ministre de la justice, a de l'importance aux yeux du pays, et avant de la prononcer, il faut au moins un débat de quelques minutes...

« L'honorable M. Perrée a reproduit des arguments qui ne sont pas neufs : il a dit du ministère qu'il ne satisfaisait pas aux conditions du gouvernement représentatif, et qu'il était la cause des malheurs du pays... On nous a accusés d'avoir, par un développement de forces, empêché le désordre ; eh bien ! je m'honore d'avoir pris part à cette mesure, qui a maintenu l'ordre dans notre pays... Voilà toute la question... Je vous demande s'il est possible de poser une question de cabinet pour de pareils motifs... On nous dit que nous sommes en minorité : cela est vrai pour certaines lois ; mais quand il s'est agi de la sécurité de la république, du maintien de l'ordre, nous ne nous sommes pas aperçus que nous soyons en minorité.

L'assemblée s'est rendue notre complice dans la journée du 29 janvier, puisque vous avez voté avant-hier contre la demande en accusation. A partir de ce moment la confiance a reparu. »

Le ministre avait souvent été interrompu par des exclamations qui indiquaient un désaccord complet entre l'assemblée et la politique du pouvoir. On pensa même que M. Odilon Barrot n'avait parlé si longtemps que pour faire perdre de vue la proposition de M. Perrée. Mais le citoyen Coralli rétablit la discussion sur son terrain.

« Quelle est la situation? dit-il. M. Perrée repousse l'enquête; mais il n'adopte pas les motifs qui la font repousser, parce qu'ils engagent l'assemblée beaucoup trop loin... Si l'on adoptait l'ordre du jour pur et simple, le ministère dirait qu'il a la majorité; mais cette majorité il ne l'aurait pas en réalité..... Il faut que ce soit la majorité du vote qui décide entre l'assemblée et le ministère; il faut qu'on connaisse enfin les satisfaits et les non satisfaits. »

Vainement le représentant de Chambolle voulut-il parler des droits du président et effrayer l'assemblée de la possibilité d'un conflit; vainement encore accusa-t-il la minorité de vouloir établir son gouvernement en obligeant le chef de l'État à renvoyer des ministres qui avaient sa confiance; l'assemblée déclara qu'il n'avait pas la sienne, en votant à une majorité de plus de vingt voix contre l'ordre du jour pur et simple, et en adoptant ainsi implicitement l'ordre du jour motivé de M. Perrée.

« L'assemblée nationale, dit aussitôt en parlant de cet ordre du jour motivé le journal la *Réforme*; l'assemblée nationale, menacée d'un conflit entre les deux prérogatives gouvernementales, a compris que reculer, c'était abdiquer; et, fidèle à la constitution, fidèle à la loi des majorités, elle a rendu son arrêt en pleine et libre conscience : elle a dignement agi. C'est une bonne journée pour la république. »

— « C'est maintenant au chef du pouvoir exécutif, au président de la république à se mouvoir dans la limite constitutionnelle, en prenant ses ministres dans la majorité, » ajoutait une autre feuille.

Mais telle ne fut pas l'opinion du président de la république et de son conseil. Après une longue délibération à l'Élysée, le conseil de M. Louis Bonaparte décida qu'il ne se retirerait pas devant une décision si décousue; et le lendemain le *Moniteur* publiait la note suivante :

« Les ministres se sont réunis à l'Élysée national à l'issue de la séance. Il a été décidé qu'ils resteraient à leur poste et persévéreraient dans la mission qui leur a été confiée. »

C'était faire une parade insultante de leur mépris pour les décisions de la représentation nationale; aussi les journaux du lendemain s'écriaient-ils :

« Il n'y a pas d'équivoque, cette fois; c'est bien une déclaration de guerre; et voilà les deux prérogatives directement engagées, par quelques ambitions effrénées, dans un terrible conflit dont la conséquence extrême est aux solutions sanglantes. Nous l'avions prévu du jour où l'assemblée constituante permit qu'on parlât dans son sein d'un président de la république et d'un président élu par le peuple.....

« Après deux mois d'une vie ténébreuse et qui s'est éclipsée dans les intrigues d'une camarilla recrutée parmi les apostats de tous les régimes, le président de la république, ajoutait la *Réforme*, se pose en Charles X en face de l'assemblée nationale et de la constitution; M. Barrot est son Peyronet; son Polignac s'appelle Léon Faucher; Changarnier est son Marmont. Nous en sommes désolés pour M. Louis Bonaparte, qui ne voit pas toujours très-clair, dit-on, et qui n'a pas pleine conscience de sa responsabilité; mais nous devons lui dire qu'il s'engage, à la suite des royalistes, dans ce grand courant des révolutions qui a jeté, en moins de vingt ans, deux dynasties à la mer. »

La crise n'était donc pas finie, et l'on annonçait l'entrée dans Paris de nouvelles troupes ; ce qui faisait dire aux ministériels que de grands dangers menaçaient le règne des républicains honnêtes et modérés. Il fallait donc tenir cent mille hommes sur pied pour conjurer ces dangers chimériques ; et d'ailleurs n'avait-on pas encore besoin de cette forêt de baïonnettes pour faire aboutir définitivement la fameuse proposition Rateau, seule ancre de salut d'un ministère aux abois, qui, ne pouvant plus exister à côté de l'assemblée nationale, et voulant exister malgré elle, entendait l'obliger à se retirer à force de menaces ?

Or, n'était-ce pas une nouvelle menace que cette déclaration qu'il ne se retirerait pas ? Les ministres se présentèrent donc à la séance suivante, ayant fourni à l'assemblée un grief de plus contre eux.

Mais la nuit avait porté conseil, et l'on avait cru devoir changer de manœuvre.

Aussi vit-on le ministre Faucher se présenter humble et contrit pour obtenir la permission de fournir de nouvelles explications sur l'ordre du jour motivé de la veille. Il commença par déclarer que rien n'était plus loin de la pensée du ministère que de porter un défi à l'assemblée nationale, que la note insérée au *Moniteur* n'avait pas été bien comprise ; que le ministère avait seulement voulu dire, afin de rassurer le pays, que tant que le président de la république l'honorerait de sa confiance, il resterait à son poste.

Entrant ensuite dans de nouveaux et interminables détails écoutés froidement par l'assemblée, le ministre refit à sa manière l'historique de la journée du 29 janvier. Il parla des projets funestes des clubs de Paris, des provocations adressées à la garde mobile, du mouvement insurrectionnel des écoles ; en un mot, il entra dans tous les détails de la vaste conspiration que le gouvernement avait, selon lui, paralysée par le déploiement de forces qu'on lui reprochait. Le ministre ajouta que les nouvelles des départements annonçaient qu'il y aurait eu partout des tentatives de désordres si les préfets, prévenus à temps, n'eussent mis les perturbateurs hors d'état d'agir. Le citoyen Léon Faucher termina son exposé des faits par ces mots : « Au lieu d'attaquer le gouvernement, vous devriez le remercier de ses sages mesures, car nous nous honorons d'avoir réprimé un mouvement formidable. »

Il ne lui restait donc qu'à monter au Capitole. Mais le citoyen Flocon l'en empêcha.

« Si vous êtes si sûrs de l'excellence de votre politique, si vous êtes si sûrs d'avoir sauvé le pays d'un immense danger, si vous en êtes aussi sûrs que vous le disiez tout à l'heure, s'écria ce représentant, présentez-vous devant la commission d'enquête ; c'est là que vous serez remerciés. »

Mais si le ministère était si loin de vouloir l'enquête, qu'il avait fait rédiger et présenter à la commission, par le général Oudinot, un nouvel ordre du jour motivé. C'était vouloir faire déjuger l'assemblée en l'obligeant à rejeter, le lendemain, ce qu'elle avait adopté la veille. L'entreprise était à la fois hardie et délicate ; le général Oudinot se chargea de la conduire à bonne fin.

« Ma tâche, dit-il en montant à la tribune pour développer son nouvel ordre du jour, est considérablement abrégée par les explications que vient de vous donner M. le ministre de l'intérieur. Je me borne à faire appel à la conciliation dans mon ordre du jour motivé, qui du reste a été adopté par la commission chargée d'examiner l'urgence d'une enquête parlementaire.

« Le ministère, ajouta ce général ministériel, a cru nécessaire le déploiement de forces qu'on lui reproche ; il pouvait craindre une collision sanglante. Il a désavoué et désavoue encore la note offensante pour l'assemblée qu'un de nos collégues vous a lue hier. Il vient de vous donner des explications satisfaisantes sur l'article inséré dans le *Moniteur*. Il peut avoir commis des fautes; peut-être n'a-t-il pas assez foi dans les dispositions de cette assemblée; mais n'oublions pas que nous ne nous occupons en ce moment que de l'urgence de l'enquête. Nous sommes tous animés des mêmes sentiments, car nous voulons tous la gloire et l'honneur de la France. Nous pensons que notre ordre du jour sera adopté. »

Il était impossible de mettre plus de bonhomie dans sa mission que n'en déploya le général Oudinot pour faire signer à la majorité d'hier une paix qui était l'abdication de la constituante. Aussi, bien des membres qui avaient voté contre les ministres, se sentirent-ils désarmés devant tant d'humilité de leur part.

Mais le citoyen Dupont (de Bussac) crut que l'honneur de l'assemblée se trouvait compromis. Il s'efforça donc de la retenir dans la voie qu'elle s'était ouverte par sa décision de la veille.

« Dans la dernière séance, dit-il, on a voté contre le ministère; aujourd'hui on vous demande un vote de confiance pour ce même ministère. La démarche du général Oudinot tend à nous faire repousser la défiance que nous avons contre les ministres.

« On a désavoué, dit-on, blâmé même certains bulletins, certaines notes offensantes pour l'assemblée; mais le ministre n'est pas venu les désavouer hautement lui-même.

« On nous dit que le président a le droit de conserver les ministres de son choix, sans quoi il ne serait qu'un mannequin. Mais si le président veut vous proposer des mesures qui sont la destruction de la constitution, et que les ministres s'y prêtent, pouvons-nous les laisser faire? Non, nous ne le pouvons pas, car nous détruirions notre œuvre nous-mêmes.

« Eh bien! je dis que des ministres qui ont osé prononcer à cette tribune les paroles que vous avez entendues, ne peuvent rester au pouvoir qu'autant qu'ils démentent leurs paroles, comme ils ont démenti leurs actes. »

Le citoyen Dupont, qui voyait dans la conduite des ministres une conspiration permanente contre l'assemblée et même contre la république, se mit alors à développer tous les faits graves qui, à son avis, constituaient cette conspiration. Il les cita successivement, et signala surtout l'autorisation donnée au conseil municipal de Marseille pour se réunir dans le but de pétitionner contre l'assemblée. Puis, concluant sur ces faits, l'orateur s'écria : « Lorsque vous parlez des troubles qui ont éclaté dans les départements, nous avons le droit de vous répondre que c'est vous qui causez ces émotions ; c'est vous qui agitez la France par les nouvelles absurdes que vous envoyez dans tous les départements. C'est pour prouver tous ces faits que nous voulons l'enquête.

« J'ajoute plus encore, je dis que vous avez voulu allumer la guerre civile dans la capitale ; par des arrestations innombrables et non fondées, vous avez violé toutes les lois de la justice, et vous avez fait croire que vous tentiez une provocation directe. Et c'est vous qui avez espéré un vote de confiance ! Je vous le refuse pour ma part. »

L'assemblée se montrait fatiguée d'une si longue discussion ; elle céda à ceux qui demandaient à voter sur l'ordre du jour présenté par le général Oudinot, et ainsi conçu :

« L'assemblée adopte les conclusions de la commission, en considérant que le bulletin offensant a été formellement désavoué et blâmé par le ministre de l'intérieur. »

Il y avait loin de ce nouvel ordre du jour à celui voté la veille contre le ministère ; mais l'assemblée fit semblant de ne pas comprendre toute la différence des textes : elle oublia qu'une sérieuse question constitutionnelle se trouvait engagée ; elle donna aux désaveux du ministère beaucoup plus d'importance qu'ils ne devaient en avoir ; et cette assemblée, si fière d'abord, drapée qu'elle était dans sa prérogative, s'est tristement déjugée quand le scrutin lui a permis de cacher la honte de la nouvelle majorité. Les neutres, les peureux et les traîtres se sont accrochés au vote de demi-confiance. La proposition d'enquête disparut sous cet ordre du jour, revu et corrigé, de la seconde édition, et le ministère Barrot-Faucher-Falloux se releva, quoique bien meurtri.

L'opinion publique, qui jusqu'alors avait soutenu l'assemblée contre les attaques dont elle était l'objet, se refroidit prodigieusement à l'endroit de sa protégée, qui se trouva livrée sans défense à la rage de ses ennemis.

« Certes, s'écriait un journal républicain, nous ne nous attendions pas à cette démission scandaleuse, à ce triste oubli de l'honneur, à cette déchéance. Mais ce qui nous a le plus cruellement blessés, ce qui nous attriste, comme une publique infamie, c'est la différence des votes entre les deux scrutins, le premier secret et l'autre par division. Plus de cent voix de majorité ministérielle dans la dernière épreuve ! — M. Rateau peut venir maintenant, l'assemblée nationale est morte; elle vient d'abdiquer entre les mains des baillis du président ! »

C'était le lendemain, 6 février, que la seconde lecture de la fameuse proposition Rateau devait avoir lieu. L'intérêt, quoique éteint par le dernier vote, se ranima un instant devant cette audacieuse sommation faite à l'assemblée du 4 mai par les royalistes de toutes les époques. On voulait savoir ce qu'était ce représentant devenu si fameux sous un nom si ignoble.

« Enfin nous l'avons vu, de nos yeux vu, ce bon M. Rateau, s'écriait le rédacteur de la *Réforme* : chevelure grisonnante et maigre, visage placide, physionomie de notaire qui s'en va rédiger un testament; voilà cet homme désormais célèbre; voilà ce redoutable porte-voix de la réaction. »

Le texte de la proposition de ce rédacteur de testaments était très-significatif : le citoyen Rateau voulait donner congé sur l'heure à l'assemblée nationale sortie du suffrage universel. Les motifs allégués par ce commissaire des pompes funèbres, comme on disait alors, étaient nombreux ; mais le plus généralement invoqué était celui que l'assemblée ayant achevé la constitution, sa mission était remplie.

C'était là ce que les amis et compères du citoyen Rateau disaient tout haut. Mais leur langage était différent lorsqu'ils parlaient tout bas en petit comité. On aurait pu apprendre d'eux, en ce moment d'abandon et de franchise, qu'ils voulaient punir l'assemblée constituante d'abord de son origine révolutionnaire ; ensuite pour avoir acclamé la république dans la première heure, et de l'avoir consacrée par la constitution. Ils voulaient la punir encore de sa conduite conséquente en présence des conspirations royalistes, de son énergie, hélas défaillante! devant les caprices et les volontés impériales ; en un mot, de tout son passé républicain.

D'autres explications pouvaient encore être données de cet acharnement des grandes coteries, des rancunes et des ambitions dynastiques. Sortie de février et baptisée par la révolution, l'assemblée nationale constituante ne pouvait oublier son origine jusqu'à laisser démanteler la constitution, son œuvre ; jusqu'à laisser faire les factions qui travaillaient, en plein soleil, à relever les ruines que le peuple avait faites. Ces motifs, non avoués, devaient donc réunir autour de la proposition Rateau tous les ennemis cachés du gouvernement républicain, tous les amis dévoués des deux à trois dynasties, et on pouvait être certain de les voir marcher ensemble au scrutin anonyme qui devait chasser les constituants.

Mais le peuple ne pensait pas tout à fait comme les auteurs de la proposition Rateau ; il croyait que l'assemblée ne pouvait se séparer qu'après avoir doté la république de lois organiques. Le peuple tenait à ce que ces lois complémentaires de la constitution fussent faites dans le même esprit. Le peuple parlait haut, et paraissait vouloir être obéi ; de sorte qu'une partie des partisans de la proposition Rateau eurent un moment de crainte qui les força de proposer une capitulation.

On voulait d'abord vider tous les amendements déposés sur le bureau en commençant par ceux qui s'éloignaient le plus de la proposition Rateau ; mais on s'arrêta à une proposition nouvelle présentée par le citoyen Lanjuinais et ayant pour objet de déterminer à la fois le nombre des lois organiques indispensables que l'assemblée devait faire avant de se séparer, et de fixer l'époque, le jour de son remplacement par l'assemblée législative. C'est à cette proposition mixte, à cet amendement de prétendue conciliation que les neutres et les peureux s'étaient ralliés.

Le président ayant appelé à la tribune le citoyen Rateau pour y exercer le droit de soutenir sa proposition, sa présence excita une hilarité telle que cet honorable député resta longtemps sans pouvoir parler ; et lorsque enfin la gaîté de l'assemblée lui permit de soutenir son projet de décret, ceux qui se préparaient à écouter l'orateur inconnu furent grandement désappointés de ne lui entendre dire que ces mots : « Je me rattache à l'amendement proposé par M. Lanjuinais. » De nouveaux éclats de rire accueillirent cet enfantement de la montagne accouchant d'une souris, et accompagnèrent l'auteur de la fameuse proposition jusqu'à sa place. *Sic transit gloria mundi !*

Un autre accueil était réservé au représentant Pagnerre soutenant que la fixation d'une date aux travaux de l'assemblée était ce qu'il y avait de plus démocratique et de plus conforme à la dignité de la représentation nationale. Et comme le citoyen Pagnerre concluait en se ralliant à l'amendement Lanjuinais, une voix lui cria : « C'est une désertion ! nous devions nous y attendre ! »

Le représentant qui venait de supplanter instantanément le citoyen Rateau, M. Lanjuinais, que Félix Piat appelait si spirituellement un *Rateau modéré*, expliqua alors la pensée qui l'avait engagé à présenter sa proposition.

Selon lui, l'assemblée se trouvait placée dans une position difficile, et cet embarras, elle l'avait préparé le jour où elle s'était refusée à mettre les lois organiques dans la constitution. « Elle ne l'a pas fait, s'écria-t-il, et c'est là sa grande faute. »

En présence de la situation actuelle des choses, le citoyen Lanjuinais pensait que l'assemblée ne devait pas se retirer devant des menaces, mais qu'elle ne devait faire que les lois organiques les plus indispensables, afin de sortir le plus tôt possible d'une situation dont chacun de ses membres était forcé de reconnaître les périls.

« J'ai pensé qu'il était de la dignité de cette assemblée, ajoutait l'orateur, de ne pas dire : Nous cesserons nos travaux tel jour ; mais que nous devions dire : Nous nous retirerons quand nous aurons terminé les travaux utiles et indispensables. »

Mais le citoyen Lanjuinais déviait aussitôt de ses prémisses en bornant à la seule loi électorale les travaux subséquents de l'assemblée. Il faisait remarquer, il est vrai, que les formalités exigées par la constitution pour la réunion d'une nouvelle assemblée, nécessiteraient encore un certain laps de temps que l'assemblée constituante pourrait utiliser ; mais enfin il ne lui assignait que la loi électorale.

Comme on le voit, ce n'était plus un déménagement à jour fixe que l'on imposait à la constituante, mais un déménagement le plus tôt possible.

Le citoyen Guichard s'empressa de demander un tour de faveur pour le budget de 1849.

« Les membres de l'opposition, dans la chambre des députés, dit-il dans son excellent discours, protestaient tous les jours contre les prodigalités énormes du budget, et vous voudriez que la France souffrît, sous la république, ce qui lui paraissait déjà insupportable et ce qu'elle subissait malgré elle sous la monarchie? Cela ne se peut. La révolution de février fut sociale avant tout ; nous devons donc par des institutions économiques lui rendre son véritable caractère. »

Le citoyen Guichard avait cent fois raison : rien n'était plus urgent que de fixer le budget de la république afin de la délivrer de ces *extraordinaires*, de ces *supplémentaires*, et de ces *provisoires* qui dévoraient non-seulement les ressources annuelles, mais encore l'avenir.

On s'explique difficilement la persistance du citoyen Pagnerre à vouloir parler sur l'amendement Lanjuinais, et surtout à démontrer qu'il donnait une satisfaction complète à la dignité de l'assemblée ; il s'exposa par là à de nombreuses interruptions, et même à des mots fort durs qui excitèrent sa colère. Les cris du côté gauche et d'une autre partie de la salle le forcèrent à céder sa place à un orateur qui sut se faire écouter avec une attention soutenue. Le citoyen Félix Pyat, dans un discours d'une logique désespérante pour ses adversaires et qu'il sema des traits les plus spirituels, les plus piquants, captiva longtemps l'assemblée.

Dans l'opinion de cet éminent orateur, la constituante n'avait pas besoin d'être défendue ; elle avait pour elle la justice, la raison, et le discours du citoyen Jules Favre. Félix Pyat reconnaissait qu'en droit, son mandat n'avait de limites que son œuvre ; et son œuvre n'était point finie. « Je laisse à d'autres, s'écriait-il, le soin de prouver que le peuple ne vous a pas envoyés faire des lois à la journée ou à la tâche, et que vous devez, pour l'honneur et la durée de votre œuvre, l'élaborer en conscience et en paix jusqu'à son entier achèvement. »

Toutefois le citoyen Félix Pyat déclarait que la démocratie était fort peu intéressée dans la grande question qui agitait la nation entière, et que si elle avait parlé, c'est parce qu'elle avait à cœur la justice et le droit. « Que l'assemblée parte ou qu'elle reste, ajoutait-il, certes c'est à nous que cela importe le moins ; ce que nous voulons, nous, minorité extrême, ne sera ni plus perdu ni plus sauvé ; le salut de la vraie république est dans le peuple, et nous sommes sans crainte à cet égard. »

Le sentiment que les démocrates éprouvaient était, disait encore l'orateur, l'étonnement de voir l'assemblée nationale, naguère tant fêtée, aujourd'hui si maltraitée par ceux qu'elle avait si bien servis.

« Oui, s'écriait-il dans un passage qui mérite d'être conservé par l'histoire ; oui, cette assemblée nationale, qui a si bien mérité des sauveurs de la société, des amis de l'ordre, qui a donné tant de gages de son esprit de sagesse et de conciliation, qui a rendu, comme le disait M. Odilon-Barrot, les plus éminents services à la république honnête et modérée, ne devait pas s'attendre à voir son oraison funèbre prononcée, par anticipation, par ceux qui lui décernaient tant de couronnes ! N'est-ce pas cette assemblée qui, depuis dix-huit mois, a fait les lois de l'état de siége, des attroupements, de la transportation, des cautionnements, la loi des clubs, celle des octrois, celle des onze heures, des quarante-cinq centimes, des caisses d'épargne, de la contrainte par corps, que sais-je ? Toutes les lois de conservation et de compression nécessaires au maintien de la confiance et de la paix ! Cette assemblée qui a fourni amplement au pouvoir toutes les armes dont il a eu besoin pour vaincre l'anarchie ; qui a livré au principe d'autorité la liberté individuelle, la liberté de la presse, d'association, de pétition, bref, toutes les libertés qui pouvaient troubler l'ordre et la stabilité ; cette assemblée, citoyens, qui, par respect pour les droits acquis, pour les droits du passé, a laissé tempérer, altérer les principes de la révolution, de sa propre constitution, qui a admis la liberté avec la dictature, l'égalité avec l'aumône, la fraternité avec le canon ; qui a rempli le pénible, le terrible devoir de combattre la faim et de refuser l'amnistie ; cette assemblée enfin qui, de peur d'embarrasser personne a trouvé, avec tant d'*agilité*, la même majorité pour les gouvernements les plus variés; qui, toujours, par amour de l'ordre et de la société, a poussé le dévoûment jusqu'à exclure de la république tous les républicains, l'abnégation jusqu'à leur préférer les satisfaits de la veille devenus les affamés du lendemain; la complaisance jusqu'à recevoir les ministres posthumes de Louis-Philippe pêle-mêle avec les revenants du Sonderbund et de la légitimité; eh bien! cette assemblée n'a pas encore contenté la contre-révolution. Pour reconnaître, pour récompenser tant de services, on ne veut pas même la laisser mourir de sa belle mort, elle qui a sauvé la vie à la nation, comme dit M. Hugo! Cela n'est ni honnête, ni modéré; c'est ingrat, mais logique..... »

« Or, savez-vous pourquoi ils lui demandent de se suicider et lui crient sur tous les tons le refrain du trappiste : Il faut mourir! Savez-vous pourquoi les éternels ennemis de la république la déclarent incapable de vivre plus longtemps? C'est parce qu'elle ne veut leur donner rien de plus; c'est parce qu'après avoir compromis le fond de la république, elle veut du moins garder la forme; parce qu'elle veut enfin rester fidèle à ce vœu qu'elle a fait le 4 mai, en face du ciel et du peuple..... »

Après avoir examiné le langage inconstitutionnel tenu, la veille, par le président du conseil, le citoyen Félix Pyat concluait ainsi sur la proposition Rateau et ses sœurs :

« Cette proposition est pleine de tempêtes, je le dis avec affliction; et si nous voulions vaincre par toutes sortes de moyens, si nous voulions vaincre par le trouble et la violence, nous voterions cette proposition, car c'est encore la révolution qui est dans ses flancs, c'est l'avénement forcé de la république démocratique et sociale : après la législative, la convention nationale. »

On comprend qu'après un discours aussi émouvant, tout ce que put dire le citoyen Barthélemy Saint-Hilaire pour démontrer l'excellence de la proposition Lanjuinais, comme moyen de conciliation, et tout ce que dit encore de bon et d'énergique le citoyen Sarrans, pour défendre les droits de l'assemblée, durent passer inaperçus. M. de Lamartine lui-même, mettant son éloquence au service de ceux qui avaient condamné la constituante, fut peu écouté, et ses développements parurent bien longs aux membres qui lui criaient : assez! assez!

C'est que, de chaque côté, on avait hâte d'arriver à une solution, et qu'il se faisait tard. Force fut donc de renvoyer la discussion et le vote au lendemain.

Ce jour-là de nouveaux et nombreux amendements furent encore présentés, entre autres, par le citoyen Sénard, qui développa longuement sa pensée. Mais l'assemblée nationale, fatiguée de la longue tension d'esprit qui lui était nécessaire pour bien comprendre les variantes de tous les amendements ou propositions nouvelles, se décida, malgré les judicieuses observations du citoyen Dupont (de Bussac), à voter l'amendement dit de conciliation du citoyen Lanjuinais, qui fut enfin adopté par quatre cent soixante-dix voix, contre trois cent trente-sept.

Tout ce que put obtenir la minorité, ce fut de faire décider immédiatement après que, dans aucun cas, l'assemblée constituante ne se séparerait avant d'avoir doté la république d'un budget, pour 1849, autre que celui de la royauté.

CHAPITRE XII.

Parallèle entre la Convention et la Constituante de 1848. — Cette dernière assemblée songe vainement à se galvaniser. — La majorité repousse les projets de loi essentiels. — Le gouvernement sacrifie les clubs au parti réactionnaire. — Harangue du maréchal Bugeaud. — Il ne parle que d'écraser les républicains, les socialistes. — Interpellations du citoyen Coralli à ce sujet. — Les ministres ne veulent pas désavouer le maréchal. — Ce dernier licencie la garde nationale de Lyon. — Affaires graves qui se passent en Italie. — Proclamation de la république romaine. — Le gouvernement du citoyen Louis Bonaparte se dispose à intervenir en faveur du pape. — Interpellations à ce sujet. — Discours des citoyens Ledru-Rollin et Bac. — Le gouvernement refuse d'admettre l'envoyé de la république romaine. — Procès de Bourges. — Attitude de Barbès, de Blanqui, de Sobrier, de Raspail pendant ce procès. — Décision sévère de la haute cour à l'égard des principaux accusés. — Incident relatif à l'accusé Hubert. — L'échafaud politique redressé. — Rétablissement du cautionnement des journaux. — Déroute de l'armée piémontaise à Novare. — La France se prépare au second essai du suffrage universel. — Manifeste et liste de la rue de Poitiers. — Déclaration des représentants de l'extrême gauche. — Le comité démocratique repousse l'intervention de la police. — Guet-apens de Moulins. — Premier résultat de l'expédition contre Rome. — Grande émotion à Paris. — Interpellations adressées au gouvernement. — L'assemblée nomme une commission pour lui faire un rapport sur cette expédition. — Résolution proposée pour que l'expédition ne soit pas détournée du but qui lui avait été assigné. — Grands débats à ce sujet. — La majorité adopte la résolution. — Demande de mise en accusation du président de la république et de ses ministres. — Lettre du président ; est-ce assez d'effronterie ? — Rejet de la mise en accusation. — Chute du ministère Léon Faucher. — Résultat des élections générales.

Il y eut autrefois en France une grande assemblée nationale qui s'appelait la *Convention* ; comme la constituante de 1848, elle reçut du peuple français la noble mission de fonder une république démocratique sur les débris de la monarchie. Cette convention nationale vécut trois ans au milieu des plus grandes vicissitudes. Dans les derniers temps de son existence, la réaction royaliste, dite *thermidorienne*, voulut aussi chasser cette assemblée nationale ; mais elle vainquit la réaction, acheva paisiblement les travaux qu'elle s'était imposés, et, au jour fixé par elle-même, le président de ce congrès souverain et dictatorial prononça solennellement ces mots : « La session de la convention nationale est terminée, sa mission est finie. »

Quelle triste comparaison nous aurions à faire si nous voulions tracer un parallèle entre l'assemblée nationale de 1792, et l'assemblée nationale de 1848 ! La convention quitta le pouvoir en pleine puissance et disparut dans toute sa gloire, laissant son œuvre accomplie ; la constituante de 1848 permit qu'on traînât la république d'étape en étape jusqu'aux portes de la royauté, joua elle-même son existence aux amendements, régla ses *ides* de mars, creusa sa fosse, et après être tombée ignoblement sous le Rateau (¹), elle se fit cadavre pour descendre toute vivante dans la tombe, comme Charles-Quint.

Après cet holocauste volontaire, la constituante de 1848 fut considérée comme morte ; semblable aux ombres de Dante, elle vivait encore, mais il ne lui était plus permis de marcher. Vainement se remit-elle à l'œuvre pour doter la France d'une loi électorale ; vainement encore elle se donna la mission de régler le budget de la république, afin de faire entrer ses finances dans les voies réclamées par la révolution : la vie politique s'était éloignée de cette assemblée, et tous ses efforts pour se galvaniser elle-même furent impuissants.

Quand le lendemain, même du vote de la proposition Lanjuinais, la constituante de 1848, cherchant à se raviser, voulut comprendre dans les lois qui lui restaient à faire, celle sur l'organisation de la force publique, la plus urgente pour pouvoir réaliser de grandes économies, la majorité, pressée de convoler à de nouvelles élections, qu'elle espérait plus généralement réactionnaires, repoussa la proposition de M. de Ludre.

Il en fut de même de la motion du citoyen Ceyras, relative

(¹) Expression triviale, mais vraie, qu'employaient alors les journaux, en jouant sur les mots.

à la loi sur l'assistance publique, et à la demande du citoyen Boubée faite dans l'intérêt de la loi sur l'instruction primaire et sur l'enseignement. La seule chose que l'on voulut permettre à ceux qui réclamaient ainsi indirectement contre la décision de la veille, ce fut de leur laisser achever les lois précédemment en discussion, au premier rang desquelles se trouvaient la loi contre les clubs et tous les projets liberticides présentés depuis peu par le pouvoir.

Laissons donc cette assemblée nationale débattre péniblement une loi telle quelle sur l'organisation du conseil d'État, une autre sur l'organisation judiciaire, qui n'était déjà plus celle d'amélioration présentée par le ministre Crémieux ; laissons-la encore élaborer une loi électorale, que la réaction devait briser bientôt, et s'efforcer de mettre le budget en équilibre, malgré les criailleries des financiers royaux et des banquiers gaspilleurs ; tous ces débats sont devenus sans intérêt depuis que l'assemblée est tombée devant les menaces des royalistes. A dater de ce jour, la représentation nationale n'est plus rien, le président de la république est tout, et ce président s'est placé sous l'influence manifeste du parti royaliste.

C'est ce parti qui a provoqué la suppression du droit de réunion des citoyens, et c'est à ce parti que le gouvernement sacrifie les clubs ; c'est encore ce parti qui veut imposer de nouveau le cautionnement aux journaux, rétablissant ainsi, en haine de la presse, l'unique privilége que la révolution de février avait cru détruire à tout jamais.

Et pourtant, la réaction ne se montrait pas satisfaite ; sa haine contre la révolution n'était point assouvie ; malgré le pouvoir immense dont elle dispose ; malgré les quatorze bastilles toujours prêtes à recevoir les républicains, malgré une armée de quatre-vingt-dix mille hommes qu'elle fait entretenir à Paris, et à laquelle les feuilles royalistes s'efforcent d'inspirer des instincts de carnage, la réaction ne se croit pas sûre de sa puissance ;

elle appelle à son secours des moyens plus héroïques, plus formidables que ceux dont elle dispose.

Ecoutons ce Don Quichotte de la contre-révolution, ce charlatan politique que la république honnête et modérée a pris à son service, et sur lequel les contre-révolutionnaires de toutes les couleurs fondent leurs espérances d'avenir ! Le général Bugeaud, maréchal de Louis-Philippe, vient d'être placé à la tête de l'armée des Alpes, de cette armée destinée par le gouvernement provisoire à aller affranchir l'Italie, mais qui, sous la république honnête et modérée de MM. Cavaignac et Bonaparte, doit faire volte-face pour tourner ses baïonnettes contre les républicains sincères de l'intérieur ; cette armée, c'est maintenant le maréchal de Louis-Philippe qui est chargé de la catéchiser.

Or, ce foudre de guerre, ce faiseur de harangues qui sentent la poudre à canon, voyage à petites journées pour se rendre dans son pachalick. Il s'arrête à Orléans, à Bourges, à Moulins, dans toutes les villes qui se trouvent sur son passage ; partout il se met en communication avec les autorités militaires, civiles et judiciaires, partout il prononce des discours dans lesquels il manifeste son idée fixe et prédominante, l'extermination de tous les républicains jusqu'au dernier. On dirait un Radetzki au milieu de la république française, y apportant sa haine contre les révolutionnaires.

« Le maréchal Bugeaud, ne put s'empêcher de s'écrier la *Réforme* en présence de ces audacieuses harangues de corps de garde, a retrouvé la parole ; on entend sur tous les points du territoire la *voix de l'ogre,* et nous en frémirions jusqu'à la moelle des os, si la très-récente épreuve de février ne nous avait prouvé ce que valent au fond toutes ces gasconnades... Jaloux sans doute des exploits de son premier lieutenant africain, il ne parle que *d'écraser les éternels ennemis de l'ordre, d'exterminer les socialistes ;* il convoque les bourgeois des départements à la croisade contre Paris ; il recommande aux soldats de n'être pas lâches, c'est-à-dire de tuer sans pitié dans les guerres civiles ; il leur apprend la grande stratégie des rues ; chacune de ses paroles enfin est une provocation qui sue le sang... »

La reproduction dans les feuilles départementales des harangues, des discours et des recommandations faites par le général Bugeaud non-seulement à l'armée, mais encore aux fonctionnaires civils, aux magistrats judiciaires, émurent jusqu'à l'assemblée nationale. Ce général avait dit à l'armée des Alpes : « La situation de Paris nous impose des devoirs impérieux, sacrés ; cette tâche n'est pas moins glorieuse que l'autre. Défendre la société contre les mauvaises passions qui la menacent, opposer une résistance invincible aux tentatives coupables qui amèneraient la désorganisation et la décadence du pays, c'est par là qu'il faut commencer... Les grandes armées semblent avoir aujourd'hui cette mission en Europe. Si l'empire d'Autriche échappe à une dissolution qui paraissait inévitable, c'est à son armée qu'il le doit. »

Il avait dit aux autorités d'un département : « Les factions n'ont pas renoncé à leurs coupables desseins ; mais nous y mettrons bon ordre, et nous triompherons de ces hommes pervers qui veulent bouleverser la France. Il y a, Messieurs, une opinion à laquelle j'applaudis et qui s'est heureusement répandue d'un bout de la France à l'autre ; c'est que les départements ne doivent plus subir à l'avenir la tyrannie des factions de Paris... Demain, je pars pour Lyon ; de là j'aurai toujours les yeux fixés sur Paris ; et s'il était nécessaire que j'y entrasse à la tête de l'armée des Alpes, à la tête des gardes nationales de la province, espérons cette fois que, Dieu aidant, l'ordre y serait rétabli, non pour quelques moments, comme il est arrivé, mais pour toujours !... »

Enfin, ce nouveau duc de Brunswick avait admonesté la magistrature sur l'abus que les jurys faisaient des circonstances atténuantes, principalement dans l'appréciation des crimes et délits politiques ; ce qui, ajoutait-il, énervait l'action de la justice, et n'épargnait les infracteurs de la loi qu'au détriment des bons citoyens et de la société tout entière. » Et afin que sa pensée fût mieux comprise, le général Bugeaud s'écria : « On a en France la malheureuse habitude de ne point considérer un crime politique autrement que comme une plaisanterie. Le criminel politique triomphe, c'est un héros ; il échoue, c'est un martyr. Et cependant un crime particulier ne nuit qu'à un individu, tandis que le crime politique ruine une nation entière. »

Certes, un pareil langage, quoique adouci par la presse départementale, était bien de nature à éveiller les susceptibilités patriotiques d'une partie de l'assemblée ; car on savait ce que le maréchal Bugeaud entendait par *mauvaises passions* et par *factions désorganisatrices*. On se demandait donc depuis quand un général allant prendre le commandement d'une division militaire, d'une armée chargée d'observer l'étranger, s'amusait en route à marquer ses étapes par des harangues politiques pleines de menaces et de provocations ; on se demandait qui avait pu l'autoriser à proclamer hautement que les armées françaises n'étaient pas debout pour défendre nos frontières, mais bien pour surveiller et écraser la révolution à l'intérieur. Quelque habitué que l'on pût être aux rodomontades et au langage excentrique de M. Bugeaud, on pouvait contester à ce proconsul le droit de s'exprimer comme il le faisait, et ses harangues devinrent l'objet de vives interpellations adressées au ministère par le représentant Coralli.

« Je demande au ministre des affaires étrangères, dit tout simplement ce membre du côté gauche, s'il a chargé le maréchal, commandant l'armée des Alpes, de déclarer que cette armée ne peut passer les monts, à cause des troubles de l'intérieur ; je lui demande s'il approuve ses paroles.

« Je demande maintenant à M. le ministre de la guerre s'il

veut donner à l'armée des Alpes l'exemple de l'armée autrichienne, et s'il veut administrer avec les canons et les bombardements.

« Je demande enfin à M. le ministre de la justice s'il approuve également la théorie du maréchal Bugeaud sur les circonstances atténuantes. »

Le ministre de la justice répondit d'abord que les paroles reprochées au maréchal Bugeaud n'avaient pas un caractère assez officiel pour attirer l'attention du gouvernement.

« Toutefois, ajouta-t-il, si dans ses conversations publiques il y avait eu des doctrines ou des manifestations contraires à la politique du gouvernement, des explications eussent été demandées à celui qui les aurait professées. Eh bien! je l'avoue, je viens de relire encore ces conversations dont les journaux n'ont pu saisir les termes, et je déclare que dans des conversations pareilles il faut s'attacher surtout au sentiment qui les a inspirées... Le crime du maréchal Bugeaud, le voici : se plaçant dans une hypothèse qui ne se réalisera jamais, Dieu merci, il a dit que si la guerre civile devait armer les citoyens les uns contre les autres, nos armées resteraient inactives à l'extérieur. Quant à moi, je ne blâme pas de telles paroles. »

Les explications embarrassées du ministre de la justice furent loin de satisfaire le côté gauche; aussi le citoyen Emmanuel Arago s'empressa-t-il de faire remarquer de nouveau tout ce que le langage du commandant de l'armée des Alpes avait d'impolitique et de dangereux. « Lorsque ce général affirme que cette armée ne passera pas les Alpes, s'écria ce représentant, ses paroles sont tout un système contre lequel nous devons protester de toutes nos forces; car elles peuvent influer sur notre diplomatie. Il faut, au moment où ces paroles vont retentir dans toute l'Europe, qu'elles soient désavouées par le cabinet; car ce serait renoncer à toute négociation sérieuse. »

Le cabinet ne pouvait pas désavouer les paroles du maréchal

Bugeaud ; car, ainsi que le remarquait un journal républicain, ce chef militaire ne faisait que traduire franchement les haines et la politique du gouvernement; le ministère ne pouvait que blâmer tout bas la forme. Quant au fond, il pensait comme ce général que l'armée des Alpes était devenue l'armée de l'intérieur, destinée à combattre, non pas la réaction, mais la révolution et ses principes; un Windischgraetz valait donc mieux qu'un Marceau et qu'un Hoche.

Ce fut sans doute ce motif qui obligea le ministère à repousser l'ordre du jour motivé à l'occasion de ces harangues inconsidérées : le citoyen Coralli avait proposé un ordre du jour basé sur ce que le gouvernement désavouait les paroles du général Bugeaud ; mais le collègue de ce dernier, le général Bedeau, se mit à vanter le héros de la Tafna jusqu'à l'hyperbole. Un autre général se permit même de dire qu'un représentant n'avait pas le droit de juger les actes d'un chef militaire. Ce fut vainement que le citoyen Saint-Gaudens s'écria : « De pareilles tendances sont mauvaises et dans la forme et dans le fond : elles font croire que la société est en danger, et que l'armée des Alpes sera appelée à agir à l'intérieur. C'est pourquoi j'appuie de toutes mes forces l'ordre du jour motivé, le seul que le ministère doive appuyer. »

Le gouvernement ne pensa pas ainsi, et il donna carte blanche au proconsul de Lyon, en faisant voter l'ordre du jour pur et simple.

Quelques jours après on lisait, dans le *Censeur de Lyon*, une lettre d'un officier français commençant par ces mots :

« Je viens de lire, la rougeur sur le front, un discours dans lequel un maréchal de France ose proposer l'armée autrichienne pour modèle à notre armée,... » et finissant par ceux-ci : « Non, M. Bugeaud, vous ne trouverez pas dans l'armée française des bourreaux comme Windischgraetz et Radetzki; et si vous ordonniez une Saint-Barthélemy, il n'est pas un officier qui ne vous fît une réponse pareille à celle du gouverneur de Bayonne au fils de Catherine de Médicis. »

M. Bugeaud ne fit pas attendre longtemps ses œuvres.

Trouvant sans doute que la garde nationale de Lyon était encore trop républicaine, et qu'elle ne brûlait pas du désir de marcher contre les factieux de Paris, il ne tarda pas à demander son licenciement ; ce que le citoyen Léon Faucher lui accorda, en prenant pour prétexte qu'il existait à Lyon des éléments de guerre civile et sociale.

A l'époque même où le général Bugeaud se disposait à diriger l'armée des Alpes du côté opposé à l'Italie, il se passait dans ce pays des événements de la plus haute gravité. Quoique nous nous réservions d'entrer à ce sujet dans les détails que comporte l'histoire lorsque nous serons arrivé aux chapitres destinés à l'extérieur, nous ne pouvons nous dispenser de dire ici quelques mots sur ces événements, qui se lient d'ailleurs d'eux-mêmes avec ce qui se passa en France, à cette même époque de crise.

Nous raconterons donc en quelques lignes comment l'assemblée nationale romaine, après avoir travaillé quelque temps à l'œuvre d'émancipation qui s'accomplissait dans ce pays, reconnut qu'une lutte était inévitable entre l'Italie et l'Autriche, secondée par le Bourbon de Naples. Voulant se mettre en mesure de résister, les Romains firent un appel aux patriotes de la Romagne ainsi qu'à ceux de la Toscane, qui venait aussi de se constituer en république sous un gouvernement provisoire.

Bientôt la constituante de Rome proclama la souveraineté du peuple, et constitua les Etats du pape en une *république romaine* gouvernée par l'assemblée nationale, et par un comité exécutif composé de trois membres pris dans son sein.

Par cette détermination, le pape perdait son pouvoir temporel ; mais la république nouvelle lui laissait le spirituel. Le chef de l'Eglise devait d'ailleurs être respecté, et il serait pourvu à la splendeur qui doit l'entourer.

Telle fut la grande résolution prise par l'assemblée constituante romaine le 9 février. Si le gouvernement de la France n'eût pas été alors tout à fait réactionnaire, il eût fait proclamer cette nouvelle officiellement. Mais le citoyen Louis-Napoléon Bonaparte et son conseil apprirent avec peine ces grands événements. Il fut même nécessaire que des interpellations pressantes fussent adressées au pouvoir pour qu'il rompît le silence qu'il s'était imposé à cet égard.

Le dilemme posé au gouvernement par l'opposition était celui-ci : « En présence de la déclaration solennelle du 25 mai, la France ne pourrait ni porter les armes, ni laisser attaquer la république romaine sans se parjurer. »

Cependant, comme le bruit courait que le gouvernement du citoyen Louis-Napoléon Bonaparte se disposait à intervenir dans les affaires de Rome pour rétablir le pape dans son pouvoir temporel, l'opposition, par l'organe du citoyen Ledru-Rollin, exigea des explications sur ces bruits qui, « s'ils étaient vrais, dit cet orateur, seraient, à nos yeux, le déshonneur du gouvernement français. »

Le ministre des affaires étrangères, qui était alors ce même Drouyn de Lhuys, rédacteur de la déclaration du 25 mai, répondit que le gouvernement ne voulait pas se rendre solidaire de toutes les émeutes qui pourraient éclater en Europe ; que le pape réunissant deux caractères, et étant comme prince temporel chef d'un petit pays, toutes les puissances catholiques s'étaient émues ; que la France ne pouvait rester indifférente, et qu'elle avait dû s'occuper du résultat d'une question aussi importante.

L'opposition ayant voulu savoir de quel résultat le ministre entendait parler, celui-ci reprit en ces termes : « Tout ce que nous pouvons dire, c'est que la France ne veut pas se mettre à la suite de la propagande romaine ; elle prendra son jour, son moment, et il arrivera un instant où le gouvernement viendra consulter l'assemblée sur les moyens qu'il croira nécessaire de prendre. »

Vainement le citoyen Ledru-Rollin prouva-t-il que la France manquerait à ses promesses, à ses engagements les plus sacrés si elle intervenait contre les libertés du peuple romain ; vainement encore le citoyen Bac essaya-t-il de lier de nouveau l'assemblée par un ordre du jour confirmatif de la déclaration du 25 mai, le gouvernement considéra la question comme vidée, et continua ses dispositions pour l'accomplissement de l'acte le plus impolitique, le plus odieux, le plus antinational que l'esprit de parti pût suggérer.

Déjà les feuilles de la réaction annonçaient avec une joie qu'elles ne pouvaient dissimuler, le refus fait par le gouvernement français de recevoir les envoyés de la république romaine ; les royalistes tiraient de ce fait la conséquence que cette république ne serait pas reconnue. « Ceci, répondaient les journaux républicains, implique une double insulte, un crime contre la révolution de février et contre le peuple souverain. »

Il était évident que la question italienne, et principalement celle qui se rattachait plus directement aux affaires de Rome, du Piémont et de la Toscane, allait devenir brûlante ; aussi les interpellations se succédaient-elles rapidement. Nous devons donc répéter que, si nous sommes forcé de négliger les événements de l'extérieur, nous les exposerons avec tous les développements qu'ils comportent dans les chapitres suivants.

Il nous resterait à parler du procès fait à Bourges, devant la haute cour nationale, aux accusés du 15 mai. Mais comme nous avons déjà mis nos lecteurs à même de savoir ce qui se passa à Paris le jour de l'envahissement de l'assemblée constituante, et que les chapitres VI, VII et VIII du deuxième volume de ce livre ont dit la part qu'y prirent chacun des accusés, nous ne pourrions faire autre chose que de répéter tout ce qui est ressorti de vrai relativement à cette journée néfaste pour la république. Or, cela se trouve rapporté dans le second volume, et nous ne saurions y ajouter sans être obligé d'entrer dans les détails retracés dans les feuilles publiques et les livres spéciaux; il nous faudrait pour cela des volumes lorsqu'il ne nous reste que quelques pages pour arriver au terme que nous nous sommes imposé.

Nous nous bornerons donc à dire qu'à la suite de ces longs débats et des plaidoiries auxquels la haute cour consacra près d'un mois, cette cour, présidée par M. Bérenger, conseiller à la cour de cassation, et auprès de laquelle le citoyen Baroche remplissait les fonctions de procureur général de la république, rendit un arrêt par lequel, statuant conformément à la déclaration du jury, elle mettait hors de cause les citoyens : *Degré, Larger, Borme, Thomas, Villain* et le général *Courtais*. Ces accusés furent rendus à la liberté, et l'acquittement du général qui s'était refusé à faire tirer sur le peuple, fut accueilli avec joie par tous les bons citoyens. Larger, simple ouvrier mécanicien, avait montré durant les débats un sens droit et une loyauté propre à intéresser l'auditoire ; aussi sa mise en liberté fut-elle considérée comme un nouveau triomphe pour le peuple. Quant à Villain, homme d'une grande énergie, le gouvernement aurait bien voulu le tenir ; mais il n'y eut heureusement aucune charge grave, et force fut de le rendre à la liberté.

Ces acquittements ne purent compenser les condamnations qui frappèrent ce jour-là le parti républicain dans quelques-uns de ses plus dignes chefs.

Le noble *Armand Barbès* et son ami *Martin-Albert* furent condamnés à la déportation. Non-seulement ces deux citoyens ne voulurent pas se défendre et récusèrent constamment le tribunal devant lequel on les avait renvoyés, mais encore ils se firent un devoir de conscience de fournir à ce tribunal des motifs de condamnation autres que ceux rassemblés par l'accusation. Barbès se montra admirable de sang-froid et de raison. Tous deux n'avaient manifesté qu'une crainte, celle qu'on ne leur appliquât le bienfait des circonstances atténuantes ; ce qui eût forcé la haute cour à ne pas prononcer la déportation.

Louis-Auguste Blanqui, condamné à dix ans de détention, avait fait oublier à ceux qui ne le considéraient pas comme sans reproches à l'endroit de ses sentiments politiques, les torts qu'on lui imputait. Par une suite non interrompue d'exposés des principes républicains, et toujours maître de lui-même, Blanqui n'avait laissé passer aucune des assertions du procureur général sans les combattre vigoureusement ; et l'on peut dire qu'il soutint mieux que les défenseurs n'auraient pu le faire, le drapeau du socialisme, contre lequel la cause semblait dirigée principalement.

Malheureusement l'une des dernières séances révéla au public le dissentiment qui existait entre le chef du club de la Révolution et Barbès. Ce dernier repoussa, comme un homme convaincu, la main que lui tendait son co-accusé ; et cette scène déplorable vint contrister les démocrates qui y assistaient.

Joseph-Marie Sobrier, homme d'un dévoûment sans bornes comme sans ostentation, avait d'abord refusé de se défendre ; mais, sur les observations de ses amis qu'il se devait à lui-même comme à la dignité de l'histoire de rectifier les nombreuses erreurs renfermées dans l'acte d'accusation, Sobrier consentit, non pas à se défendre, mais à rectifier ces erreurs. Il produisit une grande sensation lorsque racontant comment il s'était cru dans la nécessité de faire son testament pendant que deux des dragons du colonel de Goyon lui tenaient, dans sa prison, leurs pistolets armés incessamment appuyés sur les

tempes, le fondateur de la *Commune de Paris* et du *cercle Rivoli*, dit à ce même colonel, se vantant des ordres qu'il avait donnés à ses dragons. « Je vous pardonne, comme le Christ pardonna à ses bourreaux. »

La réputation du citoyen *Vincent-François Raspail* comme savant et comme publiciste était trop bien établie pour qu'on ne s'attendît pas à lui voir occuper le premier rang au banc de la défense ; mais ce qui étonna beaucoup, ce fut d'apprendre que ce grand citoyen était aussi bon légiste qu'un professeur à l'école de droit. Le chimiste Raspail parut se faire un jeu de lutter, en cette matière, contre le procureur général et ses substituts, auxquels il rappela plus d'une fois les dispositions et les textes de nos codes d'instruction et de procédure. Raspail se défendit avec une grande vigueur de raisonnement : il déploya surtout la plus haute éloquence dans son dernier plaidoyer, et sa condamnation paraissait impossible. Mais, ainsi qu'il l'a dit lui-même, il était de ces hommes que les gouvernements qui tendent vers le despotisme ne lâchent pas quand ils les tiennent. Le citoyen Raspail père, représentant du peuple, fut condamné à six années de détention.

Benjamin Flotte et *Auguste-François Quentin* furent encore condamnés chacun à cinq années de la même peine, et tous solidairement aux frais du procès.

Le lendemain, la haute cour rendit un nouvel arrêt par lequel, reconnaissant coupables les accusés contumaces : *Louis Blanc, Laviron, Seigneuret, Houneau, Chancel* et *Caussidière*, et les considérant comme auteurs ou complices des attentats spécifiés dans les réquisitoires, elle les condamnait tous à la déportation.

On s'attendait que la cour viderait en même temps l'incident qui s'était élevé au sujet de l'accusé Hubert. Un témoin important, l'ex-secrétaire général de la préfecture de police, avait déclaré avoir eu sous les yeux plusieurs rapports constatant qu'Hubert aurait eu des rapports intimes avec les préfets de la monarchie. Cette révélation si grave frappa d'étonnement le public; le parti républicain en fut stupéfait. L'affaire devait donc être éclaircie. Hubert, qui, de sa retraite, avait pu lire cette déposition, s'était élancé dans un chemin de fer, pour répondre lui-même à cette étrange accusation, au risque de tout ce qui pouvait lui arriver, considérant, disait-il, la défense de son honneur comme au-dessus de toutes les considérations humaines.

Au grand désappointement des amateurs de sensations que le procès de Bourges avait rassemblés dans l'ancien château de Jacques Cœur, la haute cour se borna à faire écrouer le prévenu Hubert, et renvoya sa cause à une autre époque.

Le grand procès de Bourges fut loin d'avoir alors le retentissement auquel il avait le droit de prétendre. L'attention publique était trop captivée par ce qui se passait en Italie, en Hongrie et au sein même de l'assemblée nationale de France pour se préoccuper uniquement de condamnations judiciaires, quelle que fût leur importance politique. Pendant vingt-quatre heures cette opinion s'émut de la réapparition de l'échafaud politique, dressé à la place Saint-Jacques, pour faire tomber les têtes des trois condamnés dans l'affaire de l'assassinat du malheureux général Bréa (¹). Aussitôt après on tourna les yeux du

---

(¹) A quelques jours de là, la population de la capitale fut saisie d'étonnement, en voyant sur la place du Palais-de-Justice le pilori relevé, auquel on avait attaché les noms des condamnés contumaces de Bourges : Louis Blanc, Caussidière, Seigneuret, Houneau et Chancel. Les journaux démocratiques exhalèrent leur indignation contre ceux qui, disaient-ils, déshonoraient ainsi la justice et violaient la pudeur de tous les partis pour épuiser la vengeance des lâches. Ces journaux rappelaient que le gouvernement provisoire avait, par son décret du 12 avril, aboli formellement la peine de l'exposition, et cela par des considérations qui lui faisaient le plus grand honneur. « Au surplus, s'écriaient ces journaux en parlant des fleurs que le peuple avait jetées sur ce pilori; nous aimons mieux celui de M. Rebillot, que celui que vous préparera l'histoire. »

côté des Alpes, où de graves événements se passaient, sans que le gouvernement de la république française parût s'en préoccuper.

A l'intérieur, tout était aussi de nature à impressionner vivement les amis de la révolution et des libertés publiques.

La loi contre les clubs, repoussée naguère quand le ministère la demandait d'urgence, était arrivée à son tour; et l'assemblée, se déjugeant encore une fois, l'avait adoptée avec aggravation de mesures préventives contre le droit de réunion des citoyens. Comme à l'ordinaire, les feuilles de la réaction avaient de nouveau inventé la *chronique des alarmes* pour obtenir la suppression des clubs; et ces manœuvres, quoique bien connues, donnèrent au ministère la majorité strictement nécessaire pour accomplir son œuvre liberticide.

Mais la fermeture des clubs ne suffisait pas à ceux qui voulaient recommencer une nouvelle campagne contre la presse. Effrayés des progrès que l'opinion républicaine faisait partout, les *conservateurs* sous la république firent voter, à cette même assemblée qu'ils avaient voulu chasser, une loi portant le rétablissement du cautionnement pour les feuilles politiques. Toutes ces combinaisons réactionnaires furent votées au moment où l'armée piémontaise, trahie par avance par le parti aristocratique de la cour de Turin, venait d'éprouver son Waterloo dans les plaines de Novare, et alors que le gouvernement du citoyen Louis-Bonaparte méditait secrètement le rétablissement de l'autorité temporelle du pape, dans Rome même, par le renversement de la république romaine; monstruosités politiques, qui auraient soulevé la France entière, et même la majorité de l'assemblée, si le gouvernement n'avait procédé par des ruses indignes, auxquelles il n'était pas permis de s'attendre.

Ce fut au milieu de ces complications inouïes que la France se prépara à son second essai du vote universel pour l'élection d'une assemblée nationale législative. Certes, le suffrage universel devait tôt ou tard devenir la panacée universelle destinée à guérir la France des maux que la royauté lui avait inoculés. Mais pour que le peuple, et surtout celui des campagnes encore si arriéré dans ses idées politiques et sociales, pût tirer de cette panacée tout le bien qui était en elle, il eût fallu quelques années d'une bonne éducation démocratique. Dans l'état de choses, on devait craindre que les départements, encore sous l'influence des riches et du clergé, ne fissent de mauvais choix. On comprend dès lors toute l'importance que les républicains attachèrent à préparer les masses pour l'exercice du droit électoral, et à combattre la mauvaise direction que les contre-révolutionnaires travaillaient à imprimer aux populations des localités arriérées.

Tandis que le cercle contre-révolutionnaire de la rue de Poitiers dressait ses listes, sous le patronage du gouvernement, et qu'il publiait son manifeste politique, auquel il ne manquait que la franchise d'avouer son but caché, le comité démocratique et socialiste faisait réimprimer la déclaration que la montagne avait publiée quelques jours avant, déclaration par laquelle les représentants de l'extrême gauche disaient aux citoyens :

« Au moment où le peuple va déléguer encore sa souveraineté, nommer ses représentants à l'assemblée législative, nous qui avons eu l'honneur d'être ses représentants à l'assemblée constituante, nous qui avons vu de près les hommes et les événements, nous lui devons, sinon de le diriger, du moins de l'éclairer, autant que possible, dans les choix qu'il va faire pour la seconde fois.

« Nous ne formerons point de comité électoral : nous ne voulons pas envoyer de listes, imposer des noms; mais nous regardons comme un devoir de conscience et de parti, comme un devoir sacré, indispensable au salut de la république, de rappeler, avec l'expérience et l'autorité des faits, les principes qui nous ont servi de règle dans le passé, et qui doivent servir d'épreuve pour l'avenir.....

« Voilà ce que nous voulons, concluait la montagne après avoir exposé ses principes dans un programme complet; voilà ce que le peuple peut avoir, s'il le veut, avec le suffrage universel qu'il a déjà, et sans fusils, sans émeutes, sans secousses, en se barricadant dans la loi, en s'armant de son vote, par la seule force du nombre et de l'union. Il peut, s'il le veut, tirer de l'urne, pacifiquement et progressivement, toutes ces conséquences des trois grands principes de la révolution, c'est-à-dire le gouvernement de tous par tous et pour tous, la république une et indivisible, démocratique et sociale. »

Bientôt ce même comité démocratique-socialiste qui fonctionnait en dehors de la montagne pour les élections, éprouva les plus grands obstacles à ses réunions : la police voulut intervenir et intervint en effet par l'immixtion forcée d'un commissaire dans le local du comité. Celui-ci déclara les réunions suspendues, en présence de cette violation de la constitution par les agents de M. Léon Faucher; mais il se borna à protester. Il déclara que le droit de réunion électorale étant la condition d'existence du suffrage universel, et le suffrage universel étant l'exercice de la souveraineté du peuple, qui frappait l'un, frappait l'autre. « Surveiller et réprimer le souverain, s'écriait le comité, c'est dénaturer le suffrage universel, c'est fermer la bouche au peuple. »

Repoussant donc un droit mutilé, lorsqu'ils voyaient les royalistes conspirer ouvertement sous l'œil des commissaires de police, les membres du comité agirent avec la plus grande modération, car les circonstances étaient des plus difficiles. La police, ayant sans doute intérêt à amener une collision, se conduisait avec une brutalité sans exemple. Trois représentants s'étant trouvés exposés aux violences des agents de M. Carlier, venaient de saisir l'assemblée de leurs griefs contre ces agents. D'un autre côté, trois autres représentants, parmi lesquels se trouvait le citoyen Ledru-Rollin, avaient failli être assassinés dans un guet-apens qui leur avait été tendu par quelques gardes nationaux de Moulins. Tout cela paraissait grave aux démocrates ; mais ils ne cessaient de recommander au peuple la plus grande modération.

Comment rester calme, quand on apprenait à la fois et les nouvelles les plus irritantes de l'extérieur, et les troubles graves qui éclataient à Paris même, sous les yeux du gouvernement, dans plusieurs corps de l'armée ; troubles qui, par leur nature, devaient alarmer et irriter le gouvernement !

Pendant qu'on se préparait aux élections générales, on connut, en France, les premiers pas de l'expédition que le gouvernement de M. Louis Bonaparte venait de diriger à la hâte contre la république romaine. Le chef du corps expéditionnaire, le général Oudinot, dont le nom rappelait un grand dévoûment à la dynastie de la branche aînée, venait de violer le territoire romain, en s'emparant de force du port et de la ville de Civitta-Vecchia. Ce général avait déclaré au ministre des affaires étrangères Rusconi, qu'il n'était point venu à Rome pour renverser les institutions et les libertés des Romains, mais bien pour aider à les conserver.

Cependant, le général français ayant répondu à la question qui lui fut faite qu'il avait ordre de marcher sur Rome, la population de cette grande ville courut aux armes ; des barricades furent élevées à toutes les portes, et l'on se disposa à repousser la force par la force.

Bientôt le bruit se répandit à Paris que les Français, repoussés des murs de la ville éternelle, avaient été forcés de battre en retraite. L'émotion fut grande, non-seulement parmi le peuple, mais encore au sein de l'assemblée nationale.

« On avait dit que l'on n'allait en Italie que pour empêcher les empiétements de l'Autriche; voilà ce qu'on nous promettait le 17 avril, s'écriait le citoyen Jules Favre, en interpellant le ministère : j'en appelle à tous les membres de la commission ; n'était-il pas convenu que la France n'interviendrait en Italie que pour empêcher l'effusion du sang? Eh bien ! le sang a coulé. Et pour qui a coulé le sang de notre brave armée, de nos braves soldats, de nos officiers? C'est pour l'absolutisme. Vous avez fait verser le sang français et le sang italien par impéritie ou par trahison !

L'indignation de l'assemblée était grande ; elle redoubla encore lorsque l'orateur parla des revers que l'expédition avait essuyés, des six cents soldats français restés sur le champ de bataille, et d'un corps entier fait prisonnier.

« Nous devons savoir les faits dans toute leur vérité, reprit le citoyen Jules Favre. Quant à moi, il me paraît important que l'assemblée nomme, séance tenante, une commission chargée de vérifier les instructions données aux généraux et de faire un rapport sur l'heure. Il faut que l'assemblée ne se fie plus qu'à elle-même. Prenez donc un parti sérieux et prompt ; mais prenez-le vous-mêmes ; ne l'attendez pas de ceux qui trahissent la cause de la liberté. »

— « Le gouvernement, répondit le ministre des affaires étrangères, le citoyen Drouyn de Lhuys, couvre le général Oudinot de la responsabilité ; il jugera ses actes lorsqu'il les connaîtra, car il n'a reçu jusqu'à présent que la dépêche dont il a donné connaissance. Quant à la proposition de M. Jules Favre, loin de la repousser, le gouvernement la désire ; il a la conviction que tout homme impartial trouvera une parfaite concordance entre les votes de l'assemblée et les instructions qu'il a données. »

— « Ce que j'ai voulu dire, et ce à quoi on n'a pas répondu, répliqua Jules Favre, qui ne se sentait pas satisfait par le langage énigmatique du citoyen Drouyn, ni par les mots emphatiques du citoyen Odilon Barrot, c'est que la politique du gouvernement a fait couler le sang français et le sang italien.... Il y a une chose incontestable, ou M. le général Oudinot a exécuté les ordres qui lui ont été donnés, ou M. le général Oudinot a outre-passé les ordres qu'il avait reçus. C'est là ce qu'il faut approfondir. Mais ce que je regrette, c'est que MM. les ministres, après avoir vanté leur passé, n'aient pas parlé de leur politique à venir, qu'ils n'aient pas dit s'ils persisteront dans la politique qu'ils ont suivie et qui porte déjà ses fruits. »

L'assemblée ayant décidé qu'une commission serait nommée sur-le-champ pour faire un rapport sur les instructions données au général Oudinot, cette commission se retira immédiatement dans les bureaux, et une séance de nuit fut indiquée pour entendre ce rapport.

A la reprise, le citoyen Sénard se présenta comme rapporteur. Se reportant aux déclarations faites par le gouvernement lorsqu'il demandait les douze cent mille francs nécessaires aux frais de l'expédition :

« Nous devions occuper Civitta-Vecchia, malgré toutes les résistances, dit-il ; mais une fois là, nous devions attendre les événements et ne marcher sur Rome que pour la préserver des excès d'une contre-révolution considérée comme imminente ; enfin nous devions nous présenter à Rome comme protecteurs et comme amis. Cependant l'expédition a opéré son débarquement, et sans contre-révolution, notre armée a marché sur Rome. La majorité de votre commission, en comptant les faits et les dépêches, a jugé que les instructions n'étaient pas conformes à la pensée qu'on avait exprimée à la tribune. La république romaine n'a été ni défendue, ni protégée, elle a été attaquée. »

En conséquence de ces faits, la commission proposait la résolution suivante :

« L'assemblée nationale invite le gouvernement à prendre les

« mesures les plus promptes pour que l'expédition ne soit pas
« écartée plus longtemps du but qui lui a été assigné. »

C'était un blâme sévère; c'était plus qu'un blâme, c'était l'ordre de changer de politique. Le ministère le sentit : aussi ses membres les plus habitués à détourner les questions s'empressèrent-ils de conjurer l'orage. Le ministre des affaires étrangères crut pouvoir noyer la délibération dans la lecture de sa correspondance avec le général en chef. Mais à chaque mot que lisait ce nouveau Delessart, il était interrompu par les manifestations les moins équivoques : les qualifications de traître, de lâche, d'indigne, d'infâme ne lui furent pas épargnées. Toutefois, il termina par affirmer que les armes de la république avaient été dirigées dans un but conforme au vote de l'assemblée.

« Que voulez-vous ? s'écria-t-il en désespoir de cause ; que notre armée se retire dans les murs de Civitta-Vecchia? Eh bien ! non. »

— « Ce serait l'absurdité après la honte, lui répond le côté gauche. »

— « Nous ne voulons pas dicter au gouvernement une résolution, reprit le citoyen Sénard. Quand il est possible que l'armée française soit à Rome, nous ne pouvons pas formuler le vœu qu'elle en sorte. Mais la commission veut que le gouvernement rentre dans les résolutions prises par l'assemblée. Nous ne voulons pas que la république romaine soit attaquée directement : elle ne doit être ni défendue, ni attaquée. Voilà la questione. Le général a violé la constitution, en outre-passant les ordres de l'assemblée ; mais il n'a fait que vous obéir ; c'est donc à vous que nous devons nous en prendre. Nous vous proposons donc une formule qui ramène le gouvernement à la volonté de l'assemblée, en lui laissant toute latitude pour agir. »

Comme dans toutes les circonstances semblables, les amis

des ministres essayèrent encore de faire adopter d'autres conclusions ou des amendements ; mais la majorité se montra jalouse de l'honneur de la république ; la proposition de la commission fut enfin votée, à une heure du matin, par trois cent vingt-huit voix contre deux cent quarante-une. Cette décision, accueillie aux cris de : *Vive la république !* produisit une grande émotion parmi les citoyens qui l'avaient attendue.

« Dans une question de cet ordre, s'écriait le journal la *Réforme*, il y lieu de formuler un acte d'accusation contre M. Louis Bonaparte et son ministère, coupables d'attentat contre la sûreté extérieure de la république et d'avoir violé la constitution. C'est la seule conclusion logique de la discussion qui a eu lieu hier à l'assemblée ; et nous devons féliciter l'opposition nationale d'avoir eu le courage de formuler aujourd'hui cette proposition de haute justice contre des traîtres. »

Il nous reste à dire pourquoi, dans la séance suivante, l'opposition demanda la mise en accusation du président de la république et de son conseil ; c'est qu'on avait appris qu'au sortir de la séance où la majorité avait voté la résolution proposée par la commission, le cabinet s'était réuni à l'Élysée, et qu'il avait été décidé dans ce conseil que le général Oudinot ne serait pas désavoué, et qu'on persévérerait dans la politique adoptée, en lui envoyant de nouvelles forces.

En effet, les journaux du gouvernement publièrent, le lendemain, en l'accompagnant de longues injures contre l'assemblée, la lettre suivante que le président de la république adressait au général Oudinot :

« Mon cher général, la nouvelle télégraphique qui annonce
« la résistance imprévue que vous avez rencontrée sous les
« murs de Rome m'a vivement peiné. J'espérais, vous le sa-
« vez, que les habitants de Rome, ouvrant les yeux à l'évi-
« dence, recevraient avec empressement une armée qui venait
« accomplir chez eux une mission bienveillante et désintéres-

« sée. Il en a été autrement : nos soldats ont été reçus en
« ennemis ; notre honneur militaire est engagé, je ne souffri-
« rai pas qu'il reçoive aucune atteinte. Les renforts ne vous
« manqueront pas. Dites à vos soldats que j'apprécie leur bra-
« voure, que je partage leurs peines et qu'ils pourront tou-
« jours compter sur mon appui et sur ma reconnaissance. »

— « Est-ce assez d'effronterie ? » s'écriait un journal républicain en reproduisant cette lettre..... »

A l'époque où nous sommes arrivés, époque d'irritation extrême entre les partis, chaque jour amenait un événement nouveau, portant en lui-même les germes d'une guerre civile.

Mais l'affaire qui dominait par-dessus tous les mécontentements, était sans contredit, après l'expédition contre Rome, le renouvellement de l'assemblée nationale.

Le parti national, la montagne, les comités et les feuilles démocratiques faisaient bien tout ce qui dépendait d'eux pour éclairer les citoyens sur les choix propres à affermir la république ; ils avaient bien réussi à rallier à la révolution de février les populations des grandes villes, partout plus éclairées que les campagnes ; ils avaient également fait des miracles à l'égard de l'armée qui, brisant tout à coup les entraves de toutes sortes apportées par les chefs à la libre manifestation de l'opinion des soldats, venait de montrer qu'elle était plus républicaine qu'on ne l'avait cru jusqu'alors.

Mais comment lutter contre les moyens immenses dont disposait le gouvernement? L'administration tout entière, la magistrature, les financiers, les chefs militaires se montraient généralement réactionnaires et se servaient de leur influence locale pour faire repousser les candidats de la démocratie.

Le gouvernement, qui, par pudeur, aurait dû être neutre, se mit à suivre les détestables errements empruntés aux ministres de Charles X et de Louis-Philippe, et le ministre de l'intérieur Léon Faucher, se signalait par un zèle aveugle propre à lui faire croire que le succès justifierait les moyens.

S'emparant du vote du 9 mai, qui, à une majorité d'une trentaine de voix, repoussa la proposition tendant à déclarer que le ministère avait perdu la confiance du pays, le ministre de l'intérieur crut pouvoir se permettre d'envoyer à toutes les administrations départementales une dépêche télégraphique non-seulement propre à influer sur les élections, mais encore de nature à calomnier officiellement l'opposition tout entière.

« Ce vote, disait le ministre dans cette dépêche impudente, consolide la paix publique : *Les agitateurs n'attendaient qu'un vote de l'assemblée hostile au ministère pour courir aux barricades, et pour renouveler les journées de juin.* »

Comme on le pense, la montagne s'empressa de réclamer avec énergie contre cet emploi de la calomnie par voie télégraphique. Plusieurs orateurs s'empressèrent d'interpeller le ministre sur le sens qu'il avait donné à sa dépêche.

Le représentant Milliard lui demanda dans quel but il avait employé le télégraphe pour injurier une partie de l'assemblée. « C'est une nouvelle manœuvre à ajouter à tant d'autres, dit ce député. Que signifie, pour le ministère, cette phrase où il est question de barricades? Est-ce que dans son esprit, il nous aurait associés à ces agitateurs dont il parle? »

La divulgation de cette audacieuse dépêche devait soulever une tempête. Le tumulte empêcha même le citoyen Milliard de continuer, et fournit l'occasion au ministre de l'intérieur de se précipiter à la tribune pour dire que ce n'était pas la première fois qu'on aurait voulu *rassurer les départements,* en leur envoyant des nouvelles par le télégraphe. Il prétendit que ce devoir était plus impérieux que jamais, attendu que les démocrates employaient les manœuvres les plus indignes pour jeter la terreur dans la France. »

— « C'est vous ! c'est vous ! lui crie le côté gauche.

— « Et les noms des votants dont vous avez fait suivre

votre dépêche, lui répond encore le citoyen Milliard, n'ont-ils pas été inscrits pour influencer les élections? »

Et ce même représentant proposait le renvoi dans les bureaux de la fameuse dépêche ministérielle, afin de nommer une commission chargée de présenter une résolution à l'assemblée.

— « Voici une confidence que j'ai reçue, en même temps que chacun de vous, non par le télégraphe, mais par les journaux, ajouta aussitôt le représentant Lagrange. C'est celle-ci, que je dénonce à votre conscience, comme étant signée *Léon Faucher;* c'est celle qui déclare privés, deshérités, misérablement dépouillés de leur droit électoral les citoyens appartenant à la garde mobile. »

Lagrange lut alors une autre dépêche télégraphique adressée aux chefs militaires dans les départements, dépêche qui se terminait par cette phrase :

« En ce qui concerne les gardes mobiles, leur absence du département de la Seine ne permet pas qu'ils usent de leurs droits électoraux. »

— « Est-ce clair? » s'écriait l'orateur démocrate. Et Lagrange démontrait clairement que rien n'eût été plus facile que de faire voter la garde mobile.

« Non-seulement, ajoutait-il, vous avez violenté, faussé le suffrage universel dans l'armée, mais vous l'avez fait sciemment, méchamment, et je vous défie de trouver une excuse, l'excuse la plus futile, la plus frivole, pour ce qui concerne la garde mobile.

« Vous avez écrit dans les départements que sans le vote qui a eu lieu l'autre jour, nous allions mettre le feu à Paris et renouveler juin... Qui donc, depuis le 29 janvier, depuis même le premier jour de votre à jamais déplorable entrée aux affaires, qui donc a tenté, et tenté vainement, Dieu merci, d'appeler sur Paris les torches de la guerre civile? C'est vous, vous seuls, entendez-vous? »

— « Oui, s'écrie tout le côté gauche ; vous êtes des incendiaires ! »

— « Au nom de la morale publique, reprend le citoyen Clément Thomas ; au nom de la dignité de cette assemblée, je demande un blâme énergique contre le ministère. »

Ce blâme se trouvait formulé dans l'ordre du jour proposé par le citoyen Milliard, et dont le président donna alors lecture.

« Je crois que nous n'avons pas repoussé, sous le dernier régime, les scandales électoraux pour les voir renaître aujourd'hui, dit alors le citoyen Larochejaquelin ; je croirais donc manquer à mes devoirs d'honnête homme, de bon citoyen et de patriote, si je ne m'associais pas au blâme énergique qu'une pareille conduite réclame. »

Vainement les ministres Léon Faucher et Odilon Barrot cherchèrent-ils à conjurer l'orage ; vainement encore le général Baraguay-d'Hilliers proposa-t-il un ordre du jour pur et simple, fondé sur ce que l'ordre du jour motivé aurait pour résultat d'entacher l'assemblée législative d'illégalité ; l'ordre du jour motivé présenté par Milliard fut mis aux voix par priorité. Il était ainsi conçu :

« Vu la dépêche télégraphique du 12 mai, adressée aux dé-
« partements par M. le ministre de l'intérieur ;

« Attendu que, par le rapprochement du nom des votants de
« ces mots : « Les agitateurs n'attendaient qu'un vote défa-
« vorable au ministère pour renouveler les scènes de juin, »
« M. le ministre a voulu influencer les élections ;

« L'assemblée nationale, blâmant énergiquement cette
« manœuvre coupable, passe à l'ordre du jour. »

Il était évident pour tout le monde que l'adoption de cet ordre du jour ainsi motivé, serait le signal de la retraite de quelques-uns des ministres, et principalement de celui de l'intérieur ; aussi ne fut-on pas peu étonné de le voir adopté non-seulement par une forte majorité, mais encore par la presque unanimité. Sur 524 votants, 519 voix se prononcèrent pour le blâme énergique, et 5 voix seulement votèrent contre.

« J'invite M. le ministre de l'intérieur, dit alors le représentant Flocon, à envoyer cette nouvelle dans les départements par le télégraphe. » Et la séance fut levée dans la conviction que l'homme regardé comme le mauvais génie de la France républicaine allait tomber au milieu des applaudissements de toute la démocratie.

« Au moment du scrutin, disait à ce sujet un journal républicain, M. Faucher a été tellement délaissé par ceux qui naguère mendiaient ses sourires, qu'aucun d'eux n'a eu assez de dignité pour aller lui serrer la main. Il est sorti seul, avec son portefeuille, et il a reçu le dernier outrage, le coup de pied de M. Taschereau ! »

Le lendemain, on lisait dans le *Moniteur* une sorte d'article officiel de la nécrologie des hommes d'Etat, article conçu avec le plus grand laconisme :

« Hier, à l'issue de la séance de l'assemblée nationale, disait-on, M. Léon Faucher, ministre de l'intérieur, a déposé sa démission entre les mains du président de la république. »

M. Léon Faucher, à l'instar des rois menacés par la colère des peuples, croyait qu'il suffisait d'abdiquer pour recevoir l'absolution de tous ses méfaits politiques. L'opposition du côté gauche ne pensa pas que cette démission suffît : elle formula et présenta à l'assemblée la demande de mise en accusation de cet ex-ministre réactionnaire; demande qui eut le sort de tant d'autres de même nature.

Cependant les élections générales s'étaient faites partout avec le plus grand ordre, et ce troisième essai du suffrage universel présageait avec quel calme le peuple remplirait ses droits électoraux, lorsqu'il serait plus habitué à s'en servir. En général les élections des grandes villes, des grands centres de population, avaient porté à la représentation nationale les hommes les plus connus pour leurs principes républicains. Les élections de Paris surtout s'étaient faites dans un sens tellement démocratique que le gouvernement s'en était effrayé. La bourse, ce thermomètre de l'opinion anti-patriotique, s'était émue de ce résultat comme d'une calamité ; les fonds publics avaient baissé, et l'on eût assisté à une nouvelle panique, si le télégraphe n'avait appris en même temps aux agioteurs que bien des départements venaient de voter conformément aux injonctions ministérielles.

Toutefois, des fautes graves avaient été commises, comme toujours, par le comité démocratique central dans la désignation des candidats républicains. Pour la troisième fois, ce comité s'était obstiné à placer sur sa liste, à côté des noms bien connus de la population, tels que Ledru-Rollin, Félix Pyat, Lagrange, Bac, Lamennais, Considerant et Pierre Leroux, d'autres noms indiquant sans doute de bons citoyens, mais pas assez connus par leurs œuvres pour inspirer la même confiance au peuple. Cette obstination à replacer sur la liste générale du département de la Seine des noms qui n'avaient pu sortir de l'urne aux autres époques, fut cause que cette même démocratie, après avoir donné 130,000 voix au chef Ledru-Rollin, se divisa sur bien d'autres noms, qui dès lors n'arrivèrent qu'après avoir laissé passer plus d'un élu de la nuance *girondine* et même ministérielle. Ce fut ainsi que les républicains *rouges*, comme on les qualifiait, ne furent en réalité qu'au nombre de *dix* sur *vingt-huit* députés élus, et que ces derniers dix-huit représentants obtinrent la majorité sur les autres candidats républicains, quoiqu'ils n'eussent eu pour eux que 107 à 120,000 voix, lorsque la démocratie compacte avait donné 130,000 bulletins non équivoques à Ledru-Rollin.

Le succès dont se félicitait le plus, et avec raison, le comité démocratique et socialiste, ce fut l'élection, à une grande ma-

Rattier

jorité, des deux sous-officiers de l'armée, Boichot et Rattier, portés sur les listes du département de la Seine. C'était en effet une politique habile et propre à intéresser toute l'armée, que celle d'opposer au maréchal Bugeaud et autres chefs militaires portés sur la liste des conservateurs réactionnaires sortie de la rue de Poitiers, ces deux obscurs sous-officiers, connus seulement pour leurs courageuses opinions républicaines. L'effet de ces deux élections fut immense sur l'armée.

« L'armée, s'écriait avec joie l'organe de la démocratie, le journal la *Réforme*, dans un article où était apprécié judicieusement le résultat matériel et moral des élections générales ; l'armée a adopté partout la liste de la démocratie ; elle a voté *rouge*, comme disent les royalistes. Cependant l'armée avait voté, au 10 décembre, contre le général Cavaignac et pour M. Louis Bonaparte. Est-ce à dire qu'elle a changé de but, d'opinion, de désir ? Nullement ; elle a seulement porté ses espérances ailleurs. Aujourd'hui, comme au 10 décembre, l'armée veut une politique nationale et républicaine, honorable au dehors, humaine et éclairée au dedans... Le vote de l'armée a été un 24 février militaire : bien aveugle qui ne le voit pas.

« Paris a suivi la même inspiration que l'armée. Les vexations, les abus de pouvoir, les tracasseries de toutes sortes ont enlevé un nombre considérable de voix à la démocratie. L'*habileté* de M. Faucher, bien secondé par ses agents inférieurs, aura servi peut-être à nous enlever quelques noms ; mais ceci n'altère en rien le caractère de l'élection de Paris.

« Dans les départements, les résultats matériels seront moins favorables. Toutefois, il en est quelques-uns dont les votes concorderont avec ceux de Paris.

« A quel prix d'ailleurs le gouvernement de M. Bonaparte aura-t-il obtenu l'élection des candidats royalistes ? Que de moyens plus ou moins avouables, sans parler de cette fameuse dépêche qui, au dire des amis de M. Faucher, aurait décidé l'élection de 150 royalistes? Remarquons en passant que presque partout les républicains démocrates n'ont fait aucune alliance, aucune concession : ils se sont en quelque sorte isolés.

« Et quelle différence entre les moyens d'action !

« D'une part, le gouvernement avec ses trois cent mille fonctionnaires, la terreur de ses destitutions, l'espoir des faveurs, les mensonges du télégraphe. Au-dessus des ministres, le comité de la rue de Poitiers, dirigé par MM. Molé et Thiers, l'inventeur en quelque sorte de la corruption électorale, une souscription abondante alimentée par des capitalistes, banquiers et propriétaires les plus riches de France..... Qu'on se figure cette immense propagande, sonnant le tocsin des intérêts, et appelant sur les républicains la colère et la haine de ceux qui auraient pu sympathiser avec eux! qu'on se figure cette ligue organisée et dans laquelle le clergé a eu encore une fois l'imprudence de faire intervenir la religion! qu'on songe à l'isolement dans lequel vivent la plupart des habitants de la campagne, à la difficulté de faire pénétrer la vérité jusqu'à eux, lorsque les sources officielles sont empoisonnées; et en réfléchissant à toutes ces causes réunies luttant contre le progrès, on sera étonné de trouver encore si grand le nombre des élus républicains..... »

En effet, telles qu'elles étaient, les élections générales du mois de mai 1849, avaient donné une force nouvelle au mouvement d'opinion qui, depuis deux mois, se manifestait partout, et rendait à la démocratie les espérances que tant de malheurs semblaient lui avoir ravies pour longtemps. Depuis deux mois, l'opinion publique de Paris et des grandes villes se tournait contre le gouvernement réactionnaire du président Louis Bonaparte. Jusque-là, il avait cru pouvoir compter sur l'armée; et cette armée si nationale, lorsqu'elle n'obéissait qu'à ses propres instincts, venait de lui apprendre qu'elle était

toute républicaine, toute dévouée à la cause de la révolution de février ! C'était là une situation pleine de périls, une situation délicate, que les événements de l'extérieur tendaient à rendre de plus en plus grave et compliquée.

Qu'allait-il résulter de cette situation embarrassante où se trouvait le gouvernement de M. Louis Bonaparte ? Personne ne pouvait le prévoir ; mais il était permis aux démocrates d'espérer une prompte et heureuse solution. Les masses populaires prévoyaient déjà une grande commotion pour le jour où l'on apprendrait la chute de Rome, chute inévitable, malgré l'héroïsme de la population et l'intrépidité que déployaient les frères d'armes de Garibaldi ; le peuple se rappelait que Louis-Philippe et ses ministres avaient eu peur en voyant la tempête soulevée par l'indignation publique lorsque la nouvelle de la chute de Varsovie était arrivée à Paris. L'anxiété était encore plus grande en France sur le sort de la république romaine ; le gouvernement s'était fait bien des ennemis à ce sujet, et la mesure de ses actes contre-révolutionnaires était comble. Or, dans un pareil état de choses, les démocrates, s'enveloppant dans la constitution, se sentaient plus forts que jamais ; les ouvriers, les hommes d'action se montraient prêts à seconder la montagne, si elle leur eût donné le signal de soutenir la constitution comme on l'avait fait en juillet 1830 ; ils se flattaient de voir l'armée rester neutre comme en février 1848, et peut-être se prononcer en faveur de la constitution et de la liberté, auxquelles elle paraissait fort attachée.

D'un autre côté, ce qui se passait en Hongrie pouvait faire croire que la cause de la révolution n'était pas encore perdue en Europe, malgré les fautes du gouvernement français. Les révolutionnaires voyaient avec joie que les efforts héroïques des Hongrois, les talents de Kossuth, l'intrépidité de Bem, de Dembinski et des autres généraux combattant sur les bords du Danube, pour l'affranchissement d'un grand peuple, étaient couronnés de succès propres à faire concevoir les plus hautes espérances. Sur la mer de l'Adriatique, Venise s'immortalisait par sa défense désespérée, et l'on assurait même que les Hongrois s'avançaient vers Fiume et Trieste pour aller délivrer ces républicains que Manin encourageait, et à qui Pepe donnait l'exemple d'une résistance mortelle pour les armes autrichiennes.

Ces nouvelles certaines, ces bruits vagues répandus parmi le peuple de Paris, toujours si impressionnable, mettaient en ébullition toutes les têtes, et le langage de certaines feuilles publiques pouvait faire craindre à ceux qui ne voulaient pas s'engager légèrement, que la montagne ne se vît débordée, entraînée intempestivement et sans réflexion.

C'est, malheureusement, ce qui arriva le 13 juin. Pour avoir laissé faire une manifestation incomplète et précipitée, manifestation que la police et les chefs militaires guettaient nuit et jour, et contre laquelle leurs mesures étaient prises, la démocratie a perdu tout le bénéfice qu'elle avait le droit d'attendre de sa position et des circonstances favorables qui s'étaient déroulées depuis peu, au fur et à mesure que le gouvernement multipliait ses erreurs et ses fautes.

Cette funeste manifestation du 13 juin, qu'on aurait pu dire un piége tendu par la police à la démocratie, qui s'y serait précipitée en aveugle; cette *inoffensive* levée de boucliers faite en présence des corps militaires armés jusqu'aux dents que l'on tenait prêts pour éventrer la pacifique colonne; cette inqualifiable pensée de vouloir porter à l'assemblée nationale les griefs de la France contre les violateurs du pacte fondamental, le jour même où l'assemblée ne devait pas siéger; cette démonstration partielle enfin, faite contre toutes les forces réunies que commandait le dictateur militaire de Paris, eurent pour la révolution, ses principes et ses hommes, les résultats les plus déplorables que l'on se puisse imaginer. Ceux qui ont préparé cette

Garibaldi

imprudente tentative, et ceux qui l'ont exécutée, par un excès d'ardeur patriotique, doivent aujourd'hui en éprouver de mortels regrets. En vain opposent-ils leur bonne foi ; en vain répètent-ils que cette manifestation pacifique n'était que l'exercice d'un droit. Depuis quand étaient-ils autorisés à croire que le pouvoir s'inclinerait devant ce droit, lui qui avait privé le peuple des plus précieuses et des moins contestables de ses libertés? Quoi! vous saviez que les réactionnaires, soutenus par le gouvernement, cherchaient depuis longtemps l'occasion ou le prétexte de frapper les derniers coups sur ces libertés publiques et sur les plus redoutables parmi les démocrates qui les défendaient encore ; vous lisiez tous les jours dans les feuilles contre-révolutionnaires les projets très-peu voilés que nourrissaient les royalistes contre la république et les républicains, et vous allez vous-même au-devant de ces projets, lorsqu'en restant retranchés dans la constitution vous deveniez les maîtres de choisir votre heure pour punir les violations du pacte fondamental ! C'est donc un vertige qui vous a poussés à tout précipiter pour cette à jamais déplorable manifestation du 13 juin.

Bientôt nous pourrons entrer dans tous les détails que comporte cette triste journée; bientôt nous pourrons en dérouler les conséquences désastreuses pour la cause de la démocratie, pour celle des peuples et de l'humanité. Nous devons nous borner ici à présenter le résumé des désastres qu'elle accumula tout à coup sur cette cause sainte et impérissable, mais dont le triomphe pourrait être ajourné indéfiniment par une série de fautes semblables à cette intempestive levée de boucliers. Ces désastres pour les républicains furent :

La dictature contre-révolutionnaire promenant ses fureurs sur nos villes et nos campagnes ;

Le règne du sabre substitué au règne des lois ;

La justice des conseils de guerre remplaçant le jury ;

La représentation nationale décimée par les passions contre-révolutionnaires ;

Les plus nobles, les plus généreux, les plus éloquents parmi les défenseurs de l'humanité jetés dans les prisons, dans les nouvelles Bastilles, ou forcés de s'expatrier, de se déporter eux-mêmes afin de ne point cesser de veiller sur la cause de la liberté ;

Tout ce qui restait encore des droits politiques conquis par le peuple français en février 1848, séquestré de nouveau au profit de la contre-révolution ;

L'espérance ravie pour toujours du cœur des patriotes italiens, vénitiens et romains; la trahison et le découragement changeant en défaites les victoires des Hongrois;

Les rois trompant encore une fois leurs peuples et faisant peser sur eux désormais impunément la tyrannie et la vengeance ;

Le parti de l'avenir désorganisé pour longtemps et réduit à déplorer les fautes qu'il a laissé commettre ou qu'il a lui-même commises ;

Enfin, le suffrage universel, cette ancre de salut des peuples, confisqué au profit des aristocraties de toutes les nuances.

Prochainement, nous espérons revenir encore sur cette fatale journée du 13 juin ; nous comptons reprendre la plume pour continuer l'*Histoire de la Révolution de* 1848 sur la même échelle. Aujourd'hui, en présence de la catastrophe que nous venons de résumer, nous sentons le besoin de nous remettre de l'émotion poignante qui nous force de nous arrêter.

TABLEAU

DES

REPRÉSENTANTS DU PEUPLE

ENVOYÉS A L'ASSEMBLÉE LÉGISLATIVE DE 1849, PAR TOUS LES DÉPARTEMENTS DE LA FRANCE ET L'ALGÉRIE.

Ce tableau est conforme aux élections générales du 13 mai 1849.

AIN.

MM. Francisque Bouvet. — Bochard. — Edgard Quinet. — Roselli-Mottet (de Bellay). — Alphonse Baudin. — Aristide Bouvet. — Gastier. — Maissiat.

AISNE.

MM. Odilon-Barrot. — Bauchard. — Bussières. — De Cambacérès. — De Brotonne. — Fouquier d'Hérouel. — Godelle. — Hébert. — Ladevèze. — Le général Lauriston; Lherbette. — Paillet.

ALLIER.

MM. Félix Mathé. — Fargin-Fayolle. — Madet. — Terrier. — Ledru-Rollin. — Sartin. — Rantian.

ALPES (BASSES-)

MM. le général Laidet. — Melchior Ivan. — Hippolyte Fortoul.

ALPES (HAUTES-).

MM. Faure. — Chais. — Allier.

ARDÈCHE.

MM. Laurent. — Combréo. — Glaizal. — Chabert. — Vasseur. — Pierre Bonaparte. — Vacheresse. — Champanhet.

ARDENNES.

MM. Terneaux. — Talon. — Evain. — Riché. — Payer. — Ch. Cunin. — Toupet-Desvignes.

ARIÉGE.

MM. Anglade. — Arnaud. — Pilhès. — Pons Tande. — Roucix. — Vignes.

AUBE.

MM. Blavoyer. — Casimir Perrier. — Le général Husson. — Gabriel de Vandeuvre. — De Plancy.

AVEYRON.

MM. Rodat. — Vesin. — Dalbis du Salze. — Vernhette. — De Balzac. — L'abbé Combes. — Denayrausse. — Pradié.

BOUCHES-DU-RHÔNE.

MM. Louis Reybaud. — Berryer. — Barthélemy-Sauvaire. — Changarnier. — De Laboulie. — Poujoulat. — Merentié. — Fournier. — Frédéric Pascal.

CALVADOS.

MM. Paulmier.. — Thomine Desmazures. — Cordier. — Bocher. — Douesnel Duboscq. — D'Houdetot. — Rocherullé de Chaulieu. — Rioult de Neuville. — De Caulaincourt.

CANTAL.

MM. Parieu. — Murat-Sistrières. — Richard. — Teilhard-Lastérisse. — Durieu.

CHARENTE.

MM. Ernest de Girardin. — Rateau. — Mathieu-Rodet. — Pougeard. — Hennessy. — André. — Sazerac de Forge. — Lemercier.

CHARENTE-INFÉRIEURE.

MM. Dufaure. — Regnault de Saint-Jean-d'Angely. — Bugeaud. — Baroche. — Chasseloup-Laubat. — Napoléon Bonaparte. — Montholon. — Laborde. — Vast-Vimeux. — De Nagle.

CHER.

MM. Félix Pyat. — Bouzique. — Michel (de Bourges). — Louriou. — Vauthier. — Viguier.

CORRÈZE.

MM. Sage. — Latrade. — Bourzat. — Penières. — Ceyras. — Madesclaire. — Chamiot-Aventurier.

CORSE.

Général Arrighi. — Charles Abbatucci. — Casabianca. — Pierre Bonaparte. — Denis Garini.

COTE-D'OR.

MM. Mauguin. — Le colonel Vaudrey. — Maréchal. — Benoit Champy. — Chaper. — Noblet. — Joigneaux. — James Demontry.

COTES-DU-NORD.

MM. de Tréveneuc. — Legorrec. — De Botmilliau. — Charner. — Denis. — De Cuverville. — Depasse. — Lenormand-Dessales. — Thieullin. — Bigrel. — Lecomte. — De Montalembert. — Dieuleveut.

CREUSE.

MM. Guizard. — Moreau. — Jules Leroux. — Martin Nadaud. — Delavalade. — Fayolle.

DORDOGNE.

MM. Chavoix. — Ducluseau. — Delbetz. — Auguste Mie. — Dulac. — Marc Montagut. — Jollivet. — Marc Dufraisse. — Lamarque. — Saint-Marc Rigaudin.

DOUBS.

MM. Demesmay. — Baraguay-d'Hilliers. — De Montalembert. — Bixio. — De Moustier. — Pidoux.

DROME

MM. Curnier. — Sauteyra. — Rey. — Bajard. — Mathieu (de la Drôme). — Belin. — Bancel.

EURE.

MM. Hippolyte Passy. — Sevaistre. — Suchet d'Albufuéra. — De Broglie. — De Maute. — Lefebvre-Duruflé. — Lefebvre de Vatimesnil. — Legrand. — Defontenay.

EURE-ET-LOIR.

MM. le général Lebreton. — Ney de la Moskowa. — Noël Parfait. — Barthélemy. — Le général Subervic. — Desmousseaux de Givré.

FINISTÈRE.

MM. Lacrosse. — Leflô. — Mége. — De Kéranflech. — Romain-Desfossés. — Maze-Launay. — De Roquefeuille. — Laisné. — De Kératry. — De Blois. — Ducouëdic. — Barchou de Penhoën. — Collas de la Mothe.

GARD.

MM. Benoist. — Roux. — Charbonnel. — De Larcy. — Béchard. — De Limeyrac. — Chapot. — De Beaune. — De la Brugnière. — De Surville.

GARONNE (HAUTE-).

MM. de Rémusat. — Dubaux. — Espinasse. — Malbois. — Gasc. — Fourtanier. — De Roquette. — Tron. — Castillon.

GERS.

MM. Gavarrett. — Carbonneau. — De Panat. — Belliard. — Joret. — Edouard Duputz. — Lacave-Laplagne.

GIRONDE.

MM. Richier. — Hubert Delisle. — Lainé. — Desèze. — Howyn-Tranchère. — Denjoy. — Alphonse Grouchy. — Molé. — Lopez Dubée. — Journu. — De la Grange. — Ravez père. — Collas.

HÉRAULT.

MM. de Grasset. — Charamaule. — De Saint-Priest. — Amédée Vernhette. — Alfred de Girard. — Ferdinand Debès. — Brives. — Ledru-Rollin.

ILLE-ET-VILAINE.

MM. Fresneau. — De Kerdrel. — Dandinier. — Pontgérard. — Postel. — Armand de Melun. — Querhoënt. — Lafosse. — Caille du Tertre. — Henri de Serre. — De Kermarec. — De la Ribossière. — De Séré.

INDRE.

MM. Charlemagne. — Delavau. — Barbançois. — Grillon. — Rollinat.

INDRE-ET-LOIRE.

MM. le général d'Ornano. — Alexandre Gouin. — De Flavigny. — Piscatory. — Taschereau. — Crémieux.

ISÈRE.

MM. Farconnet. Saint-Romme. — Bertholon. — Roujat. — Repellin. — Durand-Savoyat. — Cholat. — Clément. — Crepu. — Reymond. — Brillier. — Avril.

JURA.

MM. Grévy. — Cordier. — Tamissier. — Léon Crestin. — Deniez. — Sommier. — Richardet.

LANDES.

MM. Victor Lefranc. — Pascal Duprat. — Dampierre. — Frédéric Bastiat. — Turpin. — François Marrast.

LOIRE.

MM. Laurent Chevassieu. — Callet. — Henri Levet. — Martin Bernard. — Heurtier. — Sain. — Eugène Baune. — Fialin de Persigny. — Duché.

LOIRE (HAUTE-).

MM. Auguste Breymand. — Saint-Ferréol. — Camille Chouvy. — Chovelon. — Jules Magne. — Monnier.

LOIRE-INFÉRIEURE.

MM. De Sesmaisons. — Ferdinand Favre. — Desmars. — De Granville. — De La Rochette. — Camus de La Guibourgère. — Betting de Lancastel. — Favreau. — Charles de Coëlin. — Chauvin.

LOIRET.

MM. Roger. — Alexandre Martin. — Abbatucci. — Arbey. — Lacave. — Émile Péan. — Michot.

LOT.

MM. Lucien Murat. — De Saint-Priest. — Général Cavaignac. — Labrousse. — Lafon. — Colonel Ambert.

LOT-ET-GARONNE.

MM. Tartas. — Bérard. — De Luppé. — Radoult-Lafosse. — Baze. — Boissié. — Mispoulet.

LOZÈRE.

MM. Renouard. — Justin Jaffard. — Théophile Roussel.

MAINE-ET-LOIRE.

MM. Oudinot. — Cesbron-Laveau. — Bineau. — Latouche. — Louvet. — Farran. — De Falloux. — Bucher de Chauvigne. — Augustin Giraud. — Gain. — Ladeaussaye.

MANCHE.

MM. De Tocqueville. — Daru. — Vieillard. — Bouvattier. — Gaslonde. — Hervé de Saint-Germain. — Lemarrois. — Noël Agnès. — Duparc. — Gouchot de Saint-Germain. — Ferre de Ferris. — Bréhier. — Leverrier.

MARNE.

MM. Léon Faucher. — Jean Bertrand. — Aubertin. — Carteret. — Soullié. — Tirlet. — Launes de Montebello. — Thuriot de La Rosière.

MARNE (HAUTE-).

MM. Chauchard. — Lesperut. — Beugnot. — De Vaudeul. — Toupot de Revaux.

MAYENNE.

MM. De Berset. — De La Broise. — De Vaujuas. — Goyet-Dubignon. — Laureau. — Dambray. — Bigot. — Trippier de Loze.

MEURTHE.

MM. De Vatry. — D'Adelsward. — Gérard. — Fabvier. — Michaud. — Monet. — Salmon. — Foblant. — Viard.

MEUSE.

MM. Étienne. — Gillon. — Salmon. — Oudinot. — Simonnot. — Chadenet. — Raulin.

MORBIHAN.

MM. Dahirel. — Harcouest de Saint-Georges. — De La Rochejaquelein. — Monnier. — Parisis (évêque). — Crespel de Latouche. — De Kérédec. — de Piogier (prêtre). — Lecrone (prêtre). — Alfred Nettement.

MOSELLE.

MM. Ney de La Moscowa. — Ladoucette. — De Coëtlosquet. — De Wender. — Achard. — Sonès. — De Salis. — De Faultrier. — D'Hunolstein.

NIÈVRE.

MM. Gambon. — Miot. — Pyat. — Rochut. — Rouët. — Malardier. — Dupin aîné.

NORD.

MM. Dumas. — Duquesne. — Seydoin. — Descat. — Kolb. — Bernard. — Persigny. — Mimerel. — Antony Touret. — Vallon. — De Mérode. — Behaghel. — Adalbert d'Hespel. — Aubry. — De Staplande. — Vendois. — Loiset. — Roger (du Nord). — Choque. — Corne. — Th. Lestiboudois. — De Melun. — Marchant. — Delebecque. — Testelin.

OISE.

MM. De Mornay. — Sainte-Beuve. — De Noaille-Mouchy. — Barillon. — Gérard. — Émile Leroux. — Ch. de Planchy. — Lemaire.

ORNE.

MM. de Tracy. — De Corcelles. — Druet-Desvaux. — Charencey. — Gigon-Labertrie. — Piquet. — Curial. — Lafavrais. — Vaudoré.

PAS-DE-CALAIS.

MM. Denissel. — D'Hérambault. — Plichon. — Aug. Gros. — De Bryas. — Legros-Devot. — D'Havrincourt. — Lequien. — Martel. — Dupont-Delporte. — Cardon de Montigny. — Douay. — Wartel. — Duetz. — Francoville.

PUY-DE-DÔME.

MM. Combarel de Leyval. — Rouher. — Bravard-Veyrières. — Berger. — Girot Pouzol. — Général Moulin. — Francisque Jusserand. — Chassagne-Goyon. — Charras. — Ferd. de Doulcet. — Léon de Chazelles. — De Morny. — Lasteyras.

PYRÉNÉES (BASSES-).

MM. Laussat. — Crouseilles. — Etcheverry. — Dariste. — Manescau. — Chégaray. — Rességuier. — Vergeron. — Renaud.

PYRÉNÉES-ORIENTALES.

MM. François Arago. — Emmanuel Arago. — Lefranc. — Guiter.

PYRÉNÉES (HAUTES-).

MM. Ségur-d'Aguesseau. — Lacaze. — Fornier de Saint-Lary. — Soubiés. — Deville.

RHIN (BAS-).

MM. Goldenberger. — Bruckner. — Chauffour. — Westercamp. — Ennery. — Jehl. — Boch. — Beyer. — Kopp. — Bandsept. — Anstell. — Commissaire.

RHIN (HAUT-).

MM. Heeckeren. — Prudhomme. — Kœnig. — Cassal. — Fawtier. — Burgard. — Muhlenbach. — Hoffer. — Savoie. — Pflieger.

RHÔNE.

MM. Benoit. — Chanay. — Commissaire. — Morellet. — Doutre. — Faure. — Fond. — Greppo. — Mathieu. — Pelletier. — Benjamin-Raspail.

SAÔNE (HAUTE-).

MM. de Grammont. — Dufournel. — Lélut. — Millotte. — Signard. — Huguenin. — De Versigny.

SAÔNE-ET-LOIRE.

MM. Ledru-Rollin. — Amédée Bruys.. — Rolland. — Menand. — Boysset. — Landolphe. — Rougeot. — Racouchot. — Ferdinand Janot. — Gindriez. — Victor Heitzman. — Antoine Brard.

SARTHE.

MM. Lamoricière. — G. de Beaumont. — Langlois. — Gosselin de Fresnay. — Napoléon Bonaparte. — De Talhouet. — Grimault. — De Bonnay. — Général Rogé. — Henri de Riancey.

SEINE.

MM. Murat. — Ledru-Rollin. — Lagrange. — Boichot. — Bedeau. — De Lamoricière. — Dufaure. — Moreau. — Passy. — Victor Hugo. — Félix Piat. — Vavin. — Lamennais. — Bixio. — Odilon-Barrot. — Bac. — Cavaignac. — Considerant. — Wolowski. — Rattier. — Coquerel. — Pierre Leroux. — Peupin. — Garnon. — Roger (du Nord). — Lasteyrie. — Perdiguier. — Rapatel.

SEINE-ET-MARNE.

MM. Jules de Lasteyrie. — Drouyn de Lhuys. — Lebœuf. — Bavoux. — Chappin. — Gilland. — Oscar Lafayette.

SEINE-ET-OISE.

MM. Albert de Luynes. — Changarnier. — Remilly. — Flandin. — Barthélemy-Saint-Hilaire. — Pigeon. — Lepelletier d'Aulnay. — Darblay. — Barre. — Hernaux.

SEINE-INFÉRIEURE.

MM. Desjobert. — Cécile. — Grandin. — Germonière. — Loyer. — Ch. Levavasseur. — Ch. Dupin. — Thiers. — Ancel. — Desmarest. — H. de Mortemart. — Estancelin. — Martin de Villiers. — Vitet. — Général Chasseloup-Laubat. — D'Aubermesnil.

SÈVRES (DEUX-).

MM. Ch. Aymé. — Bouchet de Grandmay. — Jules Failly. — Ferd. David. — Léon de Lescours. — Général Gourgaud. — Rouget-Lafosse.

SOMME.

MM. de Beaumont. — Creton. — Porion. — Changarnier. — Labordère. — Defourment. — Dampierre d'Hornoy. — Lefèvre de Grosrier. — De Lagrenée. — Morel Cornet. — Amable Dubois. — Randoing.

TARN.

MM. Daguilhou-Laselve. — Besse. — Juéry. — Canet. — Lavergne. — Général Rey. — Fourgassier Vidal. — Rigal.

TARN-ET-GARONNE.

MM. Janvier. — L'abbé Cazalès. — Constant Tournier. — Delbret. — Detour.

VAR.

MM. Arène. — Arnauld. — Ledru-Rollin. — Maure. — Suchet. — De Villeneuve. — Daniel Conte.

VAUCLUSE.

MM. Bourbousson. — Granier. — D'Olivier. — De Bernardy. — Léo de Laborde.

VENDÉE.

MM. Labbé de Lespinay. — De Tinguy. — Grelier Dufougeroux. — Guy Desfontaines. — Bouhier de l'Écluse. — Du Fougerais. — Em. Rouillé. — Théodore Moreau.

VIENNE.

MM. Juynen. — Proa. — Hennecart. — Laurenceau. — Chazaud. — Antoine Pervinquière.

VIENNE (HAUTE-).

MM. Coralli. — Bac. — Frichon. — Gaston Dussoubs. — Michel (de Bourges). — Laclaudure. — Daniel-Lamazière.

VOSGES.

MM. Buffet. — Houel. — Huot. — Fibvrel. — Perreau. — Reval. — Dehlaye. — Maurice Aubry. — Faurel.

YONNE.

MM. Larabit. — Eug. Lecomte. — Raudot. — Bertrand. — Frémy. — Robert — Savatier-Laroche. — Roussel.

ALGÉRIE.

MM. Didier. — De Rancé. — Em. Barrault.

COLONIES.

PIÈCES JUSTIFICATIVES

DU QUATRIÈME VOLUME.

RAPPORT DE M. MARRAST

SUR LE PROJET DE CONSTITUTION PRÉSENTÉ PAR LA COMMISSION, APRÈS AVOIR ENTENDU LES REPRÉSENTANTS DÉLÉGUÉS DES BUREAUX.

Citoyens représentants, les discussions prolongées et approfondies qu'à suscitées dans vos bureaux notre projet de constitution, dispense le rapporteur de tous les détails qui auraient été nécessaires, peut-être, pour que votre pensée pût suivre la nôtre dans l'ensemble et dans les différentes parties de ce projet.

Nous pouvons nous borner aujourd'hui à mettre en relief les traits principaux qui en forment le caractère, fixer de nouveau votre attention sur quelques questions fondamentales qui ont été déjà l'objet de vos débats, et vous faire connaître les motifs pour lesquels la commission, examinant de nouveau ces questions, a persisté dans l'opinion qu'elle avait primitivement adoptée.

Ce n'est pas en un jour, citoyens représentants, que les nations se déci'ent à ces changements qui modifient profondément leur condition.

La France a été préparée, par les soixante années qui fuient devant nous, à la forme de gouvernement qu'elle s'est enfin donnée.

Que votre pensée embrasse d'un seul regard ce long drame dont la dernière scène nous touche. Quelles vicissitudes, quelles épreuves, quelles expériences nous ont manqué !

Après l'effort prodigieux qui brisa l'ancienne société, la France a tout essayé, tout subi. Les cruelles douleurs de la guerre civile, les brillantes déceptions de la gloire, les amertumes de la défaite, la monarchie absolue du génie, la monarchie tempérée et sans génie, et la légitimité, et l'illégitimité, les pouvoirs fondés sur des traditions et les pouvoirs fondés sur les intérêts... Tout s'est usé, épuisé, jusqu'à ce qu'à ces souverainetés usurpées, compressives ou défaillantes, le peuple en ait substitué une qui ne saurait ni s'épuiser, ni périr : la sienne, celle de tous ses enfants appelés au même titre à prendre une part égale aux choix des hommes qui doivent diriger ou gouverner.

L'immuable enchaînement des faits nous a donc conduits et nous attache à la république.

Mais les faits ne s'enchaînent point au gré du hasard ; le sillon qu'ils tracent, en se succédant, atteste l'action d'une logique supérieure à d'aveugles caprices. Les faits, à mesure qu'ils tombent de la main du temps, semblent souvent, il est vrai, heurter le bon sens, la justice, et réduire l'histoire au jeu de la force ou au désordre de la folie. Quand on les examine, cependant, dès qu'un but est atteint, on les voit en quelque sorte s'aligner à travers l'espace que les générations ont parcouru, et ils apparaissent alors comme l'éclatant témoignage de la loi invisible qui régit les sociétés.

Cette loi de progrès, qu'on a longtemps niée, a sa racine dans la nature même de notre espèce. Oui, toute société est progressive, parce que tout individu est éducable, perfectible : on peut mesurer, limiter peut-être les facultés d'un individu ; on ne saurait limiter, mesurer ce que peuvent, dans l'ordre des idées, les intelligences, dont les produits ne s'ajoutent pas seulement, mais se fécondent et se multiplient dans une progression indéfinie.

En vertu de cette loi, les peuples augmentant sans cesse leur industrie et leurs lumières, accroissent dans la même proportion leurs besoins matériels et leurs besoins moraux. Ces besoins s'étendent, pénètrent dans toutes les couches du sol, et lorsque les institutions les compriment ou les refoulent, il vient un jour, une heure, où le progrès débordant de toute part, emporte les résistances, et se fait jour par de terribles déchirements.

C'est ce qu'on nomme les révolutions. Émanées de la volonté nationale, elles ne sont pas autre chose que l'expression et la victoire d'un progrès accompli.

Mais les peuples seraient-ils condamnés à ces secousses violentes et périodiques ? Non.

Le moyen de les éviter, c'est, à notre avis, d'organiser les institutions de manière que toute idée juste, toute application utile puisse s'y encadrer sans effort, que le mouvement des esprits et des faits se régularise en s'appliquant ; que toute amélioration puisse passer de la conviction d'un seul dans l'opinion du plus grand nombre, et de l'opinion dans les lois, sans autre trouble que l'agitation causée dans l'atmosphère politique par le mouvement et la calme chaleur de la lumière.

Que faut-il pour cela ? Adopter une forme de gouvernement flexible, pénétrable aux intérêts comme aux idées, où le sentiment public trouve toujours son expression sincère, et dont la morale soit rebelle à l'ambition ou à la violence des minorités.

Voilà ce que réalise le gouvernement républicain à l'aide du suffrage universel et direct, qui est son principal instrument. Avec le suffrage universel, tout peut être défectueux, mais tout est temporaire et corrigible. Nulle exclusion, ni pour aucun homme, ni pour aucune doctrine ; hommes et doctrines ont un seul juge, la majorité nationale. Contre ses erreurs possibles, la minorité convaincue et tranquille a pour elle la liberté de la parole, de la presse, de l'association, et le temps, cet auxiliaire infaillible de la vérité.

Quant aux minorités turbulentes ou rétrogrades, elles ne peuvent attendre que l'énergique répression de la loi, et d'une loi d'autant plus sévère que le droit de chacun étant garanti, l'insurrection devient le plus grand des crimes.

Le suffrage universel, organe souple et fidèle de la volonté du peuple, apporte donc à la société un double élément d'ordre, et il donne au pouvoir la force toute-puissante qui accompagne une incontestable souveraineté.

En deçà du suffrage universel, il n'y a que l'usurpation, l'oligarchie, la négation du droit, un retour sanglant vers le passé, une cause incessante de révolutions... Au delà... Eh ! que peut-il y avoir au delà, sinon le chaos dans l'abîme ?

En deux mots, la France est une démocratie, le gouvernement de la France doit être une république.

La constitution que nous avons à vous présenter doit donc être à la fois républicaine et démocratique ; c'est-à-dire qu'elle doit armer la démocratie des moyens de se régulariser, de se mouvoir, de se modifier pacifiquement.

Telle est la pensée fondamentale qui a dirigé votre commission. Tel est le but qu'elle a tâché d'atteindre dans le projet qui vous est soumis.

Ce projet, citoyens représentants, n'a la prétention de rien inventer.

Les révolutions ne consacrent que des idées faites ; les constitutions écrivent ce qui est consacré par les révolutions dont elles sortent.

Une constitution, c'est le frein des majorités, la garantie des individus, la règle des pouvoirs et comme l'axe de la sphère où se meut l'activité nationale.

Nous devions donc nous demander d'abord si cette activité a un but.

Et qui oserait soutenir aujourd'hui que le trente-six millions d'êtres qui composent le peuple français forment seulement des groupes d'intérêts exclusivement occupés de leur petit bonheur ? Qui oserait dire qu'il n'y a pas dans ce peuple des mœurs, des sentiments, des idées communes à tous, se révélant ici par les instincts, là par la raison étendue et cultivée ? Il faudrait nier tout le passé et insulter l'histoire pour ne pas reconnaître qu'au-dessus de ces âmes isolées s'élève l'âme de la patrie ; au-dessus des caractères individuels, le caractère national ; au-dessus de tous les talents, de toutes les forces, de tous les génies, la force, le talent, le génie de la France !

Nous ne nous arrêterons pas à démontrer que la France a rempli dans le monde moderne une fonction d'initiative et de dévoûment dont elle ne s'est jamais départie. Cette fonction, elle l'exerce dans sa vie intérieure comme dans sa vie de relation. Son travail constant sur elle-même, c'est l'affranchissement successif de tous ses enfants ; son travail au-dessus, c'est de répandre les idées qui l'élèvent elle-même. Ce qui la distingue, c'est de faire profiter autrui de ses propres conquêtes : l'égoïsme lui est antipathique ; elle n'a jamais acquis que pour dépenser.

Changeant d'agents et de moyens suivant le temps, elle cherche toujours à se communiquer, à s'épandre : tantôt par l'épée quand la victoire ouvre les grands canaux de la civilisation, tantôt par les révolutions quand elles proclament ces principes moraux qui unissent les peuples, tantôt par le rayonnement pacifique de son intelligence ; elle a sans cesse le même moteur dans la même carrière, et tel est son besoin de sociabilité, qu'elle semble ne pouvoir se reposer qu'au sein de cette association universelle des nations, liées entre elles par le respect naturel de leur droit et de leur devoir. Aussi, quand un pouvoir malfaisant lui enlève l'air et l'espace, vous pouvez lire dans ses regards attristés tout ce qu'elle souffre, jusqu'à ce que son génie retrouve sa voie et y déploie ses ailes avec plus d'élan et de vigueur.

Cet idéal, que nous trouvons réalisé dans notre histoire, nous n'avons plus besoin d'en chercher la formule. Nos pères nous l'ont transmise, et la république l'a proclamée. Notre projet de constitution place donc à son frontispice ces mots de *Liberté, Égalité, Fraternité*, comme le dogme fondamental de la politique.

Dans le premier projet, nous avions essayé de définir la liberté et l'égalité ; le texte nouveau ne les définit point, mais il consacre toutes les institutions qui les garantissent. Nous avons emprunté aux anciennes constitutions, nous y avons ajouté tout ce que nous apprenait l'expérience contemporaine pour protéger l'individu dans sa vie, dans sa liberté, dans sa propriété, dans son domicile, dans son droit d'écrire, de parler, de publier, de s'associer, de pratiquer son culte suivant sa foi. Ce sont là des droits inhérents à la nature même. Toutes les conventions sociales les supposent. Antérieurs et supérieurs à ces conventions, ils servent à les juger ; car, sans l'exercice libre de ces facultés, l'individu n'est plus un être moral et responsable ; il ne figure plus dans une société que comme un nombre, une force inerte privée tout à la fois de spontanéité et de stimulant.

Toutefois, la liberté ne saurait être livrée elle-même sans règle et sans discipline. La liberté de chacun finit où commence la liberté d'autrui : c'est là sa première borne, et de là naît l'égalité. Réduite à ce premier germe, limitée à ce simple fait d'empêcher la liberté de nuire, l'égalité ne serait qu'une négation utile peut-être à l'ordre matériel, stérile pour l'amélioration de la société. C'est ainsi qu'elle a été envisagée jusqu'à présent. La loi primordiale garantissait à chacun sa liberté, et l'égalité s'arrêtait là ; c'est-à-dire qu'on la détruisait en la proclamant. Car enfin, qu'est-ce que la liberté du faible à côté de celle du fort, de l'ignorant et de l'homme instruit? Une lutte où le premier succombe à coup sûr.

Est-ce à dire que nous voulons courber sous un niveau impossible toutes les intelligences, enrégimenter les volontés, nier la diversité des aptitudes, détruire les influences naturelles des dons supérieurs, des vocations élevées, des possessions légitimes?

Non, nous ne méconnaissons pas à ce point les exigences du bon sens et de la raison. L'égalité que nous voudrions établir dans les rapports sociaux, c'est celle que la fraternité commande et explique.

La loi chrétienne avait dit depuis longtemps : *Les hommes sont égaux, les hommes sont frères.* Quand la loi politique, à son tour, a proclamé ces deux maximes, ce n'était pas pour étaler de beaux sentiments, mais pour créer de sérieux devoirs. Ces devoirs obligent les citoyens envers la société, la société envers les citoyens ; tout homme se doit aux autres, et les pouvoirs représentant l'ensemble social se doivent à tous. Entre l'Etat, la famille, l'individu, s'établissent ainsi les liens d'une solidarité, religieuse dans son principe, politique dans son action.

La fraternité servant d'origine aux institutions, inspirant les lois de son souffle, animant l'Etat tout entier de son esprit : voilà, selon nous, l'heureuse et féconde nouveauté de notre république et de notre âge.

La fraternité, entrant dans les croyances et dans les mœurs, arrête au seuil de l'injustice la liberté, qui est de sa nature accapareuse, usurpatrice ; la fraternité, dans les rapports des citoyens entre eux, assure à tout être portant le titre d'*homme* respect de ses droits, de son unité, et satisfaction de ses premiers besoins ; la fraternité, placée au sommet de l'Etat, y apporte cette sollicitude vigilante pour les faibles, inquiète pour ceux qui souffrent, active pour ceux que les calamités privent de leur travail, bienfaisante pour les délaissés, soucieuse des malheureux ; sollicitude dont le regard embrasse l'existence sociale tout entière, et dont la fonction se résume en ces trois mots : *voir, prévoir* et *pouvoir.*

Encore une fois, citoyens représentants, nous ne sommes pas ici dans les régions du sentiment, mais dans le domaine de la vraie et saine politique, celle qui se préoccupe avant tout, par-dessus tout, de veiller sur la société, d'en étudier les besoins, d'en connaître les douleurs, de travailler autant qu'elle peut à les prévenir ou à les calmer, car on ne saurait ni les empêcher ni les guérir toutes.

C'est encore ici ce qui distingue l'action républicaine des autres : tout n'est pas fini pour elle quand elle a garanti à chaque citoyen son droit de participer à la vie publique, quand elle a donné à chaque intérêt la faculté de déléguer ses représentants. Le dogme qu'elle professe lui impose encore de plus hauts devoirs.

Qu'on me permette à ce sujet, de bien expliquer notre pensée pour qu'elle ne laisse aucun doute.

Nous sommes convaincus et nous affirmons qu'une société est mal ordonnée, lorsque des milliers d'hommes honnêtes, valides, laborieux, n'ayant d'autre propriété que leurs bras, d'autres moyens d'existence que le salaire, se voient condamnés sans ressources aux horreurs de la faim, aux angoisses du désespoir ou à l'humiliation de l'aumône, frappés par des circonstances supérieures à leur volonté qui viennent les chasser du toit où le salaire les faisait vivre.

Nous disons que, lorsqu'un citoyen dont le travail est la vie offre à travailler pour se nourrir, pour nourrir une femme, des enfants, un vieux père, une famille, si la société impassible détourne les yeux, si elle répond : « Je n'ai que faire de votre travail; cherchez et mourez, mourez, vous et les vôtres; » cette société est sans entrailles, sans vertu, sans moralité, sans sécurité; elle outrage la justice, elle révolte l'humanité, elle agit en heurtant tous les principes que la république proclame.

C'est au nom de ces principes que nous avions écrit dans la constitution le droit de vivre par le travail, le *droit au travail*.

Cette formule a paru équivoque et périlleuse. On a craint qu'elle ne fût une prime à la fainéantise et à la débauche; on a craint que des légions de travailleurs, donnant à ce droit une portée qu'il n'avait pas, ne s'en armassent comme d'une devise d'insurrection. A ces objections importantes s'en ajoute une autre plus considérable. Si l'Etat s'engage à fournir du travail à tous ceux qui en manquent par une cause ou par une autre, il devra donc donner à chacun le genre de travail auquel il est propre. l'Etat deviendra donc fabricant, marchand, grand ou petit producteur. Chargé de tous les besoins, il faudra qu'il ait le monopole de toute industrie.

Telles sont les énormités qu'on a vues dans notre formule du droit au travail; et puisqu'elle pouvait prêter à des interprétations si contraires à notre pensée, nous avons voulu rendre cette pensée plus claire et plus nette, en remplaçant le droit de l'individu par le droit imposé à la société.

La forme est changée, le fond reste le même.

Non, nous n'avons jamais voulu que la constitution pût encourager l'ouvrier paresseux ou immoral à déserter l'atelier pour demander à l'Etat un travail plus facile; nous n'avons jamais voulu que l'Etat pût faire une concurrence meurtrière aux industries privées. Nous nous serions reproché comme un crime d'avoir l'air même de tendre la main à ces doctrines sauvages dont le premier mot est la destruction de la liberté, le dernier la ruine de tout ordre social.

Mais quoi ! n'y a-t-il pas une voie ferme et sûre entre les cruautés de l'égoïsme et les abîmes de la démence? La société ne peut-elle rien tenter, rien organiser, pour élever les populations laborieuses dans l'échelle de l'instruction, de la moralité, du bien-être, sous peine de se jeter dans tous les hasards du désordre?

Vous ne le penserez pas plus que nous, citoyens représentants, et nous en attestons ce que vous avez déjà fait dans l'intérêt de ceux qui travaillent. Nous croyons avoir exprimé vos sentiments quand nous avons écrit dans la loi fondamentale l'obligation imposée aux pouvoirs publics de développer le travail par l'instruction primaire gratuite, par l'éducation professionnelle, par l'égalité de rapport entre le patron et l'ouvrier, par les institutions de prévoyance et de crédit, par l'encouragement donné aux associations volontaires et libres, par la création enfin de ces grands travaux où les bras inoccupés peuvent trouver un emploi.

C'est ainsi que nous avons défini, précisé la portée des obligations imposées aux pouvoirs nouveaux, et la portée du droit qu'ils créent aux citoyens.

S'il y aurait péril à l'étendre, il y aurait péril à le restreindre. La république, en effet, ne doit pas borner son action à protéger la liberté, la propriété, la famille, ces premiers biens, biens impérissables de l'humanité; elle ne doit pas se borner à dire : « J'ai des lois contre les pervers, contre les malfaiteurs j'ai des gendarmes, et contre les factieux j'ai du canon. »

Sa loi lui assigne une mission plus large et plus élevée. Elle est la tutrice active et bienfaisante de tous ses enfants; elle ne les laisse pas croupir dans l'ignorance, se pervertir dans la misère; elle ne demeure pas indifférente devant ces crises de l'industrie qui jettent des armées de salariés sur les places publiques avec l'envie au cœur, le ressentiment et le blasphème à la bouche; implacable contre la révolte, elle est compatissante, humaine, prévoyante pour le malheur; elle recommande, elle honore le travail, elle l'aide par ses lois, elle en garantit la liberté; mais lorsqu'un chômage forcé vient paralyser ce travail, elle ne ferme par son cœur, elle ne se contente pas de gémir en répétant *Fatalité!* elle fait appel au contraire à toutes ses ressources en s'écriant *Fraternité!*

Mais ces ressources, nous dira-t-on, où les prendre?

Citoyens représentants, nous savons bien qu'on ne les improvise pas, et la république succédant à la monarchie se trouve aujourd'hui dans cette dure condition de ne pouvoir donner un effet immédiat à ses principes et à ses idées. Elle ressemble à un corps qui aurait des sentiments, des facultés et pas d'organes. Son devoir sera précisément de les créer.

Des ressources! manquent-elles dans ce vaste territoire dont le cinquième est encore sans culture? manquent-elles avec une population aussi active, aussi industrielle? manquent-elles à un Etat qui a tant de terres à défricher, tant de cours d'eau à fertiliser, tant de routes, de canaux, de rivières, tant d'édifices, de monuments et tant de montagnes à reboiser, et tout un système d'irrigation à établir? manquent-elles lorsque l'agriculture réclame les bras que l'industrie lui enlève, quand les forces, les agents du travail sont si mal équilibrés, que nos campagnes meurent d'étisie et nos villes de pléthore?

Non, ce ne sont pas les ressources qui manquent; ce qui a manqué c'est la volonté, c'est le dévoûment, c'est le désir sincère, ardent, de tourner au profit de tous ces moyens productifs dont l'Etat dispose ce qui a manqué, c'est l'œil qui voit les plaies de la société; c'est la main qui les sonde, c'est la pensée qui doit être sans cesse préoccupée.

La république aura cette œuvre capitale à réaliser, non pas en un jour, mais à l'aide de constants efforts.

Fondée par le droit, légitimée comme l'expression complète de la souveraineté du peuple, elle puise dans cette origine sa tendance et sa direction. Nous avons voulu que la constitution indiquât dans quel esprit et dans quel but d'amélioration progressive la république marquerait son action sur la société; comment elle devait substituer à l'égoïsme la fraternité, à un petit nombre d'intérêts protégés la protection de tous les intérêts, sans exception et sans privilége; comment elle devait diriger le mouvement des esprits, assurer l'ordre, régulariser le progrès, suivre l'étoile polaire qui luit aujourd'hui au firmament de toute l'Europe, et qui imprègne sa boussole d'un nouvel aimant.

Pour que la démocratie réalise ses vœux, ses aspirations, nous avons dû rechercher les moyens de donner à sa volonté des agents qui l'expriment, qui la protégent et qui l'appliquent. C'est ce que nous avons essayé de faire en organisant les pouvoirs publics.

Citoyens représentants, vous connaissez cette organisation; vous l'avez discutée, approuvée dans les données premières et dans ses principales applications. Votre conviction est faite, le sentiment public s'est prononcé. Il nous est donc permis de traiter rapidement des questions longtemps débattues, car il ne nous a jamais paru fort utile de plaider des causes gagnées.

Tous les pouvoirs émanent du peuple, c'est-à-dire de cette collection de citoyens virils dont la totalité est seule souveraine.

Cette souveraineté est une : elle s'exprime par le suffrage universel et direct pour le choix des hommes qui la représentent. La majorité de ceux-ci personnifie donc la volonté nationale; la loi émanée de leur vote est l'expression de cette volonté.

Or, pour une personne sociale comme pour un être individuel, la volonté est essentiellement libre; elle se détermine par des besoins mobiles, variables, incessamment modifiés par un double instinct, dont le peuple ne se dépouille pas plus qu'un homme, l'instinct de conversation, qui fait le fond de la vie; l'instinct de perfectionnement, qui lui donne l'activité, l'impulsion, le désir du bien-être, le mouvement ascendant, la moralité, le progrès. Livrée au mouvement de ses désirs et de ses passions, la société se briserait bientôt comme une machine détraquée; immobilisée, matérialisée, pétrifiée, condamnée à vivre de la vie du polype, elle s'arracherait bientôt sanglante du roc où l'on essaierait de l'incruster.

Cette double fraction de l'existence est aujourd'hui reconnue de tout le monde; elle implique une conséquence invincible, c'est que la nation doit être consultée à des termes courts et réguliers ; par conséquent, elle ne saurait avoir de pouvoir héréditaire. Souveraineté du peuple, hérédité de pouvoir politique, deux choses qui se heurtent comme deux incomptabilités ; si la première est vraie, l'autre est fausse ; si la première a conquis l'opinion intelligente de toutes les nations, l'autre est frappée de mort, et la durée en est tout simplement impossible.

Notre constitution, jalouse de mettre le pouvoir en harmonie avec les mouvements de la volonté nationale, les renouvelle donc à des époques assez rapprochées pour que ces pouvoirs guident, poussent ou modèrent la société dans la courant de faits et d'idées qui l'entraîne.

Nous n'entrons à ce sujet dans aucun détail, notre projet suffit à l'expliquer.

Une seule question a fourni le texte d'objections plus importantes par l'esprit et la renommée de ceux qui les font, que par la puissance réelle des arguments qu'ils emploient. Nous voulons parler de l'assemblée unique à laquelle est remis le pouvoir législatif.

S'il y a au monde un fait reconnu, avéré, c'est l'homogénéité du peuple français. S'il y a une tendance constatée dans l'histoire, un résultat obtenu, c'est l'unité de la nation. Cette unité est partout dans une administration concentrée, dans la prépondérance de la capitale, dans les lois, dans la justice ; elle a pénétré même dans ce qu'il y a de plus personnel, de plus intime, dans les travaux de la science et des arts. Cette unité est notre force : la monarchie dans le passé ne s'est rendue utile qu'en la servant.

La souveraineté est une, la nation est une, la volonté nationale est une. Comment donc voudrait-on que la délégation de la souveraineté ne fût pas unique, que la représentation nationale fût coupée en deux, que la loi émanant de la volonté générale fût obligée d'avoir une seule pensée ?

Considérée soit dans la souveraineté qui en est la source, soit dans le pouvoir qui l'exécute, soit dans la justice qui l'applique, la loi n'est pas divisible ; comment le serait-elle dans le pouvoir qui la conçoit et qui la crée ?

Evidemment, il faudrait des raisons supérieures, d'impérieuses nécessités politiques, pour que la constitution républicaine, partageant le pouvoir législatif en deux chambres, fît cette violence à la logique et portât une si profonde atteinte au sentiment public : ces raisons, nous ne les apercevons pas.

Les partisans des deux chambres reconnaissent comme nous l'unité de la France, et ils prétendent respecter la souveraineté du peuple. Il n'y a qu'un malheur, c'est qu'ils s'exposent continuellement à méconnaître ou à violer sa volonté. Imaginez deux chambres organisées comme il vous plaira ! dès que vous les placez côte à côte, égales en puissances, vous n'arriverez qu'à l'un de ces deux résultats :

Ou les chambres seront d'accord, et alors une double discussion, un double vote, ne servent à rien et peuvent nuire en retardant la loi.

Ou bien elles seront en désaccord, ce qui arrivera le plus souvent, et alors c'est la lutte que vous établissez au sommet de l'Etat. Or, la lutte en haut, c'est l'anarchie en bas : les deux chambres sont donc un principe de désordre.

De cette lutte, l'une des deux chambres sortira nécessairement affaiblie, et l'autorité de la loi perdra en respect ce que les législateurs auront perdu en crédit. Ajoutez à cela que la discussion dans une seconde chambre doit jeter le trouble dans la première : la minorité se passionne davantage quand elle espère faire triompher sa cause en appel ; de là des intrigues sans nombre, de là moins de soumission pour la décision d'une assemblée ; les partis extérieurs ajoutent leurs passions à celles des représentants ; ce qui n'était d'abord qu'une opposition convaincue peut devenir un antagonisme systématique : et alors il n'y a plus deux chambres, mais deux camps, ou plutôt il n'y a plus de pouvoir législatif ; l'une des deux forces pouvant paralyser l'autre, la machine s'arrête jusqu'à ce qu'une secousse violente la brise, ou qu'un ambitieux l'aplatisse de manière à la faire tenir dans le fourreau de son épée.

Le péril de cette dualité ne se fait pas moins sentir, en effet, dans les rapports du pouvoir législatif avec l'exécutif ; avec une seule assemblée politique, une seule inspiration, une seule règle, l'assemblée, organe de l'opinion, la fait prévaloir en donnant ou refusant la majorité aux ministres ; ils sortent de son sein, ils se conforment à ses idées ; mais si un ministère qui plaît à une chambre déplaît à l'autre, qui l'emportera ? et si, par hasard, ce ministère représente fidèlement les opinions, le système du président de la république, système qui pourra n'être point en parfaite harmonie avec celui de la représentation nationale, qu'arrivera-t-il ? Avec l'assemblée unique, la chose est simple ; tout doit fléchir devant sa loi. Avec une seconde chambre il y a un recours à la résistance : le pouvoir exécutif, battu ici, se réfugie là ; à une majorité contre lui, il oppose une majorité pour lui ; il se sert de l'une contre l'autre, il les use bientôt par ces chocs fréquents ; le pouvoir législatif, amoindri, déprimé, offre une prise facile à toutes les usurpations. Quand on a pour soi les anciens, on fait sauter les cinq-cents par les fenêtres.

Ces coups de main sont rares, nous le savons bien, pas si rares toutefois que les hommes de génie ; mais cette extrémité même est-elle nécessaire pour condamner le système de deux chambres ? Si elles ne deviennent pas le levier de l'ambitieux, si elles ne servent pas les desseins d'un conquérant, n'y a-t-il pas toujours d'assez nombreuses causes d'agitation dans un Etat ? une popularité pour laquelle vous créez deux rivales, une multitude à laquelle vous pouvez donner la moitié d'un pouvoir législatif qui la flatte, tandis que l'autre moitié lui résiste ?

Et tous ces dangers si graves, vous les braveriez, pourquoi ? Pour obéir à un principe ? Non ; pour attaquer tous les principes. Pour donner à la loi plus de puissance ? Non ; on affaiblit la puissance en la divisant. Pour assurer à la représentation nationale une expression plus sincère, pour calmer les partis, amortir les passions, maintenir l'unité, assouplir, simplifier les ressorts de l'appareil législatif ? Rien de semblable.

Pourquoi donc ? On ne nous donne que deux mots : l'un est grave, l'autre ne l'est pas. Ce dernier, c'est l'exemple de l'Angleterre et des Etats-Unis.

Nous pourrions montrer facilement que deux chambres en Angleterre représentent deux intérêts divers, quelquefois contraires, qui se trouvent dans le parlement, parce qu'ils sont dans le pays. Nous pourrions montrer qu'aux Etats-Unis la souveraineté se divise et se subdivise, qu'elle est partielle, locale, formée de groupes indépendants, et qu'elle se reproduit dans le pouvoir comme elle est à l'origine.

Nous ferons seulement une réponse qui dispense de toute autre. Nous sommes en France, nous constituons la république française, nous agissons sur un pays qui a ses mœurs, son caractère personnel : nous n'avons à le costumer ni à l'américaine, ni à l'anglaise. Pleins de respect pour les autres nationalités, pleins d'admiration pour ce qu'elles ont fait de grand et de durable, nous nous abdiquerions en les copiant. La raison émigrée de Londres ou de Washington est mauvaise par cela même qu'elle vient de là. Transplanter une organisation politique sur un sol étranger, c'est vouloir qu'elle n'y pousse pas de racines. L'argument hétérogène prouverait donc plutôt contre que pour : soyons modérés, il ne prouve rien.

Il en est un autre qui a, selon nous, une base plus solide et dont la commission s'était fortement préoccupée : c'est l'entraînement d'une assemblée unique qui, sous la pression d'un événement extérieur ou d'une émotion née dans son propre sein, peut prendre une résolution irréfléchie, faire une loi imprudente, et dont elle serait la première à se repentir. Notre humeur est vive et prompte, le talent d'un orateur peut nous exalter, au seul éclair d'une passion généreuse notre pensée devient une flamme. Serait-il sage de compromettre la majesté de la loi par l'emportement ou la précipitation ? Ne faut-il pas que la loi soit toujours entourée de formes solennelles, méditée, mûrie, soumise à plusieurs degrés de discussion ?

Oui, sans doute, tout cela est sensé, et la commission croit y avoir répondu par les précautions qu'elle a prises. Elle assure plus de deux degrés à la discussion en exigeant que l'assemblée délibère trois fois, à dix jours d'intervalle, sur les projets qui lui sont soumis. Dans les cas d'urgence même, rien ne peut être résolu à l'heure même, et l'urgence, débattue dans les comités, dans les bureaux, doit être jugée avant que l'assemblée ne prononce au fond. A côté de l'assemblée unique, la constitution place un conseil d'Etat choisi par elle, émanation de sa volonté, délibérant à part, en dehors des mouvements qui peuvent agiter les grandes réunions. C'est là que la loi se prépare, c'est là qu'on renvoie, pour la mûrir, toute proposition d'initiative parlementaire qui paraît trop hâtive au pouvoir législatif. Ce corps, composé d'hommes éminents, et placé entre l'assemblée qui fait la loi et le pouvoir qui l'exécute, tenant au premier par sa racine, au second par son contrôle sur l'administration, aura naturellement une autorité qui tempérera ce que l'assemblée unique pourrait avoir de trop hardi, ce que le gouvernement pourrait avoir d'arbitraire.

Pour conjurer enfin tous les périls de la précipitation, nous avons accordé au pouvoir exécutif le droit d'appeler l'assemblée à une délibération nouvelle.

Nous avons donc multiplié les garanties, nous avons élevé contre le torrent des digues plus nombreuses et plus résistantes qu'il n'y en eut dans toutes les constitutions passées; et en maintenant l'unité de l'assemblée, l'expression simple et vraie de la souveraineté nationale, nous croyons avoir réduit au néant la seule objection sérieuse qui vînt donner quelque raison au système des deux chambres.

Et qu'il nous soit permis de le dire, toutes ces craintes sur l'impatience et sur la précipitation d'une assemblée unique sont démesurément exagérées. Trente ans de discussions parlementaires n'ont pas passé vainement sur le front de nos générations; l'éducation politique est plus complète aujourd'hui, les représentants du peuple comprennent tout ce qu'exige de patriotisme et de modération l'exercice de l'autorité suprême. La souveraineté assurée d'elle-même, ne s'extravase point, ne déborde pas en flots impétueux. Elle a la dignité et le calme de la puissance; et nous pouvons sans flatterie invoquer l'assemblée qui nous écoute; maîtresse absolue de la situation, absorbant en elle tous les pouvoirs, placée sous l'impression des événements les plus périlleux, des circonstances les plus critiques, elle a su, dans ces circonstances mémorables, donner à toutes les démocraties un noble exemple, et aux partisans des deux chambres une excellente leçon.

POUVOIR EXÉCUTIF.

Tout ce que nous avons dit sur l'unité du pouvoir législatif s'applique avec la même justesse au pouvoir exécutif. Les preuves et les développements nous semblent ici superflus. Les esprits éclairés savent bien que plus la délibération a été large et complète, plus l'exécution doit être ferme, prompte, résolue. L'expérience est d'accord avec la théorie pour démontrer que tout pouvoir exécutif livré à plusieurs mains devient bientôt une impuissance.

La constitution délègue donc le pouvoir à un président de la république qui aura atteint l'âge viril, qui sera Français et n'aura jamais cessé de l'être.

Par qui ce président doit-il être nommé? Ici deux opinions se sont élevées dans la commission.

La minorité pensait qu'en le faisant nommer directement par le suffrage universel, on courait le risque de placer en face de la représentation nationale un pouvoir égal, quoique différent; qu'on pouvait ainsi établir une rivalité dangereuse; donner à la souveraineté deux expressions au lieu d'une, rompre l'harmonie toujours si nécessaire entre l'autorité qui fait la loi et le fonctionnaire qui en assure l'exécution : que, dans ce pays surtout, le suffrage universel concentré sur un seul homme lui donnait une puissance toujours sollicitée par des tentatives fatales à la liberté. La minorité aurait donc désiré remettre à l'assemblée déléguée de la souveraineté du peuple, la nomination du président de la république; elle croyait par là concilier à la fois ce qu'exige la rigueur des principes et ce que commande la situation d'un régime nouveau.

Cette opinion n'a point prévalu. La majorité a été convaincue que l'une des conditions viables de la démocratie, c'est la force du pouvoir. Elle a donc voulu qu'il reçût cette force du peuple entier, qui seul la donne, et qu'au lieu de lui arriver par transmission intermédiaire, elle lui fût donnée par une communication directe et personnelle. Alors il résume sans doute la souveraineté populaire, mais pour un ordre de fonctions déterminé, l'exécution de la loi. La majorité n'a pas craint qu'il abusât de son indépendance, car la constitution l'enferme dans un cercle dont il ne peut pas sortir. L'assemblée seule demeure maîtresse de tout système politique; ce que le président propose par ses ministres, elle a le droit de le repousser; si la direction de l'administration lui déplaît, elle renverse les ministres; si le président persiste à violenter l'opinion, elle le traduit devant la haute cour de justice et l'accuse.

Contre les abus possibles du pouvoir exécutif, la constitution se prémunit, en le faisant temporaire et responsable. Le président, après une période de quatre ans, ne peut être réélu qu'après un intervalle de quatre autres années. Il n'a aucune autorité sur l'assemblée; elle en conserve une toute puissante sur ses agents. Il ne peut jamais arrêter ou suspendre l'empire de la constitution et des lois; il ne peut ni céder un pouce de territoire, ni faire la guerre, ni exécuter un traité sans que l'assemblée y consente; il ne peut pas commander en personne les armées de terre ou de mer; il ne peut nommer les hauts fonctionnaires dépendants de lui qu'en conseil des ministres; il ne peut révoquer les agents électifs que de l'avis du conseil d'Etat; l'assemblée nationale choisit seule les membres de la cour suprême, qui maintient l'unité de la juridiction; et, sauf les magistrats du parquet, le président de la république ne peut nommer les juges que d'après des conditions déterminées par les lois.

Toutefois, après avoir défini et limité le pouvoir du président de la république, la constitution lui confère tous les attributs qui appartiennent au chef d'un grand Etat. C'est en lui que se personnifie l'action de la France; il connaît, il promulgue, il exécute la pensée de la république; si l'assemblée en est l'âme, il en est le bras; il la représente au dehors, il dispose de ses forces, il donne l'impulsion à l'administration, il la dirige, il est le protecteur de l'ordre, le défenseur de la société, le premier magistrat d'un peuple puissant et libre, l'agent supérieur d'une démocratie : il faut donc qu'il ait à la fois la dignité et la force de la loi agissante.

C'est ce que nous avons voulu en accordant à ce pouvoir tous les droits que la constitution attache à cette position éminente. Nous lui donnons le rang, l'autorité suprême; sa volonté ne doit rencontrer aucune résistance, car il commande au nom de la loi. Tout le mouvement des affaires intérieures et extérieures de l'Etat dépend de lui, remonte à lui. Aussi désirons-nous qu'il soit placé par la république dans la condition d'honneurs et de prérogatives qui convient à celui qui représente la France vis-à-vis des autres nations; et si le traitement que nous avons affecté à ses fonctions vous a paru trop réduit, c'est que, dans notre pensée, le trésor national doit pourvoir à tous ses frais de représentation, dont le chiffre dépassera certainement celui que nous avons fixé pour sa personne.

Au-dessous du président de la république, nous avons placé un vice-président, présenté par lui, nommé par l'assemblée nationale, qui marche à la tête du conseil d'Etat, et auquel l'assemblée voudra sans doute assurer aussi une situation honorable et digne de celui qui peut être appelé à remplacer le président de la république dans le cas où celui-ci est empêché par une cause ou par une autre de remplir ses hautes fonctions.

Le pouvoir législatif et le pouvoir exécutif agissent sur l'administration intérieure, à laquelle nous n'avons apporté que des modifications peu importantes, si ce n'est la création d'un conseil cantonal réclamé depuis longtemps, et qui peut devenir l'agent le plus utile pour une réparation plus équitable de l'impôt, et surtout pour assurer le bienfait de l'instruction et de l'éducation, qui est, sous le régime républicain, le premier besoin de la société, le premier devoir du gouvernement, l'instrument le plus actif, le plus pacifique et le plus sûr de la moralité et des progrès des populations.

POUVOIR JUDICIAIRE.

L'essence même de la république, citoyens représentants, c'est que tout émane du peuple, tout en dérive et tout s'y appuie. Le pouvoir législatif exprime sa volonté dans la loi ; le pouvoir exécutif en assure la force ; le pouvoir judiciaire la sanctionne chaque jour en l'appliquant. Il nous restait donc à organiser ce troisième pouvoir, et c'est le dernier objet de notre projet de constitution.

Ici nous passerons rapidement, car nous rencontrons des principes acceptés, des idées générales réalisées dans nos codes ; les innovations que nous avons faites dans notre projet n'ont rencontré non plus aucune résistance. Il nous suffit donc de les indiquer, car à quoi bon défendre ce qui n'est point attaqué?

Ce qui tient au personnel de la magistrature et aux garanties que la société lui donne et doit exiger d'elle trouvera mieux sa place dans la discussion d'une loi spéciale. Nous avons seulement voulu poser une règle, c'est que l'indépendance du juge, qui est sans cesse aux prises avec les intérêts et les passions individuelles, doit être mise hors de toute atteinte.

Aux tribunaux existants, nous avons ajouté un tribunal administratif supérieur, qui décide en dernier ressort sur les contestations que l'action si pénétrante de l'administration peut soulever. Ce tribunal administratif existe au premier degré dans chaque département, et nous avons fait intervenir les conseils généraux et le conseil d'État dans la désignation des magistrats de cet ordre.

Le caractère des procès n'est jamais amiable, mais il n'est pas toujours simple : la nature des intérêts le complique aussi bien que la qualité des parties ; il s'élève donc souvent des conflits d'attributions entre l'autorité administrative et l'autorité judiciaire. La première les avait jusqu'à présent tranchés de son plein pouvoir ; nous avons créé un tribunal particulier qui aura la juridiction des conflits.

La responsabilité qui accompagne tous les actes des fonctionnaires politiques ou administratifs avait été écrite dans les constitutions précédentes, mais elle y figurait pour l'honneur des principes et comme une de ces décorations de théâtre destinées à plaire à ceux qui se contentent du phénomène de la contemplation. La liberté républicaine exige que la responsabilité soit réelle, point tracassière, mais point décevante ; c'est pour cela que notre projet constitue une haute cour de justice où l'assemblée nationale peut renvoyer ses propres membres, les ministres et le président de la république. Quant aux autres fonctionnaires, ils auront pour juges, soit les tribunaux civils, soit le conseil d'État, suivant les fautes ou les délits qui leur seront imputés. Nous avons composé la haute cour de justice d'après la donnée de nos cours d'assises : des juges de la cour de cassation y prononceront la peine ; un jury tiré au sort dans les conseils généraux des départements prononcera sur la culpabilité. En créant un tribunal nouveau, nous avons conservé les formes éprouvées, et les garanties du droit commun.

Le jury est, à nos yeux, une institution amie de la liberté, une magistrature d'équité et de bon sens ; imprégnée des sentiments populaires dont elle sort, où elle se retrempe sans cesse, nous aurions voulu la développer et l'étendre progressivement au jugement des matières correctionnelles et de quelques procès civils. C'était notre premier projet ; il a rencontré dans tous vos bureaux, nous sommes forcés de l'avouer, une opposition si générale et si rude, que nous avons dû nous résigner au silence de la défaite. Nous n'en conservons pas moins la confiance qu'il viendra un jour moins dur pour le jury, moins propice au praticien, et où la loi simplifiant, abrégeant, élaguant les broussailles souvent épaisses de la procédure, donnera raison à notre opinion que nous sommes forcés d'ensevelir provisoirement dans la solitude de nos espérances.

Il est une autre question qui a rencontré aussi une opposition non moins formidable : c'est l'interdiction du remplacement. Votre commission, un instant ébranlée, a discuté de nouveau cet important sujet; elle était certaine de trouver la justification de sa première pensée dans le principe d'égalité qui doit régler tous les impôts de la république, et principalement celui qu'on a énergiquement appelé l'impôt du sang. Vouloir que la pauvreté le paie et que la richesse s'en affranchisse par l'argent lui a paru une iniquité monstrueuse. Frappée toutefois de la résistance des bureaux et des vives réclamations de nombreux pétitionnaires, et d'un certain bruit de l'opinion qu'il faut savoir respecter, même dans ses préjugés et ses erreurs, frappée aussi des objections raisonnables, puissantes qui lui avaient été apportées, la commission s'est éclairée de nouveau en écoutant le président du conseil et le ministre de la guerre. Nous ne reproduirons pas ici, de peur de les affaiblir, les arguments pleins de vigueur et de clarté qui nous ont décidés à persister dans notre premier projet : ces arguments auront la parole à la tribune. Quant à nous, nous n'avons pas voulu démentir un principe, heurter l'égalité et supprimer ce qui nous avait paru commandé par la justice.

Nous reconnaissons toutefois que cette interdiction absolue au remplacement militaire est essentiellement liée à une bonne loi de recrutement, à l'abréviation du temps de service, et la commission, pour ne pas compromettre le principe en l'isolant, vous propose d'en ajourner la discussion au moment où la loi d'organisation militaire vous sera soumise.

Tel est, citoyens, l'ensemble de notre projet résumé dans une analyse trop longue, bien que nous nous soyons efforcés de la réduire aux points les plus saillants.

Si parfaites qu'en fussent les dispositions (et elles n'ont pas des prétentions aussi téméraires), elles ne sauraient enchaîner le temps et les esprits. Elles sont temporaires, faites pour une saison de la vie du peuple, et les générations qui se succèdent, et l'opinion qui se modifie, et la souveraineté du peuple, conservent toujours le droit de réviser la constitution.

Nous nous sommes bornés à conserver ce droit, qui est de toute évidence, et à l'entourer de ces formes solennelles qu'une assemblée doit toujours apporter dans ses actes quand il s'agit de toucher à la loi fondamentale d'une société. Cette loi néanmoins peut demeurer incomplète, être affaiblie ou détournée de sa voie, si on la sépare des lois organiques qui en forment l'annexe nécessaire. Il nous a donc paru utile d'écrire dans la constitution un article où l'assemblée nationale s'engageât à faire ces lois. Mais cette question, dont nous avions été saisis par deux projets de décrets en sens opposé, proposés par deux de nos collègues, ayant donné lieu à quelques débats, nous vous expliquerons dans un rapport spécial les motifs de cette décision dont nous nous contentons aujourd'hui de donner la substance.

Notre motif principal et dominant, nous ne le déguisons pas, c'est que vous êtes appelés, non pas seulement à écrire des principes de liberté dans les pages d'un code, mais à fonder la république.

L'œuvre est grande et digne de vous, citoyens représentants! Malgré les clameurs ou les ténébreuses manœuvres des partis, malgré les regrets, le dépit, la rancune, le doute, les hésitations de tous ceux qui obéissent ou à des préjugés ou à des habitudes d'un autre régime, l'ère nouvelle a commencé pour les nations européennes. Prédite par le génie, elle se réalise par la raison, et cette lumière que rien n'arrête illumine de sa clarté la civilisation des vieux continents, comme elle a guidé de sa brillante étoile la jeune civilisation américaine. Les peuples ont grandi par l'éducation ; ils ont compris leur souveraineté, ils ont la confiance de leur force, ils sentent qu'à eux seuls appartient le droit de se régir, de se gouverner, et la république seule peut donner à cette souveraineté du peuple son organe et sa garantie.

Grâce à elle, la vie politique se régit par le suffrage universel, par la loi ; la vie économique s'agrandit par le travail, la vie morale par la fraternité. L'individu est armé de tous les moyens de perfectionnement, le corps social de tous les instruments du progrès, l'ordre de tous les éléments de force, de droit, de justice ; le peuple, enfin, de tout ce qui peut lui donner le sentiment de sa grande destinée et de tous les secours nécessaires pour l'accomplir.

Tenez pour certain qu'il n'y a pas aujourd'hui dans le monde des intelligences un autre centre de gravitation ; il faut ou le suivre ou s'y attacher, ou rétrograder dans l'espace, aller à la dérive comme une comète déroutée. Il faut ou organiser pacifiquement la démocratie dans cette voie des améliorations, ou revenir, à travers les ruines et le sang, à un état qui recommencerait pour tomber encore ; il faut ou marcher résolûment dans la route ouverte par la république, ou se jeter dans les révolutions ; marquer sa décadence par ces oscillations maladives et faire signe alors à la barbarie qu'elle vienne régénérer un sang vieilli et faire disparaître de la carte de l'Europe cette patrie qui en fut pendant de longs siècles la lumière, l'orgueil et l'espoir.

Que tous les amis de cette France apportent à la république le concours de leur peine, de leur volonté, de leur talent. C'est à vous qu'il appartient de les appeler, de les unir. Fondez d'une main ferme les principes républicains, fortifiez-les par les institutions organiques où ils puiseront la vie ; fiez-vous ensuite au bon sens, à la dignité de ce peuple : il ne souffrira pas qu'on lui ravisse ce qu'il a conquis ; il ne se dégradera pas aux yeux du monde en abaissant son propre droit devant les emblèmes finis du passé. C'est pour lui que vous aurez construit, élargi le monument ; il le prendra sous sa garde et bénira votre sagesse qui l'aura élevé.

CONSTITUTION FRANÇAISE

DE 1848.

En présence de Dieu, et au nom du peuple français, l'assemblée nationale proclame :

I.

La France s'est constituée en république. En adoptant cette forme définitive de gouvernement, elle s'est proposé pour but de marcher plus librement dans la voie du progrès et de la civilisation, d'assurer une répartition de plus en plus équitable des charges et des avantages de la société, d'*augmenter* l'aisance de chacun, par la réduction graduée des dépenses publiques et des impôts, et de faire parvenir tous les citoyens, sans nouvelle commotion, par l'action successive et constante des institutions et des lois, à un degré toujours plus élevé de moralité, de lumières et de bien-être.

II.

La république française est démocratique, une et indivisible.

III.

Elle reconnaît des droits et des devoirs antérieurs et supérieurs aux lois positives.

IV.

Elle a pour principe : la Liberté, l'Égalité et la Fraternité.
Elle a pour base : la famille, le travail, la propriété et l'ordre public.

V.

Elle respecte les nationalités étrangères, comme elle entend faire respecter la sienne ; n'entreprend aucune guerre dans des vues de conquête, et n'emploie jamais ses forces contre la liberté d'aucun peuple.

VII.

Des devoirs réciproques obligent les citoyens envers la république, et la république envers les citoyens.

VII.

Les citoyens doivent aimer la patrie, servir la république, la défendre au prix de leur vie, participer aux charges de l'Etat en proportion de leur fortune ; ils doivent s'assurer, par le travail, des moyens d'existence, et, par la prévoyance, des ressources pour l'avenir ; ils doivent concourir au bien-être commun en s'entr'aidant fraternellement les uns les autres, et à l'ordre général en observant les lois morales et les lois écrites qui régissent la société, la famille et l'individu.

VIII.

La république doit protéger le citoyen dans sa personne, sa famille, sa religion, sa propriété, son travail, et mettre à la portée de chacun l'instruction indispensable à tous les hommes ; elle doit, par une assistance fraternelle, assurer l'existence des citoyens nécessiteux, soit en leur procurant du travail dans les limites de ses ressources, soit en donnant, à défaut de la famille, des secours à ceux qui sont hors d'état de travailler.

En vue de l'accomplissement de tous ces devoirs, et pour la garantie de tous ces droits, l'assemblée nationale, fidèle aux traditions des grandes assemblées qui ont inauguré la révolution française, décrète, ainsi qu'il suit, la constitution de la république.

CONSTITUTION.

CHAPITRE I.

DE LA SOUVERAINETÉ.

Art. 1er La souveraineté réside dans l'universalité des citoyens français.
Elle est inaliénable et imprescriptible.
Aucun individu, aucune fraction du peuple ne peut s'en attribuer l'exercice.

CHAPITRE II.

DROITS DES CITOYENS GARANTIS PAR LA CONSTITUTION.

Art. 2. Nul ne peut être arrêté ou détenu que suivant les prescriptions de la loi.

Art. 3. La demeure de toute personne habitant le territoire français est inviolable ; il n'est permis d'y pénétrer que selon les formes et dans les cas prévus par la loi.

Art. 4. Nul ne sera distrait de ses juges naturels. Il ne pourra être créé de commissions et de tribunaux extraordinaires, à quelque titre et sous quelque dénomination que ce soit.

Art. 5. La peine de mort est abolie en matière politique.

Art. 6. L'esclavage ne peut exister sur aucune terre française.

Art. 7. Chacun professe librement sa religion, et reçoit de l'État, pour l'exercice de son culte, une égale protection.

Les ministres, soit des cultes actuellement reconnus par la loi, soit de ceux qui seraient reconnus à l'avenir, ont le droit de recevoir un traitement de l'État.

Art. 8. Les citoyens ont le droit de s'associer, de s'assembler paisiblement et sans armes, de pétitionner, de manifester leurs pensées par la voie de la presse ou autrement.

L'exercice de ces droits n'a pour limites que les droits ou la liberté d'autrui, et la sécurité publique.

La presse ne peut, en aucun cas, être soumise à la censure.

Art. 9. L'enseignement est libre. La liberté d'enseignement s'exerce selon les conditions de capacité et de moralité déterminées par les lois, et sous la surveillance de l'État.

Cette surveillance s'étend à tous les établissements d'éducation et d'enseignement, sans aucune exception.

Art. 10. Tous les citoyens sont également admissibles à tous les emplois publics, sans autre motif de préférence que leur mérite, et suivant les conditions qui seront fixées par les lois.

Sont abolis à toujours tout titre nobiliaire, toute distinction de naissance, de classe ou de caste.

Art. 11. Toutes les propriétés sont inviolables. Néanmoins l'État peut exiger le sacrifice d'une propriété pour cause d'utilité publique légalement constatée, et moyennant une juste et préalable indemnité.

Art. 12. La confiscation des biens ne pourra jamais être rétablie.

Art. 13. La constitution garantit aux citoyens la liberté du travail et de l'industrie.

La société favorise et encourage le développement du travail par l'enseignement primaire gratuit, l'éducation professionnelle, l'égalité de rapports entre le patron et l'ouvrier, les institutions de prévoyance et de crédit, les institutions agricoles, les associations volontaires et l'établissement par l'État, les départements et les communes, de travaux publics propres à employer les bras inoccupés ; elle fournit l'assistance aux enfants abandonnés, aux infirmes et aux vieillards sans ressources, et que leurs familles ne peuvent secourir.

Art. 14. La dette publique est garantie.

Toute espèce d'engagement pris par l'État avec ses créanciers est inviolable.

Art. 15. Tout impôt est établi pour l'utilité commune.

Chacun y contribue en proportion de ses facultés et de sa fortune.

Art. 16 Aucun impôt ne peut être établi ni perçu qu'en vertu de la loi.

Art. 17. L'impôt direct n'est consenti que pour un an.

Les impositions indirectes peuvent être consenties pour plusieurs années.

CHAPITRE III.

DES POUVOIRS PUBLICS.

Art. 18. Tous les pouvoirs publics, quels qu'ils soient, émanent du peuple. Ils ne peuvent être délégués héréditairement.

Art. 19. La séparation des pouvoirs est la première condition d'un gouvernement libre.

CHAPITRE IV.

DU POUVOIR LÉGISLATIF.

Art. 20. Le peuple français délègue le pouvoir législatif à une assemblée unique.

Art. 21. Le nombre total des représentants du peuple sera de sept cent cinquante, y compris les représentants de l'Algérie et des colonies françaises.

Art. 22. Ce nombre s'élèvera à neuf cents pour les assemblées qui seront appelées à réviser la constitution.

Art. 23. L'élection a pour base la population.

Art. 24. Le suffrage est direct et universel. Le scrutin est secret.

Art. 25. Sont électeurs, *sans condition de cens*, tous les Français âgés de vingt-un ans, et jouissant de leurs droits civils et politiques.

Art. 26. Sont éligibles, sans condition de domicile, tous les *électeurs* âgés de vingt-cinq ans.

Art. 27. La loi électorale déterminera les causes qui peuvent priver un citoyen français du droit d'élire et d'être élu.

Elle désignera les citoyens qui, exerçant ou ayant exercé des fonctions dans un département ou un ressort territorial, ne pourront y être élus.

Art. 28. Toute fonction publique rétribuée est incompatible avec le mandat de représentant du peuple.

Aucun membre de l'assemblée nationale ne peut, pendant la durée de la législature, être nommé ou promu à des fonctions publiques salariées, dont les titulaires sont choisis à volonté par le pouvoir exécutif.

Les exceptions aux dispositions des deux paragraphes précédents seront déterminées par la loi électorale organique.

Art. 29. Les dispositions de l'article précédent ne ne sont pas applicables aux assemblées élues pour la révision de la constitution.

Art. 30. L'élection des représentants se fera par département, et au scrutin de liste.

Les électeurs voteront au chef-lieu de canton. Néanmoins, en raison des circonstances locales, le canton pourra être divisé en plusieurs circonscriptions, dans la forme et aux conditions qui seront déterminées par la loi électorale.

Art. 31. L'assemblée nationale est élue pour trois ans, et se renouvelle intégralement.

Quarante-cinq jours au plus tard avant la fin de la législature, une loi détermine l'époque des nouvelles élections.

Si aucune loi n'est intervenue dans le délai fixé par le paragraphe précédent, les électeurs se réunissent de plein droit le trentième jour qui précède la fin de la législature.

La nouvelle assemblée est convoquée de plein droit pour le lendemain du jour où finit le mandat de l'assemblée précédente.

Art. 32. Elle est permanente.

Néanmoins, elle peut s'ajourner à un jour qu'elle fixe.

Pendant la durée de la prorogation, une commission, composée des membres du bureau et de vingt-cinq représentants nommés par l'assemblée au scrutin secret et à la majorité absolue, a le droit de la convoquer en cas d'urgence.

Le président de la république a aussi le droit de convoquer l'assemblée.

L'assemblée nationale détermine le lieu de ses séances. Elle fixe l'importance des forces militaires établies pour sa sûreté, et elle en dispose.

Art. 33. Les représentants sont toujours rééligibles.

Art. 34. Les membres de l'assemblée nationale sont les représentants, non du département qui les nomme, mais de la France entière.

Art. 35. Ils ne peuvent recevoir de mandat impératif.

Art. 36. Les représentants du peuple sont inviolables.

Ils ne pourront être recherchés, accusés ni jugés, en aucun temps, pour les opinions qu'ils auront émises dans le sein de l'assemblée nationale.

Art. 37. Ils ne peuvent être arrêtés en matière criminelle, sauf le cas de flagrant délit, ni poursuivis qu'après que l'assemblée a permis la poursuite.

En cas d'arrestation pour flagrant délit, il en sera immédiatement référé à l'assemblée, qui autorisera ou refusera la continuation des poursuites.

Cette disposition s'applique au cas où un citoyen détenu est nommé représentant.

Art. 38. Chaque représentant du peuple reçoit une indemnité à laquelle il ne peut renoncer.

Art. 39. Les séances de l'assemblée sont publiques.

Néanmoins, l'assemblée peut se former en comité secret, sur la demande du nombre de représentants fixé par le réglement.

Chaque représentant a le droit d'initiative parlementaire, qu'il exercera selon les formes déterminées par le réglement.

Art. 40. La présence de la moitié plus un des membres de l'assemblée est nécessaire pour la validité du vote des lois.

Art. 41. Aucun projet de loi, sauf le cas d'urgence, ne sera voté définitivement qu'après trois délibérations, à des intervalles qui ne peuvent pas être moindres de cinq jours.

Art. 42. Toute proposition ayant pour objet de déclarer l'urgence est précédée d'un exposé des motifs.

Si l'assemblée est d'avis de donner suite à la proposition d'urgence, elle en ordonne le renvoi dans les bureaux, et fixe le moment *où le rapport sur l'urgence lui sera présenté*.

Sur ce rapport, si l'assemblée reconnaît l'urgence, elle le déclare et fixe le moment de la discussion.

Si elle décide qu'il n'y a pas d'urgence, le projet suit le cours des propositions ordinaires.

CHAPITRE V.

DU POUVOIR EXÉCUTIF.

Art. 43. Le peuple français délègue le pouvoir exécutif à un citoyen qui reçoit le titre de président de la république.

Art. 44. Le président doit être né Français, âgé de trente ans au moins, et n'avoir jamais perdu la qualité de Français.

Art. 45. Le président la république est élu pour quatre ans, et n'est rééligible qu'après un intervalle de quatre années.

Ne peuvent non plus être élus après lui, dans le même intervalle, ni le vice-président, ni aucun des parents ou alliés du président, jusqu'au sixième degré inclusivement.

Art. 46. L'élection a lieu de plein droit le deuxième dimanche du mois de mai.

Dans le cas où, par suite de décès, de démission ou de toute autre cause, le président serait élu à une autre époque, ses pouvoirs expireront le deuxième dimanche du mois de mai de la quatrième année qui suivra son élection.

Le président est nommé au scrutin secret et à la majorité absolue des votants, par le suffrage direct de tous les électeurs des départements français et de l'Algérie.

Art. 47. Les procès-verbaux des opérations électorales sont transmis immédiatement à l'assemblée nationale, qui statue sans délai sur la validité de l'élection et proclame le président de la république.

Si aucun candidat n'a obtenu plus de la moitié des suffrages exprimés, et au moins deux millions de voix, ou si les conditions exigées par l'article 44 ne sont pas remplies, l'assemblée nationale élit le président de la république, à la majorité absolue et au scrutin secret parmi les cinq candidats éligibles qui ont obtenu le plus de voix.

Art. 48. Avant d'entrer en fonctions, le président de la république prête au sein de l'assemblée nationale le serment dont la teneur suit :

« En présence de Dieu et devant le peuple français, représenté par l'as-
« semblée nationale, je jure de rester fidèle a la république démocratique,
« une et indivisible, et de remplir tous les devoirs que m'impose la consti-
« tution. »

Art. 49. Il a le droit de faire présenter des projets de loi à l'assemblée nationale par les ministres.

Il surveille et assure l'exécution des lois.

Art. 50. Il dispose de la force armée, sans pouvoir jamais la commander en personne.

Art. 51. Il ne peut céder aucune portion du territoire, ni dissoudre, ni proroger l'assemblée nationale, ni suspendre, en aucune manière, l'empire de la constitution et des lois.

Art. 52. Il présente, chaque année, par un message à l'assemblée nationale, l'exposé de l'état général des affaires de la république.

Art. 53. Il négocie et ratifie les traités.

Aucun traité n'est définitif qu'après avoir été approuvé par l'assemblée nationale.

Art. 54. Il veille à le défense de l'Etat, mais il il ne peut entreprendre aucune guerre sans le consentement de l'assemblée nationale.

Art. 55. Il a le droit de faire grâce; mais il ne peut exercer ce droit qu'après avoir pris l'avis du conseil d'Etat.

Les amnisties ne peuvent être accordées que par une loi.

Le président de la république, les ministres ainsi que toutes autres personnes condamnées par la haute-cour de justice ne peuvent être graciés que par l'assemblée nationale.

Art. 56. Le président de la république promulgue les lois au nom du peuple français.

Art. 57. Les lois d'urgence sont promulguées dans le délai de trois jours, et les autres lois dans le délai d'un mois, à partir du jour où elles auront été adoptées par l'assemblée nationale.

Art. 58. Dans le délai fixé pour la promulgation, le président de la république peut, par un message motivé, demander une nouvelle délibération.

L'assemblée délibère; sa résolution devient définitive; elle est transmise au président de la république.

En ce cas, la promulgation a lieu dans le délai fixé pour les lois d'urgence.

Art. 59. A défaut de promulgation par le président de la république, dans les délais déterminés par les articles précédents, il y sera pourvu par le président de l'assemblée nationale.

Art. 60. Les envoyés et les ambassadeurs des puissances étrangères sont accrédités auprès du président de la république.

Art. 61. Il préside aux solennités nationales.

Art. 62. Il est logé aux frais de la république, et reçoit un traitement de six cent mille francs par an.

Art. 63. Il réside au lieu où siége l'assemblée nationale, et ne peut sortir du territoire continental de la république sans y être autorisé par une loi.

Art. 64. Le président de la république nomme et révoque les ministres.

Il nomme et révoque, en conseil des ministres, les agents diplomatiques, les commandants en chef des armées de terre et de mer, les préfets, le commandant supérieur des gardes nationales de la Seine, les gouverneurs de l'Algérie et des colonies, les procureurs généraux et autres fonctionnaires d'un ordre supérieur.

Il nomme et révoque, sur la proposition du ministre compétent, dans les conditions réglementaires déterminées par la loi, les agents secondaires du gouvernement.

Art. 65. Il a le droit de suspendre, pour un terme qui ne pourra excéder trois mois, les agents du pouvoir exécutif élus par les citoyens.

Il ne peut les révoquer que de l'avis du conseil d'État.

La loi détermine les cas où les agents révoqués peuvent être déclarés inéligibles aux mêmes fonctions.

Cette déclaration d'inéligibilité ne pourra être prononcée que par un jugement.

Art. 66. Le nombre des ministres et leurs attributions sont fixés par le pouvoir législatif.

Art. 67. Les actes du président de la république, autres que ceux par lesquels il nomme et révoque les ministres, n'ont d'effet que s'ils sont contresignés par un ministre.

Art. 68. Le président de la république, les ministres, les agents et dépositaires de l'autorité publique, sont responsables, chacun en ce qui les concerne, de tous les actes du gouvernement et de l'administration.

Toute mesure par laquelle le président de la république dissout l'assemblée nationale, la proroge ou met obstacle à l'exercice de son mandat, est un crime de haute trahison.

Par ce seul fait, le président est déchu de ses fonctions; les citoyens sont tenus de lui refuser obéissance; le pouvoir exécutif passe de plein droit à l'assemblée nationale; les juges de la haute-cour de justice se réunissent immédiatement, à peine de forfaiture; ils convoquent les jurés dans le lieu qu'ils désignent pour procéder au jugement du président et de ses complices; ils nomment eux-mêmes les magistrats chargés de remplir les fonctions du ministère public.

Une loi déterminera les autres cas de responsabilité, ainsi que les formes et les conditions de la poursuite.

Art. 69. Les ministres ont entrée dans le sein de l'assemblée nationale; ils sont entendus toutes les fois qu'ils le demandent, et peuvent se faire assister par des commissaires nommés par un décret du président de la république.

Art. 70. Il y a un vice-président de la république nommé par l'assemblée nationale sur la présentation de trois candidats, faite par le président, dans le mois qui suit son élection.

Le vice-président prête le même serment que le président.

Le vice-président ne pourra être choisi parmi les parents et alliés du président, jusqu'au sixième degré inclusivement.

En cas d'empêchement du président, le vice-président le remplace.

Si la présidence devient vacante par décès, démission du président, ou autrement, il est procédé dans le mois à l'élection d'un président.

CHAPITRE VI.

DU CONSEIL D'ÉTAT.

Art. 71. Il y aura un conseil d'État, dont le vice-président de la république sera de droit président.

Art. 72. Les membres de ce conseil sont nommés pour six ans par l'assemblée nationale; ils sont renouvelés par moitié dans les deux premiers mois de chaque législature, au scrutin secret et à la majorité absolue.

Ils sont indéfiniment rééligibles.

Art. 73. Ceux des membres du conseil d'État qui auront été pris dans le sein de l'assemblée nationale seront immédiatement remplacés comme représentants du peuple.

Art. 74. Les membres du conseil d'État ne peuvent être révoqués que par l'assemblée et sur la proposition du président de la république.

Art. 75. Le conseil d'État est consulté sur les projets de loi du gouvernement, qui, d'après la loi, devront être soumis à son examen préalable, et sur les projets d'initiative parlementaire que l'assemblée lui aura renvoyés.

Il prépare les règlements d'administration publique; il fait seul ceux de ces règlements à l'égard desquels l'assemblée nationale lui a donné une délégation spéciale.

Il exerce à l'égard des administrations publiques tous les pouvoirs de contrôle et de surveillance qui lui sont déférés par la loi.

La loi réglera ses autres attributions.

CHAPITRE VII.

DE L'ADMINISTRATION INTÉRIEURE.

Art. 76. La division du territoire en départements, arrondissements, cantons et communes, est maintenue. Les circonscriptions actuelles ne pourront être changées que par la loi.

Art. 77. Il y a 1° dans chaque département une administration composée d'un préfet, d'un conseil général, d'un conseil de préfecture;

2° Dans chaque arrondissement, un sous-préfet;

3° Dans chaque canton, un conseil cantonnal. Néanmoins, un seul conseil cantonnal sera établi dans les villes divisées en plusieurs cantons;

4° Dans chaque commune, une administration composée d'un maire, d'adjoints et d'un conseil municipal.

Art. 78. Une loi déterminera la composition et les attributions des conseils généraux, des conseils cantonnaux, des conseils municipaux, et le mode de nomination des maires et des adjoints.

Art. 79. Les conseils généraux et les conseils municipaux sont élus par le suffrage direct de tous les citoyens domiciliés dans le département ou dans la commune. Chaque canton élit un membre du conseil général.

Une loi spéciale réglera le mode d'élection dans le département de la Seine, dans la ville de Paris et dans les villes de plus de vingt mille âmes.

Art. 80. Les conseils généraux, les conseils cantonnaux et les conseils municipaux peuvent être dissous par le président de la république, de l'avis du conseil d'État. La loi fixera le délai dans lequel il sera procédé à la réélection.

CHAPITRE VIII.

DU POUVOIR JUDICIAIRE.

Art. 81. La justice est rendue gratuitement au nom du peuple français.
Les débats sont publics, à moins que la publicité ne soit dangereuse pour l'ordre ou les mœurs; et, dans ce cas, le tribunal le déclare par un jugement.
Art. 82. Le jury continuera d'être appliqué en matière criminelle.
Art. 83. La connaissance de tous les délits politiques et de tous les délits commis par la voie de la presse appartient exclusivement au jury.
Les lois organiques détermineront la compétence en matière de délits d'injures et de diffamation contre les particuliers.
Art. 84. Le jury statue seul sur les dommages-intérêts réclamés pour faits ou délits de presse.
Art. 85. Les juges de paix et leurs suppléants, les juges de première instance et d'appel, les membres de la cour de cassation et de la cour des comptes, sont nommés par le président de la république, d'après un ordre de candidature ou d'après des conditions qui seront réglées par les lois organiques.
Art. 86. Les magistrats du ministère public sont nommés par le président de la république.
Art. 87. Les juges de première instance et d'appel, les membres de la cour de cassation et de la cour des comptes sont nommés à vie.
Ils ne peuvent être révoqués ou suspendus que par un jugement, ni mis à la retraite que pour les causes et dans les formes déterminées par les lois.
Art. 88. Les conseils de guerre et de révision des armées de terre et de mer, les tribunaux maritimes, les tribunaux de commerce, les prud'hommes et autres tribunaux spéciaux, conservent leur organisation et leurs attributions actuelles, jusqu'à ce qu'il y ait été dérogé par une loi.
Art. 89. Les conflits d'attributions entre l'autorité administrative et l'autorité judiciaire seront réglés par un tribunal spécial de membres de la cour de cassation et de conseillers d'Etat, désignés tous les trois ans en nombre égal par leurs corps respectifs.
Ce tribunal sera présidé par le ministre de la justice.
Art. 90. Les recours pour incompétence et excès de pouvoir contre les arrêts de la cour des comptes seront portés devant la juridiction des conflits.
Art. 91. Une haute-cour de justice juge sans appel ni recours en cassation les accusations portées par l'assemblée nationale contre le président de la république ou les ministres.
Elle juge également toutes personnes prévenues de crimes, attentats ou complots contre la sûreté intérieure ou extérieure de l'État, que l'assemblée nationale aura renvoyées devant elle.
Sauf le cas prévu par l'article 68, elle ne peut être saisie qu'en vertu d'un décret de l'assemblée nationale, qui désigne la ville où la cour tiendra ses séances.
Art. 92. La haute-cour est composée de cinq juges et de trente-six jurés.
Chaque année, dans les quinze premiers jours du mois de novembre, la cour de cassation nomme, parmi ses membres, au scrutin secret et à la majorité absolue, les juges de la haute-cour, au nombre de cinq et deux suppléants. Les cinq juges appelés à siéger feront choix de leur président.
Les magistrats remplissant les fonctions du ministère public sont désignés par le président de la république, et, en cas d'accusation du président ou des ministres, par l'assemblée nationale.
Les jurés, au nombre de trente-six et quatre jurés suppléants, sont pris parmi les membres des conseils généraux des départements.

Les représentants du peuple n'en peuvent faire partie.

Art. 93. Lorsqu'un décret de l'assemblée nationale a ordonné la formation de la haute-cour de justice, et dans le cas prévu par l'article 68, sur la réquisition du président ou de l'un des juges, le président de la cour d'appel, et à défaut de cour d'appel, le président du tribunal de première instance du chef-lieu judiciaire du département, tire au sort, en audience publique, le nom d'un membre du conseil général.

Art. 94. Au jour indiqué pour le jugement, s'il y a moins de soixante jurés présents, ce nombre sera complété par des jurés supplémentaires tirés au sort par le président de la haute-cour, parmi les membres du conseil général du département où siégera la cour.

Art. 95. Les jurés qui n'auront pas produit d'excuse valable seront condamnés à une amende de mille à dix mille francs, et à la privation des droits politiques pendant cinq ans au plus.

Art. 96. L'accusé et le ministère public exercent le droit de récusation comme en matière ordinaire.

Art. 97. La déclaration du jury, portant que l'accusé est coupable, ne peut être rendue qu'à la majorité des deux tiers des voix.

Art. 98. Dans tous les cas de responsabilité des ministres, l'assemblée nationale peut, selon les circonstances, renvoyer le ministre inculpé, soit devant la haute-cour de justice, soit devant les tribunaux ordinaires pour les réparations civiles.

Art. 99. L'assemblée nationale et le président de la république peuvent, dans tous les cas, déférer l'examen des actes de tout fonctionnaire, autre que le président de la république, au conseil d'État, dont le rapport est rendu public.

Art. 100. Le président de la république n'est justiciable que de la haute-cour de justice.

Il ne peut, à l'exception du cas prévu par l'article 68, être poursuivi que sur l'accusation portée par l'assemblée nationale pour crimes et délits qui seront déterminés par la loi.

CHAPITRE IX.

DE LA FORCE PUBLIQUE.

Art. 101. La force publique est instituée pour défendre l'État contre les ennemis du dehors, et pour assurer au dedans le maintien de l'ordre et l'exécution des lois.

Elle se compose de la garde nationale et de l'armée de terre et de mer.

Art. 102. Tout Français, sauf les exceptions fixées par la loi, doit le service militaire et celui de la garde nationale.

La faculté pour chaque citoyen de se libérer du service militaire personnel sera réglée par la loi du recrutement.

Art. 103. L'organisation de la garde nationale et la constitution de l'armée seront réglées par la loi.

Art. 104. La force publique est essentiellement obéissante.

Nul corps armé ne peut délibérer.

Art. 105. La force publique, employée pour maintenir l'ordre à l'intérieur, n'agit que sur la réquisition des autorités constituées, suivant les règles déterminées par le pouvoir législatif.

Art. 106. Une loi déterminera les cas dans lesquels l'état de siége pourra être déclaré, et réglera les formes et les effets de cette mesure.

Art. 107. Aucune troupe étrangère ne peut être introduite sur le territoire français sans le consentement préalable de l'assemblée nationale.

CHAPITRE X.

DISPOSITIONS PARTICULIÈRES.

Art. 108. La Légion-d'Honneur est maintenue; ses statuts seront révisés et mis en harmonie avec la constitution.

Art. 109. Le territoire de l'Algérie et des colonies est déclaré territoire français, et sera régi par des lois particulières, jusqu'à ce qu'une loi spéciale les place sous le régime de la présente constitution.

Art. 110. L'assemblée nationale confie le dépôt de la présente constitution et des droits qu'elle consacre, à la garde et au patriotisme de tous les Français.

CHAPITRE XI.

DE LA RÉVISION DE LA CONSTITUTION.

Art. 111. Lorsque, dans la dernière année d'une législature, l'assemblée nationale aura émis le vœu que la constitution soit modifiée en tout ou en partie, il sera procédé à cette révision de la manière suivante :

Le vœu exprimé par l'assemblée ne sera converti en résolution définitive qu'après trois délibérations consécutives prises chacune à un mois d'intervalle et aux trois quarts des suffrages exprimés. Le nombre des votants devra être de cinq cents au moins.

L'assemblée de révision ne sera nommée que pour trois mois.

Elle ne devra s'occuper que de la révision pour laquelle elle aura été convoquée.

Néanmoins, elle pourra, en cas d'urgence, pourvoir aux nécessités législatives.

CHAPITRE XII.

DISPOSITIONS TRANSITOIRES.

Art. 112. Les dispositions des codes, lois et réglements existants, qui ne sont pas contraires à la présente constitution, restent en vigueur jusqu'à ce qu'il y soit légalement dérogé.

Art. 113. Toutes les autorités constituées par les lois actuelles demeurent en exercice jusqu'à la promulgation des lois organiques qui les concernent.

Art. 114. La loi d'organisation judiciaire déterminera le mode spécial de nomination pour la première composition des nouveaux tribunaux.

Art. 115. Après le vote de la constitution, il sera procédé, par l'assemblée nationale constituante, à la rédaction des lois organiques dont l'énumération sera déterminée par une loi spéciale.

Art. 116. Il sera procédé à la première élection du président de la république, conformément à la loi spéciale rendue par l'assemblée nationale, le 28 octobre 1848.

TABLE DES MATIÈRES

CONTENUES DANS LE QUATRIÈME VOLUME

DE L'HISTOIRE DE LA RÉVOLUTION DE 1848.

CHAPITRE Ier.

(De la page 1 à la page 44.)

Rapport de la commission d'enquête sur les causes des journées de mai et de juin. — Composition de cette commission. — Ce rapport n'est autre chose qu'un réquisitoire contre la république et les républicains. — On y remonte jusqu'à la révolution de février. — Appréciation du rapport par les journaux. — On demande l'impression des pièces à l'appui. — Ledru-Rollin veut se défendre à l'instant même. — Il pulvérise le rapport par sa brillante improvisation. — Protestation de Caussidière et de Louis Blanc. — Manœuvres de la commission durant l'impression des pièces. — Elle est secondée par les progrès incessants de la réaction. — Appréciation des pièces publiées. — Nombreuses réclamations soulevées par le rapport et par les pièces. — Louis Blanc accuse la commission d'avoir tronqué les pièces. — L'œuvre semble démolie avant les débats. — Défense de Ledru-Rollin. — La république, c'est le respect pour la famille et pour la propriété. — Belles paroles à ce sujet. — Grande sensation produite par le discours de Ledru-Rollin. — Les réactionnaires se comptent. — Défense de Louis Blanc. — Il explique le socialisme. — Reprise de la séance. — Louis Blanc combat victorieusement toutes les charges élevées contre lui. — Discours de Caussidière. — Il se défend d'avoir été le chef ou l'un des chefs de l'insurrection. — Il en fournit les preuves les plus convaincantes. — Démenti qu'il donne à son successeur. — Le procureur de la république présente, au milieu de la nuit, une demande en autorisation de poursuites contre Louis Blanc et Caussidière. — Le général Cavaignac somme l'assemblée de terminer les débats. — Réclamations qu'il fait naître. — Le citoyen Flocon proteste contre cette précipitation. — Le côté droit demande la clôture. Caussidière exige que l'on examine les pièces qu'il vient de produire. — 582 voix autorisent les poursuites contre Louis Blanc, à l'égard du 15 mai. — Le citoyen Flocon complète la défense de Caussidière. — Faits graves, mais complétement faux, qu'il signale dans le rapport. — Le sort en est jeté ; les réactionnaires se sont comptés. — 477 voix autorisent les poursuites judiciaires contre Caussidière, sur le fait de la journée du 16 mai — 468 refusent de le faire juger par le conseil de guerre.

CHAPITRE II.

(De la page 44 à la page 88.)

Elections des conseils municipaux. — Manœuvres des réactionnaires à ce sujet. — Connivence des fonctionnaires avec la réaction. — Préfets contre-révolutionnaires nommés par le gouvernement du général Cavaignac. — Bruits sur la prochaine arrivée de Henri V. — Tendances réactionnaires du gouvernement. — Il abandonne l'Italie pour ne pas déplaire à l'Angleterre. — Il sollicite la reconnaissance officielle des rois, comme Louis-Philippe. — Ce que ces vaines reconnaissances coûtèrent à la démocratie et aux peuples. — Rapport successif de tous les bons décrets rendus par le gouvernement provisoire. — Abrogation du décret relatif aux heures de travail. — Rétablissement de l'octroi sur la viande. — Projet de loi pour atteindre les créances hypothécaires. — Il est repoussé par le comité des finances. — Discours de M. Thiers à ce sujet. — Réponse vigoureuse du ministre Goudchaux. — Vote mal entendu contre cet impôt. — Le ministre retire son projet de loi. — Question de concordats amiables. — Proposition faite à ce sujet par Jules Favre et Dupont de Bussac. — La commission change complétement cette proposition. — Grands débats à ce sujet. — L'assemblée rejette la proposition primitive et adopte le projet de la commission. — Projet de loi pour le rétablissement du cautionnement des journaux. — Grands débats qu'il fait naître. — Opinion de Louis Blanc. — Léon Faucher appuie le projet du gouvernement. — Il est combattu par Antony Thouret, Sarrans, Félix Pyat.—Efforts des réactionnaires pour soutenir le projet.—Les citoyens Mathieu (de la Drôme) et Avond le combattent.—Discours de M. Marie. — Proposition nouvelle présentée par M. Bourzat. — Elle est soutenue par Pascal Duprat. — Arguments du rapporteur. — Brillante improvisation du citoyen Ledru-Rollin. — Il défend noblement ses principes et sa personne. — Ses conclusions. — Discours de M. Sénard. — M. Léon Faucher reparaît à la tribune. — Réponse du citoyen Flocon. — L'assemblée vote le cautionnement. — Discussion de la loi sur les crimes et délits de la presse. — Code liberticide sur la presse, fait à coups de rabot. — Le gouvernement puise la dictature dans l'état de siége. — Il suspend quatre nouveaux journaux. — Marche à pleines voiles de la réaction. — Contrainte par corps. — Inscriptions révolutionnaires effacées par les ennemis du peuple. — La république n'existe plus que de nom.

CHAPITRE III.

(De la page 88 à la page 160.)

Proposition du citoyen Lichtenberger pour lever l'état de siége pendant la discussion de l'acte constitutionnel. — Débats à ce sujet. — Discours des citoyens Ledru-Rollin, Favreau, Desmonts et Victor Hugo. — Réponse du général Cavaignac. — L'état de siége est maintenu.—Projet de décret draconien contre la presse.—Il est retiré après discussion. — Proposition du citoyen Crespel-Latouche sur la suppression des journaux. — Le commerce ne se plaint pas de l'état de siége ! — Discussion générale sur le projet de constitution. — Déclaration relative aux lois organiques. — L'assemblée se lie à ce sujet. — Discours du citoyen Audry de Puyraveau sur la constitution. — Question du président. — Les citoyens Jobez, Gerdy, Camille Béranger, Pierre Leroux et Bouvet. Appréciation du discours de Pierre Leroux. — Grands débats sur le préambule. — Discours des citoyens Arnoult, Dufaure, Fayet, Coquerel, Fresneau, Hubert de l'Isle. — On demande la suppression du préambule. — Il est défendu par les citoyens Lamartine et Crémieux. — L'abbé Cazalès fils. — Nouvelle rédaction proposée par le citoyen Jean Raynaud. — Réponse du citoyen Dufaure. — Définition de la démocratie par le citoyen Dupin aîné. — L'assemblée reconnaît des droits et des devoirs antérieurs et supérieurs aux lois positives.—Explications à ce sujet des citoyens Dupin et Freslon. —Grande question du droit au travail.—Amendement du citoyen Mathieu (de la Drôme) à ce sujet. — Opinions des citoyens Gauthier de Rumilly, Pelletier et Tocqueville. — Discours du citoyen Ledru-Rollin. — Il définit le droit au travail et le socialisme. — Réponse du citoyen Duvergier de Hauranne. — Opinion du citoyen Crémieux et des citoyens Barthe et Gaslonde.—Discours du citoyen Arnaud (de l'Ariége.)—Longue improvisation du citoyen Thiers. — Réponse du citoyen Considerant. — Nouveaux athlètes à la tribune. — Bouhier de l'Ecluse, Martin-Bernard, Billault, Dufaure, Lamartine et Goudchaux. — Tempête que ce dernier suscite par ses paroles.—L'amendement du citoyen Mathieu rejeté par une grande majorité. — Nouvelle rédaction du comité sur le droit au travail. — Elle est adoptée. — Appréciation de ces débats par la *Réforme*. — Proposition du citoyen Chapeau sur la sanction du peuple. — Curieuse motion du citoyen Destours relative au suffrage universel. — Réponse du comité de constitution. — Quels législateurs !

CHAPITRE IV.

(De la page 160 à la page 231.)

Pacte fondamental. — Souveraineté mal définie. — Non-rétroactivité des lois. — Question de la peine de mort. — Amendement Buvignier et Coquerel. — Opinion des citoyens Paul Rabuan, de Tracy, Laboulie, Trédern, Lagrange. — Explications du citoyen Vivien, au nom de la commission. — Discours du citoyen Victor Hugo. — Il est combattu par les citoyens Aylies, Freslon et Leroux. — Opinion des citoyens

Victor Lefranc et Buvignier. — La majorité repousse l'abolition de la peine pure et simple. — Amendements. — Crimes politiques. — Abolition de l'esclavage. — Grande discussion sur la liberté des cultes et sur le traitement des ministres des cultes reconnus. — Opinion des citoyens Pierre Leroux, Coquerel, Bourzat, Lavallée. — Discours du citoyen Montalembert. — Maximes. — Elles sont combattues par la *Réforme*. — Le citoyen Jules Simon défend l'université. — L'assemblée rejette l'amendement Montalembert. — Opinion de la commission. — La constitution est votée par secousses. — Question de l'enseignement. — Grande question de l'impôt. — L'impôt proportionnel et l'impôt progressif. — Amendement du citoyen Person. — Il est combattu par le citoyen Servières. — La commission veut rester neutre. — Discours du citoyen Mathieu (de la Drôme). — Il est combattu par le citoyen Deslongrais. — Fantasmagorie de la peur invoquée contre les communistes. — Le ministre des finances repousse l'impôt progressif. — La commission se soumet. — Pouvoirs publics. — Amendement du citoyen Proudhon. — Eternelle question des deux chambres. — Résumé de cette grave question. — Les deux chambres sont demandées par les citoyens Duvergier de Hauranne, Lherbette, Charles Dupin, Odilon Barrot. — Elles sont repoussées par les citoyens Antony Thouret, Marcel Barthe, Lamartine et Dupin aîné. — Rejet des deux chambres. — Question des incompatibilités. — Amendement du citoyen Boussi. — Délégation du pouvoir exécutif à un président. — Opinion de divers journaux. — Le journal des *Débats*. — Grande discussion sur la présidence. — Les démocrates la repoussent. — Opinion de Félix Pyat. — Discours des citoyens Tocqueville, Parrieu. — Opinion de la presse démocrate. — Amendement Grévy. — Il est repoussé par le citoyen Jules de Lasteyrie. — Discours du citoyen Lamartine. — Le citoyen Bac appuie l'amendement Grévy. — Amendement du citoyen Flocon. — Explications personnelles du citoyen Martin (de Strasbourg). — Le citoyen Dufaure défend les intentions de la commission. — Rejet des amendements républicains. — Le sort en est jeté. — Question des exclusions. — Amendements des citoyens Deville et Antony Thouret. — Ils sont rejetés. — Déclaration du citoyen Louis Bonaparte. — La guerre des candidats commence. — Autres questions constitutionnelles. — Attributions du président. — Le côté droit veut en faire un roi. — Question du traitement du président. — Conseil d'Etat. — On demande sa suppression. — Décentralisation de la France. — Question du recrutement. — Opinion des citoyens Thiers et Lamoricière. — Rejet de l'amendement du citoyen Deville. — Fin de la discussion de la constitution de 1848.

CHAPITRE V.

(De la page 231 à la page 258.)

Nouveaux progrès de la faction réactionnaire. — Ligue de tous les contre-révolutionnaires contre la république et les républicains. — Mouvements royalistes dans quelques villes. — Les chefs de la réaction répriment l'impatience de leurs subordonnés. — Ils comptent sur la marche du gouvernement pour arriver à leurs fins. — Politique des intérêts. — Avertissements donnés au gouvernement par les feuilles républicaines. — Elections du mois de septembre. — Leur résultat à Paris met les socialistes en évidence. — Changement partiel du ministère. — Le gouvernement tombe entre les mains des serviteurs de la royauté. — Explications demandées au général Cavaignac. — Il fait un appel aux nouveaux satisfaits. — Démission motivée du préfet de police. — Levée de l'état de siège. — Confiscation de toutes les libertés publiques. — Guerre à mort déclarée aux clubs. — Ils sont défendus pour la dernière fois par les journaux républicains et par le citoyen Bac. — Manifeste du nouveau ministère. — Opposition

TABLE DES MATIÈRES.

à la politique du gouvernement. — Elle est attaquée par Dupont de Bussac et par Ledru-Rollin. — La majorité soutient le général-Cavaignac. — Il ne reste plus que l'ombre de la république. — Adresse au peuple par les représentants républicains. — Campagne des banquets. — Les réactionnaires les dénoncent au pouvoir. — M. Denjoy et le banquet de Toulouse. — Le ministère défend les autorités de cette ville. — Le citoyen Grandin dénonce le banquet des ouvriers. — Le citoyen Bac défend les citoyens qui ont porté des toasts. — Le gouvernement se prononce.

CHAPITRE VI.

(De la page 258 à la page 289.)

L'élection du président absorbe l'attention publique. — Suicide de l'assemblée nationale. — Elle s'occupe de la responsabilité du président — Vœu d'un ajournement émis par les journaux réactionnaires. — L'assemblée y répond en décrétant la série de lois organiques qu'elle doit porter. — Les candidats à la présidence se posent. — Le général Cavaignac porté par le parti des modérés. — Sa circulaire aux fonctionnaires civils et militaires. — Appréciation de sa politique. — Ses amis espèrent un succès complet. — Candidature du général Changarnier. — Le général Bugeaud se met sur les rangs. — Il compte sur les voix des réactionnaires. — Chances qu'aurait eues M. de Lamartine. — Il se trouve séparé des démocrates et délaissé par les réactionnaires. — La candidature du citoyen Ledru-Rollin est présentée comme une protestation contre la présidence. — Elle est fortement appuyée par la montagne, les comités démocratiques, les clubs, les feuilles républicaines et les travailleurs. — Déclaration de la montagne. — Les journaux démocratiques motivent leur choix de Ledru-Rollin. — Décision du congrès électoral à son égard. — Scission entre les *socialistes* et les *politiques*. — Candidature des citoyens Raspail et Louis Blanc. — Si la dernière et l'unique espérance du peuple c'est le socialisme, la première et la seule espérance du socialisme, c'est la république. — Candidature du citoyen Louis Bonaparte. — Journaux et partis qui l'appuient. — Moyens employés pour la faire réussir. — Guerre ignoble que se font les candidats. — Vues des légitimistes en appuyant Louis-Napoléon. — Son manifeste. — Ses promesses. — La question nettement posée. — Article du journal la *Réforme* à ce sujet. — Illusions détruites par le scrutin. — Les démocrates votent pour Louis, en haine du général Cavaignac. — Louis-Napoléon obtient cinq millions et demi de voix. — Il est proclamé président de la république française. — Nouveau ministère. — Barrot. — C'est comme sous la monarchie.

CHAPITRE VII.

(De la page 289 à la page 307.)

Cruelle application de la loi contre les insurgés de juin. — Le parti royaliste veut dormir tranquille. — Activité des commissions militaires et des conseils de guerre. — Condamnations sans jugements. — Protestations de la presse républicaine. — Départ du

CHAPITRE XI.

(De la page 373 à la page 402.)

Déclaration faite le lendemain du 29 janvier par la montagne. — Explication qu'elle donne de la prise d'armes. — Irritation laissée dans les esprits. — Demande d'une enquête sur le 29 janvier. — Discussion sur les incidents de la journée. — Le citoyen Faucher fait l'éloge du ministère. — Le citoyen Bac appuie la proposition d'enquête. — Motifs sur lesquels il appuie son opinion. — Correspondance ministérielle envoyée aux journaux des départements. — Le colonel Guinard défend son collègue Forestier et la république. — Effet produit par ses nobles paroles. — Le citoyen Flocon appuie l'enquête. — Questions de la déportation et de l'amnistie mises à l'ordre du jour. — Les royalistes repoussent la demande d'amnistie. — Motifs allégués par le rapporteur. — Rapport du citoyen Baze sur la mise en accusation des ministres. — La proposition en est repoussée. — L'enquête est aussi rejetée. — Discours du citoyen Perrée contre le ministère. — Ordre du jour qu'il propose. — Explications données par les citoyens Léon Faucher et Falloux. — Langage tenu par le citoyen Odilon Barrot. — L'assemblée vote l'ordre du jour motivé du citoyen Perrée contre le ministère. — Le cabinet déclare qu'il ne se retirera pas. — Conflit entre les deux pouvoirs. — La crise n'est point finie. — Rétractations du mininistère. — Nouvel ordre du jour motivé présenté par le général Oudinot. — Il est repoussé par le citoyen Dupont (de Bussac). — L'assemblée se déjuge. Elle donne sa démission. — Seconde lecture de la proposition Rateau. — Ce qu'en pensent les royalistes. — Proposition nouvelle présentée par le citoyen Lanjuinais. — M. Rateau s'éclipse. — Débats sur la proposition Lanjuinais. — Les citoyens Guichard, Pagnerre et Félix Pyat. — Passages de son discours. — La proposition Lanjuinais. — L'assemblée ne se séparera qu'après la loi électorale et le budget.

CHAPITRE XII.

(De la page 402 à la page 437.)

Parallèle entre la Convention et la Constituante de 1848. — Cette dernière assemblée songe vainement à se galvaniser. — La majorité repousse les projets de loi essentiels. — Le gouvernement sacrifie les clubs au parti réactionnaire. — Harangue du maréchal Bugeaud. — Il ne parle que d'écraser les républicains, les socialistes. — Interpellations du citoyen Coralli à ce sujet. — Les ministres ne veulent pas désavouer le maréchal. — Ce dernier licencie la garde nationale de Lyon. — Affaires graves qui se passent en Italie. — Proclamation de la république romaine. — Le gouvernement du citoyen Louis Bonaparte se dispose à intervenir en faveur du pape. — Interpellations à ce sujet. — Discours des citoyens Ledru-Rollin et Bac. — Le gouvernement refuse d'admettre l'envoyé de la république romaine. — Procès de Bourges. — Attitude de Barbès, de Blanqui, de Sobrier, de Raspail pendant ce procès. — Décision sévère de la haute cour à l'égard des principaux accusés. — Incident relatif à l'accusé Hubert. — L'échafaud politique redressé. — Rétablis-

premier convoi des insurgés. — Détails à ce sujet. — Triste spectacle. — Cri qui s'élève contre les jugements à huis-clos. — Trois mille quatre cent vingt-neuf démocrates déportés en deux mois. — On ne trouve pas dans ces listes un seul des milliers de forçats libérés aperçus par les journaux réactionnaires. — Huit mille sept cents décisions rendues par les hautes commissions. — Proposition formelle d'amnistie formulée par le côté gauche de l'assemblée. — Elle est combattue avec ténacité par les royalistes. — Travaux des conseils de guerre. — Condamnations exorbitantes et infamantes pour délits politiques. — Manière de procéder de ces conseils. — Partialité évidente des juges militaires. — Colonisation de l'Algérie considérée comme un moyen de chasser de Paris un grand nombre de familles démocrates. — Sincérité du projet du général Lamoricière. — Empressement des ouvriers à s'inscrire. — Départ du premier convoi. — Les autres convois se succèdent tous les huit jours. — Suites déplorables de cette précipitation. — Rien n'était préparé pour recevoir les colons. — Ils sont démoralisés par l'oisiveté et décimés par les fièvres et le choléra. — Commission d'enquête envoyée sur les lieux. — Résumé du rapport de cette commission fait par le représentant Emile Barrault. — On y dévoile les rigueurs ineptes de l'autorité militaire. — On demande l'établissement du régime civil pour les colons. — Le ministère s'y oppose et la majorité vote contre.

CHAPITRE VIII.

(De la page 307 à la page 330).

Ecrit du citoyen Barthélemy Saint-Hilaire contre le général Cavaignac. — Grands débats entre les membres de la commission exécutive et ce général. — Reproches qu'on adresse à ce général. — Sa défense. — Réponse du citoyen Garnier-Pagès. — Éclaircissements donnés par le citoyen Ledru-Rollin. — Le général Cavaignac déclare la guerre aux républicains de la montagne. — Situation dans laquelle le place sa scission avec les républicains. — Il est forcé de se jeter du côté des réactionnaires. — Comment le *Constitutionnel* répond aux avances du chef du pouvoir exécutif. — Création de la *Solidarité républicaine* contre la ligue des aristocraties. — But et moyens d'action de cette société. — Ses progrès. — Elle est attaquée par les feuilles royalistes. — Circulaire du ministre Léon Faucher contre cette association. — Elle est fermée violemment. — Martin Bernard dénonce cet acte arbitraire à l'assemblée. — Le ministère demande que la justice ait son cours à ce sujet. — La Solidarité défendue par Ledru-Rollin. — Le ministère prélude à la suppression des clubs. — Nouvelle campagne des banquets. — Tostes et discours qui y sont prononcés. — Le gouvernement se décide à fermer les clubs. — Projet de loi contre ces réunions, présenté par le ministre Faucher. — Conseils donnés au gouvernement à ce sujet. — Motifs qu'il donne à cette mesure illégale. — L'assemblée décrète l'urgence. — Opinion des journaux sur ce projet de loi. — Protestation collective des journalistes. — Ils demandent la mise en accusation du ministère. — Gravité des circonstances. — Appareil militaire déployé ce jour-là. — La commission propose de repousser l'urgence. — Débats à ce sujet. — L'assemblée rejette la proposition d'urgence. — Grand échec que le ministère éprouve. — Les membres de la montagne demandent sa mise en accusation.

CHAPITRE IX.

(De la page 330 à la page 354.)

Les royalistes ordonnent à l'assemblée nationale de se dissoudre. — Motifs sur lesquels

TABLE DES MATIÈRES. 475

ils se fondent. — Leurs intentions dévoilées par la feuille de Cambrai. — Les journaux démocratiques expliquent le vote du 10 décembre. — Nouvelles attaques contre l'assemblée et nouvelles sommations. — Langage tenu par le journal de l'Aisne. — Proposition présentée par le représentant Rateau pour la dissolution de l'assemblée constituante. — Voile qui couvre le projet des royalistes. — Ligue républicaine pour combattre le plan des réactionnaires. — Nombreuses pétitions pour soutenir l'assemblée. Réponse de la *Réforme* aux incriminations des royalistes. — Dernier coup de collier donné par les réactionnaires. — Le parti du désordre et des intrigants. — Irritation extrême des partis. — Rapport du citoyen Grévy sur la proposition Rateau. — Débats à ce sujet. — Les citoyens Desèze, Pierre Bonaparte, Montalembert, Billaut et Odilon Barrot. — Le gouvernement appuie la dissolution. — La proposition Rateau prise en considération par une majorité de deux voix.—Rien n'est décidé. Nouvelles pétitions pour soutenir l'assemblée. — Le *Glaneur de Loir-et-Cher*; le *Républicain de Lot-et-Garonne*; le *Messager du Nord*; le *Publicateur de Saint-Malo*; le *Journal de la Meurthe*, le *Peuple souverain*; le *Précurseur de l'Ouest* et la *Réforme*. — L'opinion publique s'alarme de la marche du gouvernement. — Actes du ministre de l'intérieur. — Personnel des préfets et sous-préfets de la royauté. — Désorganisation de la garde mobile. — Irritation de cette troupe. — Menaces du général Changarnier. — Il fait arrêter plusieurs chefs de ce corps. — Commissaires repoussés de l'Elysée. — Ils n'obtiennent rien du général Changarnier. — Désarmement et réincorporation. — Six mille jeunes gens jetés sur le pavé. —Eloignement des bataillons restants. — Situation vers la fin de janvier. — Projet de mise en accusation du ministère, déposé par la montagne. — Poursuites autorisées contre le représentant Proudhon. — Irritation des masses, inquiétude du pouvoir.

CHAPITRE X.

(De la page 354 à la page 373.)

Prise d'armes du 27 janver. — Motifs que le gouvernement donne. — Reproches adressés au pouvoir. — Recommandation à la population de se montrer calme. — Tranquillité du dimanche. — Immense déploiement de forces militaires dans la matinée du 29. — Investissement du palais législatif par les troupes. — Rappel battu dans trois légions. — Bruits qui circulent. — Pensée des amis de la république. — Incertitude, défiance, hésitation des gardes nationaux. — Résolutions de plusieurs colonels. — Ils rassemblent leurs légions. — Offre faite au président de l'assemblée par le colonel Forestier. — Conjectures diverses. — Indices de préméditations contre le pouvoir. — Mystères et intentions peu loyales prêtés à quelques membres du gouvernement. — Incident relatif à l'investissement de l'assemblée nationale. — Explications données par le ministre de la justice sur les événements. — Il dénonce un complot. — Revue du président de la république. — Cris républicains qui l'accueillent. — Il borne sa promenade et retourne à l'Elysée, escorté par les mêmes cris. — Partie perdue pour l'empire. — L'assemblée discute la proposition Rateau. — Discours des citoyens Fresneau, Jules Favre, Hugo, Lamartine, etc. — Une faible majorité prend en considération la proposition Rateau. Ce résultat sauve le ministère. — Calme et modération du peuple. — Fruit qu'il retire de son attitude. — Cris républicains que font entendre les ouvriers et les troupes. — Réflexions à ce sujet. — M. Léon Faucher veut faire croire à un complot. — Arrestations qu'il provoque. — Le colonel Forestier. — Proclamation violente publiée par le ministre. — Accueil qu'elle reçoit du public.

sement du cautionnement des journaux. — Déroute de l'armée piémontaise à Novare. — La France se prépare au second essai du suffrage universel. — Manifeste et liste de la rue de Poitiers. — Déclaration des représentants de l'extrême gauche. — Le comité démocratique repousse l'intervention de la police. — Guet-apens de Moulins. — Premier résultat de l'expédition contre Rome. — Grande émotion à Paris. — Interpellations adressées au gouvernement. — L'assemblée nomme une commission pour lui faire un rapport sur cette expédition. — Résolution proposée pour que l'expédition ne soit pas détournée du but qui lui avait été assigné. — Grands débats à ce sujet. — La majorité adopte la résolution. — Demande de mise en accusation du président de la république et de ses ministres. — Lettre du président ; est-ce assez d'effronterie ? — Rejet de la mise en accusation. — Chute du ministère Léon Faucher. — Résultat des élections générales.

FIN DE LA TABLE DU TOME QUATRIÈME ET DERNIER.

Saint-Denis. — Typographie de Prevot et Drouard.

CLASSEMENT DES PORTRAITS

DES QUATRE VOLUMES.

Tome 1.

LÉONARD GALLOIS. . . . au titre.	
ODILON BARROT. P. LII de l'introd.	
ET. ARAGO. . . . . Page	46
LAGRANGE.	73
LEDRU-ROLLIN.	95
LAMARTINE.	140
CARNOT.	160
LOUIS BLANC.	175
FLOCON.	221
CABET	238
BLANQUI.	375

Tome 2.

LAMENNAIS. . . . . . au titre.	
COURTAIS.	29
F. ARAGO.	85
DEFLOTTE.	145
BARBÈS.	157
ALBERT.	id.
CAUSSIDIÈRE.	194
JOIGNEAUX.	259
MATHIEU (de la Drôme). . .	280
JULES FAVRE.	285

Tome 3.

SÉNARD. . . . . P.	5
CAVAIGNAC.	92
LAMORICIÈRE.	124
PIERRE LEROUX.	197
CORMENIN. . . . . . , .	276
MAZZINI.	314
MARRAST.	445
LOUIS NAPOLÉON.	454
CHANGARNIER.	456
PROUDHON.	458

Tome 4.

FÉLIX PYAT. . . . . . . P.	71
CONSIDERANT.	147
BAC.	242
RASPAIL.	272
GUINARD.	379
BOICHOT.	431
RATTIER.	id.
KOSSUTH.	433
BEM.	id.
GARIBALDI.	434

SOUS PRESSE

POUR PARAITRE PROCHAINEMENT :

CONTINUATION

DE

L'HISTOIRE DE LA RÉVOLUTION DE 1848

PAR M. LÉONARD GALLOIS,

Un nouveau Volume de 380 pages et 10 Portraits.

L'Éditeur engage les pers...   ...çu les quatre premiers volumes et
qui désirent le volume de la co...   ...era le 5ᵉ de l'ouvrage, à se faire
inscrire de suite si elles ne veulen... ...r de retard dans l'envoi de ce
nouveau volume.

Le tome Vᵉ sera divisé en 50 livraisons ...   Souscripteurs à
l'Édition avec primes en recevront une nouvelle a...   ...nnée à
l'importance de la nouvelle souscription.

PARIS. — NAPOLÉON CHAIX ET Cⁱᵉ, RUE BERGÈRE, 20.